国土空间规划
面向国家治理现代化的地方创新实践

Territory Spatial Planning

Innovative Local Practice towards Modernization of National Governance

何冬华　邱杰华　袁　媛　贾梦蛟　等著

中国建筑工业出版社

图书在版编目（CIP）数据

国土空间规划：面向国家治理现代化的地方创新实践／
何冬华等著. —北京：中国建筑工业出版社，2020.6（2022.1重印）
ISBN 978-7-112-24989-3

Ⅰ.①国… Ⅱ.①何… Ⅲ.①国土规划-研究-中国
Ⅳ.①F129.9

中国版本图书馆CIP数据核字（2020）第047933号

责任编辑：郑淮兵　王晓迪
版式设计：锋尚设计
责任校对：王　瑞

国土空间规划　面向国家治理现代化的地方创新实践
何冬华　邱杰华　袁　媛　贾梦蛟　等著
*
中国建筑工业出版社出版、发行（北京海淀三里河路9号）
各地新华书店、建筑书店经销
北京锋尚制版有限公司制版
北京建筑工业印刷厂印刷
*
开本：787毫米×1092毫米　1/16　印张：25½　字数：543千字
2020年7月第一版　2022年1月第三次印刷
定价：**68.00**元
ISBN 978-7-112-24989-3
（35743）

本书编写人员与任务分工

全书框架：何冬华（研究提纲拟定、主要观点撰写、实践案例筛选、全稿校核）。

第1章变迁与重构：欧静竹主要撰写全章。

第2章治理与发展：赵颖主要撰写第2、3节，陈研新、贾梦蛟主要撰写第1节。

第3章事权与规划：贾梦蛟主要撰写第1节1.2小节、1.3小节，第2节2.1小节、2.3小节、2.4节；宁昱西主要撰写第2节2.2小节、第3节；方伟主要撰写第1节1.1小节。

第4章责任与战略：陈研新、袁媛主要撰写第1节，第2节2.1、2.2小节；袁媛、李宝儿主要撰写第2节2.3小节、第3节。

第5章资源与边界：袁媛主要撰写第1节、第2节2.1小节、第3节、第4节4.1小节，许宏福主要撰写第4节4.2小节、第5节，张琳、邱雪婷主要撰写第2节2.2小节、第4节4.3小节。

第6章空间与场景：邱杰华主要撰写第1节，第2节，第3节，第4节4.1、4.3、4.4、4.5、4.6小节；何冬华主要撰写第4节4.2小节。

第7章管制与规则：邱杰华主要撰写第1节、第3节、第4节，何冬华主要撰写第2节。

第8章启程与实践：杨恒主要撰写第2节2.6小节、第3节，方伟、宁昱西、林若晨、许宏福主要撰写第2节2.1、2.2、2.3、2.4、2.5小节，方伟、赵颖、张琳、许宏福主要撰写第1节。

第9章思考与出发：邱杰华主要撰写全章。

以上作者均为广州市城市规划勘测设计研究院规划设计一所团队。

序

改革开放四十余年以来，中国经历了世界上规模最大、速度最快的城镇化进程，创造了"中国奇迹""中国模式"，令世界瞩目。然而，面对全球化时代竞争激烈的发展环境，地方政府长期奉行"增长主义"的发展导向，也累积了经济粗放发展、生态环境恶化、社会矛盾激化、城乡空间无序蔓延等一系列问题。党的十八大以后，随着国际国内发展环境发生巨大转变，中国的经济步入新常态，城镇化速度也明显趋缓，国家治理模式摒弃了一味追求经济高速增长的传统路径，向经济、社会、生态、文化等多元目标协同发展的道路转变。尤其是党的十八届三中全会突出将"推进国家治理体系和治理能力现代化"作为全面深化改革的总目标，这意味着国家发展价值导向的重大转变——从根本上终结增长主义的发展模式，并努力探索解决问题的"中国方案"，中国的国家治理体系改革掀开了新的篇章。

从世界经验看，空间规划作为一种空间治理手段，是国家治理体系的重要组成部分。2018年国家决定整合分散的"多规"并构建统一的国土空间规划体系，这不仅是我国空间规划体制的重大变革，也是国家治理体系与治理能力现代化建设的一项重要行动。国土空间规划将不再仅仅是支撑经济增长、规范空间资源利用的工具，更是内嵌国家治理能力现代化进程，并成为践行生态文明、助力高质量发展、满足人民美好生活需要的重要"公共政策"。全新构建的国土空间规划体系，将以"国土空间开发保护"为基本准则，在强化自上而下传递国家意图、管控要求等的同时，也必须充分关注地方视角下的发展诉求与空间治理创新，需要统筹协调中央与地方、政府与市场、政府与社会等多重利益关系，统筹实现国土空间资源的多元价值，统筹解决"人民日益增长的美好生活需要和不平衡不充分的发展之间的矛盾"。这确实是重大的创新、艰巨的任务、严峻的挑战。

值得关注的是，国家空间规划体系的重构并非闭门的技术变革工作，其本质上已经成为国家一项极其重要的治理行为和空间治理工具，将对新时代中国特色社会主义环境中的政府、社会和市场发展产生深远影响。这就要求规划师们超越"工具理性"的传统认知，从"公共政策"的维度出发，深刻理解国土空间规划的本质属性与全新要求。从广大地方政府的实际需求来看，国土空间规划不仅要落实上位规划要求、实现地方总体发展意图，也是地方实现高质量发展的关键；不仅是绘就一张美好蓝图，也是对以人民为中心的城市美好生活场景的营造；不仅要实现自然资源保护和资产增值，也要实现保护与发展、公平与效率、秩序和品质、远景和现实之间的统筹平衡。这些，都要求地方层面务实地开展国土空间规划的实践探索与创新。

除了落实自上而下的战略引领和刚性管控，地方政府更加关注如何更好地响应市场和社会的需求，如何更有效地利用城市的资源禀赋优势，如何更主动地发挥自身的积极性和创造力，这使得地方层面国土空间规划的角色、功能和实践都显著有别于上位规划。正是基于上述背景，广州市城市规划勘测设计研究院规划设计一所这个充满创新活力、长期耕耘在空间规划一线的团队撰写了《国土空间规划：面向国家治理现代化的地方创新实践》一书。这部著作在对中国治理环境变迁中的城乡规划、国土空间进行深入阐释的基础上，着重基于地方层面，通过丰富的规划实践，从国土空间规划的多元价值属性出发，系统总结了地方空间治理和规划的范式，探索从绩效型战略部署向资源空间、地方场景、用途管制的责任型规划转变的路径，并进行了前瞻的思考，具有很强的学术价值和实践参考意义。简要而言，该著作的学术价值体现在以下方面：

第一，在国家治理能力现代化建设的总体语境下，确定了地方政府在"中央—地方""政府—市场—社会"这两对空间治理关键脉络中的地位。基于地方视角展开思考，解析空间规划由"管理"向"治理"的转变过程。一方面，在"精英型规划"向"人民需求型规划"转型的过程中，建立"中央—地方"的对流通道和对话机制，从"自上而下"的管制模式转向"上下畅通"的"传导—反馈"模式。地方政府需要在相应的事权、财权、绩效考核之下，开展以行政区为基本单元的责任型空间规划；另一方面，要充分发挥地方政府的智慧，让地方的空间治理能妥善处理好"政府—市场—社会"的权力边界和相互平衡，在"把权力关进笼子"的同时，也要避免"市场失灵"，使空间规划更好地发挥空间治理工具的职能。

第二，建构了空间治理机制中"权力—边界—规则"之间的内在逻辑体系。空间与资源都与治理体系、治理能力紧密关联，随着经济社会的发展，空间和资源的范畴也在逐步扩大与深化，人类社会的空间边界从"二维"向"三维"不断延展，未来甚至还将面向"四维"和更"多维"空间。但是，国家受限于空间治理的层级与技术手段，尚难以真正实现全域、全要素、全过程的管控，因此着重选择基本农田、国家公园、自然保护地等关键要素，将其纳入国家重点管控的领域，而把可开发空间资源以及"三线"之外的其他资源更多地留给地方政府。同时，空间规划也必须满足人民群众对美好生活的需要，因此，地方层面的空间治理不仅要体现国家意志和刚性管控内容，也必须要满足地方的有效发展与柔性治理要求。总之，当今中国已经步入城镇化的下半场，国土空间规划不仅需要有"三生空间""三线划定"等刚性管控内容，也需要以美好生活为目标导向，建构人本主义的空间场景叙事，实现增量、存量、流量的协同，才能有效驱动高质量发展，从而给出地方治理的优秀答卷。

第三，丰富、翔实的实践案例与理论研究有机结合，使研究结论更为可信。这些丰富而鲜活的案例，大部分源于作者团队近年的实践，充分阐释了地方视角下空间规划发展的脉络与逻辑。本书选取了广州、太原、黄石、黔南州、北海、宜宾南溪、湖南临湘、佛山南海、广州黄埔、广州增城等十余个案例，涉及珠三角、沿海地区、华中地区、华北地区和西南地区不同时段的实践，具有较强的地域和时间代表性。这些案例跨越了空间规划演进历程的不同阶段，从战略规划、"三规合一"、"多规合一"，到新一轮国土空间规划，既有地方政府主导的丰富探索，也有国家发改委、原国土资源部、住房城乡建设部、原环保部等四部委主导的试点，还有新一轮国土空间规划的先行先试。这些案例折射了不同发展阶段、不同地域的地方空间治理多样化模式，也有力地论证了在地方发展视角下资源利用与资产增值、国土空间与美好生活场景营造、发展权与规则构建等多维复杂的关系。

总之，这是一部凝聚了一线规划师探索、思考、创新的高水平著作，值得一读。

是为序。

南京大学建筑与城市规划学院教授
中国城市规划学会常务理事
中国城市规划学会城乡治理与政策研究学术委员会主任

2020年早春于南京大学

前　言

　　党的十八届三中全会以来，"国家治理体系和治理能力现代化"成为全面深化改革的主旋律，在此背景下，整合"各部门分头编制的各类空间性规划，编制统一的空间规划"逐渐成为新的共识。2018年，自然资源部组建，承担"建立空间规划体系工作并监督实施"的职责。2019年，中共中央、国务院下发《关于建立国土空间规划体系并监督实施的若干意见》（中发〔2019〕18号）（以下简称《意见》），提出"将主体功能区规划、土地利用规划、城乡规划等空间规划融合为统一的国土空间规划，实现'多规合一'"，并进一步明确国土空间规划要"促进国家治理体系和治理能力现代化"。这充分说明，国土空间规划正在摆脱"技术工具"的传统认知，日趋成为国家治理体系的重要"政策工具"。

　　随着国家层面关于国土治理体系的顶层设计逐步完善，国土空间规划正在进入空前繁荣的地方实践阶段。截至2019年11月，在《意见》发布后不到半年的时间里，在招投标网站上的国土空间规划就高达400多项。学界和空间规划工作者的圈子里，关于国土空间规划的学术讨论和实践探索，成为热议的话题。而我们的团队，常年服务于空间规划一线，对此感受更为深刻。有一年的年终总结，有同事晒出了自己的飞行记录，一年里，有三分之二的天数奔跑在路上，我们全所40人跑过的路程合起来，可以环绕地球40多圈。伴随着飞行的足迹，我们的空间规划实践，从广州出发，延伸到太原市、黄石市、萍乡市、北海市、黔南州等这些地级州市，以及宜宾市南溪区，萍乡市上栗县，湖南省临湘市，佛山市南海区、顺德区，广州市黄埔区、增城区等市、县（区）。

　　从最初的"三规合一"到国家四部委的"多规合一"试点实践，再到新一轮国土空间规划探索，这些不曾间断的实践经历，促发了我们对空间治理的持续思考。在新的历史阶段，在生态文明建设、高质量发展、以人民为中心的语境下，国土空间规划的地方实践将去往何方；如何在国土空间规划中，实现空间蓝图对"人民日益增长的美好生活需要"的响应，成为地方政府和广大规划工作者面临的前所未有的挑战。

　　正是在这样的背景下，我们将这些实践和思考，整理成《国土空间规划：面向国家治理现代化的地方创新实践》一书。我们试图通过撰写本书，来记录和梳理我们的实践，来延伸我们的思考。我们发现，在"五级三类四体系"的国土空间规划架构中，地方政府的治理实践有不可替代的意义。正是有了市县一级的国土空间规划，国家的宏观治理要求才有了向下传递的抓手，市场、社会、公众的需求才有了反馈的通道和落实的窗口。我们发现，市县国土空间规划，除了落实上级赋予的区域使命和承担"国土空间开发保护"职责之外，承载更多的，是地方对发展的多元思考，是对政府、市场、社会、公众多元利益博弈的思考，是对权力、边界、规则逻辑的思考，是对资源和资产管控与经营的思考，是对人民美好生活场景实现的思考。这些思考，反馈到国土空间的一张蓝图上，就不再局限于"三区三线"的划定，而是深入战略谋划、资源利用、边界管控、场景塑造、用途管制的方方面面，让国土空间真正承载人民的幸福生活，给人以和谐、活力、便利、安心的感觉。

本书的研究框架以地方发展视角展开，研究国土空间规划的过去、现在与未来，结合鲜活的实践案例，探究地方发展中"变迁与重构""治理与发展""事权与规划""战略与责任""资源与边界""空间与场景""管制与规则""启程与实践""思考与出发"的关系。

第1章变迁与重构。回溯人类社会发展的不同阶段，从最初的原始聚落，到封建社会时期的城邦，再到全球化与殖民主义下急剧变化的城乡空间，人类所能掌控的空间在不断扩大。伴随着实体空间边界的拓展，其背后"事权""边界""规则"的概念，也随着人类治理能力的提升在延伸。在新的资源观、"生命共同体"等概念下，空间不仅是"自然资源"的载体，也是万物依存、发展繁荣的所在，是治理能力现代化的重要工具。未来的空间规划将是"美好生活驱动型"的规划。对地方主体而言，从空间到场所，再到场景，空间价值的认知也经历了从"增长主义"的一维价值到"人民为中心"多维价值的转变。未来的场景规划，将直面每一个人的幸福需求，塑造引发人共鸣的空间场景。有能够吸引人的活动，是"场景"与"空间""场所"的重要区别。

第2章治理与发展。2018年，港珠澳大桥通车，世人瞩目，这让我们看到了"一国两制"下，粤港澳三地架起了一个新通道——一个制度融合和加强民族认同的通道。不难想象，好的规划机制也需要一个能对流的通道。治理能力现代化下，建立国土空间规划通道机制十分关键。无论是在新中国初期效仿苏联模式，还是在改革开放后受欧美西方规划思潮的影响，中国一直在寻找一套适合自身治理能力的规划逻辑，这种逻辑多是一种自上而下的管理方式。近十年来，中国发展进入新常态，发展模式转向创新驱动，政府引导、多元参与、协商共治的治理型政府正在形成。"推进国家治理体系和治理能力现代化"落实到当前的空间规划改革层面，意味着空间规划由"管理"向"治理"的转变。

体现到空间规划上，一是语境的转变，由服务政府的"精英型"规划向"人民需求型"规划转型；二是通道的改变，由"自上而下"的管制模式向"上下畅通"的"传导—反馈"模式改变。

第3章事权与规划。"城市规划年会"的热度每年都在增加，这十多年来，规划师们多谈论"改革"与"转型"，2015年何艳玲教授的主题报告，掀起了"跨界"与"融合"的热浪。地方规划应该怎么改，《意见》给出了方向——"一级事权""一本规划"。结合事权的规划，应该是一种责任型规划，这种责任，既要担负区域使命，也要体现地方人本主义。我国行政事权经历了从高度集权，到分权，再到集权的调整过程，相应的行政机构调整走过"分"与"合"的路径。空间规划体系是生态文明八项基本制度之一。通常来说，"空间事权"以行政区为基本单元，而古人讲"县集而郡，郡集而天下，郡县治，天下无不治"，说的就是"治国当治县，治理好县域，天下就能太平"。当今而言，治理好县域，事关国家的长治久安和前途命运，事关最广大人民群众的切身利益。"郡县治，天下安"则是视县域为治国理政的基石。地方国土空间规划的核心是以行政区为基本单元的责任型规划，是事权与规划的对应，规划可以与政府绩效考核、投融资制度、财税制度等对应。

第4章责任与战略。在2019年贺岁档科幻电影《流浪地球》中，中国救援队勇担责任，号召联合政府达成共识，共同拯救地球和人类。责任，对规划来说一样重要。责任的担当，需要有《流浪地球》中的谋略，这种谋略，在规划中可以理解为战略规划。对标新时代中国的国土空间战略规划，应以城市为原点，理顺权责，明晰事权，而且可测度可考核。在开展国土空间规划的过程中，如何合理引导、调控和有效组织各项资源，是各个地方政府必须直面的问题。通过梳理国内外战略型规划，发现大致存在两种类型——结构型规划和共识型规划。除此以外，我们更需要绩效型战略规划。绩效型战略规划有"战略—指标—管制—监督实施"这一链条完善的战略运行逻辑，能对"城市的KPI"进行考核，绩效型战略规划也是可测度的。我们在北海市国土空间规划中的战略规划中探索可传导可考核的空间绩效与战略，依托北海市历年空间绩效评估，给出城市发展的战略、指标、用地布局、监督实施等内容。在未来，拟采用激励模式，通过绩效考核的方式治理城市，最终引导城市能级跃升，从全域全要素的角度，架构城市资源增值保值的发展激励机制。

第5章资源与边界。《我和我的祖国》，在中华人民共和国成立70周年之际，响彻中华大地，歌中高山流水、小小村落，赞美了祖国的壮美秀丽山河，渲染了袅袅炊烟的美好生活场景。歌声中的山水林田湖草和小村聚落，都是我们的资源。我们理解的资源，是一个与治理能力相关联的概念。古代治理能力有限，多选择在重要的城池、边塞地区设防，以城墙来划定管控领域，守卫与管理国家当时所能掌控的重要资源。随着科学技术的发展、治理能力的提升，资源的范畴在逐步扩大与深化，人类社会的空间边界在不断延展，资源管理逐步从"二维"走向"三维"，未来还将面向"四维""多维"空间。但是，当前国家资源治理的技术手段，应用到全域仍有其能力界限，因此，选择基本农田、国家公园、自然保护地等优质资源，将其纳入重点管控的领域，把最应该保护的地方保护起来，是国家提高自然资源使用效率，平衡资源开发与保护的关键。国土空间规划中"三线"的划定逻辑，即挑选出关系国家安全的优质与重要资源，以划定边界的方式实施国家战略掌控，将其留给子孙后代。因此，国土空间规划应在资源评价基础上，划出"三线"等保护与开发边界，明确"三线"内国家掌控的优质资源、地方主导的开发资源以及"三线"之外的其他资源，这些国家现有治理能力下尚难以完全掌控的区域，可以暂时"打包"，留给时间去解决。本书结合我们在广州、萍乡等地的规划实践，探索了资源评价的生态价值评估、自然资源景观特征评估、开发适宜性评估等方法，对国家"三调""双评价"等资源现状调查和评估与国土空间规划的衔接进行了思考。同时分析了我们编制的广州生态控制线、广州城镇开发边界、萍乡永久基本农田划定的实践案例，探讨了"三线"的划定方法与要点。

第6章空间与场景。2019年，有一位"顶流网红"李子柒得到了《人民日报》的点赞，她将中式生活之美传播到海内外2000多万观众心中，引起了世人共鸣。因为我们已经处于城镇化的下半场，新型城镇化需要以美好生活为导向，需要人本主义的空间场景叙事，才能驱动高质量发展。从"三生空间"到"三线"的划定，相对清晰的保护—发展空间框架业已形成，对地方来说，如何在既有宏观治理框架内为地方发展写出优秀答卷，成为空间治理的重点任务。一方面，考虑新时期人民群众日益增长的物质文化需求和空间资源高质量供给的匹配关系；另一方面，从城市运营和资产增值的角度，考虑新旧动能转换的要求，实现增量转流量的发展趋势。网络空间中"李子柒"流量的现象正佐证了这一点，我们多样的国土空间承载了"赏心悦目"的美好生活场景。新的国土空间价值观将以美好生活为导向，驱动空间高质量发展，打造未来城市的鲜活场景——将城镇空间打造为美好生活的场景载体，将农业空间和生态空间打造为秀美河山的场景载体。而这些，都需要充分面对地方发展的差异性、未来发展的不确定性和现实矛盾的复杂性。960万平方公里的辽阔国土空间，空间治理所面对的资源条件和发展诉求必然千差万别，需要发挥地方积极性去探索，同时也需要应对变化进行预留，建立容错机制。

第7章管制与规则。2019年成都"公园城市·未来之城"高端论坛引发业界对新的城市发展模式的探讨，成都市委书记汇报的PPT上了热搜。从"198"环城绿带的生态空间管控开始，通过国土空间综合整治和生态修复，"公园城市"理念点亮了网红城市成都。国土空间的用途管制是实现国土空间优化的关键环节，不仅涉及如何使用某一空间的问题，更涉及规定用途和使用规则背后的多元利益博弈及社会经济影响。我国用途管制行使两级土地发展权，一级土地发展权隐含在上级政府对下级政府的建设许可中，利用土地规划，通过指标约束的形式，将国土资源从国家分配到区域和地方；二级土地发展权隐含在政府对建设项目、用地的规划许可中，利用城市规划通过规划建设许可实现地方政府对市场主体的二级土地发展权分配。由于两规编制体系与理念不一致，土地规划与城市规划的土地用途分类及其管控规则难以对接，一级与二级土地发展权的"断链"，使从资源到资产的转变路径极为混沌。用途管制涉及分级事权的行使，也涉及将来国土空间规划绩效考核机制的建立，所以一、二级开发权的无缝链接，是实现资源变资产的关键一环。具体而言，即保留土地规划与城市规划实现有效管理的优势，明确对接的数据标准，真正形成一个面向"多规融合"的链接平台。

第8章实践与启程。霍金的离去引发我们重读《时间简史》、在面对未知的领域时，我们感叹人类的渺小和自身认知的限制。应对不确定的未来，只有以实践为试金石去检验航向是否正确。从2016年至今，发布的《生态文明建设实施总体方案》《关于建立国土空间规划体系并监督实施的若干意见》等一系列文件，引导我们认识到县（区）级空间规划的关键是落实宏观治理意图，并将其与地方发展的实际需求相结合，提出地区发展的战略纲领和一张蓝图。以增城为新一轮国土空间规划的成果，详细阐述这个迭代的实践案例，探索未来国土空间规划的价值取向。增城规划遵循地区发展脉搏，通过对资源要素进行合理的时空安排，引导增城承担未来更大区域里的更多责任，从而形成未来新的地方发展场景；为凸显其都市锦田的地方特色，在规划中融入现代化的治理智慧、差异性的考核机制、存量与流量资产化，以及针对不确定危机的防控机制等一系列措施，以应对未来发展中对健康、技术与人本的需求，建设美好增城。未来充满了不确定性与不可预测性，城市作为一个复杂的巨系统，由诸多不确定性因素以及连续的创造活动累加，迎向期许中的未来。我们畅想未来将面临人工智能、量子和超级计算、新材料、健康和生命科学等技术的爆炸，将对生产生活方式与城乡形态造成难以预测的影响。不确定的城市未来中有些目标难以确定，国土空间规划只有朝着治理式、定制式以及科学型规划转向，在范式上进行转变，才能适应新的未来。

第9章思考与出发。站在变革的2020年，我们展望未来的美丽中国，写下了一封寄给2035年的信。希望2035年的中国发展，能得益于此次空间规划改革建立的一系列规范和秩序，维护自上而下治理的高效性和严肃性，同时赋予地方发展的活力，塑造全域国土空间的美好生活场景，让人们能够在其中获得真正的归属感和幸福感。

国土空间规划的探索仍在继续，而我们的实践和思考也仍将继续，更高效的用地、更有品质的空间、更优质的资源、更美好的城乡生活，将是我们的坚持。在国家和省各类国土空间政策不断出台的当下，我们的实践和案例仍处在不同的迭代过程之中，每一轮迭代都沉淀了上一轮的思考成果，希望能抛砖引玉，为国土空间规划的变革贡献绵薄之力。对本书的不成熟之处，也期待各位读者不吝批评指正。

目 录

第 1 章

变迁与重构

　　中国人自古以来就以眷恋故乡为荣……如果家和故乡的联系不被看重，那么思乡不过意味着恋家。将自己的骨灰和祖先的一起埋在故乡的黄土中，想想广泛存在于传统中的这一愿望吧，我们就不必惊奇于为何中国人的情感纽带不仅让人与家庭的连接扩张到家族，也扩张到了故乡的风俗、方言、食品、自然环境或水土。有理由认为，在中国的传统中，是"哪里来"深刻塑造了"我是谁"，身份与故乡密不可分。

——白思奇《地方在中央——晚期帝都内的同乡会馆、空间和权力》

　　"我是谁？从何而来？去往何处？"在人类进化的过程中，从这些问题首次出现在我们某个成员的脑海中后，人类便再也无法停止思考。从基本的三个问题扩展开来，人类不断地思躇。世界是真实存在的吗？人类所认知的世界是什么？是我们可以掌控的空间，还是可以感知的空间，或只是人类意识的一个倒影？人类的存在，既依赖于客观存在的外部环境，又依赖于自身独特的内在环境（图1-1）。世界在人的意识之外，却在人的语言之中。认识我们自身，离不开认识我们赖以生存繁衍的空间载体。

图1-1　吴冠中的《故乡苇塘》
资料来源：吴冠中官方网站

1.1　从何而来

　　回溯人类社会发展的不同阶段，空间的"事权""边界""规则"的概念在不断扩大，从最初的"原始聚落"，到封建社会时期的城郭，再到全球化与殖民主义下急剧变化的城乡空间，人类通过划定不同形式空间的边界，限定管理者的事权与规则的作用范围。

在处理资源与空间的关系时，人类的"治理"能力随着对自然掌控能力的增强而提升。人类社会空间发展的过程，即依托治理能力提升而不断扩展空间边界的过程。第一次工业革命后，出现了许多通过城市空间形态规划来解决城市发展与自然冲突矛盾的思潮，这也是对解决城市化问题的探索。

1.1.1　"原始聚落"

生物依托一定的空间和资源而存在。对于动物而言，许多物种在生存中存在"领地"的概念。动物领地——被动物个体或群体保卫的区域，常有固定的"边界"或者相对固定的"领地"。占有者用叫声、化学信号，甚至是争斗来驱赶同种或异种入侵者。许多物种天然有定居栖息的倾向，要回到安全而又能提供丰富食物的有利地点。空间为生物生存提供了资源和养料，"领地"或"边界"强化了物种生存的安全性和对资源的控制性。

人类作为自然的成员也不例外。人类文明史实际上是人与自然关系的历史。人类的社会空间依托于自然资源空间而存在。原始聚落的出现以人类的定居为基础。人类在定居之前，由于驾驭自然的能力有限①，并没有建立起自己的领域范围。风雪雷电，洪水猛兽，都对人的生命构成直接的威胁。四季交替，草木枯荣，在采集经济和游牧生产方式下，人类逐水草而居，生活没有保障。人类的定居是到了一定的历史阶段以后，随着自身对自然的治理能力提升才得以真正实现。《庄子·盗跖》记载："古者，禽兽多而人少，于是民皆巢居以避之。昼拾橡栗，暮栖木上，故命之曰有巢氏之民。"《韩非子·五蠹》说："上古之世，人民少而禽兽众，人民不胜禽兽虫蛇，有圣人作，构木为巢，以避群害。"从旧石器时代到中石器时代的几十万年间，人类或是在山洞居住，或是在树上搭巢，以求得一席之地②。在距今大约六七千年以前的新石器时代，出现了第一次社会劳动大分工，农业和牧业分离，产生了固定的农业居住点。漫长的进化中，人类在艰难的跋涉之后终于在自然中找到了一块立足之地。

"原始聚落"是人类最初聚居方式的源点，其空间范围与边界特征映射着当时人类的自然治理能力水平。为了抵御野兽的袭击，原始人类燃火把、围篱笆，或选择洞居。篱笆、沟渠、坚实的洞穴岩壁即当时人类划定的安全边界。此时，人的力量还很小，家园是防护性的庇护所，向心性和封闭性成为其基本特征。

我国陕西西安半坡村遗址和临潼姜寨遗址具有当时聚落布局的一般特征，以壕沟作为封闭防御的措施（图1-2）。在半坡遗址中，考古学家发现了用于居住的房屋、贮藏

---

① 田银生. 原始聚落与初始城市：结构、形态及其内制因素 [J]. 城市规划汇刊, 2001（02）: 44-46, 52-80.
② 傅崇兰, 白晨曦, 曹文明, 等. 中国城市发展史 [M]. 北京: 社会科学文献出版社, 2009: 35-37.

图1-2　史前水乡陕西临潼姜寨原始聚落复原图
资料来源：陕西省博物馆

粮食的窖穴、饲养家畜的围栏、广场、壕沟、墓地等，可以看出较强的规划理念[1]。杨鸿勋先生说："半坡、姜寨居住区外围都设有宽、深各5～6m的壕堑拦护。这一防御性的措施，兼作雨水的排放沟，它实际上是一座相当高的围墙。在发明夯筑技术之前，这是一种有效的防御设施。"此时的聚落之所以具有此种空间形态及高防御性，主要是因为当时人类的治理能力有限，所掌控的资源有限。有限的治理能力，只能划出可掌控的空间，选择可主宰的地域，从而进行起居与生活，保障幼儿、食物等的安全。

处于母系氏族社会时期时，相对稳定的、按氏族血缘关系形成的"聚"是原始自然经济生产与生活相结合的社会组织基本单位，也是组织定居点的基本居住单元。聚落中心为部落管理中心，住房围绕公共中心相向环绕，成员之间无阶级高低之分。母系的特质，是看护自己的"生命"，生命在"资产"的保护中得以延续。远古的"治"，就是简单的看护，或者谓之"管"。权力边界内，由人类主宰。此时，一个火把、一圈篱笆，就是古人类治理家园的工具。当然，在现代文明社会，在不能掌控更多更复杂"资源"的情况下，也只能"画地为牢"。在现代的东非，马赛人依然从事游牧业与农业，他们的村庄，或者说是家园更为贴切，用带刺灌木围成一个很大的圆形篱笆，环绕泥屋一圈，容纳一个男主人的家庭及其牲畜。这样一圈，圈内是自己的，圈外是世界的。

聚落的空间特征与社会秩序相呼应。不论是中国的"邑"还是东非马赛人的家园，向心性和封闭性是共同特征。壕沟、土围、栅栏等围护结构将整个聚落围护起来，抵御

---

[1]　刘丽莎. 中国聚落的历史发展探微 [J]. 大观，2017（4）：95.

野兽的侵袭。刘易斯·芒福德认为城墙可能就是从这些原始的防护结构演变而来的。三皇五帝时代的华夏民族正处于半游牧向定居点过渡的状态。《史记·五帝本纪》记载，皇帝"邑于涿鹿之阿"，"迁徙往来无常处，以师兵为营卫"。"无常处"显示当时的生活方式还处于从流动向定居的过渡阶段，转变的标志就是有了相对固定的"邑"[①]。而"邑"则意味着"选址"以及城市居住地开始形成。由壕沟所围的半坡、姜寨等部落遗址就是这种母系氏族社会"邑"的遗迹。考古资料显示，"邑"的空间布局也有内聚向心的特征，中央为用于公共活动的广场，各氏族的"聚"环绕广场布列，凝为一个整体。

由"聚"发展到"邑"，空间边界更为清晰，防护愈发安全，人类才真正拥有了可以长久且独立生存的居处基地。可见，对"治"主要的落实，是划定权力边界。古人可以燃火把、筑篱笆，当然还要选择安全之地，这种对生活空间选址的行为，可称为"理"。聚落空间的选址，也体现了人在自然空间中谋求舒适安全的生存空间的方式。人类以动植物为重要的食物来源，聚落选址在生态环境优越的地方。河流提供饮用水和鱼类，两岸土壤肥沃，有利于耕种，植物茂盛又可饲养家畜。所以，原始聚落的分布一般都以河流水系为线索。《尔雅》："邑外为之郊，郊外为之牧，牧外为之野，野外为之林"，清楚地说明了"邑"外部的环境构成。最里一圈为郊，郊有耕地；郊外为牧，是畜牧场地；其外为野，实际上是荒地；再外则为森林地带。很显然，"郊"和"牧"构成了"邑"内居民的食物圈，耕种放牧、生产劳作等活动基本上在这个圈子里进行。

生产力发展推动了人类自然资源治理能力的提升——从最初的原始聚落，人类通过划定边界，在自然资源空间中限定人类的资源空间，到对自然环境进行优选和改造，对重要的资源进行看护和利用。对聚落空间的塑造包含选址、边界形式与划定规则、内部空间的秩序规则。前两者反映了人类聚落空间在自然资源空间中的存在方式，在某些时候也体现了与外族势力领域的分界；后者则映射了人类社会的组织秩序。

1.1.2　"城"与"邦"

> 人们来到城市是为了生活，人们居住在城市是为了更好的生活。
>
> ——亚里士多德

美国学者亚当斯认为，城市的出现过程，意味着最本质的转变是社会组织领域内的变化，政治和宗教上都有新的机构出现。此时，社会空间规模增大，社会关系复杂性增加。中国古代用四种权力——政权、族权、神权、夫权构建的封建宗法与制度规则，深刻影响了古代城市的形制。夏朝将全国分为九个区域进行统治，称为"九州"。首都城

---

① 傅崇兰，白晨曦，曹文明，等. 中国城市发展史［M］. 北京：社会科学文献出版社，2009：187-189.

市及"九州"地区的城市，就是国家统治体系的载体和象征，依托统治中心组织军事、政务、税收等事务，建立军队、设立法庭及监狱①。

《史记·五帝本纪》："舜一年而所居成聚，二年成邑，三年成都。"这句话暗含了中国城市起源的线索——远古城市是在"聚""邑"的基础上演进而来的。《吴越春秋》："鲧筑城以卫君，造郭以守民，此城郭之始也。"现今，学术界多以此解释中国古代城市的起源。据此，认为构筑城墙是我国城市建设史上最早的工程行为之一是合乎道理的。城墙的基本功能首先是防卫，如同它的原始形态——壕沟、栅栏、土围等一样，但决不仅是简单的军事防御工具。城墙出现之时就是一种符号，与政治上的身份、地位、等级规范等联系在一起。如果说人类成功地实现定居是完成了对人与自然关系的调整，那么，现在所做的是对人与人之间关系的调整，新的关系以等级、阶级代替了平等，社会结构由平面形态转为金字塔形的立体形态，统治人物位于塔尖，君临一切。所有这些都充分反映在居住形态上，主要是"城"的出现。

"城"的边界对应着其管理者的事权领域，古代的"城墙"是统治者对其人民和土地的管理边界。因而"城"的原型反映了人类进化、进步的历史及文脉所在。黄帝时代，氏族部落之间相互侵犯，发生战争，城的作用主要为防御外族入侵。春秋时代，诸侯百国群起争雄，战争不断发生，为了防御而竞相筑城建郭。仅见于《春秋左传》的筑城之举就达68次，其中63次是建筑新城，可见春秋时期城市发展之快。如今，我们可以从《周礼·考工记》、古埃及的卡洪城、古希腊雅典卫城的资料记载中，追溯城与邦的经营逻辑（图1-3）。城郭边界不限于物理形式的限定，统治者通过虚构"君权""神权"的概念，并辅以军队、兵戈等强制力，强化对边界内秩序的控制。城市形态与边界映射权力下的秩序与规则。在中国古代，"天人合一"的哲学思想、君权神授的理念、风水观都深刻影响了城市的选址与布局。

中国的"天人合一"思想代表了古人对人与自然关系最朴素的价值认知，描述了人与自然"你中有我、我中有你"的关系。从广义上来说，"天"代表宇宙、大自然，是人类赖以生存的空间。《吴越春秋》关于阖闾城的记载即有："子胥乃使相土尝水，象天法地，建筑大城，周回四十七里。陆门八以象天之八风，水门八以法地之八聪。筑小城周十里，陵门三。"

《周礼·考工记》载王城规划制度，"匠人营国，方九里，旁三门。国中九经九纬，经涂九轨。左祖右社，面朝后市。市朝一夫"。通过"三门"控制出入，九经九纬划分道路与街坊，以便实行坊里制，严格管理市民，限制里坊规模，并使各大阶层严格分开（图1-3）。《周礼·考工记》的核心思想是"礼"，代表着一种等级清晰的社会关系和规则，通过空间规则固化了市民的社会地位。

---

① 傅崇兰，白晨曦，曹文明，等. 中国城市发展史［M］. 北京：社会科学文献出版社，2009：39.

有趣的是，《管子》言论汇编作为一部供国君阅读的高级治理百科全书，其中收录的营城思想相较于《周礼·考工记》，突出了与自然资源的对话。《管子》提出："凡立国都，非于大山之下，必于广川之上。高毋近旱，而水用足。下毋近水，而沟防省。"其核心思想是营城于自然，因天材，就地利。根据自然条件修建国都，实现投入最小而效率最高的目的。

将目光转向西方的古代文明。古埃及十二王朝时期卡洪城的城市形制，也是统治阶层权力的物化体现，最突出的特征为用于划分阶级的高墙。卡洪城平面为规则的矩形，城墙南北长250m，东西宽约350m，以厚厚的高墙为界，城内分成东西两部分。城西为奴隶居住区，仅260m×108m的地方就挤着250幢用棕榈枝、芦苇和黏土建造的棚屋。厚墙以东道路宽阔、整齐并用石条铺筑路面。东侧又被一条东西长280m的大路分为南北两部分。北面为贵族区，面积与城西奴隶区相仿，仅排着十几个大庄园；路南则是商人、手工业者、小官吏等中产阶层的住所。贵族住宅朝向北来凉风的方位，而西部的劳动人民居住区却迎着由沙漠吹来的热风方位。城东西

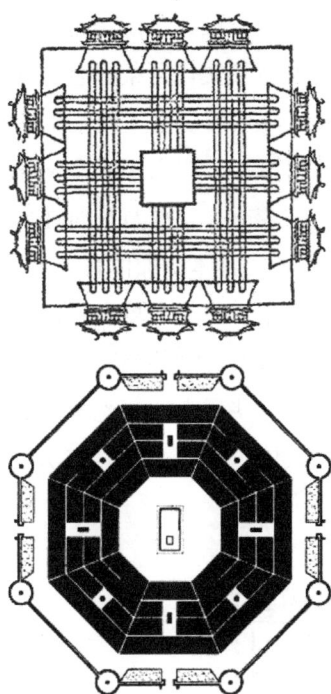

图1-3 《周礼·考工记》的营城方略与维特鲁威理想城市方案都基于能"治理"的边界
资料来源：宋聂崇义绘《三礼图》、维特鲁威《建筑十书》

两侧的形态与设施天差地别，映射了森严的阶级差别。

"城"在一定程度上也可以视为空间秩序的发源与载体。把这个概念阐述到最极致的是古希腊的城邦制度。在亚里士多德看来，人们必须生活在城邦里彼此合作，实现自给自足，才有可能实现最高的善[1]。公元前8世纪至公元前6世纪，古代希腊城邦制度开始形成。在氏族社会组织逐渐解体的基础上，希腊各地相继形成了200多个城邦。希腊人认为，城邦是人类社会和任何国家天然和适合的单元[2]。对于他们来说，政治就是在城邦中发生的。最早的城邦，正如亚里士多德所描述的，并不是以贸易为基础建立的，而是一个自给自足、自我管理的空间单元，坐落于城市中心周围一个以山水和临近城邦领土为界的封闭狭窄区域中。希腊的城邦最初是地缘的产物，小而独立的自治区域，各有特色，远不止是一个城市，还拥有周边的农地。在发展的最初阶段就能实现自给自足。古希腊的城邦是一个法治的国度，对外战争、征收赋税、花费公共支出、划分边界都依法执行[3]。

---

[1] BOWRA C M. Poetry and politics 1900—1960 [M]. Cambridge: Cambridge University Press, 1967: 65.

[2] 霍尔. 文明中的城市 [M]. 王志章，译. 北京：商务印书馆，2016：47-51.

[3] PERKINS W. Cities of ancient Greece and Italy: planning in classical antiquity [M]. New York: George Braziller, 1974: 48.

　　一个城市的面貌，展现了一个城市的内在运行秩序和文化特征。雅典城便是希腊城邦制度中诞生的众多城邦中的极致。雅典以其民主政治、经济发达和文化繁荣而著称，城市拥有积极的公共生活与公共空间。公元前5世纪，雅典人培育了最初民主政治的雏形，开创哲学，整理医学和科学知识，创作最早的抒情诗及悲喜剧作，吸引了众多文化观光者。在剧院里，剧作家在上万同胞的注视下被授予橡树冠的荣誉；宗教节日时在广场上，史诗的吟诵者在裁判面前竞相角逐；在体育馆中，男子光着身体参加体育竞技；市场被分门别类，有卖农产品的集市、卖鱼的鱼市、卖水果的果市、服装市场和布市，还有专供书籍交易的市场。雅典公民忠于价值观与优先秩序，将城市关键的空间和资源倾注给公共的集市、神殿、剧院和体育场。公共建筑显赫壮观，这些城市的高光场景代表了对文化的重视，成为公民参与民主共和政治、公共活动的载体（图1-4、图1-5）。

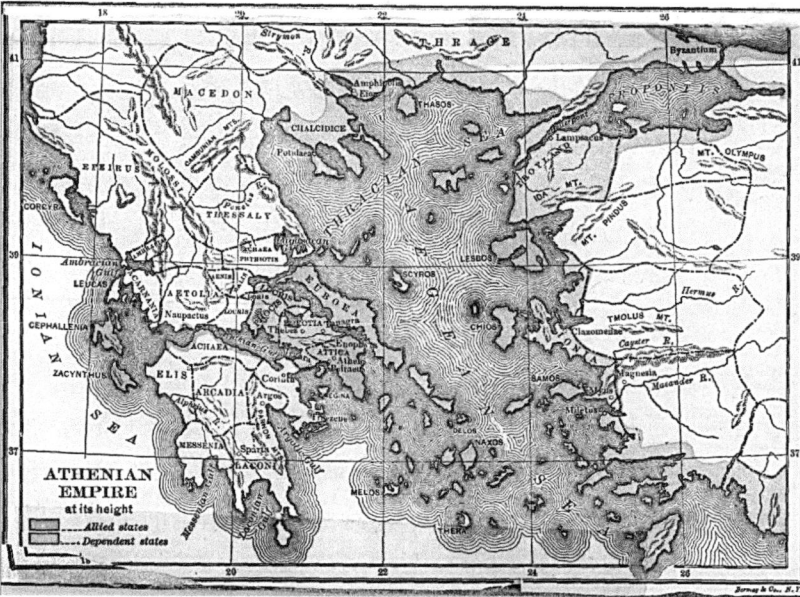

图1-4　公元前450年的雅典帝国，城邦作为构成国家的单元
资料来源：ThoughtCo网站

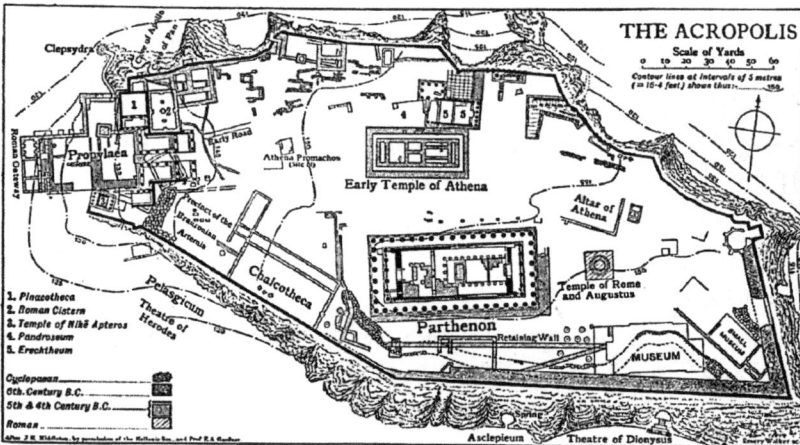

图1-5　雅典卫城将城市的关键空间和资源倾注于神殿等公共设施
资料来源：《大英百科全书》

1.1.3　"治理"与"边界"

从最初的聚落篱笆，到随后的城郭城墙，再到国家领土的国界，边界在一定程度上都代表了权力的分界线。如"篱笆"，抵御野兽侵袭；如"城郭"，防御外敌攻击；如"国界"，决定国家领土范围，也是国家政治主权的界限，国家通过国界划定行使防卫、法律、税收、监督和贸易等方面职能的边界。修筑边界，是治与理，是人类与自然对话的一种方式，而且两者是孪生兄弟。溯源"治"与"理"，其来源都是对自然事物的处理方式。"治"本是古代一条河流的名称。《说文·水部》云："治，水出东莱曲城阳丘山南，入海。"通常所理解的对国家政事管理的"治"，也是由"治"水名演化、延伸而来。"理"的本义，是指攻玉的方法。《说文·玉部》："理，治玉也。"《说文通训定声·颐部》亦云"理"："顺玉之文而剖析之。""理"引申演变为遵循规则、规律、道理、秩序行事之义。由此引之，"治"侧重于掌控和驾驭，而"理"侧重于顺应已有规律进行处理。英文的"governance"，往往被翻译成治理或管理。对于现代意义上的"治理"概念，国际机构（联合国、全球治理委员会）提出，它强调多种协调冲突下的事务安排。"治理是公共机构和私人机构管理其公共事务的诸多方式的总和，是通过协调彼此冲突或各不相同的利益进而采取合作行动的连续过程"。此后，"治理"迅速成为政治学、行政学、管理学等研究的热点议题，研究热潮一直持续到当前。

人类社会空间形式发展的过程，即依托治理能力提升而不断扩展空间边界的过程。基于能掌握的生存领域，才能生生不息。中外的文明，都依托城郭或城邦，掌控更多以城为中心的周边的资源，比如良田、要塞、水源、人力，并发展出复杂的资源管治规则。事权、边界与规则三元素共同构成了人类空间治理体系。

1.2　去往何处

欧洲从中世纪封建社会向现代国家过渡的过程中，城市不断扩展自身的自治权利，既促进了理性资本主义的孕育和发展，也促进了王权的强大以及理性官僚制国家的产生。18世纪，蒸汽机的改良驱动了第一次工业革命，造就了密集的城市核心区、拔地而起的工厂；流水线作业和电力的使用引发了第二次工业革命，繁荣了城市大片的郊区；半导体、计算机、互联网催生了第三次工业革命，诞生了人人生产、人人共享、人人互联的巨型网络[①]。世界开始趋于扁平化[②]，世界空间被再次打破重组。克劳斯·施瓦布在

---

① 里夫金. 第三次工业革命［M］. 张体伟，孙豫宁，译. 北京：中信出版社，2012：XI-XVII.
② 弗里德曼. 世界是平的［M］. 何帆，肖莹莹，郝正非，译. 北京：东方出版社，2006：39.

《第四次工业革命》中提出了物联网、智慧城市等23种无孔不入的技术，它们会对社会变革带来前所未有的影响，技术与社会有机融合正在向人类世界迈进。

时至今日，面对永续发展的议题，人类的活动仍有边界。自然空间和人类社会空间的冲突，人类与其他生物的冲突，国家与国家的冲突，只是不同主体资源与权力争夺矛盾的缩影。在全球化的背景下，冲突与合作同时存在。反思以往资源观的局限性，未来应当用新的"资源观"，重新认识人和自然的关系。2019年，《求是》杂志刊登《推动我国生态文明建设迈上新台阶》一文，提出的"生命共同体"概念为生态文明建设时代的人类发展指明方向。在新的资源观、"生命共同体"等概念下，空间不仅是"自然资源"的载体，也是万物依存、发展繁荣的所在，对全域资源的掌控与协调要求推进全社会的治理能力现代化。放眼世界，发达国家相继探索形成与国情相适应的不同类型的空间规划体系。未来我国的国土空间规划要建立清晰的事权体系，协调多元目标，实现空间的多维价值。

1.2.1　变化的世界

我们把目光投向历史，欧洲中世纪时期的城市也在多方力量的推动下缓慢发展。这是极度认真严谨的时期，在许多人的想象中，中世纪的城市是静止的，实际上，即使在中世纪巴洛克规划中也表现出了在政治上中央集权的最高专制形式，经济力量的影响也悄悄壮大，表现在突破城市限制的城墙扩张上。许多中世纪城市中的环形道路即各个阶段发展扩大城墙留下的"年轮"。1172年，佛罗伦萨第二次扩建城墙。随后的一个世纪中，同样的情况又出现了三次。

第一次工业革命首次以破坏性的方式打破了中世纪城市的边界，造就了密集的城市核心区、拔地而起的工厂。1776年，亚当·斯密的《国富论》奠定了资本主义自由经济的理论基础。急速增长的生产力打开了城市的边界，模糊了城乡的围墙。19世纪，西方社会基本建立了资本主义制度并迎来机器大生产时代。工业的发展如脱缰的野马，以无法想象的速度、规模，强烈地改变着人类赖以生存的自然环境以及人类社会生活本身[①]。这一时期城市中的人口和用地急剧扩张，各种新的空间要素不断出现，城市的蔓延已经大大地超出了预期。城乡边界日益模糊，形态犬牙交错。资本主义这股新的力量要求扩张，并向四面八方扩散开去——开拓海外殖民地，攫取新的资源建立新的工业。然而，中世纪继承的古老城市形态并不能适应机器大生产的要求。工业大生产带来或引发的新的生产要素、社会结构、生活形态和社会需求等都使原有的城市形态挣脱出中世纪的边界。资本主义取代封建主义，伴随的是资本主义的城市有边无界的阶段，商业的扩张与城市解体相伴相生。

机器大生产激发了生产力急速提升，给人类带来新的不断膨胀的自我力量意识。资

---

① 张京祥. 西方城市规划思想史纲 [M]. 南京：东南大学出版社，2005：38.

本主义冲击下，消失的城墙是否意味着人类领域的无限扩大？实体边界的消亡是否昭示着人类权力界限无限接近于资本的界限？城市出现了一系列让人深感不安的问题——人口向城市过度集中，乡村地区的衰败，卫生和安全的隐患，这促使近现代的城市规划师们寻找解决城市问题的方法。从空想社会主义到田园城市再到勒·柯布西耶的集中主义现代城市设想，出现了许多城市规划的理念。

在资本主义的灌溉下，19世纪的伦敦以令人惊诧的速度扩张。1801年，大伦敦的人口为111.7万，1851年达到268.5万，1901年达到658.6万，伦敦无可争议地成为当时世界上最大的城市。伦敦是内部结构尚未进行改革的中古城市，工业化和城市化带来了社会财富的翻倍增加，也引发了城市生活质量的恶化，卫生条件极其恶劣。1848年《公共健康法案》(Public Health Act)颁布，成为英国公共卫生改革的标志性事件。半个世纪后，埃比尼泽·霍华德的《明日的田园城市》于1902年出版，他倡导的田园城市的绿带型边界，是调整人与自然空间关系的方式，是通过绿化空间来限定城市边界的现代翻版。为了实现城市与乡村的重新结合，他在设计的新城市周围加上一圈永久的农田绿地。这不是一道立体的平面墙，它像古代的城墙一样，能令城墙内的人们更团结[1]。

19世纪巴黎的发展速度以及伴生的问题与伦敦极其相似，不堪重负的巴黎成为凡尔赛的阴影。至19世纪40至50年代期间，城市的结构已不能满足当时已达100万的人口的需求，一股强烈的亟需进行都市变革的迫切愿望出现。不一样的是，巴黎采取了更为激进的方式——对城市内部结构进行改革，实行扩都，并确立了大区的治理结构[2]。1852—1869年间，奥斯曼用大刀阔斧的方式新修建了114km(71英里)长的道路，平均宽度是以前的2倍；铺设了超过643.7km(400英里)的人行道，在街道旁栽植10万余株树木，新敷设下水道418.4km(260英里)[3]。这一系列工程不单单创造出新的空间物理结构，更兼具社会和心理的双重效果，将巴黎从中古的迷宫变成了现代的名都。宽阔的林荫道除了缓解交通状况和提升城市的恢宏感以外，更为重要的是，能够防范当时城市中出现的示威游行和内部骚乱事件（图1-6）。

时间指针转向20世纪，科技繁荣给人类带来崭新的图景。许多领域的专业人士认为需要重新梳理城与乡、人与自然的边界，寻求新空间秩序，以摆脱城市发展的现实困境。

1909年，《芝加哥规划》[4]成为城市美化运动思潮的开端。丹尼尔·伯纳姆希望扭转城市无序发展的状况，认为恢复城市中失去的视觉秩序及和谐之美是创造一个和睦社会

① 芒福德. 城市发展史：起源、演变和前景 [M]. 宋俊岭, 倪文彦, 译. 北京：中国建筑工业出版社, 2014：528.
② 柯克. 巴黎的重生 [M]. 郑娜, 译. 北京：社会科学文献出版社, 2014：194.
③ 芒福德. 城市发展史：起源、演变和前景 [M]. 宋俊岭, 倪文彦, 译. 北京：中国建筑工业出版社, 2014：1003.
④ 伯纳姆. 芝加哥规划 [M]. 王红扬, 译. 南京：译林出版社, 2017：28.

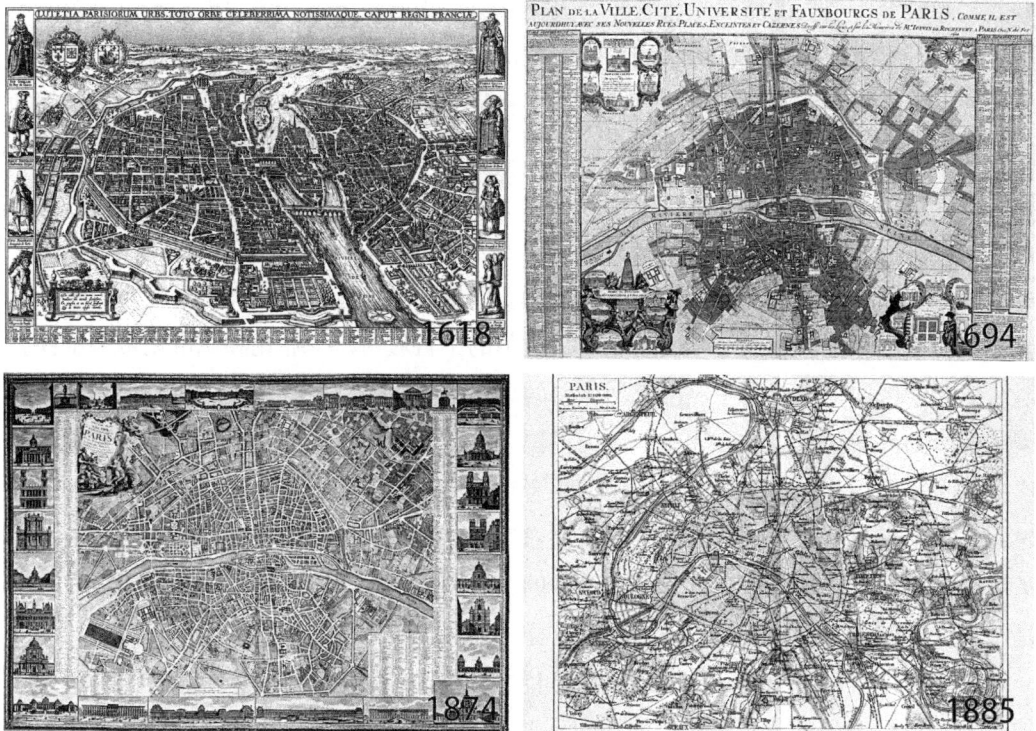

图1-6　从中世纪的巴黎到奥斯曼大改造后的巴黎，城市一直以或平缓或激烈的方式扩张

资料来源：thepolysh.com

的先决条件[①]，推崇大型公园、宽阔街道和开放空间。随后，城市美化运动的影响迅速传播，包括美国的旧金山、波士顿，澳大利亚的堪培拉，印度的新德里等。

1933年，《雅典宪章》提出城市功能分区思想，认为城市与乡村彼此应融为一体，不能离开所在的区域单独研究城市，因为区域构成了城市的天然界限和环境。

20世纪30年代，大伦敦区域规划委员会提出"提供一个支持公共空间和娱乐地区的保护区，并形成一个绿带或公共空间环"，绿带不仅指丛林、草地，还包括农业用地和农村土地。政策目标是为了控制城市蔓延，以及避免因城市蔓延导致农村土地被侵占。大伦敦绿带政策是对控制城市蔓延、保护自然资源和生态环境、实现城市可持续发展的城市空间治理手段和政策工具的探索。

自20世纪50年代，荷兰的兰斯塔德地区经过多次空间规划，形成4个核心城市和其他城镇呈环状分布在"绿心"周围的城乡格局，其中心是一个接近3000km²的不可侵占的"绿心"。中央政府通过国家空间规划对绿心进行保护。随后形成由4个核心城市相关机构组成的兰斯塔德委员会、绿心平台，行使协调城镇发展及绿心保护的职能。

---

① 洪亮平. 城市设计历程 [M]. 北京：中国建筑工业出版社，2002：50.

哥本哈根的"指状规划"于1947年提出,至今对大哥本哈根持续产生积极的影响,其核心是控制城市蔓延,并对自然资源有效管理、合理利用。规划提出在依托铁路干线形成的城镇体之间,应保留楔形的绿色开放空间,并希望其尽可能地渗透到城市中心区。

1977年的《马丘比丘宪章》认为,物质空间只是影响城市生活的一项变量,起决定作用的应该是城市中的各类群体、社会交往模式和政治结构。提出城市空间的流动性和连续性,强调人与人的相互关系和城市的动态特征。

20世纪70年代,美国开始探索划定城市增长边界,试图改变郊区化的城市蔓延发展模式。波特兰是城市增长管理的先锋城市,从1990年至今,通过划定开发边界,限制城市向外扩张而将更多资源转入内部,提高单位土地的利用率,改善功能分区状况,有效避免交通、住房等资源的浪费。

巴黎环形绿带规划[①]在1987年正式批准,作为控制城市边缘地带的一项新政策,在距市中心10~30km范围内实施环形绿带规划。

1990年后,城市快速膨胀的压力,以及未来30年的区域增加人口预测,迫使加拿大安大略省政府制定了一系列新政策。2004年,制定了包含多伦多市到尼亚加拉这样一个庞大区域的精明增长规划和绿带建设方案[②]。规划中的绿带还包括那些在尼亚加拉悬崖规划和橡树岭冰碛保护规划下,已经被部分保护起来了的独特农田区和具有生态价值的地区,总面积超过70万公顷。

在消失的城墙之外,人类给自己的领域范围重新设定了边界。如果说,资本和技术冲击下的城镇空间是孙悟空,那么绿带和绿心就是戴在孙悟空头上的紧箍咒,通过反向推力迫使城镇空间在合理的框架内提质提效。通过绿化空间边界来控制城市蔓延,改善生态环境,成为一定发展时期城市空间的管制手段和政策工具(图1-7)。

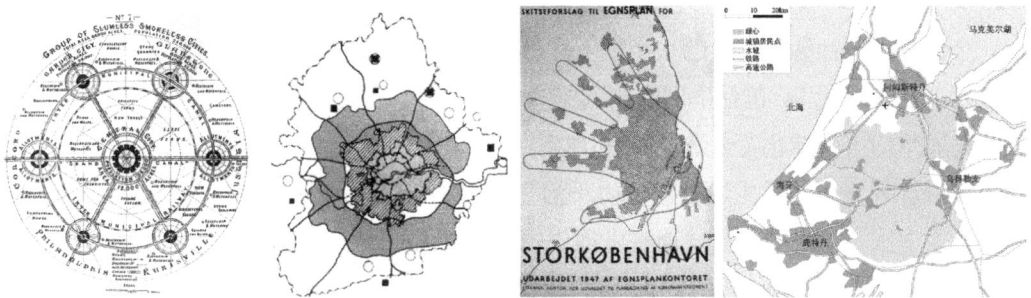

图1-7　在消失的城墙之外,人类用绿化空间给自己的领域范围重新设定了边界
资料来源:左一为《大英百科全书》(*Encyclopedia Britannica*)
左二及右一为《城市生态功能区规划与实施的国际经验及启示——以大伦敦地区和兰斯塔德地区为例》一文插图
左三为丹麦《首都地区规划建议》

---

① 陈冰红,熊国平. 国外城市开发边界划定研究 [J]. 城乡规划,2019(03):8-12.
② BOURNE L S,严宁. 多伦多规划所面临的挑战:过去,现在和将来 [J]. 国外城市规划,2005(02):62-65,1.

1.2.2　不确定的未来

我们面对的未来世界，充满着变化和冒险，自然灾害和局部战争冲突时有发生。在经济全球化、交流信息化、运作市场化的时代，我们必须承认人类认知的局限性和治理能力的有限性。如何把握未来发展的航向？

新世纪的刻度已经转过五分之一，科技的进步不断拓展着人类活动的边界，也使人类的信心愈发膨胀，乐观派认为人类社会的活动边界几乎不受自然条件拘束。似乎曾经威胁人类生存、发展的瘟疫、饥荒和战争不复存在。但人类活动的边界真的是无限的吗？在人口膨胀、自然资源不堪重负的今天看来，未来似乎危机四伏。生态环境有边界，人类活动也有边界。面对大自然，人类活动的边界何在？

"当人类向着他所宣告的征服大自然的目标前进时，他已写下了一部令人痛心的破坏大自然的记录，这种破坏不仅仅直接危害了人们所居住的大地，而且也危害了与人类共享大自然的其他生命。"[①]乌干达的马尔堡病毒、1976年暴发的埃博拉病毒、马来西亚的尼帕病毒、2003年席卷中国的SARS病毒，这些来自野生动物的病毒在人类对自然系统的侵犯活动中传播，不断引发世界对人类与自然空间边界的思考，以及对公共卫生和健康风险的关注。人类对活动边界的约束体现着对自然的敬畏，在如今仍有重要意义。

> 他们幻想着自由，
> 然而只要有瘟疫，
> 谁都得不到自由。
>
> ——阿尔贝·加缪《鼠疫》

今天，人类社会总人口的一半以上居住于城市，按照世界平均城镇化率来看，我们已进入"城市时代"。包括中国在内的绝大多数国家，已经或将必然建立起以城市为中心的发展结构。全球化背景下的发展中国家力图在短期内追求高速度的经济增长，土地作为城市规划分配的最主要资源，由于治理能力处于较低水平而被粗放地使用[②]。我国作为发展中国家的重要成员，面临发展中国家的共性问题。中国的发展模式走过了"计划建设型"到"增长导向型"再到"美好生活驱动型"多个阶段。改革开放的前三十年，中国成功地实现了从计划经济向新兴市场经济的转型。在城市规划方面，沿袭了欧美化的模式，按照市场需求分配空间增量。这一时期城市对增量空间的需求急剧膨胀，城市结构具有多变的特征。在"摸着石头过河"的过程中，毫无瑕疵、完美的制度并未同步

---

① 卡逊. 寂静的春天［M］. 吴国盛，评点. 北京：科学出版社，2012：32.
② 张京祥. 西方城市规划思想史纲［M］. 南京：东南大学出版社，2005：283-284.

建立，空间规划领域的事权冲突存在已久。在空间规划中，部门间横向职能划分不清、空间管控要素边界交错重叠，致使各自都倾向于争夺空间话语权。出现了多头调查、多头规划、多头管理，部门之间相互矛盾、相互掣肘、相互摩擦的局面。表面上看，是一个空间规划体系网络，但是实际上，这个体系是我国"条条"与"块块"相互交叉和制衡的政府事权结构在空间规划上的映射。随着改革的推进，传统的管理模式也正在让位于更具有公共事务针对性的治理模式。

1.2.3　迈向未来之路

未来，去往何处？

卡尔维诺在《看不见的城市》里用古代旅行家马可·波罗的口吻对城市进行了现代性的描述，让忽必烈想象城市就是一局棋。可想而知，棋局千变万化，这是卡尔维诺对后现代社会城市的思考。城市如此，空间更是如此。空间不仅是"自然资源"的载体，也是万物依存的所在。对于人类这一物种来说，借助空间开展社会活动、创造璀璨文明、实现利益诉求，空间已然超越单一属性，而成为涵盖自然资源、资产资本、社会认同等多重属性的载体。回溯人类空间边界的变化，我们发现，不论在人类发展的哪个阶段，都在借助有形或无形的边界，建立符合当时所处社会阶段、符合社会生产力特征的"领土空间"运行规则，致力于求得资源和环境关系的最优解。

人类社会总体上经历了从"农业文明"到"工业文明"再到"生态文明"的发展过程[①]。工业文明将生态环境作为经济大系统的自然资源禀赋要素，"唯利是图"的价值判断引发大量生产、大量消费、大量废弃，最终超出资源环境承载力的死循环，空间治理的主体失序是城市无序扩张的制度因素，也是城市开发边界制度需要解决的问题[②]。在国内，地方政府在以经济建设为中心及GDP考核体制下，空间拓展成为快速城镇化的重要表现，城市增长与生态管控的矛盾冲突不断呈现[③]。而在生态文明阶段，为化解保护与发展的冲突，将山水林田湖草海作为一个有机整体，进行各类边界的调整、重构和融合，理顺各级事权和规则，提供一个健康安全生态友好的空间发展框架。"生命共同体"的理念、新的"资源观"、治理现代化要求，帮助我们重新审视空间中的边界、事权与规则对人类发展的意义。

---

① 张京祥，夏天慈. 治理现代化目标下国家空间规划体系的变迁与重构 [J]. 自然资源学报，2019，34（10）：2040-2050.
② 桑劲，柳朴. 城市开发边界的治理制度探索：基于省—县两级事权主体的设计 [J]. 规划师，2019，35（02）：26-31.
③ 何冬华. 生态空间的"多规融合"思维：邻避、博弈与共赢：对广州生态控制线"图"与"则"的思考 [J]. 规划师，2017，33（08）：57-63.

1.2.3.1 新的资源观

一些科学原理在今天看来是真理,但下一秒中就可能被推翻。

——史蒂夫·霍金《时间简史》

人类的资源观经历了自然资源到经济资源再到社会资源,从小资源观到大资源观的演进路径。在原始聚落阶段,人类最初只是将资源理解为自然资源,此后很长一段时期,对资源的理解停留在自然资源和经济资源上。在全球化大生产阶段,以自然资源的大规模消耗为特征的工业社会一路高歌猛进。传统资源观的核心主张是自然界中的一切存在物都是资源,都可以作为人类增加物质财富、提高生活水平、改善生存处境的手段①。传统的资源观最充分地反映了人类中心主义的价值理念,自然万物为人类服务是它们存在的价值。工业革命开始之后,科学技术成果可以应用于人类的生产实践活动中,科技成果能够转化为巨大的现实生产力,能够提高资源利用效率,从而为人类创造更多更好的物质财富和精神财富。在这种思想的支配下,西方人开始向自然界宣战,采取的主要方式正是对所谓的自然资源的掠夺式开发。直到20世纪70年代,西方才开始对包括传统资源观在内的自然观念进行反思和批判,并对人类的处境进行深刻的反思。1971年罗马俱乐部发表的《增长的极限》是当时悲观派对未来的警告。现代资源观是建立在重新认识与理解人和自然关系的基础上的。新自然哲学不厌其烦地反复强调,人类不是自然主宰,而是自然之子,是整个自然界的一个组成部分。自然万物的内涵远超于服务于人类的资源范畴。

有限治理能力不仅限制人类对资源的掌控能力,也改变人类认知资源的维度。限于目前的治理能力和技术手段,我们所认知的资源多在此次"三调"②的范畴之内,治理能力具有明显的时代特征。已有的发现往往带来更多的未知,奥秘背后,藏有更多奥秘,空间之外,更有无穷空间。未来,还有很多资源将会被人类所认知,从天上到地下的垂直全域,从一维到二维、三维,进而拓展到四维、五维空间,甚至还有一些"场",如空间场,都是潜在的可利用资源。不过,这需要一定的时间才能实现。未来的规划建立面向资源的下沉机制,"将资源变资产"。存量时代,地方发展寻求新的模式,从存量空间中、从有限的资源中找到新的流量通道。新的资源观将引导"三个转型"——从创造增量到吸引流量的转型、从增加资源到创造资本的转型、从吸引产业到吸引人才的转型。

1.2.3.2 生命共同体

在新的资源观下,"生命共同体"概念应运而生。2013年《中共中央关于全面深化改革若干重大问题的决定》基于生态文明建设的宽阔视野提出"山水林田湖草是生命共

---

① 吕国辉. 资源观:从传统走向现代:思考人类前途命运的一个角度 [J]. 消费导刊, 2007 (13): 123-124.
② "三调"即全国第三次土地调查。

同体"的重要论断，人与自然是生命共同体，生态环境是人类生存发展最为基础的条件[1]。"人类只有遵循自然规律才能有效防止在开发利用自然上走弯路，人类对大自然的伤害最终会伤及人类自身，这是无法抗拒的规律"，这是对马克思主义关于人与自然关系思想的继承发展。中国智慧，引发了国际话语体系的强烈共鸣。2019年，联合国《生物多样性公约》秘书处以"生态文明：共建地球生命共同体"为主题，强化"生态文明"的愿景、从传统到新兴生态文明的创新，以此激发未来可持续发展之路。"生命共同体"的概念深植于万亿年来人与自然始终无法剥离的联系。人类诞生以来，90%以上的时间都在采集野果和狩猎，人类的祖先与自然接触的方式既直接又亲密。"地球母亲"不仅是一个比喻，还是采集狩猎者赖以生存的原始存在。人类的生产方式从采集和狩猎变为农耕后，人类与自然的关系从完全依赖自然的慷慨，变成把自然视为资源不断加以控制。当今，人类应重新审视并融入自然界，自愿主动地发现自身与自然的相互依存关系。就像环境活动家约翰·锡德在思考热带雨林命运的时候说："我只是努力记着不是我想保护热带雨林，而是我在保护我自己，因为我是热带雨林的一部分。""绿水青山就是金山银山"的"两山理论"生动反映了新时期资源观的内涵转变。今天的"生命共同体"理念与传统的"天人合一"思想都是东方朴素哲学的智慧体现。

1.2.3.3　未来的地方创新实践

各国的现代化历程表明，国土空间规划体系的建立是一个国家实现现代化的里程碑。19世纪以来，伴随工业化和城市化的发展，发达国家相继编制城市规划、区域规划和空间规划，探索形成了与国情相适应的不同类型的空间规划体系。放眼当今世界，空间规划广泛、深刻地内嵌于各国的国家治理体系之中。空间规划不仅是对空间环境进行"刚性管控"的有力工具，也是实现"战略引领"的重要政策手段[2]。以德国为代表的欧洲中部国家的体系是多中心、上下互惠的；以法国为代表的则是拿破仑体系，是自上而下的，中央政府对每一个城市的规划有所控制；荷兰的空间规划体系具有分权化特征与强有力的管控手段[3]。2016年，联合国第三次住房和城市可持续发展大会发布《新城市议程》，认为实现健康的城镇化，最大限度发挥城镇化的积极作用，取决于良好的社会治理结构、优良的规划设计和有效的财政支撑。《新城市议程》编制过程即各利益相关方相互尊重、相互妥协的产物，是全球治理领域的重大进展。

改革开放以来，在国家治理体系变迁下，我国的空间规划体系也经历了一系列探索、创新的演进历程。党的十八届三中全会提出"推进国家治理体系和治理能力现代

---

[1]　孙要良. 如何理解"人与自然是生命共同体"[N]. 学习时报，2018-04-09（001）.

[2]　张京祥，夏天慈. 治理现代化目标下国家空间规划体系的变迁与重构[J]. 自然资源学报，2019，34（10）：2040-2050.

[3]　蔡玉梅，高延利，张丽佳. 荷兰空间规划体系的演变及启示[J]. 资源导刊，2017（09）：54-55.

化"。这里有两个关键词，一是"现代化"，二是"治理"。有学者认为，国家治理现代化标准的特征包括权力运行制度化、制度安排民主化、公共治理法治化、治理体系高效率、治理体系协调性①。从治理现代化的角度，反思近十年出现的"多规并存""多规打架"现象，实际投射的是不同权力主体的治理理念与目标差异，其本质上是各级政府之间以及各部门机构之间的权力博弈②。治理现代化在国土空间规划领域的体现就是建立现代的与未来发展相适应的空间规划体系。

2019年5月，《中共中央国务院关于建立国土空间规划体系并监督实施的若干意见》提出"到2020年，基本建立国土空间规划体系"。"放眼世界，我们正在做的，是一件前无古人的大事"③。国土空间规划是国家宏观的战略规划，应兼具导向性和约束性。未来的空间规划，最重要的就是保护好具有长久价值的资源，绿水青山不会变，幸福安康不会变。规划需要经过现在的治理体系和技术方法两层手段推进，对国家疆域全覆盖的空间资源进行有效保护与使用。在单一制国家的治理体系中，中央制定宏观的政策方针，地方负责具体执行。"五级三类四体系"的国土空间规划体系，标志着从中央到地方的逐层传导。

迈向未来，从地方的视角，从城市的视角，空间规划如何满足人民对美好生活的向往？未来的规划是"美好生活驱动型"规划，对于地方主体而言，尤其如此。从空间到场所，再到场景，体现了对空间价值的认知从一维到多维的转变，未来的场景规划直面每一个人的真实需求做出回答。未来成功的规划，应能够塑造引发人共鸣的空间场景。扬·盖尔《交往与空间》一书从心理学视角研究人与人交往的空间需求，从生活的一点一滴寻找突破口。其中提到一句谚语："人往人处走。"人愿意自发前往，有能够吸引到人的活动，是"场景"与"空间""场所"的重要区别。面向国家治理现代化的地方创新实践，应当重点关注责任与战略、资源与边界、人民与生活三个层面，打造未来的空间规划的战略、资源、生活场景。

第一个场景即建立区域责任的战略场景。一个世纪前，怀着对中国现代化的美好憧憬，孙中山写下《建国方略》。今天重读《建国方略》，仍旧为他的远见所折服："在未来的中国，将建设16万公里铁路，形成北部、中部和南部超级大港。"可以说，这是中国现代化的第一蓝图，其中的许多场景在新中国的建设中已经实现。战略场景的塑造是基于治理当下、放眼未来，为后代作出积极应对的正确治理思考。地方视角，就是营造面向未来发展的城市场景，给出高质量发展的方向。在国土空间规划编制背景下，新时代的国土空间规划战略研究（或战略规划）必然承载着新使命。新时代战略规划的核心作用在于引导新一轮国土空间规划体系的开展，关注地方和区域的责任的落实路径，同时将国家与地方的发展高效协同。如何将大城市的区域责任和区域协同规划得当，是新

① 吴传毅. 推进国家治理体系和治理能力现代化战略举措的基本构架 [J/OL]. 行政论坛，2020（01）：12-16 [2020-03-02].
② 林坚，陈诗弘，许超诣，等. 空间规划的博弈分析 [J]. 城市规划学刊，2015（01）：10-14.
③ 余星涤. 不忘国土空间治理的初心和使命 [N]. 中国自然资源报，2020-01-14（003）.

时期国土空间规划的首要问题。《广州市国土空间总体规划（2018—2035年）》草案明确，规划是广州面向2035年的总体性、纲领性的空间战略谋划。未来，广州将发挥全国综合交通枢纽的作用。为营造面向大湾区一体化发展的战略场景，广州开展了新一轮的交通发展战略规划和轨道线网规划，谋划广州的大交通格局，未来广州规划有11个高铁站，规划5条城市高速轨道与周边城市互联。一方面通过高铁进城，加强广州与湾区城市的互联互通。延伸广深港高铁至广州站，规划新增广深第二高铁进入广州东站，强化对珠江东岸轴带的支撑；西岸规划新增广中珠澳高铁，主线经广州东站至珠海横琴，可使西岸的珠海、澳门、中山等城市直接接入广州多个枢纽，促进西岸与东岸均衡发展。未来几条高铁建成后，人们从广州中心城区出发，1小时即可直达香港、澳门、深圳城市中心区。另一方面，城市谋划中心城区向东西南北四个方向均有高铁通达的大枢纽格局[①]。在区域协同创新层面，重点打造"三城一区多节点"，推进穗深港、穗珠澳科技创新走廊建设。通过"面向区域"的战略场景塑造，明确了城市的责任担当。

第二个场景即建立"三生协调"的资源场景。我国有960万平方公里陆地疆土，300万平方公里管辖海域，蕴含了无数宝贵资源。对优质资源的价值挖掘与保护利用将更加全面，资源的价值将进一步提升，带来自然资源的可持续发展，促进自然资源资产的价值最大化。通过建立清晰的"开发—保护"格局，严格限定重要优质资源，对地方开发资源充分激励。在"开发与保护"格局的基础上，进一步建立"三生协调"的空间场景——营造生活宜居的生活空间、生产高效的生产空间、生态山清水秀的生态空间。未来空间要营造鲜活的城市场景，不仅仅有生活场景，还有生产、生态场景。2019年《关于在国土空间规划中统筹划定落实三条控制线的指导意见》明确三条控制线，即生态保护红线、永久基本农田、城镇开发边界控制线。三条控制线既是约束也是保障，三条控制线的划定，对生产、生活、生态三类空间的边界予以明确，并制定相应的用途管控规则，从而明晰开发与管控手段，平衡开发与保护之间的关系。而用途管制将三条线内部的用地类型"打开"，是实现精细化国土空间治理的必要手段。作为一项重大的历史性战略选择，雄安新区担起千年大计的重任，建设成未来发展的全国样板。位于雄安新区中心位置的白洋淀，不仅是旅游景区、自然保护区，也承载了丰富的历史人文资源。新区设立前，白洋淀自然保护区的区域性保护与开发始终存在区域利益角逐。雄安新区规划为新区乃至周边三县系统梳理空间资源，制定分区、分类的保护与开发策略，最大限度集约利用新区土地资源，提升城市空间集约利用效率，实现城乡空间的全域统筹。将淀水林田草作为一个生命共同体进行统一保护、统一修复。同时顺应自然，形成"北城、中苑、南淀"的总体空间格局。"中苑"利用地势低洼的中部区域，恢复历史上的

---

① 广州市城市规划勘测设计研究院，广州市国土资源与规划委员会. 广州市国土空间总体规划（2018—
　　2035年）草案公示［Z］. 2019.

图1-8 北宋张择端《清明上河图》局部
资料来源：故宫博物院

大澱古淀，结合海绵城市建设，营造湿地与城市和谐共融的特色景观；"南淀"即南部临淀区域，利用白洋淀生态资源和燕南长城遗址文化资源，塑造传承文化特色、展现生态景观、保障防洪安全的白洋淀滨水岸线①。未来地方空间规划创新的关键，是在有限清晰的权利框架边界内，无限求得资源配置出人民美好生活的最优解。通过面向"资产活化"的资源场景塑造，经营好上级下达的开发类资源，协调好全域资源保护与利用的具体安排，保障公共空间资源的供给，做好"未来美好城乡的脊梁与核心架构"。

第三个场景即建立美好的生活场景，回应人民群众对美好生活的向往，从城镇空间深入到美好生活的场景塑造。空间是美好生活的容器，张择端的《清明上河图》中就描绘了鲜活的街市场景：在清明上河的集会时节，汴河沿岸人口稠密，商船云集，人们有的在茶馆休息，有的在看相算命，有的在饭铺进餐，河里船只往来，首尾相接（图1-8）。历经千年，反映当时生活场景的艺术作品仍具有强烈的感染力。规划应为更多人提供服务，成为美好生活空间场景的创造者、建设者和提供者。近两年掀起的"公园城市"研究热潮、总体城市设计热潮的背后，是从冰冷的总图式、鸟瞰式规划向场景式、人视角规划的转变。城市人由"谋生"到"乐生"转变，中国大地上出现以大事件为核心的城市营销和空间拓展，在此背景之下也诞生了日常生活的温暖载体。从2015年起，亚运会后的广州"小蛮腰"闪烁着多彩的霓虹灯，在每晚11点和市民道"晚安"，在教师节亮起，对老师们致敬，成为融入百姓生活的"城市玩具"。早于小蛮腰100多年前诞生的埃菲尔铁塔，最初为象征工业革命的技术成就而建，现在成为全球游人心中最浪漫的目的地、恋人心中完美的求婚地。给日常生活加点料的"大玩具"，对城市与空间而言很必要，但这种"城市玩具"必须在设计规则中运行。正如王澍在他的《设

---

① 中共河北省委，河北省人民政府. 河北雄安新区规划纲要［Z］. 2018.

计的开始》所阐释的：要想自由创造，一些限制总是必要的。2017年《广州总体城市设计》以"美丽宜居花城、活力全球城市"为愿景，作"有用""有底线"的城市设计，在有限空间里实现精明增长，营造紧凑又舒适、集约又便捷、复合又有品质的多样城市空间，使"城市如诗画、片区如景区、节点如景点"。2018年《北京城市副中心控制性详细规划（街区层面）》提出坚持以人民为中心，科学配置各类资源要素，提高城市精细化管理水平。规划了36个美丽家园，建立市民中心—组团中心—家园中心—便民服务点体系，实现5分钟到达便民中心，建设提供便民商业、小微绿地、儿童游戏、老年看护等公共服务的空间场景；步行15分钟到达家园中心，就近满足教育、文化、医疗等需求，享有一站式社区生活服务场景。2019年《浙江省未来社区建设试点工作方案》，勾勒出浙江未来社区建设路线图及未来社区九大场景。建设结合社区全生活链服务需求，以人本化、生态化、数字化为价值导向的新型城市功能单元。面向存量时代，嗅觉敏锐的地产商也迅速调整战略。2017年，万科即表示，未来将努力成为美好生活场景师，为城市提供优质的配套服务，营造宜居的空间场景，也要为人民提供安全稳固的生活空间。人类文明虽遭受了无数灾害，但许多伟大的城市涅槃重生。1657—1856年的200年间，江户（现东京）共经历了9次大火、4次大型水淹、3次地震和2次饥荒（图1-9）。1900—2000年间，阿姆斯特丹有将近四分之一的地标建筑被夷平，开罗超过一半的伊斯兰标志性建筑被毁。在两次世界大战及地区冲突中，上百吨的炸弹被扔在古老城市的中心，"二战"结束时的华沙，80%的建筑被夷为平地。未来地方规划要应对未来变化，包括可以预见的与不可预见的，好的变化或者是最坏的变化。空间规划要面对的是一个无比复杂的未来，如何尽早发现、及时避免和减少这些突发危机给社会造成的破坏和影响，已成为规划必须考虑的问题。对公共服务资源、安全设施的提前预留是未来的必然选择。以前规划是精英供给型，未来会成为人民需求型，生活在城市中的人可以通过多元化的方式参与规划。

未来的规划是从管理走向治理，实现现代化治理的规划体系。在人人有责的世界，个人即最小单位，更是共同体时代下最不可或缺的责任主体。要维护自上而下治理的高效性和严肃性，更重要的是地方发展的活力，让每个生活在我们广袤国土空间中的人，有真正的获得感和温暖感。关乎城镇空间、农业空间、生态空间的美好场景塑造，不仅仅是规划工作者的图面工作。一张"蓝图"的绘就，离不开对具体的有温度的场景的营造。

图1-9　江户（现东京）17—19世纪灾害年表，多次经历火灾、洪灾、地震和饥馑
资料来源：摄于江户东京博物馆

第 2 章

治理与发展

2018年通车的港珠澳大桥，是世界最长的跨海大桥，也是"一国两制"框架下，粤港澳三地首次合作共建的超大型跨海通道。港珠澳大桥的意义，在于它不仅仅是加强大湾区互联互通的交通设施，也是粤港澳三地一体化发展的桥梁。港珠澳大桥的通车，在充分展示我国工程技术现代化的同时，也展现了我国治理能力的现代化。

国家的繁荣和地方的发展，既需要"物质现代化"，也需要"治理现代化"。在基本实现"物质现代化"的当下，转变发展模式的"治理现代化"显得尤为重要。治理能力现代化的命题，需要实现由"管理"向"治理"的转变，需要从单一到多元结构的转化。站在地方发展的视角，就要实现由"管理型政府"向"服务型政府"的角色转变，规划也要相应地从"精英供给的规划"向"人民需求的规划"转变。"人民需求的规划"应具有良好的通道机制，使中央和地方治理间的"双向通道"畅通无阻，既有自上而下的宏观意图传导，也有自下而上的地方人民声音。治理能力现代化有利于地方的发展，更有利于地方的高质量发展。

2.1　中华人民共和国成立以来的规划

2.1.1　1949—1978年，计划经济管制下的规划萌生

现代城市规划，伴随着"西学东渐"逐步传入中国并扎根发展。20世纪20年代，一些城市从市政纲领角度开始进行规划编制，比较典型的有南京"首都计划"、上海"大上海计划"。这一时期的城市规划，以欧洲早期现代城市规划和美国城市美化运动为样板。抗战胜利后，早期的发展规划开始出现，如"大上海都市计划""大武汉区域规划"；美国城市区划制度也有引入，如上海1948年的《建成区暂行区划计划》。这些规划都停留在编制阶段，没有实施。1949年，中华人民共和国成立，经过长期的战争洗礼，国家亟须稳定政治与经济形势、快速恢复生产。因此，在各领域全面效仿苏联，构建了一套建立在计划经济体制基础之上的国家治理体制。这一时期的城市规划主要是空间规划，是国家自上而下进行资源配置、生产力布局的重要工具。城市规划从属于国民经济计划，承担着对国民经济发展计划进行单向、被动空间落实的功能，是"国民经济计划的空间图解"[①]。

2.1.1.1　城市规划"国民经济计划的空间图解"

1）"计划"和"规划"的分立

1952年，国家成立了隶属于中财委的建设工程部，简称建工部，核心工作是城市

---

① 张京祥，夏天慈. 治理现代化目标下国家空间规划体系的变迁与重构 [J]. 自然资源学报，2019，34（10）：2040-2050.

规划，次年成立了下属城市建设局①。1953年，国家启动"一五"计划，正式开启了中国每五年一次的五年计划编制大幕。为了更好地执行、审核"五年计划"，国家计委成立，并成立了下属的城市建设计划局。至此，"计划"和"规划"分立的制度建立起来。"一五"计划的建设重点是苏联帮扶的156项目。1953—1954年，多部门经过讨论，确定开展西安、太原、洛阳等8个城市的城市规划工作。从"一五"期间的"八大重点城市的规划"来看，工业项目的选址和布局设计等属于计划管理的范畴，城市规划主要涉及厂外配套设施，即生活性设施的布局，而且建筑设计中的"总图"作为基本形式，被运用到所有的城市规划中。与此同时，为建设而编制规划，用规划图纸与建设需要和实际建成状况的对应关系来衡量规划编制成果和规划实施成败等观念，成为规划人员、政府管理以及社会对城市规划的基础性认识。

2）"梁陈方案"的短暂发声

1950年，梁思成和陈占祥提出著名的"梁陈方案"，即《关于中央人民政府行政中心区位置的建议》（以下简称《建议》）。这是中华人民共和国成立后，中国规划师在规划实践中对有别于照搬"苏联模式"的一次短暂发声。《建议》提出了从功能主义和保护主义出发的与苏联专家相悖的营城理念，即对市郊建设新行政中心的前瞻构想。但最终，"梁陈方案"败下阵来。同年11月，由苏联专家提出的第一份北京建设意见通过，随即参照此方针建设落实。

3）"三线建设"应对边境安全的特殊决策

20世纪60年代，为应对恶化的边境安全形势，中央提出了"三线建设"的战略决策。"三线建设"是考虑到中华人民共和国成立之后，各大沿海临边城市在建设中面临着外部安全威胁，提出在我国中西部13个省、自治区开展的一场以改善工业布局、加强国防、进行战备的国防、工业、交通、科技等项目设施建设活动。"三线建设"的总体原则是"靠山、分散、隐蔽"。国家将"一、二线"地区的部分企事业单位搬迁到三线地区，并从技术力量和设备等方面对"三线"地区实行对口配套。"三线建设"是一次大规模的工业迁移，为我国中西部地区的发展作出了贡献。"三线建设"坚持"不建集中城市"的方针，自创了大庆新型工矿区和攀枝花山地城市等规划模式。同时，地域生产综合体得以推广，兴建了一批单位大院等综合居住区，但存在用地布局混乱、功能交错等问题。

2.1.1.2　土地规划主要服务农业生产

土地规划自20世纪50年代初由苏联传入我国，当时称为"土地整理"，1956年正式改称"土地规划"。中华人民共和国成立初期，发展方针要求"以农养工"，为工业崛

① 李浩. 八大重点城市规划：新中国城市初期的城市规划历史研究［M］. 北京：中国建筑工业出版社，2019：13.

起积累基础，土地规划以提高农业生产能力为重点。1954年起，黑龙江、新疆、海南等地开展了国有农场的土地规划工作，为社会主义农业企业创造了适宜的土地组织条件。1956年、1957年农业部两次发文通知，要求农业合作社开展土地规划工作，并组织编印了《农业生产合作社土地规划概要》，对农业生产建设起到了很好的指导作用。"二五"期间，全国广泛开展了人民公社土地规划工作，主要任务是适应新的劳动组织和机械化、电气化的发展。"三五"时期，积极开展土地规划试点工作，查清土地资源，为实现农村技术改革提供适宜的土地条件[①]。1964年，"农业学大寨"开展了山水林田路村的农村地区综合规划。总体看来，这一时期，我国土地规划开展的范围局限于农村基层组织，是以农村土地利用和农业生产的布局和组织为重点，规划内容以耕地规划为重点，但相对零散，覆盖面小。土地规划以农业地块设计和农业设施布置为主要内容，规划单元基本上是农业企业和人民公社。

2.1.2　1978—1992年，逐步放权改革下的增量治理

1978年，党的十一届三中全会后，中国开启了"摸着石头过河"的渐进式改革。随着对长期固守的计划经济体制的逐步调整和改革，在国民经济生产与消费领域中，国家指令性计划的范围不断缩小，市场主体的作用逐渐增强，政府对经济与社会完全支配的局面不断趋于放松[②]。"放权"无疑是这一时期最有成效的改革策略。中国幅员辽阔，各地发展条件千差万别，任何"一刀切"的政策都会因为忽略地区间的巨大差异而带来诸多问题。正视和利用地区间存在的差异，激励地方参与改革和制度创新，提高经济发展水平，是摆在中国领导人面前的难题。当时的一个重要的改革创新就是对局部地区的政策倾斜和优惠，通过设立经济特区、经济技术开发区、沿海开放城市、计划单列市等一系列特殊经济区域，实现地方分权的"局部突破"。这种对局部地区的政策倾斜，体现了中国领导人推崇的"双轨制"和"增量改革"的政治智慧。

2.1.2.1　城市规划工作全面恢复

1980年召开的全国城市规划工作会议是城市规划工作全面恢复的标志。1984年通过的《关于经济体制改革的决定》明确要求"城市政府应该集中力量做好城市的规划、建设和管理"，确定城市发展方针是"控制大城市规模，合理发展中等城市，积极发展小城市"，改革开放后的第一轮城市总体规划编制开始，规划期限到1995年，有的

---

① 林坚，赵冰，刘诗毅. 土地管理制度视角下现代中国城乡土地利用的规划演进 [J]. 国际城市规划，2019，34（04）：23-30.
② 张京祥，夏天慈. 治理现代化目标下国家空间规划体系的变迁与重构 [J]. 自然资源学报，2019，34（10）：2040-2050.

到2000年。这一时期，城市总体规划的编制依然受计划经济体制的影响，但强调了规划和区域经济对城市社会经济发展计划的参与，不论是规划的广度还是深度均有所突破。规划强调城市功能分区，研究的重点问题包括城市性质、城市规模、城市发展方向和空间结构等，还包括旧城改造、基础设施和环境保护等内容。这一阶段城市总体规划局限在规划区以内，以城市为主体，注重对城市人口和用地规模的控制。专项规划得到拓展，增加了城镇体系等内容，分区规划被提上日程，规划实施和规划管理得到进一步深化。

沿海开放地区是这一时期我国城市规划工作实践的前沿。以5个经济特区和14个沿海开放城市为代表，先后开展了城市总体规划的编制工作。1984年，国务院批准了广州改革开放后的第一版城市总体规划——《广州市城市总体规划（1981—2000年）》。规划确定了广州的城市性质为"广东省政治、经济、文化中心，我国的历史文化名城之一，我国重要的对外经济文化交往中心之一"。突出了广州在全国及广东的地位，强调其中心城市、对外交往和历史名城的作用，改变过去历次方案"把广州市建设成为社会主义生产城市"的提法。强调控制城市人口规模，疏散过分集中的旧城区人口。在空间布局上，打破了连续成片发展的模式，确定沿珠江组团式发展的结构。旧城区为第一组团，天河区为第二组团，黄埔区结合广州经济技术开发区形成第三组团。组团之间以农田和蔬菜地分隔，避免连成一片。确定番禺的市桥镇、花县（现为花都区）的新华镇为卫星城，大力发展郊县城镇和农村集镇，形成多层次的城镇网络体系。

2.1.2.2 土地利用规划工作开始实践

党的十一届三中全会以后，为贯彻"十分珍惜和合理利用每寸土地，切实保护耕地"的基本国策，国家成立了土地管理局，作为统一管理土地的机构。1986年实施的《中华人民共和国土地管理法》规定："各级人民政府编制土地利用总体规划，地方人民政府的土地利用总体规划经上级人民政府批准执行。"这部法律的颁布有力地推动了土地利用规划工作的开展。1987年，根据国务院《关于开展土地利用总体规划的通知》（国办发〔1987〕82号），我国开始第一次编制全国土地利用总体规划。1993年月，国务院正式批准了《全国土地利用总体规划纲要（草案）》，其后19个省也完成了省级土地利用总体规划的编制。全国64%的地市、75%的县完成了规划编制工作，乡级规划编制工作也普遍开展。

第一轮规划是在党的十一届三中全会之后全面推进经济体制改革和《中华人民共和国土地管理法》首次颁布的条件下开展的。在实行有计划的商品经济的背景下，依据中共中央、国务院发出的《关于加强土地统一管理工作，制止乱占耕地的通知》，按照我国实现社会主义现代化建设第二步战略目标以及《国民经济和社会发展十年规划和第八个五年计划纲要》的要求，编写具有社会主义有计划商品经济下的服务型土地利用规划①。规划的重点是贯彻"一要吃饭，二要建设"的思想，在保护耕地的前提下，妥善解决耕地和建设用地的供需矛盾。规划的主要特点是自上而下的数量调控与流量控制，通过行政管理系统，将国家对土地的宏观调控以数量的形式逐级分解落实。由于时间紧迫、缺少国土调查数据以及相关立法滞后等原因，这一轮土地利用总体规划仅仅停留在指标的数字分解上，未能得到有效实施。但就科学的方法而言，它建立了五级土地利用规划体系，初步确定了规划的基本程序，探索了规划的内容和方法，奠定了我国土地利用规划的基础。

2.1.3　1993—2002年，市场经济建立与地方高度竞争时期

1993年中共十四届三中全会通过了《中共中央关于建立社会主义市场经济体制若干问题的决定》，确立了市场在资源配置中的基础性作用，标志着中国从此转向外向型、市场化的经济增长道路，由此进入经济高速增长的阶段。1994年分税制改革施行，压缩了地方的取税渠道，但同时也实行了土地有偿使用制度改革。这其实是中央对地方的一次大规模放权。1994年，《中华人民共和国城市房地产管理法》颁布，在《中华人民共和国城市房地产管理法注释本》中，可以清晰地了解该法的立法目的和具体内涵。"我国城市基础设施建设最大的困难是资金短缺，在旧的国有土地使用制度下，土地使用者无偿无期限使用土地，土地所有者却无任何收益，形成城市基础设施建设只有投入没有回收，政府投入越多财政包袱就越重的恶性循环。实行国有土地有偿、有限期使用制度，把本应归国家的土地收益收归人民政府，以地养地，以地生财，就从根本上解决了城市基础设施建设的难题"②。地方政府开始积极介入经济发展，从沿海地区到内地，各地方政府通过出售土地、给予税收优惠等手段，竞相招商引资，发展本地经济，推动了经济的高速发展。"发展就是硬道理"这一信念，使这一时期中国自上而下全面形成了以追求短期经济增长为目标、高度企业化的增长型政府，掌握着土地资源的地方政府尤其如此，进而演化出中国特色的"土地财政"③。

2.1.3.1　城市规划的继承、发展和完善

1989年《中华人民共和国城市规划法》的颁布标志着中国的城市规划开始以法制化建设保障规划运行。1996年国务院《关于加强城市规划工作的通知》指出，城市建设和发展与建立社会主义市场经济体制、促进经济和社会协调发展关系重大，要切实发挥城

---

① 蔡玉梅，张文新，赵言文. 中国土地利用规划进展述评 [J]. 国土资源，2007（05）：14-17.
② 法律出版社法规中心. 中华人民共和国城市房地产管理法注释本 [M]. 北京：法律出版社，2014：6.
③ 张京祥，夏天慈. 治理现代化目标下国家空间规划体系的变迁与重构 [J]. 自然资源学报，2019，34（10）：2040-2050.

市规划对城市土地及空间资源的调控作用。2000年"十一五"规划提出积极稳妥地推进城镇化，走大中小城市和小城镇协调发展的城镇化道路。同年，《国务院办公厅关于加强和改进城乡规划工作的通知》（国办发〔2000〕25号）指出，城乡规划是政府指导和调控城乡建设和发展的基本手段，是关系我国社会主义现代化建设事业全局的重要工作。这一时期，全国各地开展了改革开放后的第二轮城市总体规划修编工作。本轮规划继承和延续了20世纪80年代的编制方法，增加了城市总体规划纲要、城镇体系规划等内容；强调城市整体发展、区域协调发展，城市生态环境、历史文化遗产和风景名胜资源保护等；加强了对城市综合交通体系规划、各类开发区规划、历史文化保护规划、地下空间开发利用规划以及城市远景规划等专项规划的研究。还有部分城市编制了城市特色规划、城市形象规划、旅游规划等专项。规划编制的理念、方法和规划管理方式等均有所创新。

1988年，广州开始编制《广州市市域城镇体系发展规划》（简称《广州市市域规划》）。该规划的内容包括：广州市市域经济社会发展战略、城镇体系发展规划、基础设施发展规划、水资源与供水规划、环境保护规划五大部分。1989年又开始编制《海珠区分区规划》。市域规划、分区规划、专项规划、详细规划等各级各类城市规划开始实践，为地方的城市治理提供依据。1989年，广州市开始修编市城市总体规划，在上报国务院审批的过程中，恰逢2000年广州市行政区划调整，国务院要求"总体规划暂缓批复，规划调整期间，广州市的城市规划、建设与管理参照原上报国务院的城市总体规划"。在这一版城市总体规划中，广州市保持了原国务院批复的广州市城市性质不变，调整了城市规划区范围，除包括广州市8区4县（市）外，还将南海的黄岐、东莞的新沙划入规划区。首次在城市总体规划中考虑流动人口对城市用地、城市基础设施和生活服务设施的要求。据此，调整了城市建设用地规模。城市用地除主要向东发展外，还向南、向北（在保护水源的前提下）发展。规划对原城市各组团的内容作了深化，建立起以中心区、东翼、北翼三大组团为构架，每个大组团又由几个不同功能的小组团构成的多层次空间布局结构。这一版城市总体规划虽然未获批准，但却为广州开展后续的《广州城市建设总体战略概念规划纲要》奠定了基础。

2.1.3.2　真正建立起来的土地利用规划

1997年，国家发布了《关于进一步加强土地管理切实保护耕地的通知》（中发〔1997〕11号），提出实行最严格的管理土地和保护耕地措施，并把土地利用总体规划作为土地宏观管理的关键措施和土地用途管制的基本依据。1998年，国家对《土地管理法》进行了修订，组建了国土资源部，强化了土地利用总体规划对城乡土地使用的调控作用。土地管理制度的变革，促使第二轮土地利用总体规划在全国蓬勃开展起来，目标年是到2010年。2000年底，全国五级土地利用总体规划基本完成。第二轮土地利用总体规划被社会各界比喻为"真正立起来的土地利用规划"，体现了土地利用总体规划的宏观调控特征。这一轮土地利用规划以建立社会主义市场经济体制为背景，为适应实现现代化建设第二步战略目标的需求，按国民经济和社会发展"九五"计划和2010年远景目标的要求编制。规划已经从第一轮的指标、流量式控制向耕地总量动态平衡、建设用地总量控制、土地开发整理、土地生态环境改善等核心内容展开。这轮土地利用规划确定了指标加分区的土地利用模式，发布了土地利用规划编制的相关规程和土地利用规划审批办法等。

但是，由于基础工作和前期研究不足，以及国家加快城镇化步伐和区域发展战略的实施，这一轮土地利用规划的实施效果不尽人意。第一次调查时由于计算机应用刚刚起步，大部分内业工作是人工操作，如航片转绘、编图绘图、图件缩编等。由于计算机运用程序五花八门、各地不一，图件一般是薄膜成图，使后续的市级、省级数据汇总，图件缩编困难重重。这直接导致土地利用规划基数不准、用地需求预计不足、规划图数不一致等缺陷，规划实施过程中出现频繁调整修改规划的问题。同时，在这一轮土地利用规划实施期间，国家提出加快城镇化步伐的战略，各地的规划指标也多被突破。

广州市组织编制的《广州市土地利用总体规划（1997—2010年）》，于2000年5月获国务院批准。规划以1996年土地利用变更调查数据为基础，分析了当时广州市土地利用现状和存在的问题，确定了土地利用的原则是：切实保护好耕地，保证耕地总量动态平衡；保证必要、合理的城镇建设用地；科学用地和高效用地；"开源""节流"协调用地；保护好地质环境和生态环境，保持和提高环境质量，并提出了土地利用结构调整目标、土地利用分区和实施规划的政策措施。规划实施的这几年，是广州市经济社会、城市建设的快速发展时期，土地规模需求增长速度超出了编制规划时的预期，加上2010年亚运会在广州举行和行政区划调整等新的因素，规划实施了仅三年多，广州便开始着手启动修编工作。

2.1.3.3　"两规"矛盾开始局部出现

我国的"两规"矛盾开始在这一时期局部出现。《城市规划法》（1990年）规定"两规"应当保持协调关系，与《土地管理法》（1998年）对"两规"的相关规定是一致的，城市总体规划应当与土地利用总体规划相衔接，其建设用地规模不得超过土地规划确定的面积，同时也重申了规划区以内建设用地应符合城市总体规划。城市规划和土地规划的位阶顺序不清晰。同时，国土资源部刚刚组建不久，事权范围也受到一定的限制，土地利用规划的编制重点局限于耕地保护和农地用途管制，也就是常说的土地利用规划"不进城"。地方政府利用了这些空子，打擦边球，不断利用城市规划调整土地利用规划，土地利用规划和城市规划的矛盾开始在局部出现。但是这一时期，土地利用规划和城市规划的矛盾并不十分尖锐，因为，在以GDP为主要考核目标的前提下，土地利用规划往往会为城市规划让路。宏观层面自上而下的国土规划、区域规划随着中央政府职能的改革而趋于沉寂，地方层面上基于增长导向的城市总体规划、控制性详细规划等快速发展，试图努力突破上位规划、法定规划约束的城市发展战略规划等"非法定规划"也是层出不穷[1]。

2.1.4 2003—2012年，央地博弈与治理调整时期

2003年10月14日，中国共产党第十六届中央委员会第三次全体会议通过了《中共中央关于完善社会主义市场经济体制若干问题的决定》，提出"实行最严格的耕地保护制度，保证国家粮食安全。按照保障农民权益、控制征地规模的原则，改革征地制度，完善征地程序。严格界定公益性和经营性建设用地，征地时必须符合土地利用总体规划和用途管制，及时给予农民合理补偿"。自1998年《土地管理法》修订以来，中央建立了严格的土地管理制度。一是，中央通过立法关闭了农村的建设用地市场，将建设用地的供应权集中到地方政府手中，由地方政府对农村建设用地占用农地进行控制；二是，中央政府通过土地利用总体规划和土地利用年度计划来调控地方政府对建设用地的使用，使国家的土地利用处于有效管理之中。但是，这套最严格的土地管理制度，落实到地方并没有达到预期效果。

首先，在耕地保护方面，1996年制定的《1997—2010年全国土地利用总体规划纲要》提出"2000年，耕地总面积保持在19.40亿亩以上；2010年，耕地总面积保持在19.20亿亩以上"。然而，到2000年，全国耕地保有量就减少到了19.2亿亩，全国有19个省市提前10年用完了2010年的计划指标；到了2006年，这一数据又减少到了18.2亿亩。其次，由于"以市场为原则，以行政化的无偿划拨为例外"的"国有土供给双轨制"的存在，到2010年的上年，划拨土地占到土地供应总量的34.1%。再次，公开的乡村土地市场依法关闭了，农民和农民集体因此失去了在自己的土地上进行自主工业化和城市化的权利。其结果是，农民不得不到城市里寻找发展的机会，并千方百计留在城市里，乡村不断衰败，城乡差距进一步扩大。最后，有偿出让制度给地方政府带来了丰厚的收益[2]，越来越高的国有土地价格，既削弱了中央政府宏观调控的能力和效果，也推动了房价高涨，加剧了社会矛盾。

面对改革开放以来实行总体放权而导致的地方发展失序状况，中央再度开始谋求加强宏观调控和管制的尝试。针对土地管理的失范，中央开始采取更为严格的管理措施。2004年，国家开始实行国土资源管理体制省以下垂直管理，市、县、乡的土地审批权力悉数上收。2006年，国务院印发《国务院办公厅关于建立国家土地督察制度有关问题的

---

[1] 张京祥，夏天慈. 治理现代化目标下国家空间规划体系的变迁与重构 [J]. 自然资源学报，2019，34（10）：2040-2050.

[2] 2010年，国土资源部统计，全国土地出让成交总价款2.7万亿元，同比增长70%。

通知》（国办发〔2006〕50号），国务院设立国家土地总督察，授权国家土地总督察对各省、自治区、直辖市，以及计划单列市人民政府土地利用和管理情况进行监督检查，落实耕地保护目标责任制，监督国家土地调控政策的实施。国家土地总督察对国务院负责。委托国土资源部组织实施国家土地督察制度，向地方派驻9个国家土地督察局。2008年，国务院进行机构改革，国土资源部事权大幅增加，开始全面承担保护与合理利用土地资源、矿产资源、海洋资源等自然资源的责任。但总体而言，这一时期国家的治理思路并不清晰，一方面希望加强集中管制的力度，另一方面又希望通过激励地方实现经济高速发展。在地方政府层面，追求GDP的增长主义的发展模式一时难以根本扭转。"中央统筹的目标"与"地方发展的冲动"之间的拉锯式博弈，深刻地影响了这一时期的国家治理格局[①]。

2.1.4.1 城市规划开始改革创新

从2000年开始，全国各主要城市开始了改革开放后的第三轮城市总体规划修编，目标期限是到2020年。在完善社会主义市场经济体制、扩大对外开放的背景下，转型是这一时期国民经济发展的重要特征。2006年修订的《城市规划编制办法》和2008年实施的《城乡规划法》对这一轮城市总体规划的编制思路和方法产生了深远的影响。规划修编更加强调城市总体规划作为指导城市发展的公共政策，具有全局性、综合性、战略性，在修编中不仅要重视经济增长指标；更要重视人文指标、资源指标、环境指标和社会发展指标，从确定增长规模转向注重控制合理的环境容量和制定科学的建设标准。规划编制的内容转向了对各类资源的有效保护和空间管制，研究解决影响城市当前和长远发展的突出问题，包括资源制约问题、城乡统筹协调问题、民生问题、社会和谐问题、文化保护与传承问题等。体现了从技术文件走向公共政策的转变。规划编制的组织方式从行政主导转向依法行政、社会监督、公众参与等。但是在实践中，内容繁多、面面俱到、拘泥细节、时间冗长的总规颇受质疑，这也许是总体规划改革创新探索过程中不得不经历的过程。

2000年，广州市开始探索规划的改革创新，开创了国内编制战略规划的先河。2001年，广州市政府印发《广州城市建设总体战略概念规划纲要》，确立了"南拓、北优、东进、西联"的空间战略。2003年，广州市对战略规划进行了首次检讨，2007年开展了《广州2020：城市总体发展战略规划》的咨询，2008年开展了《广州城市发展战略2020》的编制。2000年开始的战略规划，深刻影响了广州城市空间的发展方向，时至今日，战略规划制定的许多内容依然被遵循。战略规划完成了总规的主要任务，主要的

---

① 张京祥，夏天慈. 治理现代化目标下国家空间规划体系的变迁与重构 [J]. 自然资源学报，2019，34（10）：2040-2050.

规划内容都被直接纳入后来的总规。以战略规划主要内容为基础，广州完成了2001—2010年版的总规成果，2005年获国务院批复。回顾这轮总规的编制历史，总规的重要内容，如城市性质、城市空间结构、城市发展方向、综合交通战略等，均由战略规划工作确定。换句话说，战略规划阶段的大讨论，已经就总规的重要内容达成了共识。总规的重要工作就是将这些共识"条文化"，以符合各种规定的要求。2006年，广州启动了2011—2020年版的城市总体规划编制，2016年获国家批复。

2.1.4.2 土地利用规划节约集约用地成为核心

土地管理和耕地保护的失范，使国家不得不提前开始修编已经无法实施的1997—2010年版的土地利用规划，这一轮规划的期限是到2020年。2002年，国土资源部下发了《国土资源部关于开展县级土地利用总体规划修编试点工作的通知》，选择黑龙江省呼兰县（现为呼兰区）及其他共12个县（市、区）为县级规划修编试点单位，揭开了第三轮土地利用总体规划修编的序幕。2003年，国土资源部下发了《国土资源部关于开展市（地）级土地利用总体规划修编试点工作的通知》，选择四川省成都市等14个市（地）为试点城市，这标志着第三轮土地利用规划工作全面启动。《国务院办公厅转发国土资源部关于做好土地利用总体规划修编前期工作意见的通知》（国办发〔2005〕32号），明确指出新一轮土地利用总体规划修编依然要以严格保护耕地为前提，以控制建设用地为重点，以促进节约和集约利用土地为核心。2008年，国务院批准并颁布《全国土地利用总体规划纲要（2006—2020年）》。这一轮土地利用规划是在国家作出《国务院关于深化改革严格土地管理决定》要求背景下开展的。规划建立了包括约束性指标和预测性指标两类的土地利用规划指标体系，提高了规划的科学性。开创了政策导向的土地利用规划编制模式，适应现阶段国家宏观调控的需要；强调土地利用生态环境的保护和建设，体现可持续发展的思想；研究统筹区域原则下的区域土地利用政策，走向空间管制；增强规划的规范性，将地理信息系统技术应用于规划编制和管理的实践，重点是通过GIS数据库实现了"图数一致"，强化了土地用途管制[①]。

2005年，广州开始开展《广州市土地利用总体规划（2006—2020年）》的工作，2009年规划大纲通过了原国土资源部的审查，2012年规划获国务院批复。广州这一版土地利用规划的最突出特点，是围绕广州的空间战略制定了土地利用战略。落实"建立现代产业体系和建设宜居城乡'首善之区'"的城市发展目标，在"山、水、城、

---

① 第二次全国土地调查于2007年启动，于2009年完成。调查的主要任务包括农村土地调查，查清每块土地的地类、位置、范围、面积分布和权属等情况；城镇土地调查，掌握每宗土地的界址、范围、界线、数量和用途；基本农田调查，将基本农田保护地块（区块）落实到土地利用现状图上，并登记上证、造册；建立土地利用数据库和地籍信息系统，实现调查信息的互联共享。在调查的基础上，建立土地资源变化信息的统计、监测与快速更新机制。

田、海"生态城市框架指导下，针对广州土地利用现状特点和问题，立足于统筹区域和城乡土地利用，实施"优化战略"和"协调战略"。广州战略规划的影响直接延伸到了土地利用中，在战略规划的统筹下广州加强了城市规划和土地利用规划的"两规"协调。

优化战略。实施差别化土地利用政策，通过城区提升改造，新区理性发展，优化城乡用地布局与结构，实现旧城功能提升，新城紧凑发展，促进土地节约集约利用。逐步推进城区提升改造，在"中调"和"西联"战略指导下，通过建设用地二次利用，改造旧城镇、旧厂房、旧村庄，逐步引导城区产业升级和用地结构调整，改善人居环境，完善现代服务业配套设施，实现城区土地效益的优化。有序推进新区理性发展，在"南拓、北优、东进"战略指导下，有序引导新区紧凑发展，优化用地结构，提高民生用地比例，促进形成新区现代产业体系，实现空间布局的优化。

协调战略。通过边界控制和土地复合利用，在严格保护耕地和基本农田的基础上，提高各类用地的综合效益，协调土地利用与生态建设，创建"山、水、城、田、海"的环境友好型土地利用模式，促进社会和谐发展。加强边界控制，科学确定建设用地管制边界和基本农田、生态用地保护边界，协调土地利用与生态建设，促进社会、经济、生态效益的统一，促进社会和谐发展，实现土地利用的城乡协调。倡导土地复合利用，大力推进土地生产功能复合、生产与旅游功能复合、生产与生态功能复合利用，协调土地利用各种功能关系，变单一功能的土地使用形态为多功能的土地复合利用形态，提高土地特别是农用地的综合利用效率，实现土地利用的功能协调。

2.1.4.3 主体功能区规划浮出水面

从"十一五"开始，国家将五年计划改为五年规划。《中共中央关于制定国民经济和社会发展第十一个五年规划的建议》明确提出了划分主体功能区的要求，国家开始更加关注区域发展的问题，明确提出对国土空间进行主体功能区规划，划分为优化开发区、重点开发区、限制开发区和禁止开发区。2007年发布了《国务院关于编制主体功能区规划的意见》(国发〔2007〕21号)，2010年《全国主体功能区规划》由国务院正式印发。规划要求树立新的开发理念，把以人为本、提高全体人民生活质量、增强可持续发展能力作为基本原则，坚持优化结构、保护自然、集约开发、协调开发、陆海统筹，科学开发国土空间，构建城市化战略格局、农业发展战略格局和生态安全战略格局，实现空间开发格局清晰、空间结构优化、空间利用效率提高、基本公共服务差距缩小和可持续发展能力增强的目标。"十二五"规划第六十二章中提出："以国民经济和社会发展总体规划为统领，以主体功能区规划为基础，以专项规划、国土规划和土地利用规划、区域规划、城市规划为支撑，形成各类规划定位清晰、功能互补、统一衔接的规划体系。"主体功能区是为解决区域问题而进行的导向性区域划分，是国家进行区域协调的重要手段。

2008年，广州市人民政府办公厅印发了《广州市主体功能区规划编制工作方案的通知》(穗府办〔2008〕17号)，通知要求，按照国家和省级主体功能区编制工作要求，积极配合国家和省级主体功能区规划编制工作，争取国家、省主体功能区规划能够充分反映广州市的实际情况和发展需要；根据国家和省级主体功能区规划对广州市的主体功能进行定位，结合区(县级市)地域特点，提出广州市编制功能区规划的基本思路，完成功能区规划编制工作，并制定分类管理的功能区政策。规划以调整优化、提升发展作为总体导向，以优化经济结构、提升城市综合功能、提高土地利用效率和完善社会服务为重点，统筹谋划空间发展格局，明确各类主体功能区，并配套实施更加精细、更具针对性的区域管理政策、绩效评价和政绩考核，逐步实现城市整体功能最优化和整体效能最大化。提出了空间布局优化、主体功能突出、城乡协调发展、资源集约利用、人与自然和谐5个规划原则，制定了主体功能空间格局基本形成、空间结构优化、空间利用效率提高、宜居环境建设成效显著、城乡区域差距缩小、空间开发建设和管理精细科学6个目标，并将广州市域划分为核心提升区、调整优化区、重点拓展区、适度发展区和禁止开发区5类功能区。在规划编制的过程中广州开始启动"三规合一"，但该规划最终没有进行报批。主体功能区规划为后来广州开展"多规合一"和国土空间规划作了有益研究。

2.1.4.4 "多规"冲突日益凸显

这一时期，国家治理政策反复、治理方向不清、治理体系不明，国家空间规划呈现表面"繁荣"与内在"混乱"并存的局面，多规冲突日益凸显。一方面，空间规划作为国家加强宏观调控的重要手段，此时获得了中央政府前所未有的重视，长三角、珠三角、中原经济区等众多作为"国家战略"的区域规划相继出台；而地方政府为了能够挤进国家的"政策包"，也纷纷努力将地方性、地区性规划上升为"国家战略"[①]。而中央各部委间出于争夺话语权、资源分配权的需要，也争相推出并强化各自的空间规划，如发改部门的主体功能区规划、国土部门的土地利用规划、环保部门的环境保护规划等，住建部门的城市规划也拓展成了城乡规划。中国的空间规划进入了多规冲突的"战国时代"。层出不穷、相互冲突的空间规划，不仅无一可以成为国家自上而下进行空间治理的有效手段，而且还导致地方政府难以应对多规冲突的矛盾，极大地削弱了国家治理能力。在矛盾最为集中的三大空间规划类型中，城乡总体规划的实际编制主体是地方政府，更多地体现了地方发展意志；土地利用规划是对地方空间发展资源的严格管控，但是手段单一，"刚性有余，弹性不足"；主体功能区规划更多地体现了对地方分类发展

---

① 张京祥，夏天慈. 治理现代化目标下国家空间规划体系的变迁与重构 [J]. 自然资源学报，2019，34（10）：2040-2050.

的引导，但是缺乏有关配套政策机制等实施手段。加之各类空间规划之间存在编制时序不统一、技术规范相异、管理对象交叉、审批程序相互独立等问题，都难以得到有效实施。总体来看，这一时期国家空间规划体系在类型构成、层级对应、事权划分、技术标准等方面都是非常混乱的。

2.1.5　2013年至今，全面重构国家治理体系时期

2013 年中共十八届三中全会提出"推进国家治理体系和治理能力现代化"的改革总目标，首次在国家政治层面明确提出了"治理现代化"的重大命题，标志着中央开始着手对国家治理体系进行全面的重构①。《中共中央关于全面深化改革若干重大问题的决定》（以下简称《决定》），将生态文明建设，建立自然资源资产产权制度和用途管制制度推到了前所未有的高度。《决定》要求"健全国家自然资源资产管理体制，统一行使全民所有自然资源资产所有者职责。完善自然资源监管体制，统一行使所有国土空间用途管制职责"。2018年，自然资源部挂牌成立。明确将主体功能区规划、城乡规划、土地利用规划等空间规划职能统一划归新成立的自然资源部，由其承担"建立空间规划体系并监督实施"的职责。2019年，《关于建立国土空间规划体系并监督实施的若干意见》出台，明确提出到2020年基本建立国土空间规划体系，标志着国家空间规划体系重构迈出了历史性的一步。空间规划的地位变了，从政策工具变成了一种基本制度，成为国家治理体系的"四梁八柱"之一。

2.1.5.1　地方主导的规划协调探索

2007—2012年期间，十七届三中全会提出城乡一体化发展，国家"十二五"规划提出实施主体功能区战略，这一时期中央宏观政策导向是区域和城乡统筹发展，通过主体功能区战略优化国土空间开发格局，在"多规合一"及空间规划方面尚无顶层设计和指导思想。"多规合一"实践以地方自发探索为主，集中在较为发达的特大城市和地区，如广州"三规合一"、重庆"四规叠合"、上海"两规整合"、武汉"三规整合"、北京"四规协调"等，主要应对高速城镇化以后出现的资源环境约束、土地利用粗放、规划管理低效等问题，以解决空间规划矛盾、提高政府规划管理效能为目标。

2.1.5.2　部委试点的"多规合一"

2013—2015年期间，十八届三中全会提出深化生态文明体制改革，中央城镇化工作会议提出探索市县"三规合一"或"多规合一"；2014 年8月26日，国家四部委"多规

---

① 胡鞍钢. 中国国家治理现代化的特征与方向［J］. 国家行政学院学报，2014（03）：4–10.

合一"试点工作开始,"多规合一"得到国家政策的支持,进入国家部委授权式改革阶段。以国家四部委28个试点城市及部分省级试点城市为典型,主要解决市县规划自成体系、内容冲突、缺乏衔接协调等突出问题,以强化政府空间管控能力、改革政府规划体制为目标。

2.1.5.3 中央主导的省级空间规划

2015年以来,十八届五中全会提出建立健全统一衔接的空间规划体系,《生态文明体制改革总体方案》要求编制统一的空间规划,鼓励开展省级空间规划试点,国家"十三五"规划纲要提出建立国家空间规划体系;随后,中央陆续开展海南省、宁夏回族自治区省级空间规划试点,并于2017年1月出台《省级空间规划试点方案》。中央明确开展空间规划改革,主要应对当前空间规划体系庞杂、纵向事权重构、横向缺乏协调等问题,以建立健全统一衔接的空间规划体系、提升国土空间治理能力和效率为目标。2018年3月13日,国务院机构改革方案公布,自然资源部组建,"多规合一"的试点结束。

2.1.5.4 广州国土空间规的试点

2018年11月,自然资源部印发《自然资源部办公厅关于在广州市开展市级国土空间规划先行先试工作的通知》,批准在广州开展市级国土空间规划先行先试工作,要求广州落实中央精神和国家战略,作人民群众满意的规划,加强指标体系、标准体系和运行体系研究,为全国市县国土空间规划编制提供宝贵经验。2019年6月,意义重大的《广州市国土空间总体规划(2018—2035年)》(以下简称《规划》)草案开始在广州市人民政府网及其他途径对外公示。广州试点的意义并不在于其编制的方法和内容,而是其作为国土空间规划体系建设"探路者"的示范效用。试点过程中,《规划》不再是某个部门的规划,而是广州的规划,是国家的规划。在领导小组的带领下,全市52个有关部门(区)和单位,数百名技术人员深度参与规划编制工作。《规划》充分发挥了知名专家团队和核心技术团队的技术支撑作用,专题研究团队涵盖了国内外知名专家和国内各大高校、研究院所,形成了基础研究、目标愿景、区域发展、空间格局等50个专题研究成果。《规划》坚持公众参与,开门编规划、共谋城市发展。通过网络、上街头、进社区、进学校等多种方式开展问卷调查,广泛征集公众对城市目标愿景的建议,查摆问题,征集公众意见,引起广泛的关注。从城市管理者到规划编制技术人员,再到普通市民,逐渐认识到了国土空间规划的国家使命和区域责任。从城市总体规划到战略规划,再到"多规合一",最后到国土空间规划,40年的不断探索实践,广州的规划走向了"责任型"规划。

2.2　治理与发展的理念转变

2.2.1　从规划看治理能力现代化

　　2019年6月，广州市规划与自然资源局公示了《广州市国土空间总体规划（2018—2035年）》草案，公示文件着重强调了"生态文明思想"和"高质量发展"两个理念，同时将两个理念写入规划内容。实际上，从十八大后历次城市规划年会的主题和主题报告的关注点（表2-1）可以看出，连续7届的城市规划年会，"发展"与"改革"是贯穿始终的主旋律。到2018年和2019年，生态文明建设、高质量发展，成为年会的高频词（图2-1）。

图2-1　十八大以来历次城市规划年会主题词
资料来源：根据历次城市规划年会海报整理

　　重庆的2019年城市规划年会，生态文明建设、高质量发展以及国家治理现代化，也同样是主题热点，从"大咖"们的精彩报告中可见一斑。自然资源部总规划师庄少勤作了题为"让城乡因我们更美好"的主题报告，围绕国土空间规划的编制，提出新时代的规划体系要从工业文明的工程建设体系向生态文明的空间治理体系转变，要"走新路"，坚持新发展理念，走以生态优先绿色发展为导向的高质量发展新路子。吴志强院士的报告则从6个层面阐释了空间规划的基本逻辑，提出国家空间规划体系的架构是一个国家现代化的重要里程碑，国家空间规划体系是防止和解决国家生态灾难、实现永续发展的必要和有效手段。

　　在历经改革开放初期的高速增长之后，中国选择生态文明发展路径，是顺应发展规律的必然选择。因为如若中国像美国、澳大利亚一样发展，至少需要5个地球的能源和资源，这是地球无法承担的。中国由于人均资源保有量有限，但又要实现人民对美好生活的向往，就既不能延续以往高消耗的"美国模式"，也不能采用高成本的逆城镇化模式，而只能采取兼具紧约束资源投入和可支付经济投入两大特征的可持续发展模式[①]。与发展方式的转变相呼应，我国的城市空间治理也经历了一系列的变革与探索。中华人民共和国成立以来的城市规划及其理论模式，历经70年的发展，经历了"生产计划驱动型""增长竞争驱动型""美好生活驱动型"的演变，在此过程中城市规划编制方法、规

---

① 杨保军，陈鹏，董珂，等. 生态文明背景下的国土空间规划体系构建 [J]. 城市规划学刊，2019（04）：16-23.

划管理体制经历了深刻变化[①]。迈入新时代，我国在前人探索和经验的基础上，围绕"以人民为中心"的指导思想和"满足人民对美好生活的向往"目标，提出了生态文明建设和高质量发展的现代化治理之路。在此理念指导下，各地方政府结合自身发展实际，在空间治理探索方面迈出了独到而坚实的步伐，为中央的发展理念提供了众多鲜活的样板与实践。

表2-1 十八大以来历次城市规划年会大会主题与主题报告一览表

年份	会议地点	大会主题	主题报告名称
2013年	青岛	城市时代，协同规划	1. 城市的文脉如何才能延续 2. 空间布局协同规划的科学基础与实践策略 3. 城镇化进程中农村和农业发展的一些重大问题 4. 守住健康城镇化的五类底线 5. 规划引领全域统筹，加快建设宜居幸福的现代化国际城市 6. 土地发展权、空间管制与规划协同 7. 城市规划的协调作用及中国规划面对的挑战
2014年	海口	城乡治理，规划改革	1. 城镇化视角的城乡社会治理 2. 中国城乡规划转型的政治经济学 3. 规划创新引领城市转型发展 4. 新型城镇化与城乡规划转型 5. 新形势与新任务——新型城镇化背景下城乡规划工作改革的思考 6. 新型城镇化下的城市治理 7. 乡村治理与城市化的中国道路 8. 社会融合中的族群性与聚居地 9. 中国经济增长的新常态
2015年	贵阳	新常态：传承与变革	1. 海绵城市与规划变革 2. 守底线走新路打造升级版——新常态下的贵阳市城乡规划转型探索 3. 城镇化模式之变——从"增量城市"到"存量城市" 4. 规划问题的大数据路径 5. 大国之城，大城之伤 6. 社区自组织与社区营造 7. 适应新常态的中国土地政策与城市化 8. 新时期城市规划的传承与变革
2016年	沈阳	规划60年：成就与挑战	1. 历史发展阶段的要求——城乡规划改革 2. 中国城乡规划学科发展的历史与未来 3. 空间研究与城乡规划发展 4. "一带一路"：开启包容性全球化新时代 5. 当前经济形势与政策重点分析 6. 回应导向的城市治理 7. 对中国若干区位导向性政策的研究及讨论

---

① 张健，李强，杨开忠，等. 高品质空间塑造，现代化空间治理：2019第一届"空间规划与治理北京论坛"论点摘编 [J]. 城市发展研究，2019，26（10）：1-3.

续表

年份	会议地点	大会主题	主题报告名称
2017年	东莞	持续发展，理性规划	1. 落实十九大新时代目标、方略和任务，转变城市规划的理念和方法 2. 新时代新征程新东莞 3. 城市大脑——从数据资源看未来城市的发展 4. 从理性规划的视角看城市设计发展的四代范型 5. 规划新时代与生态理性内核 6. 中国新型城镇化大国·大局·大势 7. 未来社会经济环境下的粤港澳大湾区发展与规划 8. 全球转型发展的挑战与进程 9. 坚持文化自信，做中华优秀传统文化忠实守望者
2018年	杭州	共享与品质	1. 高质量的设计和营造才能提升城市品质，广泛深入的共谋共建共治才能实现共享 2. 坚持"共享与品质导向——以规划引领城市高质量发展" 3. 从居民视角解析宜居城市 4. 城市历史空间再生思考与实践 5. 中国城市规划智慧的现代传承 6. 碧水蓝天：城市共享的生态产品 7. 中国健康城市发展的系统性思考 8. 规划新理念——雄安新区规划体会
2019年	重庆	活力城乡，美好人居	1. 共绘高质量发展蓝图，共创高品质美好生活 2. 完善空间治理，促进城市化健康发展 3. 让城乡因我们而美好 4. 新时代北京规划的实践探索 5. 论空间规划的内核逻辑 6. 国土空间规划"双评价"：理论与方法 7. 存量发展中的城市设计——跨界思考与实践 8. 地区总设计师制的思考与实践 9. 受抑制的服务业——城乡规划和人口空间分布的影响 10. 包容共享、显隐互鉴、宜居可期——城市活力的历史图景和当代营造

2.2.2　生态文明建设：空间治理的价值取向

生态文明建设，需要探索人与自然关系的和谐，要求传统治理路径转型。人与自然之间的辩证关系，是在发展中寻求动态的平衡，而生态文明理念则是基于对这一辩证关系深刻认识的基础上提出的。生态文明建设内容既不同于以往的农业文明、工业文明建设内容，又不同于政治文明、精神文明和物质文明建设内容。生态文明建设内容更具有系统性、前瞻性、全面性等特点，甚至在一定程度上是超出民族、国家、阶级的一种高级的人类文明形态[1]。由于工业文明"大量生产、大量消费、大量排放"[2]的生产和生活

---

[1]　文传浩. 生态文明建设理论需不断深化 [N]. 中国环境报，2012-11-13（002）.
[2]　卢凤. 绿色发展与生态文明建设的关键和根本 [J]. 中国地质大学学报（社会科学版），2017，17（01）：1-9.

方式不可持续，为了我们的子孙后代，也为了实现更好的发展，必须从根本上改变发展的价值取向，探寻人与自然和谐相处的发展路径，实现生态文明的价值回归。

为什么我们原来的路径难以持续？因为面对资源约束趋紧、环境污染严重、生态系统退化的严峻形势，必须探索一条重构人与自然关系的全新发展路径。我们可以回看一下，2013年冬天，我国的4次雾霾覆盖了全国的30个省（区、市），根据《2013中国环境状况公报》，2013年全国平均霾日数为35.9天，北京周边的京津冀地区最为严重；长三角、珠三角的雾霾天气同步恶化，每年雾霾天数达100天以上[①]。该次事件后，雾霾问题被纳入国家和地方突发环境事件应急管理范畴。雾霾问题有别于以往出现的局部性污染问题，它的影响波及全国，严重影响人的身体健康和体验，敲响了城市环境问题持续恶化的警钟，对中国原有的发展模式提出了拷问。

2.2.2.1 "两山理论"的提出

"绿水青山就是金山银山"是对发展路径转变的辩证思考，是领导人关于生态文明建设的重要论断之一。2005年8月24日，《浙江日报》"之江新语"专栏发表刊登《绿水青山也是金山银山》一文，提出，绿水青山与金山银山既会产生矛盾，又可辩证统一……在选择之中，找准方向，创造条件，让绿水青山源源不断地带来金山银山。浙江省作为"两山理论"的发源地，结合地方特点，开展了大量实践探索，涌现了安吉、浦江、桐庐、仙居、德清等一批样板和示范，成绩斐然，是地方生态文明建设的鲜活案例。

2.2.2.2 中国特色生态文明建设

从十七大报告到正式纳入宪法，生态文明理念从提出到深化发展，经历了不断系统化和理论化的过程，反映了国家发展理念和制度的重大变革，当前已成为指导中国特色社会主义建设的基本纲领之一。

2007年，党的十七大报告首次提到要建设"生态文明"，并首次把"生态文明"概念写入党代会的政治报告。2012年，党的十八大报告确定了"大力推进生态文明建设"的战略决策。2015年5月，《中共中央国务院关于加快推进生态文明建设的意见》发布，提出强化主体功能定位，优化国土空间开发格局以及健全生态文明制度体系。2015年9月，中共中央政治局审议通过了《生态文明体制改革总体方案》，提出"以建设美丽中国为目标，以正确处理人与自然关系为核心，以解决生态环境领域突出问题为导向，保障国家生态安全，改善环境质量，提高资源利用效率，推动形成人与自然和谐发展的现代化建设新格局"。

---

① 中华人民共和国生态环境部. 2013年中国环境状况公报 [J]. 环保工作资料选，2014（7）：F0002-F0002.

2015年10月，《中华人民共和国国民经济和社会发展第十三个五年规划纲要》首次将"生态文明建设"写入全国五年规划。2018年3月，第十三届全国人民代表大会第一次会议通过的宪法修正案，将《宪法》第八十九条"国务院行使下列职权"中"（六）领导和管理经济工作和城乡建设"修改为"（六）领导和管理经济工作和城乡建设、生态文明建设"。

2.2.2.3　践行生态文明理念的空间治理

1）重构空间规划体系是生态文明建设的重要抓手

960万平方公里的广阔国土，承载了山水林田湖草等丰富的自然资源，是生态文明建设的空间载体。要实现对全域自然资源的科学保护和合理开发，就必须在制度上作出系统安排，重新搭建从中央到地方的系统性空间治理架构，重构新时代的空间规划体系，建立国土空间开发保护制度，做到全域覆盖和分级管理。

2012年，党的十八大提出要大力推进生态文明建设，同时提出要优化国土空间开发格局。建设美丽中国，推进生态文明，形成绿色发展方式和生活方式，是国家空间治理的基本价值导向[①]。2015年9月，中共中央政治局审议通过的《生态文明体制改革总体方案》，提出要建立系统完整的生态文明制度体系，分别是自然资源资产产权制度、国土空间开发保护制度、空间规划体系、资源总量管理和全面节约制度、资源有偿使用和生态补偿制度、环境治理体系、环境治理和生态保护市场体系、生态文明绩效评价考核和责任追究制度。自然资源部总规划师庄少勤在此基础上提出"中央将空间规划改革纳入生态文明改革总体方案，即意味着国土空间规划进入了生态文明的新时代，这是讨论规划逻辑的起点和基点"[②]。

2）"三区三线"是平衡开发与保护的重要工具

平衡人与自然关系的关键点，首要是处理好人与自然的场景边界。生态文明是对工业文明"人定胜天"的纠偏和超越，需要理性、辩证地看待和处理人与自然的关系，有效平衡开发与保护的关系。就如同树木需要生长在土壤之上，鱼类需要在水中才能存活一样，各类自然资源也需要依赖特定的空间场景而存在，而人类赖以生存的场景，就是城市和乡村。

2019年11月，中共中央办公厅、国务院办公厅印发了《关于在国土空间规划中统筹划定落实三条控制线的指导意见》，提出落实最严格的生态环境保护制度、耕地保护制度和节约用地制度，将三条控制线作为调整经济结构、规划产业发展、推进城镇化不可

---

① 张兵. 国家空间治理与空间规划 [EB/OL]. （2019-02-13）. http://www.planning.org.cn/news/view?id=9360&cid=0.
② 庄少勤. 新时代的空间规划逻辑 [J]. 中国土地, 2019（01）: 4-8.

逾越的红线,夯实中华民族永续发展的基础。这里提到的三条控制线,即生态保护红线、永久基本农田、城镇开发边界控制线。三条控制线既是约束也是保障,通过三条控制线的划定,明确生产、生活、生态三类空间的边界,并制定相应的用途管控规则,从而明晰开发与管控手段,平衡开发与保护之间的关系。其中,生态保护红线的作用是控底线,对具有重要生态功能、必须严格保护的区域,如水源保护区、自然保护区、生态公益林等进行统筹保护;永久基本农田的作用是保生产,将高标准的耕地农田作为国家的粮食安全保障,予以划界保护;城镇开发边界的作用是控上限,即结合资源环境的承载能力,明确一定时间内城镇集中开发建设的拓展边界,避免城镇无序扩展和蔓延。

3)国土空间用途管制是实现生态管控的重要手段

建立国土空间开发保护制度,必须进行有效的保护,才能以保护促开发,实现资源变资产。如果说"三区三线"的划定明确了城镇发展地区、粮食生产地区以及生态保护地区的不同定位,明晰了开发和保护的关系,那么三条线内部的用地类型"打开",即用途管制,则是实现精细化国土空间治理的必要手段。

通过健全国土空间用途管制制度,在城镇开发边界内,通过建立许可制度,实现对各类建设行为的有效约束,防止建设边界无序扩大;同时也可以将用途管制手段延伸至生态空间,针对自然保护区、风景名胜区、文化自然遗产、地质公园、森林公园等不同类型的自然资源,制定清晰明确的用途管制要求,严格限定各类不合理建设行为,通过建立以国家公园为主体的自然保护地体系,加强对重要生态系统的保护和永续利用,从而实现对各类生态资源的分类保护和分类施策。

2.2.3 高质量发展:空间治理的维度转化

2.2.3.1 从"一维目标"到"多元价值"

城市的数据很是微妙。例如每年的GDP(地区生产总值)排名(表2-2),就可以视为地方政府间一年一度的"华山论剑"。2020年春,全国各省市陆续公布了第四次经济普查和地区生产总值的初步统计情况,从统计情况来看,山东、黑龙江、吉林等北方省份的GDP相较往年有大幅减少,名义增速为负数;福建、安徽、云南等南方省份的GDP则有较大幅度的上调,南方和北方城市的差距正在进一步拉大。除了省份的南北差距以外,还有全国前二十强城市的重新洗牌,过去主要依靠传统产业或固定资产投资拉动增长的城市,通过第四次经济普查,存在"挤水分"的情况,如天津、青岛的排名下滑了3位以上,而一些多元化的城市,如合肥、宁波等新兴产业发展前景较好的城市,则展现了经济发展的后劲和蓬勃生机。

回想起来,早在2016年,大家就目睹了一轮GDP的另类"洗牌"。2016年1月3日,在内蒙古自治区第十届委员会第五次全体会议暨全区经济工作会议上,自治区党

表2-2　全国重点城市GDP排名（2018—2019年）

城市	2018年排序	2018年GDP（亿元）	2018年修订后GDP（亿元）	2019年GDP（亿元）	2019年排序	同比排名变化情况
上海	1	32 680	36 002	38 155	1	—
北京	2	30 320	—	35 371	2	—
深圳	3	24 222	—	26 927	3	—
广州	4	22 859	—	23 629	4	—
重庆	5	20 363	—	23 606	5	—
天津	6	18 810	13 363	14 104	10	↓↓↓
苏州	7	18 500	—	19 300	6	↑
成都	8	15 343	15 699	17 013	7	↑
武汉	9	14 847	—	—	8	↑
杭州	10	13 509	14 307	15 373	9	↑
南京	11	12 820	—	14 050	11	—
青岛	12	12 002	10 949	11 741	15	↓↓↓
无锡	13	11 439	—	11 852	14	↑
长沙	14	11 003	—	11 884	13	↑
宁波	15	10 746	11 193	11 985	12	↑↑↑
郑州	16	10 143	—	—	16（预计）	—
佛山	17	9936	9977	10 751	17	—
济南	18	8856	—	9443	20	↓↓
泉州	19	8468	—	9947	18	↑
南通	20	8427	—	9400	—	—
西安	21	8350	—	9321	—	—
东莞	22	8279	8818	9483	19	↑↑↑
福州	23	7857	—	9392	—	—
烟台	24	7833	7184	7653	—	—
合肥	25	7823	8605	9409	21	↑↑↑

资料来源：根据各城市统计部门公布数据整理，部分数据未公布，2019年排序为初步估计

委承认，自治区政府财政收入虚增，部分旗县区工业增加值存在水分。财政审计部门反复核算后认定，应核减2016年规模以上工业增加值2900亿元，占全部工业增加值的40%，2016年地区生产总值基数也相应核减。2015—2016年，GDP造假事件频频发生，如果把中国每个省的各市GDP相加，会发现中国绝大部分的省份，各个市公布的GDP相加要大于省统计局公布的全省总量。以四川省为例，2016年四川全省各地GDP加起来为34 752.81亿元，公布的全省GDP总量仅为32 680.5亿元，前者比后者高了2 072.31亿元[①]。

上述事件反映出改革开放后地方政府对经济增长的狂热崇拜与盲目追求。在"唯增长论"的"一维目标"发展路径下，必然会出现增长代替发展，以政府代替市场，重短期、轻长期，重经济增长、轻社会发展等诸多问题。尽管中国经济已经全面摆脱了计划经济的束缚，但"唯增长论"的路径依赖仍然较为普遍，各级地方政府仍然将GPD作为衡量政府政绩的单一考核维度，从而促使地方政府通过"五年规划"等途径展开对GDP总量、增长速度的攀比竞赛，出现了上述GDP造假，以及地方GDP增长总数频频大于全国GDP增长总量的"数据溢出"现象[②]。

在转变经济增长方式的背景下，对"唯GDP论"进行反思的同时，人们普遍开始更加关注发展的质量和人民的生活质量。潘竞虎提出了"GDP含金量"的概念，认为GDP含金量是指从经济产出中除去所耗费的资源成本、生态环境治理成本和社会成本之后的真实GDP[③]。改善民生是经济发展的出发点和落脚点，衡量经济发展水平首先要看是否能满足民众对于美好生活的追求以及幸福感的高低。从GDP到GDP含金量，反映了人们对"发展"的认知不断深入和上升的过程。2017年中国共产党第十九次全国代表大会首次提出的"高质量发展"，对发展路径的转变进行了系统性的阐述。

高质量发展，除了GDP的含金量，另一个维度是国土空间治理的含金量。国土空间作为一切自然资源存在、经济社会活动开展的物质载体，实际上承载了中央政府、地方政府、市场、社会、个人等众多主体的不同利益诉求，因而同时具有了自然资源属性、资产与资本属性、人文社会属性等多重价值属性[④]。在当前主要矛盾发生转变的背景下，高质量发展要求下的空间治理应当兼顾政府、市场、个人等多个主体之间多方诉求的统筹平衡，更加关注多元价值，实现从"一维目标"到"多元价值"的空间治理维度转变，"多元化"才是国土空间治理的含金量。

---

① 迟福林. 改变"增长主义"政府倾向 [J]. 行政管理改革，2012（08）：25-29.
② 张京祥，赵丹，陈浩. 增长主义的终结与中国城市规划的转型 [J]. 城市规划，2013，37（1）：45-55.
③ 潘竞虎. 中国地级及以上城市GDP含金量时空分异格局 [J]. 地理科学，2015，35（12）：1502-1510.
④ 张京祥，夏天慈. 治理现代化目标下国家空间规划体系的变迁与重构 [J]. 自然资源学报，2019，34（10）：2040-2050.

2.2.3.2　高质量发展的空间治理

1）发展从效率导向到质量导向的转变

计划经济下的政府管理，具有自上而下的基本特征，能有效传导国家意志，这样一种管理框架和价值体系，可以实现公平，但是这种管理体系下的公平，会导致对效率的忽视。计划经济时代城市规划的作用，是根据国家意志，从追求理想和公平的立场来框定城市发展和建设的计划和要求。改革开放带来城市发展理念的转变，人们已经认识到"效率"对"发展"的重要性，效率导向下，一切工作围绕经济建设展开，却又导致一定程度上"公平"的缺失。

进入新时代，在治理能力现代化的目标下，要实现从效率导向到质量导向的转变。质量导向就是要在关注多元价值的前提下兼顾"效率"与"公平"，实现公共利益最大化。在价值观转变下的国土空间规划，应当关注政府、市场和社会等多元利益主体的正和博弈，不能仅仅追求单一的目标，还需要调和不同利益之间的矛盾，实现对多元化目标的统筹平衡，同时也要在中央宏观要求和地方政府行动取向之间构建有效的协调机制。通过国土空间规划，建立有效和合理的相互平衡机制与渐进式实现路径，从而实现多元价值体系下对公平和效率的追求。

2）规划从"精英供给"到市民需求的转变

从治理的视角来审视地方政府的行为取向，政府应当是城市公共政策管理的主体，地方政府行为要以公共利益最大化为目标。然而在"政治竞标赛"的整体环境下，各个地方政府之间的激烈竞争，催生了地方政府的利益诉求，即追求政绩的最大化，集中表现为追求地方经济增长的最大化。在此导向下的地方政府规划，更多的是体现地方政府对土地财政、经济增长的利益诉求，这样的规划本质上是由政府官员、开发商决定的，并通过规划单位在规划图纸上予以呈现，反映的是政府的意志，本质上是一种"精英供给"型的规划。规划程序要求中的"利益相关方"以及广大的公众诉求，往往得不到充分的重视，形式大过实质。例如现有的城市规划委员会制度，众多的市民往往没有参与的机会，邀请的市民代表大部分也是有一定社会地位的社会精英。

在以人民为中心的发展要求之下，政府管理模式正在发生变化，由"增长型"政府向"服务型"政府转变。"服务型"政府的一个重要特点，就是要完善政策制定、执行、监督、评估等制度机制，建立"公众参与型"的政策制定程序[①]。改革后的国土空间规划，其本质是政府通过"一张蓝图"实现空间治理而组织编制的公共政策。以人民为中心的国土空间规划，要实现从精英供给到市民需求的转型，在规划中充分体现人民意志，实现"共编、共管、共治、共享"。

---

① 宋红团. 建设服务型政府的几个着力点 [J]. 人民论坛，2017（31）：62-63.

2.3　地方的治理能力现代化

2.3.1　从为城市服务到以人民为中心

空间与资源分布在地方，因此对空间和资源的治理权限，体现为空间规划的权限，也相应地应该下沉到地方，这就需要建立面向资源和空间的下沉机制。在治理现代化的视角下，地方政府担负着两大使命。一个使命是"挣钱"，即实现资源变资产、资产变资本，并且要实现增值和保值；另一个使命是"花钱"，就是以人民为中心，面向未来的场景要作好谋篇，实现美好生活的目标。地方政府行动取向下的空间规划，也应实现两个转型：一是通过建立适合地方实际的国土空间开发保护和用途管制规则，平衡发展与保护的关系，实现面向高质量发展和资源变资本的转型；二是由建设城市、关注物质空间向关注人的需求，以及人民美好生活的场景营造转型。

2.3.1.1　从开发资源到创造资产的转型

国土空间规划在地方，首先是要实现从开发资源到创造资产的转型。贵州省的黔南州，及至2019年才实现多个县脱贫摘帽，至今仍有深度贫困县未能实现脱贫，但是却拥有得天独厚的"喀斯特"地貌造就的世界遗产、大量丰富的矿藏资源和用之不竭的水资源，这些资源都可以成为后发地区追赶先发地区，实现资源变资产的载体。黔南州国土空间规划着眼于自然资源的有效利用和保护，谋划提出资源变资产、资产变资本的规划路径。一是依托粤桂黔高铁建设，加强与粤港澳大湾区的对接，主动参与"一带一路"和粤桂黔高铁经济带建设，在贵阳-安顺、遵义两大都市圈"左右逢源"，借助高铁通道推动，实现资本、技术、人才等要素的跨区域加速流动，为资源变现找到出路，实现从"产业帮扶"向"产业共建"的发展转变。在农产品市场开拓、招商引资、大西南南下物流大通道建设、人力智力支持、培育壮大文化旅游产业等方面抓好与广州的对接协作，推动产业对口地区建设。充分利用广州市庞大的市场优势，将黔南打造成珠三角的"绿色农特产品供应地"。发挥广东旅游客源强大的输出地优势，将黔南打造成珠三角的"旅游休闲目的地"。立足黔南资源禀赋，将黔南打造成珠三角的"产业共建承载地"。二是结合以国家公园为主体的自然保护地体系构建工作，围绕自然保护地体系与生态空间保护体系重构，创新自然生态空间用途管制创新试点，释放自然资源与资产服务价值。梳理整合自然保护地内的各类保护与开发区域，依托国土空间综合整治和生态修复，重点处理核心区永久基本农田、集体商品林、村庄用地退出，实现空间布局优化与优质生态资源的有条件开发利用。三是挖掘山水资源特色，打造黔南全域旅游，实现"绿水青山就是金山银山"，建立新型城乡关系，城村、产村、镇村、景村联动，带动乡村产业振兴，推动美丽乡村建设，改善农村人居环境。

2.3.1.2　从目标式规划到场景式规划的转变

国土空间规划在地方，还要实现从目标式规划到场景式规划的转变。过去的规划，是部门条块分割格局下的"目标导向式规划"，它关注增量和城市的物质形态，被政府用作谋求土地财政和经济增长的工具。新时代的国土空间总体规划是对应政府事权的"责任规划"，是给人民作的规划，为了追寻美好生活而做的场景营造，关注的不仅仅是经济的繁荣，更多的是城市的品质、人群的活力以及社区的健康。

提升品质是城市更新的核心目标，在很多老城区，不仅建筑老、设施老，而且人也老，独居老人多，社区活力严重不足。在此情况下，城市一方面需要进行适老化改造，另一方面需要通过引入大事件或创新元素等引爆点，来吸引年轻人回流。例如2019年广州市推进的9项重点工作，就是在为广州这座"老城市"营造"新场景"。广州市委市政府部署推进旧城、旧厂、旧村改造和专业批发市场、物流园、村级工业园整治提升，以及违法建设拆除、黑臭水体治理、"散乱污"企业整治等9项重点工作，推动城市发展从增量走向存量，从拓展走向品质，以城市更新为核心抓手，为城市转型发展拓展新空间、增添新动能、创造新活力。

过去的地方政府，通过吸引企业来吸引人才，从而实现财富的积累，但随着我国的城镇化步入新的发展阶段，现在的城市需要通过美好生活场景来吸引人才。因为吸引新经济、激发创新的要素和逻辑已经发生根本性转变，有人才的地方，才会有新的经济和创新活动，城市空间营造的重心，也由静态的空间建设转向人性关怀的要素集聚和流动。2017年，武汉以"五年内留住百万大学生"计划打响了"抢人大战"第一枪，大学生8折买房、8折租房的政策引发关注。2018年，全国人才争夺战全面打响，连北京、上海等一线城市也参与其中。最有代表性的当属西安，2018年接二连三出台落户新政策，2018年落户人数达到80万。"抢人大战"的出现，是人口危机的写照，也是投资驱动和低端产业难以为继的标志。地方政府的"抢人大战"，正是努力做好城市"场景营造"的鲜活案例。

2.3.2　从城市管理走向全域治理

随着中国经济进入新常态，传统的增长主义模式难以为继，我国发展模式正从要素驱动和投资驱动转向创新驱动，相应地，地方政府行为模式也在发生变化，"政府引导、多元参与、协商共治"的治理型政府正在形成。治理是指国家事务和资源配置的协调机制，国家治理现代化就是国家制度的现代化。中国治理体系现代化实际上是国家治理制度体系的民主化、法治化，其评估标准主要是看是否建立强有力、公众可问责的国家，提高国家满足社会期望的能力，实现公民及公民社团政治参与的制度化[①]。

党的十八届三中全会将"完善和发展中国特色社会主义制度，推进国家治理体系和治理能力现代化"作为全面深化改革的总体目标，治理能力现代化的命题宏观而又具体，落实到当前的空间规划改革层面，意味着空间规划由"管理"向"治理"的转变过程，"治理"不再是单一政府的单向行政行为，而是面向全社会的公共利益最大化的过程。体现到空间规划上：一是规划语境的转变——由"增长至上"的语境转变为"人民为先"的语境；二是规划体系的理顺，由"自上而下"的管制向"上下畅通"的传导—反馈的改变。

2.3.2.1　规划语境的改变

伴随着经济发展进入新常态，城市的发展经历了从增量扩张"摊大饼"，到存量盘活"做更新"，再到品质提升"做经营"的两次转变，而对于城市规划而言，其改变则集中体现在规划语境的转变上。改革开放的背景下，中国在20世纪90年代推进了分税制、分权化、城乡土地使用制度、住房市场化等一系列重大改革，地方政府的利益诉求是以GDP增长为核心的政绩竞争，该阶段城市规划是作为土地财政和城市建设的工具，体现了该阶段"增长至上"的规划语境。

迈入新时代，规划的语境开始向"人民为先"转变。为了实现城市的良性发展，规划正在发挥越来越重要的系统指导作用，随着公民意识的觉醒和公众对规划认知程度的提升，民间组织、大众媒体等对城市规划的关注也达到了空前的新高度，越来越多的人希望参与到规划决策的过程当中来，以实现规划的"程序正义"，保证公众利益的最大化。改革后的国土空间规划强化了公共政策属性，空间规划的统筹引领作用，决定了它将成为地方政府的有力治理手段，这就更需要在规划的制定和实施等相关环节中，通过各方的广泛参与和反馈，提高规划的针对性和科学性。

2.3.2.2　规划体系的理顺

"管理"的特征，更多地体现在由政府主导，其实现是自上而下的。而治理的实现，是一个动态对流的过程，是"上下左右"的。传统空间规划体系的一大问题在于，重纵向控制而协同对话不足，之前的土地利用规划和城市规划，由于部门条块的分割而表现为"两层皮"，"两兄弟相互打掩护"。土地利用规划，是一种完全自上而下的垂直管理模式，而城市规划又是从地方的利益出发，两者很难完全融合在一起。

新一轮的国土空间规划，打破了这种尴尬的局面，目前国土空间规划的"五级三类四体系"，从总体上对规划的系统进行架构，打破了原有的单向模式。但是要实现"上下左右"的"互联互通"，形成网络化治理，则还需要进一步完善现有的空间治理体系，

---

① 俞可平. 论国家治理现代化［M］. 北京：社会科学文献出版社，2015.

建立新的治理结构。因此，有必要建立从宏观层面的综合规划到地方层面的发展规划的协同对话机制。一是建立宏观发展战略到地方发展共识的对话，地方层面的发展规划在发展定位、区域协调上落实宏观层面的综合规划要求，并形成反馈机制；二是建立宏观层面空间管控到地方层面"一张蓝图"的对话机制，上下层级规划在空间管控、监督考核方面进行衔接与协调。

2.3.3　从静态传递走向双向对流

在中央的宏观管控与地方政府的行动取向之间，需要进行动态响应，这种响应不是自上而下的单一方面响应，而是能够实现传导和反馈并行的上下对话，这就需要在宏观治理和地方发展之间，建立双向通道机制。这一通道应该是"双向"和"对流"的，改变原有"单向"和"静态"管理模式的诸多弊端。

2.3.3.1　面向事权的双向通道

在当前强调的"对话、协调、合作"的治理现代化方向下，中央以指令性手段、行政强制力为主导的管理方式，必须作出相应调整与转变[①]。在目前这一轮国土空间规划中，中央和国家制定了一系列法律法规、技术标准和编制指引，这是一个自上而下的便捷通道，以确保地方政府不会走歪。在中央—地方上下传导的主骨架之外，地方智慧的

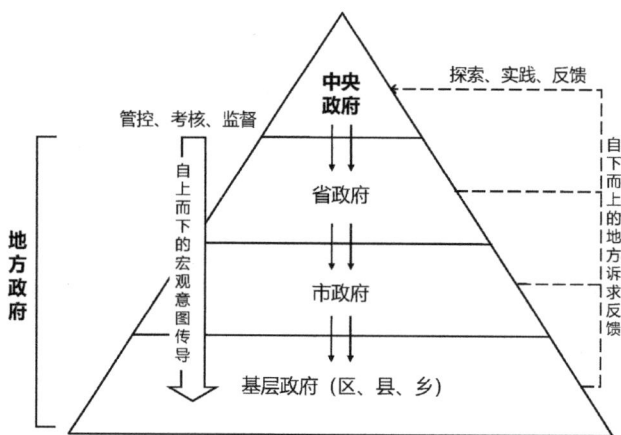

图2-2　面向事权的通道机制示意图

可贵价值也可以得到充分展现。如上海的郊野公园、广州的功能区划、北京的分区规划等地方实践，其有效经验可向全国推广，形成自下而上的反馈机制的同时做到经验共享。至此，由上到下和由下到上的对流通道便建立了。这种通道改变了以前的土地利用规划和城市规划"两层皮""两个兄弟相互打掩护"的局面（图2-2）。

因此，地方视角下空间规划体系的改革，一方面在于清晰界定中央政府引导宏观发展与地方政府的事权关系，另一方面在于建立地方政府竞争中的协同对话机制，在此基础上建立多元化的通道机制，包括协商共治的城市治理体系以及多层对话的空间共治规则。

---

① 张京祥，陈浩. 空间治理：中国城乡规划转型的政治经济学 [J]. 城市规划，2014，38（11）：9-15.

1）建立协商共治的城市治理体系

改变当前自上而下、政府主导的城市增长管理模式，建立协商共治的城市增长管理体系。目前在中国的行政管理框架下有"建设用地边界""耕地保护红线""规划用地选址管理"等不同的增长管理手段。但是，各种类型的增长管理功能分属于土地、规划等部门，在政策目标、控制理念、技术路线、管理手段等方面均存在着不一致，相互之间缺乏协调，导致中国事实上缺乏有效的增长管理系统。面对增长主义累积的城市增长问题，必须通过整合、强化增长管理的政策和措施加以控制，寻求开发及保护之间的均衡，塑造合理的城市空间增长模式，建立多部门协调、统一的增长管理体系，促进各类各级规划之间的衔接和配合，以强化既有规划体系的整体功能。同时，加强社会和市场主体在规划治理体系中的话语权，建立有效的社会参与机制。

2）建立多层对话的空间共治规则

借鉴国外规划治理体系的分权化趋势，加强中央、省、市县等不同层级空间规划的协商对话机制，建立各层级空间规划的对话平台。促使宏观发展战略与地方发展共识对话，地方层面的发展规划在发展定位、区域协调上落实宏观层面的综合规划要求，并形成反馈机制。明确地方政府的主要事权，充分调动城市政府作为城市运营主体的积极性，强化地方规划的编制、审批和实施等权力，加强地方规划的可操作性与适应性。

近十年来的空间规划实践在"一张图"的协调技术方面逐渐成熟，然而在空间治理规则的探索上仍旧任重而道远。随着空间规划改革的工作重心由用地协调转向全域空间治理，应对上述深化改革的门槛，应当以构建纵向对话、横向协同的空间规划管控体系为目标，以建立共治规则为突破方向，在"空间规则"的基础上，向上叠加"发展规则"，向下叠加"公平规则"，形成"发展规则—空间规则—公平规则"构成的共治规则。其中发展规则应对城市战略共识欠缺的问题，建立纵向对话的区域协同框架；空间规则应对空间规划事权重构和交叉冲突的问题，建立纵向有序传导和横向统筹的空间管控体系；公平规则应对空间治理方式方法单一的问题，建立责任与激励相结合的空间管理制度。

2.3.3.2　地方规划的上升反馈

1）地方规划的创新智慧

通道机制的建立，需要地方治理经验的有效反馈。地方治理的经验总结，主要来源于规划实践的创新和探索。近年来，随着地方规划不断前行，地方的规划智慧与宏观治理，有了多方式的反馈及融合。

广东绿道的建设探索和推广，是地方治理实践向上反馈，并再次向下传导的过程，是通道机制在地方治理实践过程中发挥重要作用的实践样本。

为解决经济快速发展与生态环境保护之间的矛盾，促进城乡区域可持续发展，珠三角曾先后探索了"生态敏感区""区域绿地"等生态资源保护方式。但这些孤立地进行保护的做法，难以改变生态系统被不断蚕食的局面。2009年编制的《珠三角城乡规划一体化规划》，在评估和反思《珠三角城镇群协调发展规划》实施效果时发现，单纯划定区域绿地并进行严格保护的做法过于被动和静态化，并未能完全遏制区域生态不断遭受非农建设侵蚀的状况，只有将生态资源的严格保护和合理利用有机结合起来，才能把图面上的生态安全格局变成现实，从而首次提出了建设珠三角"区域绿道网"的构想，通过构建贯通城乡区域的连续性、网络状的绿色开敞空间系统，融生态廊道和慢行系统于一体，使"区域绿地"被动的生态保护功能与"区域绿道"主动的生活休闲功能合而为一。

2009年8月，广东省住房和城乡建设厅上报了《关于借鉴国外经验率先建设珠三角绿道网的建议》和《关于先行开展珠三角绿道网规划建设工作的请示》等文件，得到省委省政府领导的高度重视，并明确要求立即展开《珠三角绿道网总体规划纲要》（以下简称《规划纲要》）的编制工作。2010年，广东省住房和城乡建设厅在全省范围内印发《珠江三角洲地区绿道网总体规划纲要》，正式拉开绿道规划建设的序幕。

随后，绿道建设在广东乃至全国形成一股热潮。广东省绿道建设的先行城市，如深圳、珠海、广州等，编制了《珠三角区域绿道（省立）规划设计技术指引》《广东省城市绿道规划设计指引》，将广东经验迅速推广至全国。随后，北京、浙江、安徽等城市或省，也编制了《北京市区县绿道体系规划编制指导书》《安徽省绿道总体规划纲要》《安徽省城市绿道设计技术导则》等地方标准。在各地实践经验总结提升的基础上，2016年9月，住房和城乡建设部发布了《绿道规划设计导则》，对绿道规划设计、绿道选线、绿道要素规划设计等提出了规范性的建设要求。

2）地方规划院的角色转换

原来作为"地方院"的许多地方城市规划力量，通过技术交流和经验总结，实现了地方治理探索经验的向上反馈，在国家和部门的空间治理政策和行业规范制定等方面，开始发挥更大的影响力。

地方规划院扮演的角色，以前更多是为地方政府和规划部门服务，参编本地规划、地方标准指引及相关研究。自2013年以来，通过"三规合一""多规合一"等地方试点探索和经验的全国推广，部分地方院已经逐步发展成在全国层面具有影响力的设计机构，开始参与部门乃至国家标准、指南的制定，尤其是在2018年之后，地方规划院提供了越来越多鲜活的地方实践样板，在中央与地方之间搭建了良好的双向流通通道。

以广州市城市规划勘测设计院（以下简称广州市院）为例。一是参编了较多的国家、地方标准和研究成果，搭建了地方实践的融合通道。包括《省级国土空间规划编制指南（试行）》《国土空间规划技术标准体系研究》《国土空间规划用地分类研究》《城镇开发边界管控研究》《城镇建设用地分类标准研究》等。

二是通过活跃的技术交流，为国内不同地方提供了相互间经验的融合通道。2018—2019年，根据不完全统计，广州市规划院受邀在外地开展讲座超过18次，可以看出国内其他省市对广州的地方经验有较大的兴趣与关注（表2-3）。

表2-3　广州市院2019年国土空间规划对外技术交流一览表

序号	时间	会议名称及讲座题目	地点
1	2019年3月19日	浙江省国土空间规划编制工作动员会，"广州市国土空间规划编制实践"	丽水市
2	2019年4月12日	遵义国土空间规划专题培训会，"面向高质量发展的国土空间规划"	遵义市
3	2019年4月26日	河南省国土空间规划编制工作部署会，"面向高质量发展的国土空间规划实践与探索"	郑州市
4	2019年4月29日	山西省国土空间规划论坛第2期，"市县国土规划编制的新要求与应对方法"	山西省
5	2019年5月15日	2019年新疆国土空间规划编制工作部署暨培训会，"市县国土空间规划编制的新要求与广州应对"	新疆维吾尔自治区
6	2019年6月6日	江西萍乡国土空间规划编制工作推进会，"市县国土空间规划编制的新要求与应对方法"	萍乡市
7	2019年6月6日	面向高质量发展的国土空间规划实践，"广州推进国土空间规划编制的经验"	赣州市
8	2019年6月24日	2019年全国规划院长工作会议，"广州市国土空间规划编制工作的实践与体会"	重庆市
9	2019年6月30日	山东省自然资源专题培训班，"新时代国土空间规划广州探索与实践"	山东省
10	2019年8月16日	规划系统专题讲座，"空间规划改革的回顾与思考"	重庆市
11	2019年10月11日	《规划师》·南宁论坛（2019），"广州市国土空间总体规划的探索与实践"	南宁市
12	2019年10月16日	东莞市国土空间总体规划编制工作动员大会，"市县国土空间总体规划编制思路与方法"	东莞市
13	2019年11月10日	新疆维吾尔自治区领导干部国土空间规划专题研讨班，"市县国土空间总体规划编制的时代要求与地方探索"	新疆维吾尔自治区
14	2019年11月14日	韶关市全面推进国土空间规划编制动员部署及业务培训会，"市县国土空间总体规划编制的时代要求与地方探索"	韶关市
15	2019年11月29日	粤港澳大湾区"品质与创新：南沙规划30年"研讨会，"广州市国土空间与南沙人居愿景"	广州市

序号	时间	会议名称及讲座题目	地点
16	2019年12月7日	中规协全国大会，"广州空间规划三组关系的思考与实践"	上海市
17	2019年12月11日	佛山南海区国土空间总体规划编制工作动员大会，"南海区国土空间总体规划编制要求与技术要点"	佛山市
18	2019年12月20日	"国土空间总体规划——理论与实践探索"学术研讨会，"治理体系现代化下国土空间规划实践与探索"	重庆市

三是通过深度参与政策研究，作为政府政策制定的技术顾问，打通实施反馈的融合通道。2018年9月，广东省委深改组批复同意顺德区率先建设广东省高质量发展体制机制改革创新实验区（以下简称实验区），赋予了顺德区18项政策权限支持（其中涉及村改11项）。为了解政策出台后在地方的实施情况和存在问题，2019年11月，由广东省自然资源厅牵头，由省市规划团队以及顺德地方规划团队联合组建技术小组，从调研到报告撰写，都是自下而上反馈各种地方的实践情况和存在的具体问题，在省级部门与地方政府之间搭建了双向通道，为后续的政策完善和全省层面政策推广提供了重要支撑。

2.3.3.3　规划实践需容错保障

从地方治理层面来看，要充分考虑规则的优化，就必须建立一个鼓励探索的容错机制。从地方的角度来看，规划一方面要实现资源的保值和增值，另外一方面就是我们所说的面向未来发展，做好鲜活的场景规划，这种场景是不可预见的，具有不确定性。因此地方的规划治理探索，在同样的价值取向和相近的目标导向下，结合地方实际，出现了很多自主特征和创新探索的内容。

广州的城市更新局，是一个很有趣的部门，从2014年12月成立，到2019年1月广州机构改革取消，作为一个正局级的一级局，仅仅存在了短暂的4年。城市更新局的前身，是成立于2010年的"三旧"改造办公室（以下简称"三旧办"），是为了更好地推进"三旧改造"（旧城镇、旧厂房、旧村庄改造）而成立的，直属广州市政府，统筹全市"三旧"改造工作的临时性机构。"三旧办"在后续几年的"三旧"改造政策制定、组织编制"三旧"改造规划和项目实施过程中发挥了重要作用，但仍然存在实施中权责不明晰、规划中目标不系统、执行中利益不均衡等问题[1]。

为了解决这些问题，2014年12月，广州市将"三旧"改造工作办公室的职责、市有关部门统筹城乡人居环境改善的职责整合划入新部门，成立了我国第一个城市更新

---

① 王世福，沈爽婷. 从"三旧改造"到城市更新：广州市成立城市更新局之思考 [J]. 城市规划学刊，2015（03）：22-27.

局。城市更新局成立后，先后参与制订了50多份城市更新相关政策法规文件，并探索了通过片区策划、实施方案替代控制性详细规划的规划编制创新，搭建了"年度更新计

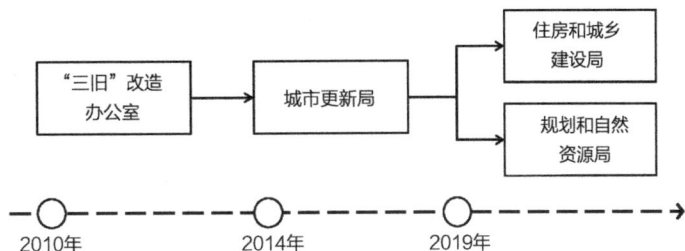

图2-3　广州市城市更新局的"建"与"撤"

划—片区策划方案—项目实施方案—项目审查—批复实施"的广州特色城市更新项目审批实施流程，有效地指导了城市更新工作的开展，取得了较好的成效。但是仍然存在"部门难协同、产业难互动""政策难操作、成效难推广"[①]等问题，特别是与规划、住建、发改等部门的职能协调和项目协同审批方面的关系始终没有理顺。2019年1月，广州市发布机构改革方案，正式取消城市更新局这一部门。城市更新局的原有职能在经过整合、调整后，分别纳入住房和城乡建设局以及规划和自然资源局（图2-3）。

广州市城市更新局"建立"与"撤销"的过程体现了广州市政府在推动城市更新的过程中，随着探索的深入和城市更新治理要求的不断提升，而不断尝试和试错的过程。相应地，广州市的城市更新政策，也在实践过程中经历了从"鼓励改造，市场踊跃"到"从严约束，市场抑制"再到"适度放开，逐步理性"的变化[②]。由此可见，面向不可预见的未知场景，积极的探索和有效的容错保障，也是地方规划治理中不可或缺的重要组成部分。

同样，为应对未来发展不确定性，在空间规划体系和管制规则中，也需要预留充分的弹性空间，即空间布局上的"战略留白"。吴良镛先生在《"北京2049"空间发展战略研究》中指出，"在城市发展不同时期，需要预计未来，预留发展用地"。通过有计划的留白手段，可为城市可持续发展留下一定的弹性空间，更好地应对未来的各种不确定性，提高规划决策的前瞻性、科学性、合理性。战略留白将为未来承接中心城区功能疏解、城市功能优化调整、重大事件空间预留、重大基础设施建设、土地供需关系调控等预留战略空间，赋予未来发展更多的选择，让空间更适应发展的要求。在强调约束底线的基础上，可以有效提高规划适应性和规划决策的前瞻性。战略留白作为城市建设的"缓冲区"和城市功能完善的"调节池"，可以有效地预留发展空间、储备土地资源，确保未来重大项目、重大事件落地。

① 广州现代城市更新产业发展中心. GRID实务研究｜城市更新推动广州经济高质发展［EB/OL］.（2018-08-14）. http://www.gzgrid.com/?c=msg&id=2179.
② 广州现代城市更新产业发展中心. GRID实务研究｜城市更新推动广州经济高质发展［EB/OL］.（2018-08-14）. http://www.gzgrid.com/?c=msg&id=2179.

第 3 章

事权与规划

我们的规划师,已经有40万大军了。一年一度的"城市规划年会"是规划师们的大会,每年都会选在一座有韵味的城市召开,规划师们可以去青岛、海口、贵阳、沈阳、厦门、重庆……品味城市。对于多数规划师,去年会主要两个目的:一是"同学聚会",二是看看"大咖"。"大咖"们无疑是大会的主角,会议的第一天,"大咖"们会作主题报告。报告是一张"晴雨表",报告的听众数量反映的是行业的兴旺,报告的内容反映的是年度热点。从青岛年会开始,参会人员超过了6000人,到了2019年重庆年会,提供的盒饭更是超过了10 000盒,可见行业的兴旺程度是逐年递增的。2015年贵阳年会,中山大学政治与公共事务管理学院何艳玲教授"跨界串场","大国之城,大城之伤"主题报告,引爆会场,掌声不断,可见年度热点是能跨界引发共鸣的。从那次会议后,何艳玲教授被规划师们奉为"中国的简·雅各布斯",规划师们似乎开始更加关注"跨界",只要是跨界的报告都是爆场,大家都要做"多规划师合一"。

2019年5月10日,《中共中央、国务院关于建立国土空间规划体系并监督实施的若干意见》印发,"跨界"与"融合"再次成为我们行业的流行语,连机构也有这个趋向,四川和浙江的两个省级规划或土规编制单位很快就改名为"空间规划院"了。看来,我们要变成空间规划师了,山水林田湖草,跨度之大、交叉之广,远超之前,我们需要"跨界"与"融合"的知识来重新认识空间规划。

3.1 从事权的角度看规划

3.1.1 郡县治,天下安

纵观古今政治文明之历史,央地关系就像钟摆一样,遥相摆动。如何调动中央与地方的积极性是历久弥新的话题。周、秦之变历来被视作中国历史的重要转折,封建、郡县之辩更是其间最重要的内容。郡县制的出现是春秋战国时代治理效率化竞争的结果,并有赖于官僚制度的成长。更确切地说,郡县制的出现是"治权"发展的结果,它革除了封建制各私其土的乱政之源,反而开创了一个"公天下"的世界,确立了一种超国家形态的帝国政制体系。

汉朝司马迁《史记》有云:"县集而郡,郡集而天下,郡县治,天下无不治。"说的就是治国当治县,治理好县域,天下就能太平。

唐代柳宗元语:"封建非圣人意也,势也。"他在《封建论》中说道:"秦之事迹,亦断可见矣:有理人之制,而不委郡邑,是矣。有理人之臣,而不使守宰,是矣。郡邑不得正其制,守宰不得行其理。酷刑苦役,而万人侧目。失在于政,不在于制,秦事然也。"郡县制可使治国理政真正做到"有罪得以黜,有能得以赏",而且一人高居其上,也可发挥最大的治理效率。

明代顾炎武认为，分封制与郡县制各有其得失，"封建（分封）之失，其专在下，郡县之失，其专在上"。郡县制的最大弊端即在于"尽天下一切之权，而收之在上"。他提出的政改之路，就是要从县政的基层治理出发，将以往郡县制中最突出的流官制和监察制，去吏事之弊，兴教化之责。顾炎武提出的具体办法，是将封建的精义纳入县级治理。

清初哲人黄宗羲用心于"封建论"，他在《明夷待访录》的未刊篇《封建》中，通过总结"封建"与"郡县"的利弊，来论述"方镇"的效用："封建之弊，强弱吞并，天子之政教有所不加。""郡县之弊，疆场之害苦无已时。欲去两者之弊，使其并行不悖，则沿边之方镇乎。"封建、郡县各自的短处，是公允平实之论。

近世以来，王夫之、顾炎武等强调寓封建之意于郡县之中，旨在依据圣人对三代之制的理解，打破"尽天下一切之权，而收之在上"的集权制系统，重新理顺"公""私"之辩。郡县制的推行，使贵族世卿的政治参与度下降，游仕势力逐步上升。

封建与郡县之辩，无论从立场、制度或现实经验，还是从物质和精神层面上，都从来没有真正分离过，两者间的此消彼长、缠斗与和解，才是各个历史时期的真实写照。而这其中不变的共识是，治理好县域，事关国家的长治久安和前途命运，事关人民群众的切身利益。即使在中国步入新时代的今天，治理好县域依旧是治国理政的关键。

"郡县治，天下安"。"如果把国家喻为一张网，全国三千多个县就像这张网上的纽结。'纽结'松动，国家政局就会发生动荡；'纽结'牢靠，国家政局就稳定"[①]。改革开放后，中央对地方采取一种"放手做事"的模式，"放权松绑"，激励地方发展经济，规范和制约不足。新时期的治理现代化下，逐渐转向"束手做事"的模式，强调"公平、透明、问责"，强调公民权利保护，强调对政府行政的监督和制约。

3.1.2　事权的"条块结构"

在我国，"事权"最初是指军事指挥上的种种安善处置。《淮南子·兵略训》曰："陈卒正，前行选，进退俱，什伍搏，前后不相捝，左右不相干，受刃者少，伤敌者众，此谓事权。"逐渐地，又演化出职权、权力的含义。目前，国内学术界对事权的说法主要分为三种：一是"责任说"。刘尚希、马洪范等认为，国外的政府职能（包括责任、职能、任务、事务）与我国政府事权的概念相似，如英国和美国用"责任"

---

① 习近平. 摆脱贫困 [M]. 福州：福建人民出版社，1992：31.

与"职能",德国使用"任务",日本使用的"事务"①。二是"权力说"。宋卫刚认为,事权就是依据政府职能产生的,通过法律授予的,管理具体事务的权力②。徐阳光认为,政府事权是一级政府管理国家事务的权力,是行政权的一种表现③。三是"权责综合说"。崔运政认为,事权是指政府在公共事务和服务中应当承担的职责,以及所具有的、与职责相适应的公共管理权力④。综上,事权可以理解为各级政府承担公共事务的职责、责任与权力。

3.1.2.1 "条块结构"的特征

政府履行事权,需要依靠一个组织结构来运行,简单地说,就是谁做什么事情,谁受谁的约束。在我国,这种组织结构就是常说的"条块结构"。"条条"通常是指中央一级的行政机关或企事业单位在不同层级的地方政府垂直设置的职能部门,"块块"通常是指地方政府所管辖的部门与机构。"条块结构"的特征,也是我国政府事权划分的特征。"条块关系"是"条条"部门和"块块"部门之间可能存在的各种关系的总称,它呈现一个矩阵式纵横交错的组织结构,构成中国当代政府尤其是地方政府结构的一个最基本特征。在纵向方面,从中央、省(自治区、直辖市)、市、县到乡(镇、街道)五个层级,每个层级又细分为若干个内部层级,形成一个严格的自上而下的金字塔式的等级结构。在横向方面,每级政府又分为综合部门(如政府办公厅、办公室)和相关职能部门,每个部门又和上级、下级同类部门形成垂直"对口管理"关系。一级地方政府不仅直接接受上一级政府党委的监督和领导,它所管辖的各个政府职能部门也同时受上级"条条"部门的监督和指导。同样是"条条"部门,它们与"块块"的结合程度,依部门的性质而不尽相同。第一类是严格意义上的中央"条条"部门,由中央垂直管理,如银行、海关、国税;第二类是省内"条条"部门,即所谓省内垂直部门,如工商、质检、药监、地税,国土(2018年机构改革前)部门;第三类是形式上的"条条"部门,但"块块"色彩浓厚,如住建、教育、民政部门,接受上级对口部门的业务指导⑤。

3.1.2.2 "条块结构"的影响

我国的政治、经济以及自然地理条件等国情决定了我国的行政管理既离不开"条条",也离不开"块块"。中央一级的大政方针和对地方政府工作的监督和指导通过各

---

① 刘尚希,马洪范,景婉博,等. 国外支出责任的理论考察与实践经验 [J]. 财政科学,2017(09):62-67.
② 宋卫刚. 政府间事权划分的概念辨析及其理论分析 [J]. 经济研究参考. 2003(27):44-48.
③ 徐阳光. 论建立事权与支出责任相适应的法律制度:理论基础与立法路径 [J]. 清华法学,2014,8(05):88-102.
④ 崔云政. 健全我国事权与支出责任相适应的制度研究 [M]. 北京:中国财政经济出版社,2008:5.
⑤ 周黎安. 转型中的地方政府:官员激励与治理 [M]. 2版. 上海:格致出版社,2014:94.

个"条条"部门的上下贯通来综合实现，这体现了中央对地方可能出现的决策偏离进行全方位监督、制约和制衡的考虑[①]。地方政府在自己"块块"的权力范围内，因地制宜，实现地方治理。"条块结合"的关系也有两种情况：一是"以条为主"。专业性很强，需要全国统一安排管理的领域，如电网、铁路、电信等系统，就必须实行"以条为主"的管理。二是以块为主。除了那些专业性很强的领域，国民经济绝大部分领域的管理都是以块为主。这样，既可以充分调动地方的积极性，中央和上级政府又可以实现有效的宏观调控。这是理想的条块关系模型。但在现实情况中，这种"条块结合"的模式也会产生一些问题。

1）"条"会断线

"上面千条线，下面一根针"。各种上级"条条"部门的要求，往往会落实到基层的同一件事情上，造成了"齐抓共管"，责权不清。基层开展工作时为了避免矛盾，只能"有事找市长"。由于权力分割在各个部门，批准一个项目需要涉及多个条条部门以及地方政府，如果遇到部门间冲突，政府部门间的相互扯皮和推诿就经常出现，最后就必须依赖更高层级的政府来进行协调和决策。

"上有政策、下有对策"。面对发展所遇到的环境、经济和社会挑战时，地方有时会站在自身利益的角度制定策略。在我国，上级政府获取信息需要依靠下级政府逐级上报。地方政府基于自身利益，有时会存在上报数据不实的现象。2019年8月，自然资源部通报了第三次全国国土调查督察情况的20个典型案例。其中，就有个别地方故意弄虚作假。例如，陕西省榆林市自然资源和规划局横山分局弄虚作假，要求作业单位把开发整理出的1752亩耕地调查为未利用地。安徽省长丰县下塘镇政府组织铲除了地块上的农作物，意图利用"推土区"的调查规则，通过举证将耕地调查为建设用地[②]。

2）"块"会重叠

空间规划事权错位，各类规划编制"自成体系，互不衔接"，每个部门都有上级行政部门，部门规划在职能互补的基础上，在一些重要的领域存在交叉、排斥以及缺位，出现规划相互重叠、相互脱节、相互冲突的现象，规划难以执行和实施。空间规划秩序紊乱的根源在于空间规划管理体制不顺：首先表现为各类空间规划的法律关系尚未真正明确，各级各类规划之间，以及规划编制过程中的各环节、各方面关系难以有效理顺；其次，缺乏统一有效的规划管理机构，规划管理权限过于分散，权责边界不清晰，产生分权和争利的"内耗"，影响了城市整体发展目标的实现；再次，空间规划的"多头管理"，导致在实际管理中执法主体模糊不清，很难适应市场经济管理的需要。规划协调

---

① 周黎安. 转型中的地方政府：官员激励与治理［M］. 2版. 上海：格致出版社，2014：94.
② 2019年，自然资源部通报20个三调督察典型案例。

机制的缺失，使各类规划间的协调缺乏有效途径和必要的制度保障，城市空间政策丧失了整体性、统一性（表3-1）。

表3-1 各类空间管控要素涉及的部门情况

要素类型	空间管控要素	发改部门	住建部门	国土部门	环保部门	其他部门
控制性	空间管制分区	○	○	○	○	
发展性	城镇建设用地边界		○	○		
	农村建设用地边界		○	○		
限制性	基本农田保护区			○		
	自然保护区边界		○	○	○	○（海洋、渔业、林业）
	风景名胜区边界		○	○		
	森林公园边界		○	○		○（林业）
	饮用水水源保护区		○	○	○	
	湿地边界		○	○		○（林业）
	地质公园边界		○	○		○（地质矿产）
	水域边界		○	○		○（水务）
	林地边界（生态公益林）		○	○		○（林业）

注：○表示部门规划有相关要素的管控要求，表格内容根据各部门规划的相关技术标准整理。

例如，城市生态要素管理存在"九龙治水"现象，我国自然保护区、森林公园、风景名胜区分属不同部门，但彼此间性质混淆，"一个机构两块牌子""一片林子两个区"的情况时有发生，导致部分自然保护区既称为"自然保护区"，又称为"森林公园"或"风景名胜区"，而其在功能区划分时，首先满足风景名胜区的功能要求而将部分旅游区规划在自然保护区的中心区域，严重影响了自然保护区的发展及对生物多样性的有效保护。

3.1.2.3 事权与规划的对应

政府对资源配置施加影响的权力既可以是直接地对资源进行分配（如公共资源的配置），也可以是间接地、通过设立相关的规则对资源进行配置（如编制和实施规划）。在我国，拟定和组织编制空间规划，对编制的规划进行审查、审批和实施监督等，本身就是政府的一项事权，是被写进了部门"三定"方案中的。例如，在2008年的部委"三定"方案中，国家发改委明确了组织编制全国主体功能区规划等职责；原国土资源部明确了编制并组织实施国土规划、土地利用总体规划等职责；住房和城乡建设部明确了组

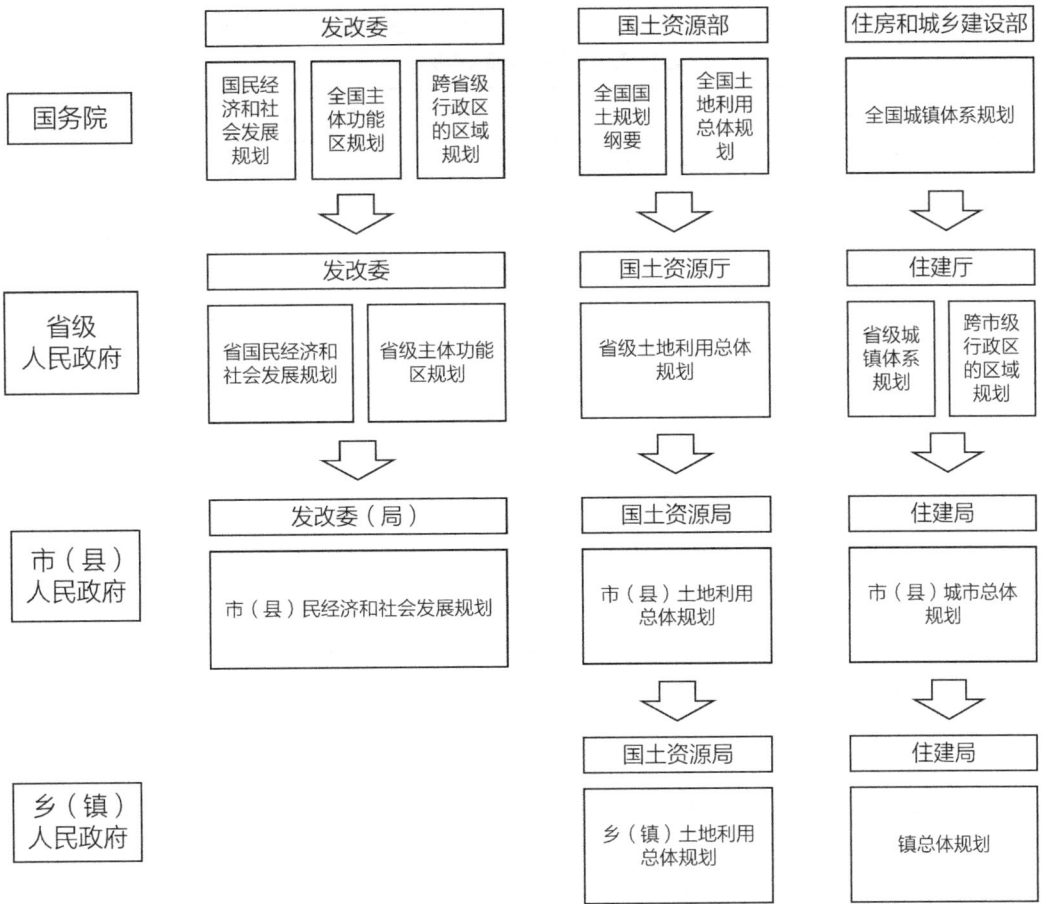

图3-1　发改、国土、住房和城乡建设三部门架构与各类规划组织编制关系（2018年机构改革前）

织编制全国城镇体系规划，负责国务院交办的城市总体规划、省域城镇体系规划的审查报批和监督实施等职责（图3-1、表3-2）。下面各省、市、县也会有对应的行政部门承担本级相应职责。有人将我国空间规划体系描述成一个由纵向规划类型和横向规划层级交织而成的网。表面上看，是一个空间规划体系的网络。但是实际上，这网络就是对我国"条块交叉"的政府事权结构的映射。

　　我国是单一制国家，地方政府的权力是一种从属权力，本质上是中央政府权力向地方的延伸。从这个角度讲，中央事权与地方事权的同构不可避免，因为大家做的是一件事：满足"人民日益增长的美好生活需要"，消除发展中的"不平衡不充分"。在这个方面，大家没有博弈，只有共识。城市政府并不完全是属于城市的政府，而是中央设在城市的政府。地方编制的空间规划不仅仅是地方的规划，也是落实中央大政方针的规划。它是中央赋予地方的权力，是中央政府权力的延伸。因此，地方编制的空间规划是一种责任型规划，它不仅要服务于地方，促进地方的社会经济发展；也要服务于全局，回应国家与区域的战略。

表3-2　国家发改委、原国土资源部、住房和城乡建设部2008年"三定"
方案关于空间规划的主要内容[①]

部门	关于空间规划事权的主要内容（摘录）
国家发改委 （2008年）	拟订并组织实施国民经济和社会发展战略、中长期规划和年度计划
	组织编制主体功能区规划
	组织拟订区域协调发展及西部地区开发、振兴东北地区等老工业基地、促进中部地区崛起的战略、规划和重大政策
	研究提出城镇化发展战略和重大政策，负责地区经济协作的统筹协调
	参与编制生态建设、环境保护规划
原国土资源部 （2008年）	编制并组织实施国土规划
	编制和组织实施土地利用总体规划、土地利用年度计划、土地整理复垦开发规划和其他专项规划、计划
	承担全国耕地保护责任，确保规划确定的耕地保有量和基本农田面积不减少
	组织实施土地用途管制、农用地转用和土地征收征用，承担报国务院审批的各类用地的审核、报批工作
	管理和监督城乡建设用地供应、政府土地储备、土地开发和节约集约利用
住房和城乡建设部 （2008年）	组织编制全国城镇体系规划
	负责国务院交办的城市总体规划、省域城镇体系规划的审查报批和监督实施
	负责土地利用总体规划纲要的审查

3.1.3　规划在地方的运行

3.1.3.1　宏观指令对地方规划的约束

单一制，规划也有中央集权的强约束力。在我国，规划一直以来都是中央政府进行宏观调控的工具之一。"三年不搞城市规划"是中国城市规划发展史上的重大特殊事件。1958年，在"大跃进"运动的背景下，国务院开始精简部门，下放权力，希望提高地方政府的积极性，加快推进经济建设。当时的建工部也"紧跟形势"，提出了"为了适应工农业大跃进的新形势，城市规划工作也必须来个大跃进"。其中的具体措施就包括"权力下放，规划下区"。地方利用下放权力大上基建项目，基本建设遍地开花，计划失控，生产陷入混乱。面对这样的混乱局面和"大跃进"带来的困难，1960年中央开始调整政策部署。1961年1月中央发布《关于调整管理体制的若干暂行规定》，重新定调中央对各领域经济管理的统一领导。"三年不搞城市规划"就是发生在1960年的时间

---

① 根据国家发改委、原国土资源部、住房和城乡建设部2008年三定方案整理。

节点上。这样比较看来，"三年不搞城市规划"就是中央加强宏观调控，收回地方经济事权的一项工作布置。

土地利用规划的宏观指令性和地方约束性较强，是国家实现土地用途宏观管控和地方发展空间计划管理的工具。20世纪90年代初，中国实行土地有偿使用制度改革其实是一次大规模放权。虽然以前中央一直对用地实行宏观调控，但真正的操作权却在县、乡一级政府手里。他们可以修改土地规划，甚至把基本农田修改为建设用地。而修改后的规划只要报请省里批准就可以了，有的甚至委托地市审批。2006年，国家对省以下土地部门实行垂直管理，将省以下的土地审批权限、国土部门的人事权限统一集中到省级国土部门。这意味着将市、县、乡的土地审批权力悉数上收。原来由地方政府任命的土地部门负责人，现在变成了由省级土地部门垂直任命。并提醒地方政府，"调控新增建设用地总量的权力和责任在中央，盘活存量建设用地的权力和利益在地方，保护和合理利用土地的责任在地方各级人民政府，省、自治区、直辖市人民政府应负主要责任"[①]。这一系列权力调整也是加强宏观指令对地方规划的约束表现。

3.1.3.2 "市管县"行政体制下的规划

我国的城镇体系规划和城市规划审批事权的下放几乎与"市管县"的行政体制改革同时推进。1984年，中共十二届三中全会《关于经济体制改革的决定》提出"逐步形成以城市特别是大、中城市为依托的，不同规模的，开放式、网络型的经济区"，实行市领导县的行政体制。"市管县"后，城市政府的管理对象已经不是单个城市，而是一个相当大区域的城镇群体和城乡混合体。在这样的形势下，1984年的《城市规划条例》第一次提出："直辖市和市的总体规划应当把行政区域作为统一的整体，合理部署城镇体系。"20世纪90年代开始执行的《中华人民共和国城市规划法》进一步把城镇体系规划的区域尺度向上下两头延伸，明确规定"全国和各省、自治区、直辖市都要分别编制城镇体系规划，用以指导城市规划的编制"，"设市城市和县城的总体规划应当包括市或县的行政区域的城镇体系规划"[②]。此后，1994年的《城镇体系规划编制审批办法》和2008年的《中华人民共和国城乡规划法》进一步对城镇体系规划作了相关规定（表3-3）。同时，城市规划的审批事权也开始调整，一般的地级市、县、镇的总体规划审批事权开始逐级下放。城镇体系规划将城市分成了不同的等级，规划审批又赋予了城市规划无形的"行政等级"。总规，要分级审批，不仅仅是地方事务，也是上一级政府或中央事务。控规，基本上是地方政府审批，是地方的事务。

---

① 引自国务院：《关于深化改革严格土地管理的决定》（国发〔2004〕28号）。
② 周一星. 区域城镇体系规划应避免"就区域论区域"[J]. 城市规划，1996（02）：14-17，63.

表3-3　1980—2008年城市总体规划审批事权情况表①

法律法规名称	规划审批事权	
《城市规划编制审批暂行办法》，1980年	国务院	中央直辖市的总体规划，报国务院审批；省会、自治区、特大城市，以及国家指定的重点城市的总体规划，由所在省、自治区人民政府审查同意后，报国务院审批
	省、市、自治区人民政府	其他市、镇、县城和工矿区的总体规划，由所在省、市、自治区人民政府审批。其中设市城市的总体规划，报国家城市建设总局备案
《城市规划条例》，1984年	国务院	直辖市的城市总体规划，由直辖市人民政府报国务院审批；省和自治区人民政府所在地的城市、其他人口在100万以上的城市的总体规划，由所在省、自治区人民政府审查同意后，报国务院审批
	省、自治区人民政府	其他城市的总体规划，报省、自治区、直辖市人民政府审批
	市人民政府	市管辖的县城、镇的总体规划，报市人民政府审批
《中华人民共和国城市规划法》，1994年	国务院	直辖市的城市总体规划，由直辖市人民政府报国务院审批；省和自治区人民政府所在地城市、城市人口在一百万以上的城市及国务院指定的其他城市的总体规划，由省、自治区人民政府审查同意后，报国务院审批
	省、自治区人民政府	设市城市和县级人民政府所在地镇的总体规划，报省、自治区、直辖市人民政府审批
	市人民政府	市管辖的县级人民政府所在地镇的总体规划，报市人民政府审批
	县人民政府	其他建制镇的总体规划，报县级人民政府审批
《中华人民共和国城乡规划法》，2008年	国务院	直辖市的城市总体规划由直辖市人民政府报国务院审批；省、自治区人民政府所在地的城市以及国务院确定的城市的总体规划，由省、自治区人民政府审查同意后，报国务院审批
	省、自治区人民政府	其他城市的总体规划，由城市人民政府报省、自治区人民政府审批
	市人民政府	县人民政府所在地镇的总体规划，报上一级人民政府审批
	县人民政府	其他镇的总体规划由镇人民政府组织编制，报上一级人民政府审批

　　我国的土地利用总体规划分为国家、省、市、县和乡（镇）五级。与城乡规划不同，土地利用规划更加强调垂直管理。土地利用总体规划实行分级审批。省、自治区、直辖市的土地利用总体规划，报国务院批准。省、自治区人民政府所在地的市、人口在

① 根据《城市规划编制审批暂行办法》（1980年）、《城市规划条例》（1984年）、《中华人民共和国城市规划法》（1994年）、《中华人民共和国城乡规划法》（2008年）整理。

100万以上的城市，以及国务院指定的城市的土地利用总体规划，经省、自治区人民政府审查同意后，报国务院批准。其他市、县土地利用总体规划，逐级上报省、自治区、直辖市人民政府批准；其中，乡（镇）土地利用总体规划可以由省级人民政府授权的设区的市、自治州人民政府批准。土地利用总体规划的审批事权，集中在省级及以上人民政府层面，下一层级的人民政府审批土地利用总体规划，必须获得省级人民政府的授权。2004年，国家印发《国务院关于做好省级以下国土资源管理体制改革有关问题的通知》，要求省人民政府完善对设区的市和自治州人民政府审批乡（镇）土地利用总体规划的授权管理体制。经依法授权的设区的市、自治州人民政府审批乡（镇）土地利用总体规划的，必须事先将建设用地规模、新增建设占用耕地指标、基本农田保护指标、土地用途分区图等规定内容，报省级人民政府核定，规划经批准后，报省级人民政府国土资源主管部门备案；乡（镇）土地利用总体规划的修改或调整，涉及改变规划规定内容的，必须报经省级人民政府批准。进一步加强国家对国土资源的宏观调控，强化省级人民政府保护土地资源的责任（表3-4）。

表3-4　城市总体规划与土地利用总体规划审批事权比对表[①]

	城市总体规划审批事权	土地利用总体规划审批事权
国务院	直辖市的城市总体规划由直辖市人民政府报国务院审批；省、自治区人民政府所在地的城市以及国务院确定的城市的总体规划，由省、自治区人民政府审查同意后，报国务院审批	省、自治区、直辖市的土地利用总体规划，报国务院批准；省、自治区人民政府所在地的市、人口在100万以上的城市，以及国务院指定的城市的土地利用总体规划，经省、自治区人民政府审查同意后，报国务院批准
省、自治区人民政府	其他城市的总体规划，由城市人民政府报省、自治区人民政府审批	其他市、县土地利用总体规划，逐级上报省、自治区、直辖市人民政府批准；其中，乡（镇）土地利用总体规划可以由省级人民政府授权的设区的市、自治州人民政府批准
市人民政府	县人民政府所在地镇的总体规划，报上一级人民政府审批	—
县人民政府	其他镇的总体规划由镇人民政府组织编制，报上一级人民政府审批	—

　　改革开放后，1983年，我国进入第一轮城市总体规划编制高潮，规划期限大部分到1995年，少数到2000年。这一时期，报国务院审批总体规划的城市只有86个。20世纪90年代中后期，全国各地开始第二轮城市总体规划修编。同时在这一时期，1998年国土资源部成立；1999年国务院批准《全国土地利用总体规划纲要（1997—2010年）》；到2000年底，全国各地基本完成从国家到乡镇的五级规划，并开始正式实施。到2001

---

① 根据《中华人民共和国城乡规划法》（2008年）、《土地利用总体规划编制审查办法》（2009年）整理。

年，31个省、自治区、直辖市和81个城市的土地利用总体规划全部批准实施，其他地方各级土地利用总体规划也陆续批准实施。同样，到2000年底，86个国务院审批的城市都基本上完成了城市总体规划的编制。但是因为要与土地利用总体协调，最终只有部分城市总体规划获批，而且批复周期十分漫长。直到2009年，已经迫近第二轮城市总体规划的规划期末（多为2010年），获得国务院批复的城市总体规划只有26个。2009年5月，原国土资源部印发《国土资源部关于调整报国务院审批土地利用总体规划范围的通知》（国土资发〔2009〕67号），将报国务院审批土地利用总体规划的城市调整为106个（含新疆生产建设兵团为107个）。2010年后，住房和城乡建设部将报国务院审批的城市总体规划数量也调整为106个，与报国务院审批的土地利用总体规划城市保持一致。其中，广东省报国务院审批城市总体规划和土地利用总体规划的城市情况见表3-5。

表3-5　广东省报国务院审批城市总体规划和土地利用总体规划的城市对比表[①]

城市总体规划		土地利用总体规划	
2010年前	广州、深圳、汕头、湛江、珠海5个城市	2009年前	广州、深圳、汕头、湛江4个城市
2010年后	广州、深圳、汕头、湛江、珠海、佛山、江门、惠州、东莞、中山10个城市	2009年后	广州、深圳、汕头、湛江、佛山、江门、惠州、东莞、珠海、中山10个城市

3.1.3.3　地方规划委员会的运行

在我国，地级及以上级别的城市基本都会设置规划委员会，近些年来，很多县级城市也开始设置规划委员会。中国内地的城市规划委员会制度源于香港。1986年，深圳在学习香港经验的基础上，成立城市规划委员会，但其并非常设机构，成员也仅局限于政府官员。1998年，深圳市城市规划委员会被确定为常设机构，并吸纳社会人士加入，使规划管理决策走向民主化。2004年，《广东省控制性详细规划条例》的颁布使城市规划委员会成为省域城乡规划管理领域的一项制度创新。2016年发布的《中共中央、国务院关于进一步加强城市规划建设管理工作的若干意见》明确了国家"全面推行城市规划委员会制度"。城市规划委员会成立的初衷是作为地方城市规划事务的议事机构，审议城市重大发展问题，但从抽取的上报深圳城市规划委员会的53项法定图则修改申请中，有88.7%涉及用地功能改变或容积率的调整，广州亦是如此。总体上，当前我国城市规划

① 广东省下辖21个地级市（其中2个副省级市），划分为珠三角、粤东、粤西和粤北4个区域，其中，珠三角有广州、深圳、佛山、东莞、中山、珠海、江门、肇庆、惠州；粤东有汕头、潮州、揭阳、汕尾；粤西有湛江、茂名、阳江、云浮；粤北有韶关、清远、梅州、河源。

委员会的工作更多的是集中在用地功能、容积率等利益开发指标的调整上，在城市发展战略以及城市重大发展问题上则鲜有涉及。建立规划委员会制度，一个很重要的目的，就是规范规划审批的自由裁量权，规避规划运行中潜在的风险。规划委员会的委员包括政府官员、专家和公众代表，专家占多数。例如，南方某省会城市召开规委会时，要求成员人数不得少于21人，其中专家和公众人数不得少于1/2。地方政府通过这种集体决策的方式来应对规划中的一些问题，也对地方规划行为进行一定的约束。此外，规委会中普遍建立了督查员制度，目的是加强对地方规划的约束。

3.1.3.4　规划的部门在地方

在我国，一个具体的地方政府职能部门，同时要面对同级地方政府和上级"条条"部门的双重领导，要对两个"婆婆"负责，但负责的程度还是有差别的。有些部门垂直管理的色彩多一些，对上级"条条"部门负责多一些；有些部门属地色彩多一些，对同级地方政府负责多一些。原国土、环保部门是省级以下垂直管理，发改、住建部门的属地管理色彩多一些。原国土部门垂直管理到省，意味着将市、县、乡的土地审批权力悉数上收。原来由地方政府任命的土地部门负责人，现在变成了由省级土地部门垂直任命。发改、住建部门以属地管理为主，负责人由地方政府任命。"发改+住建"是地方政府推动城市扩张的最得力部门。

国民经济发展和社会规划、城市总体规划，是地方政府最重要的武器。地方国民经济和社会发展规划是由地方人大审批的，无法保证与国家的国民经济和社会发展规划完全保持一致。《土地管理法》和《城乡规划法》都要求，各级人民政府应当依据国民经济和社会发展规划来组织编制土地利用总体规划和城市总体规划。"明白"的地方政府，利用这个阶位顺序，总是首先强调"规划先行"，"规划先行"是"地方国民经济发展和社会规划+城市总体规划"的先行。地方政府利用"城市国民经济和社会发展规划+城市总体规划"这把利斧，斩断或者松动国家土地利用总体规划加于其上的束缚。其通常的做法大致如下：首先，根据地方国民经济和社会发展规划编出的目标，比如GDP在未来20年内持续10%或者更高以上增长，城市化率要年均提高1.5%至2%，城市人口要达到某个百万甚至更多；然后根据这些预测性的经济和社会发展指标，作出大手笔的超前城市总体规划，扩大城市的规模，或者重新规划一个或者n个新的城区；最后将城市规划区内的集体土地征收为国有或者无偿国有化，用于城市的发展。一向被认为是强有力的中央政府在土地管理领域遭遇失范。

2018年3月，自然资源部组建；2019年6月，《关于建立国土空间规划体系并监督实施的若干意见》正式发布。至此，"多规合一"不仅在机构设置上有了明确结论，在体制机制方面也有了制度安排。空间类的事项归拢了，规划应该不会打架了。但是，矛盾依然存在——保护与发展的矛盾，公平与效率的矛盾，收权与放权的矛盾，规范制约与积极灵活的矛盾。地方的国土空间规划如何在约束与激励之间实现平衡，保持区域责任和地方利益合理统一依旧是未来面临的主要问题。

3.2　回看"多规合一"

3.2.1　规划单位与规划师

3.2.1.1　规划编制机构的"多规"

规划编制机构的"多规"是与部门事权对应的。我国绝大多数地方都有城市规划院，国、省、市、县（区），甚至到乡镇层级都有设置，有事业单位、高校机构、企业，也有外企，为城市的"规划先行"出谋划策。土地规划院相对比较少，而且往往都是设在省这一层级，市县层面很少有。截至2019年，全国具有城市规划编制资质的单位共有423家，其中设计院203家；全国具有土地规划编制资格的单位共272家，其中设计院73家。我们常说的"规划先行"通常都是指"城市规划先行"，而不是"土地规划先行"。这是因为土地规划是垂直管理，以宏观治理职能为主；而城市规划基本都是地方事务。在全面推进事业单位改制之前，我国的规划编制机构大多是行政主管部门的下属事业单位，是体制内单位。而且一般规划院都有对应的行政等级，大多数直辖市、副省级城市的规划院都是处级，一般地级市都是副处级或科级。其中，很多规划院的院长，还是规划局的副局长、党组成员等。

规划编制机构的"多规"也会与部门的层级对应。在我国，很多市、县级的重要规划（如城市总体规划等）也是少数大院承担。以城乡规划为例，全国近300个地市级和大部分发达县市的总体规划几乎全部集中于中规院、同济院、清华院等几个大院手中，2000多个县市的总体规划也是集中于各省级院和少数大院手中。这其中的原因，一方面，是大院的技术实力比较强；另一方面，请上级主管部门的下属规划院编制地方规划，会有利于地方与上级的沟通和地方规划的报批。当然，请上级主管部门的下属规划院编制地方规划，也偶尔会碰到甲方要听乙方要求的尴尬。

3.2.1.2　规划师与规划专家的角色

建立城市规划学科的，大多不是职业规划师。主持伦敦城市污水系统改造工程的约瑟夫·巴瑟杰，是测量工程师；主持撰写《雅典宪章》的勒·柯布西耶，是建筑师；现代城市规划的创始人埃比尼泽·霍华德，是社会学家；世界城市理论的提出者约翰·弗里德曼，是经济学家；还有刘易斯·芒福德、彼得·霍尔……他们都不是职业规划师。城市规划专业有一本重要的文集——《城市规划读本》，书中摘录了历史上几乎所有对

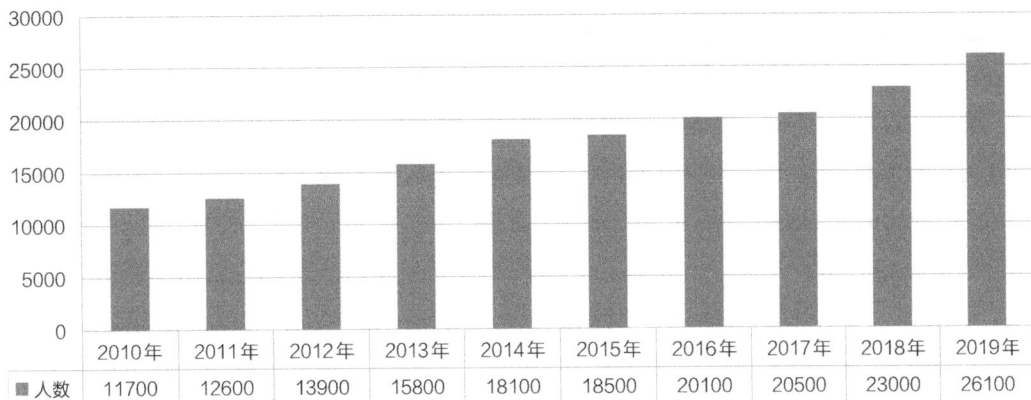

人数	2010年	2011年	2012年	2013年	2014年	2015年	2016年	2017年	2018年	2019年
■ 人数	11700	12600	13900	15800	18100	18500	20100	20500	23000	26100

图3-2 2010—2019年我国注册城市规划师数量变化①

城市规划发展起到重要作用的人的论述著作，在数十位作者中，纯粹的城市规划师或者城市规划学者非常少。

但是，在中国就不一样了，城市规划师不是非常少而是非常多，而且多是城市规划专业出身。城市化快速推进的这几十年，养育了一支庞大的城市规划师队伍（图3-2）。城市规划师比土规、林规等规划师多，而且地方的规划师队伍占了大多数。这种情况反映在每年的各种学术会议上。我们可以直观地感受到，每年举办的各类城市规划学术会议数量远多于土地规划，每年城市规划年会参会的人数也很多。这种繁荣程度，这么多城市规划师的专业队伍，一定会对新一轮国土空间规划产生重要影响。尽管国土空间规划留有很多土地利用规划的痕迹，但是，很多国土空间规划都是由传统城市规划师来主导，城市规划留痕是难免的。

除了留痕以外，城市规划师还会融合。近些年来，"跨界"和"交叉"，成为行业最流行的词汇。从传统的建筑学、地理学、经济学、社会学，到IT、金融、互联网、新能源，跨度之大、交叉之广，远超从前。行业融合加快，新规划、新概念频出。我们还能否胜任这个职业？除了这个职业我们还能干什么？规划师们的眼神中充满了对未来不确定性的焦虑，甚至是不知所措。2019年在重庆召开的规划年会上，凡是涉及国土空间规划或"多规合一"的议题，都是场场爆满。其中，王凯、赵燕菁两位"大咖"的国土空间规划专题报告会，因听众人数太多，不得不连开两场。第二场报告会，数千人的报告厅座无虚席。国土空间规划有很多新的空白领域，没有成熟的模板可以套用，需要不断探索。

---

① 根据中国城市规划协会官网（www.cacp.org.cn）公布的数据整理。

3.2.2　城乡规划、土地利用规划等多规

规划是政府治理的重要工具，我国的政府管理模式，形成了以部门为单位编制部门规划或计划的传统。很长一段时期内，我国规划领域维持着一种"多部门同编"的状态，其中涉及的空间类规划编制部门主要有发改部门、住建部门、原国土部门以及原环保部门。

发改部门负责编制国民经济和社会发展规划，也就是我们常说的五年计划（规划）①。随着五年计划（规划）向空间领域伸展，"十一五"后发改部门开始负责主体功能区规划的编制工作。

住建部门负责编制城市规划。1990年《城市规划法》的出台标志着城市规划体系的完善。2000年后，城乡二元结构对我国现代化发展进程的阻碍逐渐凸显，城市规划开始走进广大的乡村地区，向城乡规划转型。

原国土部门负责编制土地利用规划。1986年《土地管理法》出台后，土地利用规划历经三版编制，形成了稳定的五级传导体系。

此外还有包括原环保部门环境保护规划在内的一系列空间规划，这些不同类型的空间规划分别对国家治理体系的不同层级、不同维度发挥着重要的作用。

3.2.2.1　国民经济和社会发展规划与主体功能区规划

国民经济和社会发展规划是对全国或者某一地区经济、社会发展的总体纲要。作为典型的增长拉动型规划，五年计划（规划）被写进了宪法，用以指导我国经济的发展与改革，并取得了骄人的成绩。随着市场经济改革的深入，五年计划（规划）开始面临新的问题：政府无法再对整个地区的经济进行计划，特别是针对企业和市场活动，规划作为经济增长拉动手段的作用弱化。在这一情况下，五年计划（规划）的功能慢慢转变为提高政府治理能力与治理水平，并开始探索其在空间领域的引领作用。

2003年，时任国家发展与改革委员会主任的马凯将国民经济和社会发展规划描述为对空间规划具有约束功能的总体规划，并提出了"主体功能区规划"的设想②。2006年国家"十一五"规划明确提出"实施主体功能区战略"。主体功能区规划被定位为我国国土空间开发的战略性、基础性、约束性规划，也是国民经济和社会发展总体规划、城市规划、区域规划等的基本依据。2011年，国家"十二五"规划进一步强调"以国民经济和社会发展总体规划为统领，以主体功能区规划为基础"的作用。由此可见，主体功能区规划可以被认为是其他空间规划的基础。

---

① 从第十一个五年开始，国家改称"五年计划"为"五年规划"。
② 马凯. 用新的发展观指导"十一五"规划的编制 [J]. 宏观经济研究，2003（11）：3–7，12.

一般来说，主体功能区规划分为"全国主体功能区规划"与"省主体功能区规划"两级体系进行运作。国家层面选取约30%国土面积的地区，统一划分四类主体功能管控区域，其余全部国土面积交由省级政府划定主体功能区。广州是少数编制了市一级主体功能区规划的城市，2008年广州市政府积极响应国家发改委号召，对市域主体功能区规划进行初步探索。广州市主体功能区规划创新性地采用了两级分类体系：第一层级是对国家和省级功能区分类体系的衔接，强调与国家和省的功能区政策的衔接、落实和实施；第二层级的内容是未来规划的导向地区，即根据每类功能区土地使用性质和土地开发强度的差别，将四大功能区结合广州实际情况进一步细化为8个区①。

总体来说，主体功能区规划体现了国家对国土空间开发的战略意图以及对地方发展的控制和约束，从而完成垂直方向上中央—地方政府权力关系调整②。

3.2.2.2　从城市规划到城乡规划

城市规划是用以规范城市发展建设，研究城市的未来发展、城市的合理布局和综合安排城市各项工程建设的综合部署。中华人民共和国成立初期，城市规划工作由城建与经济部门共同承担，主要任务是对国民经济计划进行空间落实。党的十一届三中全会后，国家城镇规划工作进入新阶段，城市规划的定位转变为"促进经济建设和社会的全面协调发展"，实际很多工作都以经济建设为中心。

经过40年的探索，城市规划已经发展出完整的体系，成为一项为城市发展绘制蓝图的技术性工作。1990年《中华人民共和国城市规划法》的推出，则标志着城市规划法规体系的正式完善。因此，住房和城乡建设部也试图通过城市规划的体系完整性掌握顶层设计权。但城市问题往往具有综合性、复杂性的特点，各路专家学者均可以来品评一二，各类空间规划对城市规划也均有所制约，导致城市规划一直没能完全确立自己的领导地位。

住房和城乡建设部一直没有放弃对自己话语权的建立。2000年后，城镇化进程加速，消除城乡差距，解决发展不平衡不充分问题成为新时代的工作重点。借助这一契机，城市规划尝试走进广大的乡村地区，对城乡规划进行初步探索，各类新型镇规划、乡村规划探索大量涌现……2008年，《中华人民共和国城乡规划法》推出，正式取代《中华人民共和国城市规划法》，曾经的城市规划、镇规划、乡村规划等规划均组合入"城乡规划"体系，不再单独出现。比如，2017年广州市新一轮总规编制，属于住房和城乡建设部的试点，一年后规划草案公示。这版广州城市总体规划，应该是住房和城乡建设

---

① 《广州主体功能区规划》将禁止开发区（生态地区）进一步细分为生态保护区与生态维育区，限制开发区（村镇地区）细分为村镇储备区与村镇发展区，重点开发区（城镇地区）细分为城市改造区与城市拓展区，提升开发区（都市地区）细分为都市完善区与都市更新区。

② 孙鹏，曾刚. 基于新区域主义视角的我国地域主体功能区规划解读. 改革与战略，2009，25（11）：95-98.

部管辖下的最后一版总规，但没能像北京总规、上海总规一样在2018年3月①前得到批复。这版广州总规，主要在城市规模、城市定位、城市结构、公共服务配套上作出了全新指引，与原有总规相比，除了发展定位、生态、人口、交通、水系、用地等传统内容的更新升级外，广州新版总规强调了实施环节的重要性，提出建立"多规合一"实施管理平台，并要求城市体检与评估、动态维护工作同步推进。

城乡规划具有强烈的"统筹"取向，包括城镇体系规划（全国和省域）、城市规划、镇规划、乡规划、村庄规划五个层级，试图实现对市、县域城乡协调发展的进行全方位管控。但由于土地利用规划、环境保护规划的存在，这一尝试一直不算成功。溯其根源，城乡规划的内里依旧以城市规划为主体，重在调整政府—市场—社会的利益格局②，面对强势的约束型规划时，很容易碰钉子。

3.2.2.3　五级的土地利用规划

土地利用规划是在一定区域内，根据国家社会经济可持续发展的要求和当地自然、经济、社会条件对土地开发、利用、治理、保护在空间上、时间上所作的总体战略性布局和统筹安排，其缘起可追溯至20世纪50年代由原农业部牵头开展的"土地整理"和"土地规划"工作试点。1986《中华人民共和国土地管理法》出台后，土地利用规划编制工作全面展开，时至今日，土地利用规划的编制已经历三轮。

1986年国土管理职能从城建部门分出，成立国家土地管理局，第一轮全国性土地利用总体规划编制工作展开。由于缺乏土地现状数据及规划理论、方法的支撑，第一轮土地利用规划探索的内容未能全部铺开，也基本没有得到实施，但是确立了土地利用总体规划的基本形态与内容，它们是我国现代土地利用规划的雏形。

1998年原国土资源部成立，开始全面主持土地利用规划编制工作，第二轮全国性土地利用总体规划编制工作展开。第二轮土地利用规划确定了以耕地总量动态平衡为中心目标，建立了自上而下逐级控制、以土地供给制约引导需求的规划编制体系和以土地用途管制为核心的规划实施制度，基本奠定了我国现代土地利用规划的制度基础。

2005年，由于经济过热与固定资产投资增速过快，国务院决定深入开展土地市场治理整顿，为适应经济社会发展和国土开发格局的深刻变化，第三轮全国性土地利用总体规划编制工作展开。本轮规划得到空前重视，创新制定了土地规划分类标准、更新设立约束性和预期性两类指标体系、划定"四区三界"用地的空间管制区等内容，全面担负起了保护国土资源与保障落地实施的双重使命。以《广州市土地利用总体规划（2006—

---

① 2018年3月17日，十三届全国人大一次会议审议通过了国务院机构改革方案，组建自然资源部。
② 张京祥，夏天慈. 治理现代化目标下国家空间规划体系的变迁与重构［J］. 自然资源学报，2019，34（10）：2040-2050.

2020年)》为例,第三版土地利用规划加强了耕地特别是基本农田保护,对建设用地规模进行了严控[①]。为保障落地,新版土地利用规划提出了对区域土地利用的统筹和管控,分别明确了广州中部地区、北部地区、南部地区、东北部地区的土地利用管控要点。

经过三轮全国性土规的编制,土地利用规划已经形成了稳定的"全国—省(区)—地(市)—县(市)—乡(镇)"五级体系。其中,全国土地利用规划属于战略性规划,主要为国家的宏观经济调控提供依据;省(区)级与地(市)级土地利用规划属于政策性规划,省级规划更强调区域内土地供需平衡,协调好各地市间用地关系;地级规划则是要发挥"过渡"作用,在上级规划管控下,进一步分析土地供需情况,提供出土地供应总量的控制指标并确定辖区内土地开发、利用、整治和保护的范围;县(市)级土地利用规划属于管理性规划,重在定性、定量、定位的落实,强调规划的可操作性;而乡(镇)级土地利用规划作为最底层的实施性规划则需要将土地用途成图,为用地管理直接提供依据。

五级体系保障了土地利用规划的传导稳定性,在严格保护基本农田的原则下,土地利用规划可以将一个指标数据(如耕地保有量、城乡建设用地规模等)从国家、省、县、乡镇、村逐级向下传导,直到每户农民手中。尽管土地利用规划的技术含量不如"城市规划"高,意识形态不如"国民经济和社会发展规划"强,但其凭借"指标化、标准化"的刚性传导机制反而对土地资源作出了最有效的管控。

3.2.2.4 后来居上的环境保护规划

环境保护规划是为使环境与经济和社会协调发展而对自身活动和环境所做的空间和时间上的合理安排。在"发展是硬道理"的旗号下,我国环保工作也长期隶属于住建部门,环境保护规划长期让位给"发展规划"。直到2008年,环境保护部才正式成立[②]。

环保规划出现晚,但发展迅速。1989年《中华人民共和国环境保护法》正式实施。1996年广州市政府首次编制并发布《广州市环境保护总体规划(1996—2010)》,为环保规划试水。2002年颁布的《中华人民共和国环境影响评价法》将环境评价作为法律制度确立下来。随着生态保护工作重要性的提升,2014年原环保部出台《国家生态保护红线——生态功能基线划定技术指南(试行)》,在全国范围内开展生态红线划定工作。在这一浪潮下,广州市政府率先开展编制《广州市环境总体规划(2013—2030年)》,其中明确了广

[①] 《广州市土地利用总体规划(2006—2020年)》确定2006—2020年,新增建设占用耕地控制在11 109hm²以内,整理复垦开发补充耕地义务量不少于11 109hm²。2020年全市耕地保有量不少于128 799hm²,基本农田保护面积不少于113 445hm²。至2020年,全市城乡建设用地规模控制在140 400hm²以内,人均城镇工矿用地控制在99m²以内。严格控制中心城区用地规模,中心城区土地利用要以调整、改造、挖潜为主,建设用地扩展应优先利用闲置地、空闲地,尽量不占或少占耕地。到2020年,中心城区建设用地规模控制在485km²以内。
[②] 1984年,国务院将环境保护局升格为国家环境保护局,归城乡建设环境保护部管理;1988年,城乡建设环境保护部撤销,国家环境保护局归国务院直属;1998年,国家环境保护局升为国家环境保护总局;2008年,环境保护部成立。

州全市约1 383.97km²的生态红线保护范围，以及"不能越雷池一步"的强制保护原则。

环境保护规划具有很强的法律效力，对预防环境污染、生态破坏，促进全面协调可持续发展具有积极意义。但也因为其专业性的局限，环保规划过强的法律效力往往会对各类"发展型规划"造成极大的阻碍。

从历史的角度看，国土规划和环保规划之所以一步步地演变为独立的强势规划，根源即在耕地保护和环境保护这两面道德和正义的大旗，有关领导和社会公众极容易为情所动而给予支持，此外更有新部门成立所必然伴随的权威和特权的强化[1]。

3.2.2.5　多规冲突背后的逻辑

可以看出，在新时期下央地关系重新调整的浪潮下，每个部门所负责规划类型也随之发生变化，但背后的推动逻辑不尽相同。城市规划是典型的"发展型规划"，规定哪些空间能够开发，设定开发类型、强度、时序。土地利用规划与环境保护规划则是"约束规划"，规定的是哪些空间不能被开发，设定被保护的类型、等级、年限。主体功能区规划是为应对"发展型规划"与"约束型规划"之间协调不畅，长期脱节而产生的"宏观管控型规划"，统筹考虑生态环境功能和经济社会发展两个方向，将区域划分为不同的具有特定主体功能定位的空间单元并实行差别化地区管理策略。因此，在多轨演进的背后，其本质都是各部门间争夺空间规划利益的表现。

发改部门利用"五年规划"成功拉动国家GDP增长，在经济快速发展时期成功占据了法律高地。但在市场化改革时期，"五年计划"因不落空间，没有财政转移，最终被架空。所以"十一五"后，发改部门着力打造"主体功能区规划"的背后逻辑，是发改部门追求空间利益，地方基本行政与财政支出的权力。

住建部门下的城市规划一直是空间规划体系的主体[2]。尤其是在20世纪90年代末，区域规划、国土规划职能停顿期间，大量住建部门的"非法定规划"，诸如城市发展战略规划、都市圈规划等应运而生，成为城市政府"经营城市"、增强城市竞争力的利器[3]。住建部门整合了城市、区域规划两部分职能，一时间风光无限。然而土地利用规划、环境保护规划等约束型规划的出现，让这种风光没有持续太久，住建部门也不得不跳出城市这个圈圈去寻找更大的发展空间。这才有了"城市规划"向"城乡规划"的转型。转型的背后，是城市规划向广袤的乡村地区寻求发展空间与话语权，是住建部门追求自身事权的上下完整统一，不再受制于人。

原国土部门与原环保部门的土地利用规划与环境保护规划其实都是十分年轻的规

---

① 李浩. 中国规划机构70年演变：兼论国家空间规划体系［M］. 北京：中国建筑工业出版社，2019.
② 张京祥，林怀策，陈浩. 中国空间规划体系40年的变迁与改革［J］. 经济地理，2018，38（07）：1-6.
③ 张京祥，吴缚龙，崔功豪. 城市发展战略规划：透视激烈竞争环境中的地方政府管治［J］. 人文地理，2004（03）：1-5.

划，却后来居上。土地利用规划依靠的是一条主线下的刚性传导机制，以及能够充分落实的"指标化、标准化"系统，牢牢霸占了土地管理的龙头地位。环境保护规划则凭借环评的法律地位，占据了"科学"高地，可以对所有发展型规划的科学性提出质疑。在新一轮的改革浪潮中，土地利用规划、环境保护规划也在不断地自我探索与革新，在这背后，我们看到的是原国土部门与原环保部门在"百家争鸣"的时代中巩固自己空间利益的又一种表现。

总体来看，在国家高质量发展，治理体系现代化转型的浪潮中，国家各部委指令都在摸索和建立适合自己的空间规划体系。这些五花八门的规划体系因"部门立法"形成了"条条分割"，造成了"多规打架"的困境。由于政出多门，地方政府在发展中要花大量精力去协调各种规划。正因如此，国家开始对"多规合一"进行探索，意图解决规划相互掣肘的体制性矛盾。

3.2.3　热闹十年的"多规合一"

早在2000年前后，国内就擦出过"多规合一"的火花。2003年，广西钦州首先提出了"三规合一"的规划编制理念，把国民经济与社会发展规划、土地利用规划和城市总体规划的编制协调、融合起来，在理念上提出了一些创新。2004年，国家发改委在江苏省苏州市、福建省安溪县、广西壮族自治区钦州市、四川省宜宾市、浙江省宁波市和辽宁省庄河市试点"三规合一"，积累了不少经验，带动了之后更多城市的规划改革尝试。但"多规合一"最热闹的时期还是要数2008年以后的十年。2008年，原国土资源部与住房和城乡建设部在浙江召开了"两规协调"推广会。同一年，上海、武汉相继对国土和规划部门进行机构合并，开展"两规"或者"三规"整合探索。2010年，重庆市开展"四规叠合"。2012年，广州、厦门先后开展"三规合一"工作。2014年，四部委共同确定了全国28个市县作为"多规合一"试点市县，国家层面开始了"多规合一"的改革探索。随后，中央陆续开展海南省、宁夏回族自治区省级空间规划试点，并于2017年1月出台《省级空间规划试点方案》。从以广州、厦门为代表的地方政府自发开展的"多规合一"实践到中央主导的省级空间规划试点，在自然资源部成立和国家"五级三类"国土空间规划体系落定之后，回看这段历程，我们不禁会有一些新的疑问和思考。为什么会这么热闹？都是谁在关注"多规合一"？他们为什么关注"多规合一"？

3.2.3.1　宏观治理的主要规划抓手

1）国家政策递进的脉络

从2008年以来，在中央宏观政策的引导下，我国的"多规合一"及空间规划实践由地方自发探索逐渐演变为国家授权下的改革试点，成为全面深化改革的关键领域。围绕生态文明建设的目标，国家相继出台若干政策文件推进空间规划体系改革，可概括为三大类：一是推进改革深化的总体纲领性文件，如《生态文明体制改革总体方案》等，为改革的总体框架、目标和路径提供了相对明确的方向，但对实务细节指导有限，需通过实践和理论的探索加以深化；二是指导试点实践的指引性文件，如针对各类国家试点提出的工作方案，对空间规划改革的层级、参与主体提供了具体的指导，嵌入了改革情景和目标导向性；三是指导空间管制体系创新的技术指引，如生态保护红线划定、永久基本农田划定的相关技术指引（表3-6）。

表3-6　2013—2017年以来国家空间规划改革相关政策梳理

类型	名称
政策文件	2013年11月《中共中央关于全面深化改革若干重大问题的决定》
	2013年12月《中央城镇化工作会议》
	2014年3月《国家新型城镇化规划（2014—2020年）》
	2014年4月《国家"十三五"规划纲要》
	2014年4月《关于2014年深化经济体制改革重点任务意见》
	2015年9月《生态文明体制改革总体方案》
	2015年12月《中央城市工作会议》
	2016年2月《中共中央 国务院关于进一步加强城市规划建设管理工作的若干意见》
试点方案	2014年7月，住房和城乡建设部与原国土部确定14个城市开发边界划定试点
	2014年8月《关于开展市县"多规合一"试点工作的通知》
	2014年11月，原国土部、原农业部确定14个永久基本农田划定试点
	2015年6月《中央全面深化改革领导小组第十三次会议》确定海南省试点
	2015年11月《关于开展生态保护红线管控试点工作的通知》，选择江苏、海南、湖北、重庆和沈阳开展生态保护红线试点
	2016年6月《中央全面深化改革领导小组第二十三次会议》确定宁夏回族自治区省级试点
	2017年1月《省级空间规划试点方案》
技术标准	2014年1月《国家生态保护红线——生态功能红线划定技术指南》
	2014年2月《关于强化管控落实最严格耕地保护制度的通知》
	2014年12月《关于"十三五"市县经济社会发展规划改革创新的指导意见》
	2015年5月《生态保护红线划定技术指南》
	2016年8月《关于全面划定永久基本农田实行特殊保护的通知》
	2017年2月《关于划定并严守生态保护红线的若干意见》

2）省级空间规划的探索

2016年4月，中央深改小组第23次会议审议同意宁夏开展省级空间规划试点。宁夏开始推进空间规划（多规合一）试点工作。与四部委的28个试点不同，宁夏这次的试点虽然是由发改部门牵头推进，但由于受到中央的高度关注，实际上由省政府主导开展。为此宁夏专门成立了规委办，主要工作人员都是来自规划和国土系统的技术领导，编制团队也比较综合，包括规划、国土、信息化建设等多个领域。在高层的关注和省级领导的直接统筹下，宁夏的空间规划（多规合一）工作更像是由一个综合部门在推进，受到的干扰和听到的杂音比较少。在这样统筹组织背景下，宁夏的空间规划实践有了一些亮点和特色。

一是生态文明，全面贯彻落实国家战略。紧紧围绕"宁夏作为西北地区重要的生态安全屏障，承担着维护西北乃至全国生态安全的重要使命"明确发展目标与战略，引领空间开发和利用布局。宁夏的经济总量小，但是生态功能非常重要。因此，最大程度保护生态环境，划定生态空间，严守生态保护红线和永久基本农田保护红线的思路贯穿始终。在我们参与的几个市县空间规中，地方行政领导，在经济发展方面没有给编制单位太大的压力，尤其在建设用地指标方面，有就争取，没有也不强求。

二是事权对应，构建两级空间规划体系。联动统筹，按照一级政府、一级事权，在梳理横向省级各职能部门、纵向自治区与市县政府事权的基础上，构建从宏观到微观、从统筹协调到具体布局的两级空间规划体系，对各级空间规划编制的核心内容进行设置。自治区级空间规划更加体现空间政策，重在统一空间战略、统一发展目标、统一指标体系、统一政策分区、统一要素配置。市县空间规划更加强调用途管制与事权对应，进行土地用途的规划。

三是以三类空间为接口，推动空间"格局"向空间"布局"转变。在省级空间规划的一张蓝图中划定三类空间，为部门和市县提供了对应的接口，分别进行进一步的细化落实和实施监管。城镇空间内，布局城镇发展等级和结构，划定城镇开发边界，落实用地布局。农业空间内，完善镇村体系，划定基本农田保护范围，统筹安排农业生产、农村居民点、农业基础配套设施等各类开发活动。生态空间内，整合纳入生态功能区划和环境保护规划等内容，强化环境保护和生态要素管控。

但是，当我们站在新的时间节点上整体回顾宁夏的这次试点，还是会发现一些不足之处：

一方面，这次试点工作有一点回到计划经济时代的感觉。省级规划确定的目标指标具有很大的权威性，市县基本不能改。人口、建设用地等都是省里分多少就是多少，没有太多讨价还价的余地。一个47万人口的县，被要求做减量规划，到2030年（后改为2035年）人口减到35万，方向是对的，大家都认可，但实现目标的途径在哪里，谁也说不清。这是试点过程中省和市县之间争执和扯皮的焦点。这个矛盾之所以没有被激化，主要是因为规划还是试点阶段，如果真成了法定规划会不会这么顺利我们还不得而知。

另一方面，以三类空间为接口，推动空间"格局"向空间"布局"转变，比较适用于宁夏，但未必适用于国内其他地区。城乡界限相对清晰，是宁夏国土空间格局的一大特征，城市建设地区相对集中，农业也是围绕着黄灌区和扬黄灌区展开，整体上比较容易划清城镇空间、农业空间和生态空间的边界。但是，在我国很多经济发达地区，城乡绵延，城镇空间与农业空间交错混杂，生态空间呈破碎斑块状的分布形态，很难划出完整清晰的三类空间。此外，宁夏面积小，省级空间规划可以做得比较细致深入，这一点，其他省份也很难效仿。

3.2.3.2　地方政府关注重点在于"两规"

"多规合一"不是法定规划，有些时候更像是一项行政协调工作。地方政府热衷于"多规合一"，是因它可以作为一种规划手段，落实地方的发展意图或者应对一些棘手的问题，这时候地方的市县政府一般都会出来站台，组建"多规合一"办公室等。

从2012年开始，全国各地"多规合一"类规划有800余项，覆盖除西藏自治区外的全部省和自治区。从"多规合一"项目分布的区域来看，越是经济发达的地区越有积极性做这件事。"找地"是地方做"多规合一"最实在的目的。

1）政府主要领导挂帅：组织模式

对2013—2017年网上公示的"多规合一"招标数据进行梳理可以发现，如果将"规划采购人"视为规划组织部门，当前地方政府开展"多规合一"主要采取两种组织模式。第一种组织模式是单一部门牵头模式，主要以规划、国土、发改部门牵头最为常见，其中规划部门牵头组织的地区占比最高，达到48.8%，这反映了城乡规划地方主管部门在技术实力和空间规划编制组织方面均具有较明显的主导地位。2014年后，个别地区的环保、林业、旅游、工信等部门也参与到"多规合一"牵头组织工作中，反映出更多的行政部门对"多规合一"重要性的共识。第二种组织模式是政府或第三方部门统筹模式，由一个与多规编制不直接相关且具有较强统筹能力的常设机构进行组织，如"宁夏回族自治区规划管理委员会办公室""阿尔山市人民政府办公室"等。

2）"空间协同"：广州模式

广州"三规合一"工作干得有声有色。2012年，原国土资源部批复了《广州市城乡统筹土地管理制度创新试点方案》（国土资函〔2012〕635号），同意广州市"创新土地利用规划编制和审批机制"，依据市级土地利用规划，编制功能片区的设置方案和功能片区土地利用规划，由广州市人民政府审批，报广东省国土资源厅备案后组织实施；广东省政府下发《关于同意授权广州市人民政府行使相关土地管理权限的批复》（粤府函〔2012〕333号），明确功能片区土地利用规划由广州市政府审批，报省国土资源厅备案后组织实施。这是国家给予广州市的一项重大优惠支持政策。广州开始编制功能片区土地利用规划，将广州划为20多个功能区，重新在土地利用规划上对建设用地图斑进行腾挪。但是这种"三规合一"，最终还是无法摆脱土地利用规划的紧箍咒，简单来说，它就是广州功能片区土地利用规划的一项前期研究。广州的"三规合一"模式并不适合其他城市，因为其他城市没有广州这样的政策环境和条件。但是，广州这种"图斑腾挪"式的"三规合一"的确为当时用地规模紧张的地方政府找到了一条通过"两规协调"找建设用地的出路。这对地方政府来讲是十分具有吸引力的。因此，广州的做法开始被国内其他城市关注，广州"三规合一"经验也向国内其他城市推行。

3）行政效率提速：厦门模式

2013年，厦门的"三规合一"工作（后改为"多规合一"，成为28个试点之一）全面开展。当时，厦门选择了承担广州"三规合一"工作的规划单位与厦门规划院合作推进厦门"三规合一"工作，研究推进厦门"三规合一"工作，厦门希望通过"三规合一"统一各部门的规划思路，落实"美丽厦门战略"，同时切实推动政府提高行政工作效能。经过一段时间的磨合，规划团队将厦门的"三规合一"切换到另外一个跑道上，将"三规合一"作为"美丽厦门战略"落实的重要抓手来推进，取得了一定的效果，也得到了大家的一致认可。后来厦门的"三规合一"改为"多规合一"，列入国家四部委的试点。

"美丽厦门战略"提出，国民经济和社会发展规划、土地利用总体规划、城乡总体规划"三规合一"，统筹全局引领厦门城市发展。"三规合一"工作就是要让这些规划在"美丽厦门"战略的"一张蓝图"上达成"共识"，不再各说各话。进而推动政府职能转变，实现城乡区域资源环境统筹发展。例如，行政效能提升方面，从项目建议书至施工许可核发，总审批时限由原来的122个工作日（含评审时间）缩短至49个工作日（含评审时间）；前期工作总时限（含申请人材料准备时间）压缩了1/3以上，大大提高了业主的办事效率。厦门"多规合一"工作是以高度共识的城市发展战略为顶层设计、以"一张蓝图严格管控"和"一个平台协同管理"构建空间规划体系、以审批制度改革推动政府职能转变和以党政一把手亲自抓、上下联动为保证机制的具体实践①。

3.2.3.3　四部委的市县"多规合一"试点

2013年中央城镇化工作会议上首次释放"多规合一"的信号，提出了"一张蓝图干到底"的思路。次年，推动"多规合一"实施，深化市县空间规划改革，成为2014年度的重点改革任务，多规合一正式由"底层探索"上升为"国家试点"。2014年8月，国家发改委、原国土部、原环保部及住房和城乡建设部联合下发《关于开展市县"多规合

---

① 王蒙徽. 推动政府职能转变，实现城乡区域资源环境统筹发展：厦门市开展"多规合一"改革的思考与实践 [J]. 城市规划，2015，39（06）：9-13，42.

一"试点工作的通知》，在全国28个市县开展"多规合一"试点。这是一次"自上而下"的授权式改革试点。

1）试点成果中的"多"

28个试点成果，有"多"个名称——市县发展总体规划、国土空间综合规划、城乡总体规划。国家发改委和原环保部联合发文，住房和城乡建设部、原国土部各自发文，形成了编制技术指引的"多"。住房和城乡建设部8个试点市县，原国土部7个试点市县，国家发改委和原环保部15个试点市县，嘉兴是四部委共同的试点。各个部委主导的综合规划名义上由各地统筹规划机构牵头编制，实际上各地统筹具体工作的主要是部委的下级对口部门，均强调以各自部门规划为依托、整合其他部门规划，导致综合规划的部门色彩浓重，体现了编制思路的"多"。例如，国家发改委和原环保部试点城市编制市县发展总体规划，以五年发展规划为依托，提出中长期空间战略和五年纲要内容，划分城镇、农业、生态三大空间，体现了发改部门的经济社会发展规划和主体功能区划思路；原国土部试点城市编制国土空间综合规划，以土地利用总体规划为底盘，建立国土空间开发管控体系，统筹生态红线、永久基本农田和城市开发边界"三线"划定，体现了原国土部门的底线思维和用途管制的思路；住房和城乡建设部试点城市编制城乡总体规划，以城市总体规划为依托，在全域划定"三区"（禁建区、限建区和适建区），在集中建设区划定四线（绿线、蓝线、紫线和黄线），体现了住建部门城乡空间统筹布局的思路（表3-7）。

表3-7　四部委各自发文对28个试点市县的主要要求

部委	试点市县	空间规划体系	空间管控要求	体制机制改革
国家发改委、原环保部	嘉兴、旅顺口、阿城、同江、淮安、句容、姜堰、开化、于都、获嘉、临湘、增城、贺州、绵竹、玉门	编制统领性的市县发展总体规划	将市县域划分为城镇、农业和生态三大空间	完善各类规划编制、审批和实施监管制度，健全市县空间规划衔接与协调机制
原国土部	嘉兴、桓台、鄂州、南海、江津、南溪、榆林	编制统领性的国土空间综合规划	统筹生态红线、永久基本农田和城市开发边界"三线"划定	强化相关规划审查、健全国土空间用途管制、建立统一的规划许可、完善规划实施责任机制及加强规划实施经济手段
住房和城乡建设部	嘉兴、德清、寿县、厦门、四会、大理、富平、敦煌	编制统领性的市（县）总体规划	划定"三区"——永久基本农田保护边界、生态保护边界和城镇开发边界，以及四线——红线、紫线、蓝线、绿线	建立一套统筹规划编制与实施的管理制度，包括"多规合一"的工作组织机制、编制和实施过程中多部门协作和管理的体制机制

2）试点成果中的"一"

在四部委的分别指导下，28个试点城市积极探索空间规划体系改革思路，形成了三种模式：第一种是替代型，规划体系特征为"1+N"，以区县空间综合规划替代原有的城市总体规划、土地利用规划、环境规划等空间规划，直接指导下层次的各部门专项规划，以浙江开化、四川南溪和浙江德清为典型；第二种是新增型，规划体系特征为"1+4+N"，在现有各类空间规划的基础上另行编制一本空间综合规划，以指导现行各类规划，不影响现有各类空间规划的独立性，以浙江嘉兴、云南大理等城市为典型；第三种是升级型，规划体系特征为"1+3+N"，依托现有的某部门空间规划提升为空间综合规划，以指导各部门专项规划，以广东南海、江苏句容为典型[①]。在工作组织上，各试点城市基本都建立了党委或政府主要领导牵头的试点工作领导小组，实际工作中形成了政府集中统筹、专业部门牵头两种工作模式，前者专门成立统筹规划机构（如成立领导小组办公室并抽调专门人员集中办公），后者依托部委的下级对口部门进行统筹和召集工作（表3-8）。

表3-8　四部委28个试点提出的空间规划体系

类型	典型案例	组织模式	空间规划体系	空间管控统筹	体制机制改革
替代型	开化（发改委、环保部指导）	政府集中统筹（成立县规划委员会办公室）	"1+N"体系，"1"为发展总体规划	三类空间、六类分区和土地用途构成的三级空间管控体系	1. 完善县规划委员会工作机制； 2. 由省政府实施县发展总体规划审批，城乡、土地、环保等专项规划由省政府授权县政府审批
	南溪（国土部指导）	政府集中统筹（成立试点工作领导小组办公室）	"1+N"体系，"1"为国土空间综合规划	"控制线+功能区块"的两级空间管控体系	1. 成立区统筹规划委员会； 2. 简化国土空间规划审批机制； 3. 探索区域差异化的土地管理方式； 4. 探索简化土地行政审批程序
	德清（住房和城乡建设部指导）	专业部门牵头（规划部门主导与召集）	"1+N"体系，"1"为城乡总体规划	"四类三级"控制线体系，地类管控衔接城乡规划	1. 建立规划管理委员会； 2. 创新项目审批机制； 3. 建立监控考核制度
新增型	嘉兴（四部委综合指导）	政府集中统筹（成立试点工作领导小组办公室）	"1+4+N"体系，"1"为空间发展与保护总体规划	"三区四线+四级地类"管控体系，一、二、三级地类衔接土地利用规划，四级地类衔接城乡规划	1. 明确"1"空间发展与保护总体规划的法定地位，建立与事权相一致的规划审批体系； 2. 成立"多规合一"规划委员会，统一实施
	大理（住房和城乡建设部指导）	政府集中统筹（成立"多规合一"办公室）	"1+4"，"1"为"多规合一"	"四区九线+地类"管控体系，地类管控衔接城乡规划	1. 通过州立法，明确"多规合一"的法定地位； 2. 划分全域空间管控层级，建立分级事权管理制度与项目联合审批制度

[①] 何冬华. 空间规划体系中的宏观治理与地方发展的对话：来自国家四部委"多规合一"试点的案例启示[J]. 规划师，2017（02）：12-18.

类型	典型案例	组织模式	空间规划体系	空间管控统筹	体制机制改革
新增型	桓台（国土部指导）	专业部门牵头（国土部门主导与召集）	"1+4"，"1"为国土空间综合规划	"三线"+控制单元规划的"双层次"规划体系，地类管控衔接土地利用总体规划	1. 完善规划联审机制和整合审批事项； 2. 建议各级空间规划由本级人大审批，并报上级政府部门备案。上级政府下达空间规划指标并监管其实施
升级型	南海（国土部指导）	专业部门牵头（国土部门主导与召集）	"1+3+N"体系，"1"为国土空间综合规划	四类控制线体系和四级地类管控，一、二、三级地类衔接土地利用规划，四级地类衔接城乡规划	1. 推进生态控制线的精细化管理； 2. 推进农用地合理补偿与高效利用； 3. 推进"三旧"改造与土地复垦、产业用地集聚，引导城乡破碎化空间高效集聚； 4. 构建分层级的空间管控审批权限
	句容（发改委、环保部指导）	政府集中统筹（成立"多规合一"办公室）	"1+3"体系，"1"为发展总体规划	城镇、农业、生态三类空间和城镇开发边界、永久基本农田和生态保护红线三条线	1. 改革规划管理体制，建议编制、审批、实施"三权分离"； 2. 下放规划审批权限； 3. 推动发改、城规、土规规划期限一致
	贺州（发改委、环保部指导）	专业部门牵头（发改部门主导与召集）	"1+3+X"，"1"为发展总体规划	城镇、农业、生态三类空间和城镇开发边界、永久基本农田和生态保护红线三条线	1. 成立规划委员会； 2. 市发展总体规划由上级政府审批，城市总体规划、土地利用总体规划规划审批权下放至市政府

3.2.4　回看"多规合一"的冷思考

3.2.4.1　认知的变革：从"工具"到"制度"

从政策工具上升为基本制度。2013年党的十八届三中全会通过的《中共中央关于全面深化改革若干重大问题的决定》，提出要健全自然资源资产产权制度和用途管制制度，健全能源、水、土地节约集约使用制度。2015年9月，中共中央政治局召开会议，审议通过了《生态文明体制改革总体方案》，明确了空间规划体系是我国生态文明八项基本制度之一。与职能归属和规划名称相比，更大的根本性变化在于，规划的地位变了，从某种政策工具或技术手段，变成了一种基本制度。很明显，这种变化不是来自规划自身的嬗变，而是来自新时代的要求，生态文明建设要求"构建以空间规划为基础、以用途管制为主要手段的国土空间开发保护制度，着力解决因无序开发、过度开发、分散开发导致的优质耕地和生态空间占用过多、生态破坏、环境污染等问题"。这不是对过去规划工作几十年成就的否定，而是一种行政体制的自我纠偏与完善[①]。

3.2.4.2 关系的变革：从"物的关系"到"人的关系"

从"物的关系"到"人的关系"。空间资源的配置关注的是经济利益和发展效率，关注的是物的关系；空间治理关注的是社会关系调整和社会价值的导向，关注的是人的关系。空间规划不仅仅是对土地和空间资源的配置，更是从空间角度实行社会治理的重要抓手。土地和空间不再仅仅是经济发展的载体，更是利益分配和调整的手段。空间规划处理的不再仅仅是经济利益，比如，传统城市规划表现出的公权力对私有财产权利的干预，传统土地利用规划强调的耕地保护与粮食安全。空间规划更重要的表现是对社会关系的调整，对社会价值的导向，对国家意志的传导，对治国理政理念的落实，"是国家空间发展的指南、可持续发展的空间蓝图"，是名副其实的国家治理体系的"四梁八柱"之一[②]。

3.2.4.3 价值的变革：从"高速增长"到"高质增长"

从"高增长"到"高质量"，不仅仅只是发展模式的转变，更是对发展价值认知的重要转变。党的十九大报告提出，中国特色社会主义进入新时代，我国社会主要矛盾已经转化为人民日益增长的美好生活需要和不平衡不充分的发展之间的矛盾。美好生活不仅是在物质层面，还包括民主、法治、公平、正义、安全、环境等方面。过去，人们在空间价值上追求直接经济效益与利益的最大化，以及满足增长的物质需要到如今追求社会公平正义、对文化和生态价值的守护与制造，这种转变是空间价值的回归。如果我们的经济如此繁荣，但上学、看病和养老却如此艰难，这样高速的发展还有什么意义呢？笔者参与广州一个旧村改造项目时发生过这样一件事情，大家坐在一起讨论经济账的时候，村委领导提出"我们宁可损失一点经济利益也要保障改造后幼儿园的学位数量"。我们调研发现，这里的许多孩子都在一个旧市场的二层上幼儿园，连个像样的活动场所都没有。急风暴雨式的疯狂扩张阶段对大多数城市而言已经结束，2035年版总规可能就是城市远景发展的稳定框架，因此需要抓住最后的机会，守护城市长久价值的"终极规划"[③]。

3.2.4.4 技术的变革：从"建设监督"到"全域管控"

从"建设监督"到"全域管控"。技术变革带来最大的变化就是信息透明。1971年，中美关系刚刚解冻不久，中国政府曾向华盛顿求助，希望提供美国卫星拍摄的中国耕地

---

① 石楠. 超越 [J]. 城市规划，2018，42（12）：1.
② 石楠. 启航 [J]. 城市规划，2019，43（05）：1.
③ 摘录自李晓江在深圳2019年6月"国土空间规划创新论坛——国家责任与务实探索"上作的报告。

总面积数据。美国政府把这些数据给了中国政府。这些数据显示由中国地方官员报上来的耕地数据比美国卫星拍摄数据少了20%，地方政府存在瞒报耕地面积的现象[①]。如今，中国民用的高分二号卫星，公布的分辨率不大于1m，全国的每一寸土地都看得清清楚楚。这次"三调"结束后，有些城市报的基本农田数据居然比调查出的现状耕地还多。地方想玩数字游戏，已经行不通了。2003年，我们了解"非典"疫情，信息来源多是电视和报纸。2020年，新型冠状病毒暴发时，我们已经可以用手机实时观看疫情的数据分析和空间分布。空间数据开始被阿里、腾讯等企业掌握，被社会力量掌握，不实信息很快就会被揭穿。技术的变革使信息变得更透明，传递得更快，对空间规划进行监督和绩效评价的技术手段更加先进。

3.3　一级事权一本规划的视角

3.3.1　改革下的空间事权厘定

随着改革的推进，我国政府正在逐渐抛弃"全能型政府"的总体控制角色，定位逐渐向"有限支配"和"加强监管"转变。传统的管理模式让位于更具针对性的治理模式，政府需要在"有限权力"的新要求下不断挖掘自身治理潜能以适应改革的步伐。

3.3.1.1　机构改革：部门数量减少，部门责任提升

政府机构改革着眼于转变政府职能，结合新时代发展要求，推进政府机构职能的调整优化。在深化党和国家机构改革总结会议上，也提出我党推进党和国家机构改革的宝贵经验，"坚持不立不破、先立后破"便是其中一条。

2018年3月13日，国务院机构改革方案公布，此次机构将部分领域职能相近、联系紧密的党政部门统筹设置，组建了自然资源部、生态环境保护部、文化和旅游部、退役军人事务部、应急管理部等部门。改革后，国务院正部级机构减少8个，副部级机构减少7个，除办公厅外国务院共设置部门26个[②]。

其中自然资源部的责任包括：原国土资源部职责，国家发改委组织编制主体功能区规划的职责，住房和建设部的城乡规划管理职责，水利部的水资源调查和确权登记管理职责，原农业部的草原资源调查和确权登记管理职责，国家林业局的森林、湿地等资源

---

① 周黎安. 转型中的地方政府：官员激励与治理［M］. 2版. 上海：格致出版社. 2014：96
② 廖文根，徐隽. 政治建设，踔厉稳迈入新境界：党的十八届三中全会五周年述评［N］. 人民日报，2019-01-02.

调查和确权登记管理职责，国家海洋局的职责，国家测绘地理信息局的职责。

主要空间规划主管部门合而为一，事权框架下"条条"减少，但所涵盖的内容更广。主体功能区规划、土地利用规划、城乡规划等空间规划将不再编制，统一融合为国土空间规划，作为指导空间资源配置的唯一规划。自此空间规划原则上由一个部门统筹、同一空间原则上由一个部门负责。从政府事权上避免了"上面千条线，下面一根针"情况的发生，从根本上解决了"空间资源的唯一性"和"空间资源管理的多样性"之间的矛盾。

然而自然资源部成立目前只是破题的开始，至于央地事权如何分配，中央如何对地方进行监管，地方到底应当承担怎样的责任……这些问题依旧没有明确的答案。

3.3.1.2　"放管服"改革：加大地方事权，强化上级监管

为进一步解决事权划分改革中存在的问题，2013年党的十八届三中全会通过的《中共中央关于全面深化改革若干重大问题的决定》中明确指出，要进一步推进"建立事权和支出责任相适应的财政制度"。2014年党的十八届四中全会通过的《中共中央关于全面推进依法治国若干重大问题的决定》明确提出，"推进各级政府事权规范化、法律化，完善不同层级政府特别是中央和地方政府事权法律制度"。2015年5月12日，国务院召开全国推进简政放权放管结合职能转变工作电视电话会议，首次提出了"放管服"改革概念。2018年，国务院办公厅印发了《基本公共服务领域中央与地方共同财政事权和支出责任划分改革方案》，对基本公共服务领域中央与地方的财政事权和支出责任进行了明确。

在这一系列条文中，中央"放管服"的改革信号已经非常明显。放管服就是简政放权、放管结合、优化服务的简称。"放"即中央政府下放行政权，减少没有法律依据和法律授权的行政权，理清多个部门重复管理的行政权。"管"即政府部门要创新和加强监管职能，利用新技术新体制加强监管体制创新。"服"即转变政府职能，减少政府对市场的干预，将市场的事推向市场来决定，减少对市场主体过多的行政审批等行为，降低市场主体市场运行的行政成本，促进市场主体的活力和创新能力。

中央与地方的事权分配问题一直是制约着我国治理体系现代化的难题，近年来，随着政府职能转变的不断深化和"放管服"改革的纵深推进，中央乃至各级地方政府都在不断地进行自我改革，将大量行政管理事权下放给下一级政府，以期给下级地方政府注入发展的体制动力和活力，从而推动经济社会的发展。

中央政府的事权下放，放大了地方政府一级"块块"事权，上级不直接干预地方事务，而是通过宏观手段进行调控与监督。"放管服"改革顺应市场规律，中央政府宏观调控，地方政府优化服务，有利于地方行政效率的提升，解决空间资源配置"从上到下的约束性"和"从下到上的灵活性"之间的矛盾

然而，从改革实践看，该放的事权没有放，放权措施落实不到位，放权后无法监管的问题较为突出。"放管服"改革并不仅仅是将行政管理事权一放了之，而是必须在下

放政府管理事权前，对政府的事权配置进行充分研究、综合分析，科学界定两级政府间的职责架构，放权前就要解决好"放什么"的问题，除此之外还要接着研究究竟"怎么放"，尤其是"放"了之后"怎么管"的问题，这样才能减少"上有政策，下有对策"的现象。所以，事权下放的关键问题在于上级政府的监管，如果上级政府在监管环节出现问题，往往会招致不良后果。

3.3.2 "五级三类"的空间规划体系

与核心事权相匹配是各级国土空间规划的基本要求，也就是所谓的一级政府、一本规划、一级事权。2019年5月23日，中共中央、国务院印发《中共中央、国务院关于建立国土空间规划体系并监督实施的若干意见》（简称《若干意见》），匹配各级政府行政事权，确定了"五级三类"的国土空间规划体系。

"五级"指与我国行政管理层级相对应的国家、省、市、县、乡镇，不同层级的规划体现不同空间尺度和管理深度要求。其中，国家和省级规划侧重战略性，对全国和省域国土空间格局作出全局安排，提出对下层级规划的约束性要求和引导性内容；市县级规划承上启下，侧重传导性；乡镇级规划侧重实施性，实现各类管控要素精准落地。五级规划自上而下编制，落实国家战略，体现国家意志，下层级规划要符合上层级规划要求，不得违反上层级规划确定的约束性内容。

"三类"分指总体规划、详细规划和相关专项规划三类。相关专项规划可在国家、省、市、县层级编制，强调专业性，是对特定区域（流域）、特定领域空间保护利用的安排。其中，海岸带、自然保护地等专项规划及跨行政区域或流域的国土空间规划（如长江经济带国土空间规划等），由所在区域或上一级自然资源主管部门牵头组织编制；以空间利用为主的某一领域的专项规划，由相关部门组织编制。详细规划在市县及以下编制，强调可操作性，是对具体地块用途和强度等作出的实施性安排，是开展国土空间开发保护活动、实施国土空间用途管制、核发城乡建设项目规划许可、进行各项建设等的法定依据。城镇开发边界内的详细规划由市县自然资源主管部门编制，报同级政府审批；城镇开发边界外的乡村地区，由乡镇人民政府编制村庄规划作为详细规划，报上一级政府审批。总体规划与详细规划、相关专项规划之间体现"总—分"关系。国土空间总体规划是详细规划的依据、相关专项规划的基础；详细规划要依据批准的国土空间总体规划进行编制和修改；相关专项规划要遵循国土空间总体规划，不得违背总体规划强制性内容，其主要内容要纳入详细规划①。

---

① 焦思颖. 国土空间规划体系"四梁八柱"基本形成：中共中央国务院关于建立国土空间规划体系并监督实施的若干意见解读［J］. 资源导刊，2019（06）：12-17.

3.3.2.1　对《若干意见》的一些理解

《若干意见》确定"国土空间规划是国家空间发展的指南、可持续发展的空间蓝图，是各类开发保护建设活动的基本依据"。其核心内容包括：落实新发展理念，坚持以人民为中心，促进高质量发展，在资源环境承载力和国土空间开发适宜性评价的基础上，科学有序统筹布局生态、农业、城镇空间，划定生态保护红线、永久基本农田、城镇开发边界等管控边界，优化国土空间结构布局，保护生态屏障，开展生态保护与修复，完善基础设施和公共服务设施，延续历史文脉，突出地域特色。

国内部分知名学者纷纷对《若干意见》进行了解读。赵燕菁指出，国土空间规划应当摒弃原有的城乡规划、土地利用规划架构，设计出符合时代要求的全新架构。李晓江认为，国土空间规划体系仍需完善，尤其是在立法、考核、公众参与、基层利益、绩效评估、开发强度指标体系等方面，对"自然资源法""国土空间规划法"、地方政府绩效考核、发展质量评估等内容仍需要进一步细化。赵民认为，新的规划体系重点在于明确"上下传导"原则，应重点强化各级国土空间规划的作用设定和机制设计。李贵才总结了国土空间规划的区域地理属性，认为国土空间规划是对区域研究的回归与升华，同时强调新规划是一个需要多学科协同的工作，切忌闭门造车。还有部分学者从地方视角对国土空间规划工作开展进行了展望。毛佳樑认为，应当把实施"2035总规"和落实空间规划理念两件大事进行深度融合，既要按照已批总规落地，也要立足国土空间规划的创新理念和总体要求，高质量发展。伍江则指出，国土空间规划体系有必要进行适当的地方性修正和调整，对地方乡村规划的实践工作探索应当率先展开。诸多学者仁者见仁，智者见智，对国土空间规划体系的确定给出了自己独到的见解。但有一点是大家一致认同的：目前来说，国土空间规划工作的全面展开仍是一项艰巨而繁重的工作，首先是要加强多学科的学习，并要勇于实践和创新[①]。

《若干意见》的出台揭开了国土空间规划的神秘面纱，"五级三类"明确了以行政区为主的空间治理体系。笔者认为，在整个国土空间体系框架中，地方（市县级）国土空间规划作为中间层级，纵向上需要衔接上下级事权，是保证整个空间规划体系上下传导顺畅的核心；横向上统领三类规划，保证总体战略的落地实施（图3-3）。

---

① 内容根据国内诸多空间规划相关会议进行整理，包括但不限于：学习贯彻《中共中央 国务院关于建立国土空间规划体系并监督实施的若干意见》专家座谈会，上海，2019年6月10日；国土空间规划创新论坛，深圳，2019年6月15日；中国城市规划年会——专题会议20：国土空间规划，重庆，2019年10月19日；中国自然资源学会2019年国土空间规划学术年会，南京，2019年11月28日。

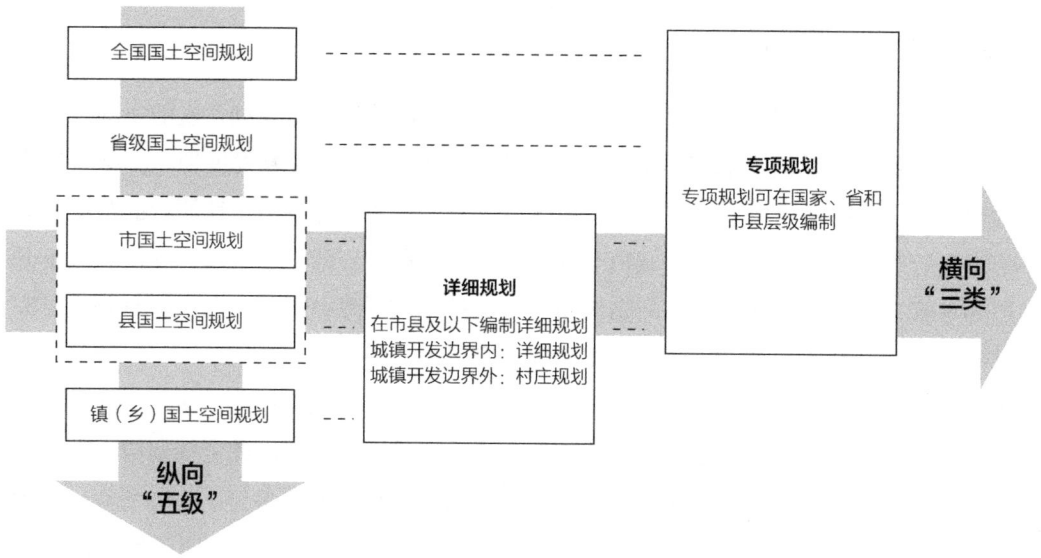

图3-3　市县级国土空间规划在国土空间规划体系的地位

3.3.2.2　保证自上而下的刚性传导

保证地方国土空间规划的上下衔接顺畅，首先要分清上下级政府和同级政府部门的事权，"管什么就批什么"。各类管控要素要实现"空间化、定量化"，保证各类约束性指标的传导与管控，同时应为地方国土空间规划预留向上向下衔接的接口，以保证上下衔接通道的顺畅。

在衔接内容上，《若干意见》明确了地方不同层级的规划重点。地市级规划应当注重承上启下，向上衔接省级规划的管控结构、指标、分区、边界等内容，向下指导区县级规划，提出战略引导、指标约束、底线管控、系统指引等方面的要求。在规划传导过程中始终抓住一条主线，明确将约束性指标、主要控制线、规划分区与用途管制作为各层级之间有序衔接、传导的核心内容。

在监督机制上，根据国家、省要求，依托国土空间基础信息平台，建立健全国土空间规划动态监测评估预警和实施监管机制，完善自上而下的管控能力。对地方国土空间规划中各类管控边界、约束性指标等管控要求的落实情况进行监督检查，并纳入自然资源执法督察内容。

3.3.2.3　鼓励自下而上的地方反馈

除了保证自上而下的刚性传导外，地方自下而上的反馈机制也同样重要，新体系强调因地制宜，能适应各地具体情况，避免"标准化"但不好用的规划。在强调"简政放权"的今天，地方虽然拥有了更多发展与自主选择权，但首先需要落实上级赋予的区域责任，在上级规划确定的框架之下开展工作。因此，地方应被鼓励主动向上对接上级国土空间规划，反馈基于地方实际的诉求，通过上下联动，理清区域中地方的自身利益、与其他城市的共同利益及矛盾冲突所在，构筑共识，实现更高层面的协同。例如，黔南州在开展国土空间总体规划编制的过程中，先期启动"黔南州内陆开放区域协调与发展"专题研究工作，从区域层面，研究黔南州发展的诉求与协调重点，将其反馈至贵州省国土空间规划中，通过协商对话，寻求自身与区域发展的共赢。

3.3.3 以行政区为基本单元的责任型规划

3.3.3.1 从北京总规、上海总规与雄安规划中看到的线索

2017年，北京、上海两大全国一线城市的总规相继获批。2018年，河北雄安新区规划获批。作为我国最后一轮总体规划修编中的代表，这些规划标志着我国"城市（乡）规划"时代的结束，也预示着"国土空间规划"时代的开启。北京总规、上海总规与雄安规划，是改革前后规划编制与批复的样板，从中能看到的不仅仅是传统城市总体规划的套路，还能看到新一轮国土空间总体规划的技术线索（表3-9）。

表3-9 北京、上海、雄安最新版规划批复情况一览表

规划名称	批复时间	申报单位	审批单位	批复文件	官网网址
《北京城市总体规划（2016—2035年）》	2017年9月13日	中共北京市委、北京市人民政府	中共中央、国务院批复	《中共中央 国务院关于对〈北京城市总体规划（2016—2035年）〉的批复》	http://www.gov.cn/zhengce/2017-09/27/content_5227992.htm
《上海市城市总体规划（2017—2035年）》	2017年12月15日	上海市人民政府	中共中央审议，国务院批复	《国务院关于上海市城市总体规划的批复》（国函〔2017〕147号）	http://www.gov.cn/zhengce/content/2017-12/25/content_5250134.htm
《河北雄安新区规划纲要》	2018年4月14日	中共河北省委、河北省人民政府，国家发展改革委	中共中央、国务院批复	《中共中央 国务院关于对〈河北雄安新区规划纲要〉的批复》	http://www.gov.cn/zhengce/2018-04/20/content_5284572.htm
《河北雄安新区总体规划（2018—2035年）》	2018年12月25日	河北省人民政府、国家发展改革委	中共中央审议，国务院批复	《国务院关于河北雄安新区总体规划（2018—2035年）的批复》（国函〔2018〕159号）	http://www.gov.cn/zhengce/content/2019-01/02/content_5354222.htm
《雄安新区起步区控制性规划》	—	河北省人民政府、国家发展改革委	中共中央审议，国务院批复	—	—
《河北雄安新区启动区控制性详细规划》	—	河北省人民政府、国家发展改革委	中共中央审议，国务院批复	—	—

1）以行政区为基本单元的协同规划

"北京2035"，是全域规划，是将行政区向内细分，构筑以区一级行政区为基本责任单元的内部管控框架。规划探索北京中心城区与通州副中心、五大新城以及外围五大生态片区之间的新型城乡协同关系，强调的不仅是对城镇空间的管控，而且拓展到了行政单元内的城乡全要素。在城市功能与空间布局上，尤其强调了西北部的生态涵养片区，突出其作为首都重要生态屏障的地位。同时，针对平原地区和生态涵养区的不同资源禀赋条件，创新完善中心城区—北京城市副中心—新城—镇—新型农村社区的规划体系，制定分区指导、分类推动、分级管控的城乡一体化发展策略，形成以城带乡、城乡一体、协调发展的新型城乡关系。

"上海2035"，将行政区向外拓展，探索行政单元的区域协同。上海这一轮规划中，重点关注如何应对长三角地区跨省行政区协同发展。针对这一难题，"上海2035"提出构建上海大都市区的协同发展新思路：即向外寻求协同空间，打破行政壁垒，最小以县（市）一级行政边界构建基本单元，通过诸如企业联系度、90分钟交通出行圈等定量分析、人口流动性、历史文化渊源、基础设施统筹等分析方法对上海大都市区进行界定，构筑"1+6"的上海大都市区范围[①]，推动跨省行政区协同发展。

2）能够落实考核的责任型规划

以行政区作为基本单元的核心原因在于，行政区提供了明确的权责界限，以界定政府责任，同时能与地方发展的财税制度相挂钩，便于对规划实施进行评估、考核和反馈。

"北京2035"为保证规划的落地性，采用远近结合，分三个阶段提出城市发展目标和首都发展蓝图的方法，对规划落地进行指导：2020年建设国际一流的和谐宜居之都，初步形成京津冀协同发展、互利共赢的新局面；2035年初步建成国际一流的和谐宜居之都，京津冀世界级城市群的构架基本形成；2050年全面建成更高水平的国际一流的和谐宜居之都，建成以首都为核心、生态环境良好、经济文化发达、社会和谐稳定的世界级城市群。同时为了对规划落地性进行评估，以及对实施绩效进行考核，规划紧扣"创新、协调、绿色、开放、共享"的发展理念，从以往规划的定性走向定量，将5项基本策略分解，制定42项发展评价考核指标，对规划的实施情况进行全方位的绩效考核，以落实政府责任。

此外，为落实规划责任，"北京2035"以资源环境承载能力为硬约束，划定城市开发边界和生态红线，确定城镇建设空间刚性管控边界和一系列约束性指标。规划将16410km^{2}的市域空间划分为集中建设区、限制建设区和生态控制区，实现"两线三区"的全域空间管制。其中，永久性城市开发边界范围原则上不超过市域面积的20%，至

---

① 上海大都市区范围包括上海市辖区、苏州市市辖区及下辖5县市，无锡市市辖区及下辖2市，南通市市辖区及下辖2市，宁波市市辖区及下辖1县（市）、嘉兴市市辖区及下辖3县（市）、舟山市市辖区及下辖2县，共计22个不同层级的行政单元。

2050年全市生态控制区比例提高到市域面积的80%以上。

作为千年大计的雄安新区，也在探索着"责任型"规划体系的创新。除了《河北雄安新区总体规划（2018—2035年）》与《河北雄安新区启动区控制性详细规划》两项传统规划外，《雄安新区起步区控制性规划》建构了一个处于现有的城市总体规划和城市控制性详细规划之间的新型策略性管控规划。建构这样一个控制性规划的新层次，其核心就是紧紧围绕"一张蓝图干到底"的要求，以一张控制性的规划蓝图持续管控城市空间格局、结构性功能布局、城区建设边界、生态空间布局、骨干基础设施布局、公共服务设施标准等涉及经济、文化、环境、民生方面的结构性要素，保障城市发展愿景的实现与框架的建立。同时，《雄安新区起步区控制性规划》对城市中的结构性要素具有刚性管控作用，对非结构性要素提出要有包容性和应对发展变化的韧性，使得雄安新区规划体系更具权威性与科学性，以利于雄安新区一系列规划的落地实施。

3.3.3.2　广州国土空间规划试点公示版的启示①

"北京2035"与"上海2035"拉开了城市（乡）规划时代的帷幕，"广州2035"则推开了国土空间规划时代的大门。2019年6月13日，《广州市国土空间总体规划（2018—2035年）》草案开始在广州市人民政府网等途径对外公示，作为全国首个市级国土空间规划，具有重大的学习价值与时代意义。

1）广州国土空间规划的经验价值

"广州国土空间规划"重点从底数底图、战略目标、空间格局、资源统筹、要素配置、实施保障等方面积极探索、大胆实践，取得了有益的经验。

（1）结合"三调"进一步摸清国土空间规划的底数底图

规划前期，结合"三调"核实自然资源家底，细化优化建设用地内部调查，摸清人—地—房—设施基础数据，摸清经济社会和城市运行相关数据。从土地到空间资源，形成了统一的国土空间规划编制底数底图。

（2）落实国家和区域战略，建立了战略—定位—目标—指标传导路径

规划确定了广州城市定位与目标，并针对战略落实专门制定了国土空间规划指标体系与传导路径，对国土空间规划实施情况以及城市发展运行情况进行管控（图3-4）。

（3）认识广州自然禀赋和历史文脉，构建美丽国土空间格局

以"双评价"为基础评估市域国土空间自然本底，统筹划定三条控制底线；建立"功能分区+用地分类"的分级管控机制，在市域层面划分主导功能分区，在片区规划

① 广州规划和自然资源局. 新时代广州国土空间规划探索实践［EB/OL］.（2019-03-18）［2020-02-06］. https://mp.weixin.qq.com/s?__biz=MzA3NTE1MjI5MA==&mid=2650774290&idx=1&sn=97d97a721b936f7145d4034ea25fe356&chksm=877fd5dfb0085cc9e3198ad87b62c030c7fefc3e50543ba3abcfad13f4fcade3f8051a0ff63e&scene=27#wechat_redirect

国家与区域职责	城市定位	发展战略	分项目标	指标体系
"一带一路"倡议	城市职能与定位	从外延扩展到绿色增长	绿色发展 · 构架美丽国土格局 · 彰显山水城市特色 · 提升土地利用效益 · 高效配置资源要素	绿色发展（6项）
粤港澳大湾区协同发展		从经济实力到综合魅力	综合魅力 · 提升城市品质 · 建设世界文化名城 · 建设全球重要交通枢纽 · 建设国家商贸中心 · 建设国际交往中心 · 打造高品质公共空间	综合魅力（5项）
		从传统制造到智慧制造	智慧制造 · 完善现代化产业体系 · 国际科技创新中心 · 促进大湾区协同创新 · 共建广深港澳科技创新走廊 · 战略性新兴产业基地	智慧制造（5项）
广东省"一核一带一区"发展格局		从住有所居到美丽宜居	美丽宜居 · 宜居宜业优质生活圈 · 多层次住房供应 · 完善基本服务配套 · 推动社会治理转型	美丽宜居（7项）
		从二元失衡到包容均衡	包容平衡 · 共建共治共享格局 · 构建岭南新田园 · 促进社会公平正义 · 公共服务设施均等化	包容平衡（5项）
		从被动防治到生态韧性	生态韧性 · 现代化城市安全体系 · 应对极端气候 · 建设通风廊道 · 完善能源供应系统 · 建设高韧度市政基础设施	生态韧性（10项）

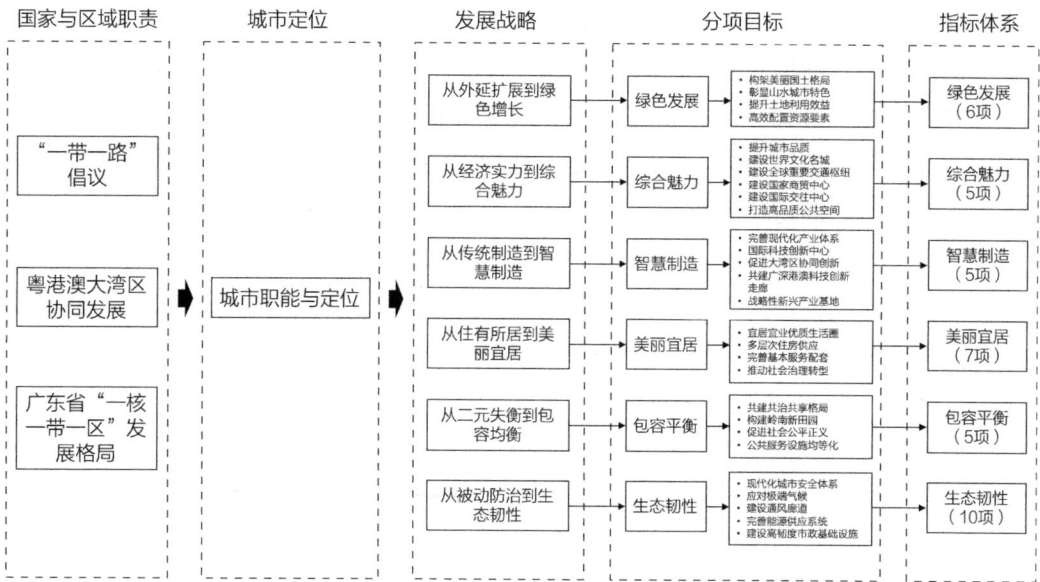

图3-4　"定位—战略—目标—指标"实施传导路径

资料来源：根据《新时代广州国土空间规划探索实践》插图改绘

和详细规划层面，采用规划用地管理。

（4）制定面向高质量发展的城市转型路径，倒逼城市内涵式发展

探索城市转型发展战略路径，通过"深化土地供给侧改革，引导土地利用方式转变"。通过"加大低效存量用地盘活"方式倒逼城市内涵式发展。

（5）强化系统思维，统筹自然资源保护利用和治理

强化山水林田湖海"生命共同体"意识，统筹自然资源规划管控要求，明确重要资源的核心指标、空间布局、管控保护内容。同时强调生态保护与修复的系统性思维，明确生态修复和环境治理目标任务。

（6）坚持以人民为中心，科学配置全域全要素空间资源

规划要求建设宜居宜业优质生活圈，合理布局"三生"空间。在具体实施中，以15分钟社区生活圈为载体，统筹配置基本公共设施，同时建立"结构管控+边界管控+指标管控"传导机制，引导重大要素分级配置。

（7）建立规划纵横向传导体系，强化实施保障

落实国家空间规划体系要求，在全市建立"市域—片区—单元"三级规划；建立"一年一体检，五年一评估"的定期"体检"制度；强化国土空间信息平台的建设，利用平台实现对规划实施的定期监测和动态监管。

2）广州国土空间规划的样板效应

国土空间规划是一次对空间认知的全方位革新，它既不是城乡规划或土地利用规划，也不是二者的简单合一。国土空间规划不能一蹴而就，它需要新的思路、新的构架

以及新的价值观，并且需要一段时期的实践探索、完善。尤其是地方层面的国土空间规划，需要针对地方实际需求进行更多探索与创新。

由于目前规划编制还在不断优化完善阶段，"广州国土空间规划"的实施效果如何暂不得而知。但若抛开实施只看规划，"广州国土空间规划"在底数底图、战略目标、空间格局、资源统筹、要素配置、实施保障多个方面均可以看见立足于广州实际情况的地方探索，例如国土空间规划指标体系以及传导路径的构建，土地用途管制的"广州创新"，立足于广州实际的土地供给侧改革，等等。这种探索创新的精神才是这部规划最大的意义所在。"广州国土空间规划"的根本价值在于为地方层面国土空间规划的全面展开提供了一个完整且高质量的地方样板。

3.3.3.3 地方规划应有区域责任与务实探索的属性

当下的中国正面临百年未遇之变局，我们唯一可以确定的，就是未来的不确定性。同样，地方国土空间规划没有终极的解决方案，与时俱进的探索是地方国土空间规划唯一的前进路径。

2016年，由国务院印发的《关于推进中央与地方财政事权和支出责任划分改革的指导意见》，对央地的财政事权进行了划分，强化了地方权力，明确基本公共服务作为地方的财政事权范围。这份"意见"更加强调各级政府的责任，类似一份针对地方政府的责任清单。2019年印发的《中共中央、国务院关于建立国土空间规划体系并监督实施的若干意见》则明确强调了"行政辖区"这一责任边界，也就是说，在地方政府的事权范围内，地方政府需要对本行政辖区的自然资源配置负责。

对于2019年《若干意见》的出台，地方普遍有两种反应。第一种反应是"等"，等待中央给出标准答案，期望能少走弯路错路。这的确是一种常见的心理，殊不知，在这一问题上并没有所谓的标准答案，各地必须要立足于地方实际，进行地方创新。这也是为什么自然资源部下发的《市县国土空间总体规划编制指南》只能确定纲领，不能确定内容。第二种反应是"试"，在以往地方规划创新实践的基础上更进一步探索，寻找适合本地的国土空间规划编制办法。广州国土空间规划就是一个很好的例子，除了广州，全国还有许多地市走在"试"的前列。当然，目前来说还没有人可以对这些探索性工作进行评价，这也是其尴尬之处，但至少这种勇于创新的态度是现阶段所需要的。

地方国土空间规划必定是一部"以行政区为基本单元的责任型规划，是具备务实精神的探索型规划"。"责任"指地方规划有落实国家基本战略的基本责任，地方行政辖区内出现问题，由当地政府担责。"探索"指地方规划拥有自主制定计划权利，新的事权结构下鼓励地方政府进行自主创新，以提升地方资源空间的配置效能。而在"责任"和"探索"的框架下，需要依靠一个具有韧性的规划支撑体系进行加固，通过全系统的韧性保障地方国土空间规划长效可持续的作用力。

1）国家责任与区域协同

国土空间规划应承担起更多区域与国家责任，在本级政府管控的行政辖区内起到统筹协调、刚性管控的作用。

（1）刚性管控，国家责任落实

地方规划的主要职责之一在于落实国家战略，那么国家战略中最刚性的要求就是地方政府必须以行政区为责任单元逐级传递、逐级分解、逐级落实，包括宏观调控政策、生态和粮食安全、自然资源保护等。

在土地利用总体规划体系中，全国土地利用规划制定政策，确定全国耕地保有量、林地、城乡建设用地等规模与指标；省（区）级与地（市）级土地利用规划下发规模指标；县（市）级土地利用规划则对耕地保有量、建设用地总量控制、土地资源开发复垦、生态公益性用地等规模指标进行落实。正是因为土地利用规划具有"规模、指标"这些自上而下分解、可量化的刚性管控主线，土地利用规划可以在地方土地资源管控中发挥"龙头"作用（图3-5）。

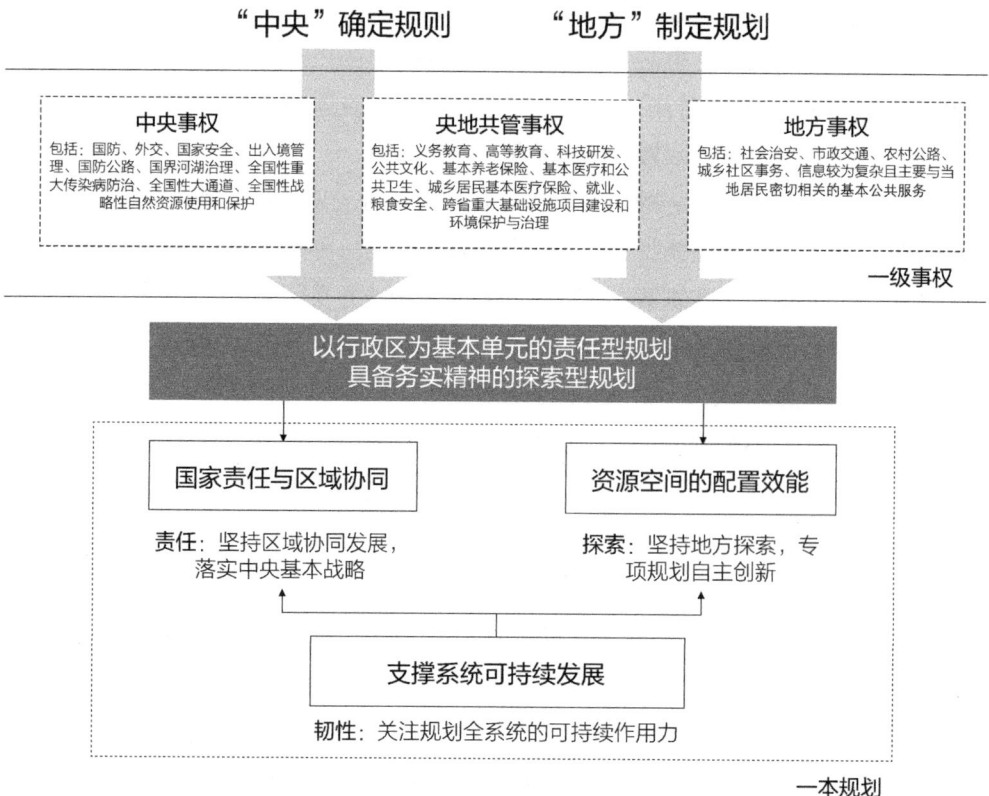

图3-5　地方国土空间规划编制思维导图

全新的国土空间规划体系继承了土地利用规划这一特点，同时对土地利用规划"只定指标，不落空间"的问题进行改善，将国土空间资源的功能分区、政策分区作为各层级规划传递的核心内容，以确保国家战略要求的落实。例如"三区三线"、主体功能区、国家公园、各类用途分区等，这些指标往往具有"定量、定位"的双重属性。过去的空间类规划应用对这一类的传导较为薄弱，往往导致规划刚性不刚、弹性不弹的问题，新一轮国土空间规划传导体系需要格外加以重视。

（2）统筹协调，区域协同发展

对国家来说，国家空间战略往往落实于区域层面，比如说京津冀协同发展、长三角一体化、长江经济带、粤港澳大湾区、一带一路等。而地方规划的区域协同则是地方政府主动向上承担责任的重要方式，有助于区域的规划目标达成一致，是地方回应国家战略的具体体现。对地方来讲，区域协同有利于跨行政边界的生态廊道、基础设施等资源在地方行政辖区内的配置达到最优，这同样是地方政绩的体现。

规划所对应的空间发展权的安排长期存在行政疆界的壁垒，不同行政单元和层级的空间政策仍参差不齐，不利于区域资源协调配置。然而规划始终有作为整体的对象和局部的对象、整体的效益和局部的效益等问题。在必要的情况下为了整体的效益，要打破行政区的壁垒，建立更大区域范围或尺度的空间政策协调框架，形成整体合力来配置空间资源[①]。

在发达国家，类似的区域协同规划一直是规划体系中的重要一环：法国通过在不同区域间缔结协议的方式，保障跨行政边界的空间政策的实施；德国在规划体系上将共同体规划（或区域规划）作为地方规划的上位规划，用于处理跨地方的规划问题；同样，日本的国土空间规划中也有一级广域地方规划，多个都市共享区域重要设施的配置，统一由上一级的县政府负责协调。

2）资源空间的配置效能

赵燕菁认为国土空间规划的"元规则"应该包括三项：第一，所有自然资源属全民所有；第二，私人通过国家获得使用权；第三，资源使用必须创造收入流。其终极目标在于实现"全民所有自然资源"保值增值[②]。地方国土空间规划必须承担起对本级行政辖区内自然资源进行合理配置的责任，提升自然资源在空间上的配置效能，而这需要地方规划的自主创新。

（1）地方规划的职能创新

职能创新是地方政府效能提升建设的基础，政府将部分服务性、技术性和协调性工

---

① 左为. 对国土空间规划构建的思考：前提、基础、保障与支撑 [EB/OL]. （2018-11-17）. http://www.sohu.com/a/276045114_650579.

② 赵燕菁. 论国土空间规划的基本架构 [J]. 城市规划，2019，43（12）：17-26，36.

作交给社会机构承担，弱化政府微观管理职能，实现从"全能型"政府向"监管型"政府的转变，以此来转变职能、提升效能。

国土空间规划作为地方政府对行政辖区内自然资源进行配置的工具，同样需要经历由"全能型"规划向"责任型"规划的职能转变。首先是要明确地方各级政府的职责与权力，这是实现"责任型"规划的基础，有利于明确地方发展保护的主要问题，以便对症下药。其次是推进规划监督体制的公开透明，下层级规划是否遵循了上位规划的约束性内容？对上位规划的空间战略是否贯彻到位？在实施过程中是否严格按照规划进行落实？这些都需要接受上级乃至社会的监督，确保社会知情权。最后要明白现实问题的复杂性，规划是无法做到面面俱到的。国土空间规划要扭转传统城市规划无所不能、无所不管的观念，在明确地方主要问题的基础上，集中力量办"要事"。

①"科学化"编制思路

随着科技进步，国土空间规划的"科学性"也被多次强调。《若干意见》明确指出，国土空间规划应"提升科学性……运用城市设计、乡村营造、大数据等手段，改进规划方法，提高规划编制水平"。国土空间规划的"科学性"体现在技术与制度两个方面。

从技术上看，"双评价"工作作为国土空间规划的基础，自然资源部国土空间规划局专门组织了14家科研机构，对"双评价"技术方法进行技术攻关，国土空间规划局根据规划编制的需求和现有的数据基础，已经拿出了多版内容的过程稿，可见国土空间规划中的确面临诸多技术难题。同样，有关"三区三线"的划定工作，学者们也在传统方法外探索着更科学的划定方法，例如现阶段城镇开发边界的划定方法已经在借鉴计算机领域的神经网络元胞自动机模型。此外，多元大数据的探索也为规划编制助力，城市人口规模作为空间规划的基础数据，移动大数据提供了传统统计概念中很难定义的人口测算途径，使测算城市"实际服务人口"有了可能。

从制度上看，坚持上下结合、社会协同，完善公众参与制度同样是国土空间规划"科学性"的体现。尽管"公众参与"概念一直被提及，但参与形式的被动化、规划知识的专业化、辅助公众决策技术的落后性，导致"公众参与"制度体系一直没有得到完善。本次国土空间规划意识到制度体系确立的重要性，确定了"公众参与"的法律地位，地方政府则需要对参与模式进行创新，例如建立社区规划师制度，邀请专业人员全程对接指导社区更新改造项目；运用"互联网+大数据"思维，借用网络平台帮助规划发声，保证公众参与时效性；通过大数据可视化转译专业的规划成果，帮助公众理解和决策等。

②"多元化"评估体系

资源配置绩效评估是提高资源配置效能的一项重要制度和有效方法。

参考我国政府绩效评估内容，主要是对政府活动及其结果的评估，评价的指标要素包括经济指标、效率效果、公正性等。其中，经济指标是所有指标中的核心指标，这也是地方"唯GDP论"的源头所在。根据我国现阶段发展的实际情况,许多新指标得到了充分关注。例如,"生态环境指标"正在成为绩效考核的新参数,那些片面追求经济增长而破坏生态环境的行为将直接影响地方政府政绩考核;再例如,在简政放权的背景下,地方政府的"行政能力指标"也应成为绩效考核的新参数,行政能力的测度重在关注行政结果而不是政府投入,旨在解决"出力不出功"的问题。

与政府绩效考核相同,资源配置绩效评估体系也将尽可能多元。底线控制思维正是"生态环境"绩效的体现,操作性、落地性则对应"行政能力"绩效。随着地方国土空间规划工作的逐步展开,构建一个"多元化"的资源配置绩效评估体系将成为提升资源空间配置效能的重要手段。

(2)专项规划的自主探索

机构改革、政府瘦身其实为地方发展赋予了更多的主动权,也为地方国土空间规划的落地实施带来了诸多创新的可能,能够因地制宜地解决地方问题的专项规划探索是保证国土空间规划落地必不可少的环节。

其实早在国土空间规划体系确立之前,部分地方政府就开始进行具有地方特色的规划实践了。

①"三旧改造"规划的广东经验

"三旧改造"是广东省特有的改造模式,是原国土资源部给予广东省的特殊政策。广东省作为改革开放排头兵,城市化起步早、发展快,在获得巨大经济效益的同时也出现了一系列城市问题。快速城镇化的粗放发展在城市中遗留了大量旧城、旧村、旧厂等低效用地,一是导致全省各地市普遍出现建设用地紧张的现象,二是对城市环境造成了负面影响。因此,向存量要用地的探索在广东显得尤为重要。

"三旧改造"创新了地方土地管理制度。例如"三旧改造"单元规划可作为项目实施依据,参照控制性详细规划审批程序,确需改造,但因不符合土地利用规划而无法纳入"三旧"图斑的,可按程序修改土地利用规划。这一创新在盘活存量土地资源、保障经济社会发展方面发挥了积极作用,为国家建立城镇低效用地再开发制度提供了"广东经验"。

在国土空间规划体系的新框架下,"三旧改造"规划将继续作为具有广东特色的地方专项规划在新的国土空间规划框架下发挥作用。随着广东各地市各级政府具体事权的明晰与扩大,"三旧改造"规划的探索将更具主动性与创新性,原有地方特色规划也将与国土空间规划进一步衔接,继续探索地方发展新模式。

②郊野单元规划的上海经验

上海因人多地少、资源紧缺,在高质量发展的过程中面临着人口增长和资源制约的多重挑战。"增效"和"减量"成为上海未来土地管理的两大主题词①。

---

① 宋凌,殷玮,吴沅箐. 上海郊野地区规划的创新探索[J]. 上海城市规划,2014(01):61-65.

在这一现实背景下，上海开展了诸多具有创新意义的地方规划探索，郊野单元规划便是其中之一。郊野单元规划针对上海全市104个郊野单元，通过开展田、水、路、林、村的农村土地全要素整治，使上海广大郊野地区兼具生态、景观、耕地保护等复合功能，同时达到提升农村生活品质、提升单元生态功能、推进农业规模生产的目标。

在国土空间规划体系下，上海郊野单元规划完善了镇村级国土空间规划体系，系统解决规划编制、调整、用途管制和项目建设等问题。同时作为城市开发边界外乡村地区的详细规划，进一步完善了全域空间管制机制，分区分类实施用途管制[①]。

作为地方专项规划探索的成功案例，广东"三旧改造"、上海郊野单元规划在定位、内容侧重和管制方式与国土空间规划要求具有内在的一致性。并且立足于地方需求，解决地方实际问题，对提高地方资源空间的配置效能有重大意义。

3）支撑系统可持续发展

一般来说，现代城市包括城市道路交通、公共服务配套、市政工程、环境保护与环境卫生工程、综合防灾五大支撑系统，它们共同维持着城市的基本运作。

城市中各支撑系统面临着各自的问题。例如交通拥堵已经成为我国大城市普遍的城市病。而交通拥堵带来的环境污染问题、经济效益问题已经严重阻碍了城市的可持续发展。在公共服务配套系统中，"不匹配、不平均"的问题屡见不鲜，多数大中型城市均不同程度出现学位不足的问题，而不少中小型城市却面临学校生源不足的问题，这一盈一损造成大量城市公共资源的浪费。

（1）城市支撑系统面临的挑战

城市自形成以来，始终面临自然灾害、事故灾害、公共卫生和社会安全的威胁。过去，我们采取防御性的工程手段来应对自然的巨大破坏力。但随着城市规模与密度日益增大，一旦发生灾害事故，城市集群效应往往会诱发一连串次生灾害。

在现代城市中，各个支撑系统已经联为一体，系统性问题牵一发而动全身，早已不能依靠孤立的思路解决，如何保障城市整体健康运行，是当下支撑系统面临的最大挑战。

在国土空间规划新时期下，传统刚性管控的工程思维方式已不能适应现代城市支撑体系复合型、系统型的挑战，城市的安全发展必须走上"韧性发展"的可持续道路。

（2）可持续发展的"韧性城市"

"韧性城市"是目前国际社会在防灾减灾领域使用频率很高的概念，是指城市或城市系统能够化解和抵御外界的冲击，保持其主要特征和功能不受明显影响的能力。也就是说，当灾害发生的时候，韧性城市能承受冲击，快速应对、恢复，保持城市功能正常

① 杨秋惠. 镇村域国土空间规划的单元式编制与管理——上海市郊野单元规划的发展与探索 [J]. 上海城市规划，2019（04）：24-31.

运行，并通过适应来更好地应对未来的灾害风险。

从2008年《芝加哥气候行动计划》，到2019年新加坡"面向未来的可持续和韧性城市"，近年来国内外多个城市都从自身的角度探索韧性城市建设。区别于传统的防灾减灾规划，韧性城市认为风暴潮等灾害事件仅仅是造成城市脆弱的诱发因素，而城市的经济发展水平、社会组织制度、工程设施、应急管理能力以及居民防灾减灾意识才是影响灾害破坏程度和城市恢复速度的根本因素。因此在工程防灾的基础之上，需要实现经济保障、社会制度完善等多维度的韧性城市建设[1]。

在我国，韧性城市已成为城市可持续发展的新模式。我国目前正处于重要的发展战略机遇期，经济保持中高速增长，在世界主要国家中居于前列。但与此同时，我国环境承载力低，对外部环境的抵御能力弱，无形中加剧了我国经济转型的难度，因此在城市经济发展的同时，必须加大生态可持续发展建设力度，突出生态环境保护，提升城市可持续发展能力，规避以牺牲环境为代价换取经济发展的做法。实现这一重要目标的关键在于全方位提高城市韧性，通过科学合理规划，对城市重新进行划分与定位，并在实际执行过程中密切关注城市发展实际状况，从而实现韧性城市在我国的广泛建设与发展[2]。

（3）国土空间规划的"韧性"

在我国，韧性规划初期只是针对具体问题进行研究的专题篇章，在高质量发展的新形势下，逐渐成为城市总体规划、国土空间规划的重要篇章，北京总规、上海总规、雄安规划与广州国土空间规划有专门章节对韧性城市进行讨论。因此在地方国土空间规划的编制中，韧性规划是一个不得不谈的话题。

① 从关注灾害到全系统韧性

韧性城市是一个专门针对城市综合防灾系统的概念，传统的"韧性规划"只关注城市抵御风险，从冲击中快速恢复的能力。笔者认为这是不够的，随着全球城市化进程的逐步加快，城市愈发成为一个多要素紧密联系的综合系统，脱离整体而谈其中某一个支撑体系远不能解决城市系统性问题。例如，在城市灾情中征用校舍、医院、学校势必牵扯公共服务配套系统问题，避险场地势必会占用城市绿地空间；城市承办大型活动时面临体育设施不足问题，需要征用学校场馆；城市现有道路交通体系不足以支撑大型庆典，需要临时关闭城市道路。不仅仅是综合防灾，城市的每一个支撑系统都有相应的韧性。

在地方国土空间规划全面开展的新时期，韧性规划可以进行更多的尝试，从综合防灾系统全方位扩大至整个城市支撑系统，探索新时期的新韧性城市。

---

① 郑琦. 韧性城市规划 [EB/OL]. （2019-08-28）. https://mp.weixin.qq.com/s?__biz=MzA5MDUwOTI5MQ==&mid=2650046301&idx=1&sn=cdfeddbe954ddcbc889c4bfaeed54f5c&chksm=880a45d9bf7dcccf9f652cf4bcac25d1057abb4bb91b93fc662641839fe9a331ccbef2ab7ef5&scene=27#wechat_redirect.

② 张明斗，冯晓青. 韧性城市：城市可持续发展的新模式 [J]. 郑州大学学报（哲学社会科学版），2018，51（02）：59-63.

②从关注城市到全要素统筹

以往，对于韧性概念，关注重点只在城市中心城区，对城市以外的广大乡镇、农村地区很少进行考虑。

国土空间规划更强调全域统筹。雨涝、干旱、高温热害、低温冷害、大风灾害、活动断层、地震动峰值、崩塌滑坡泥石流、地面沉降、地面塌陷、风暴潮等因素均是双评价工作的重要因子，目的在于实现全域全要素的空间评价。

因此，在国土空间规划背景下，韧性应当由关注城市转变为全域全要素统筹，在关注城市中心城区韧性建设的同时，提出乡镇、农村地区的韧性建设引导。

3.3.4　地方规划师的气质

3.3.4.1　兼容并蓄，博采众长

2017年，于东莞举办的城市规划年会上，阿里巴巴集团技术委员会主席王坚就他的"城市大脑"进行了一场专题演讲，一时间议论四起，王坚到底算不算规划学者成为众人关心的问题。王坚，一位就职于互联网公司研究城市问题的心理学教授，给诸多规划领域的大咖上了一堂"规划课"，并于2019年获选中国工程院院士……这好像有些魔幻，但确是发生在我们身边，而且现阶段，越来越多的"王坚"似乎在涌现出来。

城市是一个复杂的大系统，每当外界环境发生变化时，城市问题就会系统性爆发。同理，规划作为研究城市的学科，每当城市问题系统性爆发时，其原有的理论框架便会受到冲击。20世纪50—60年代，面对美国"二战"后经济、社会全方位转型下的城市问题，简·雅各布斯写下了20世纪最伟大的规划巨作《美国大城市的死与生》，她从记者摇身一变，成为美国历史上最著名的规划师。同样，21世纪20年代，中国正经历"百年未有之大变局"，在历史的机遇面前，规划师又怎能拘泥于专业和出身。

规划从来都是包容的。中华人民共和国成立后的70年，面对不同历史阶段的任务，规划师正是秉着"兼容并蓄"的精神构建了今天相对完善的学科框架。在生态文明时代，在高质量发展的新阶段，面对国土空间规划的新任务，规划师更应当承担起"兼容并蓄，博采众长"的时代责任，扩大自己的知识面和朋友圈，对各行各业敞开大门作规划。

3.3.4.2　扎根创新，服务地方

城市化快速推进的这几十年间，形成了一支庞大的城市规划师队伍，经初步估算，现阶段我国规划从业者约有40万人。这支庞大的队伍主要由两种规划师组成：其一为居庙堂之上的国家规划师，在全国规划工作中起引领作用，定规则定战略；其二为处江湖之远的地方规划师，主要服务于地方事务，针对地方实际情况为地方发展出谋划策。而在这40万人的规划师队伍中，绝大多数还是在扮演地方规划师的角色。

2019年10月，自然资源部办公厅发布《关于勤俭务实开展国土空间规划编制工作的函》，其中明确写道："坚持一切从实际出发，按照'连续、稳定、转换、创新'的要求，充分用好近年来推进规划改革中的工作基础和阶段成果。反对片面追求名院名校，鼓励熟悉本地情况，有长期工作积累的规划编制机构和人员参与规划编制工作。"这是一个明确的信号：地方国土空间规划由谁来编，不是看资质，不是看单位，而是在选择团队。资质仅仅是门槛，单位内各部门的发展也不见得平衡，因此这些都不能作为编织出"适合地方的规划"的保证。但若是选择了一个对本地事务了然于心，对地方有感情有激情，同时又具备出色规划能力的团队，将是地方规划区域责任与务实探索精神的最好体现。

国土空间规划的重头戏在地方，地方规划师是未来发展的一致导向。"扎根创新，服务地方"是对地方规划师群体的基础性要求，也将是我国地方规划师的根本责任。

3.3.4.3　责有攸归，义无旁贷

2015年，在于贵阳举办的城市规划年会上，有学者讲到："未来只有两类规划师可以生存，一类是玩得转数据，另一类是下得去社区。"这句话讲得虽然绝对，但也引起了千万规划工作者的共鸣。一直以来，我国的规划编制工作与规划师本身存在着严重的责任脱钩，规划与城市发展出现不适配的问题，背后原因都因错综复杂难以理清，更不用说向规划师追责了。因为不担责，外人常嘲笑规划工作就是"纸上画画，墙上挂挂"，规划工作者本身也常常因此陷入否定自我价值的状态中。

"下得去社区"，映射的正是困扰规划界许久的规划师责任制问题。从2008年深圳筹建社区规划师制度，2009年成都推出乡村规划师制度开始，规划师责任制开始在全国各地生根。以广州为例，广州正在积极探索社区规划师工作模式，旨在于政府和人民之间，以社区规划师为核心，建立一个柔性缓冲、多元参与的平台。社区规划师通过主动报名选拔，可以是规划编制工作者、规划管理者、高校师生，甚至热心城市规划工作的市民等，但要求规划师必须扎根社区，形成连带责任。

在国外，类似的责任规划师制度也在普及。英国"邻里规划"是全国空间规划的基础层级，具有极高的法律效力。但作为自下而上的社区规划，如何保障其专业性是邻里规划编制的难题。为解决这一问题，规划编制的主体——邻里规划小组，在成员中吸纳了大量专业社区规划师，作为小组与地方政府、咨询机构进行沟通的媒介，承担着规划落地的主要责任。

从国土空间规划责任化开始，未来的规划必然以责任型为特征。责任型规划需要一批责任人，作为引导地方发展的舵手，地方规划师"责有攸归，义无旁贷"。

第 4 章

责任与战略

2019年正月初一，科幻电影《流浪地球》上映。较之静籁的苍穹，地球故事本应渺小，但影片呈现的却是人类拯救地球、摆脱灾难的史诗篇章。影片中的城市被落寞的白色冰封，人类蜗居于千米地底，自我淡漠地苟活，美好人居已不在，共同梦想已不存，人类的家园即将覆灭。然而，就在地球危难之际，中国救援队勇担责任，以最具家国情怀的共同使命，来号召联合政府建立共识，共同拯救地球和人类，最终让地球和人类重获光明。

责任，对规划来说一样重要。责任的承担，需要有《流浪地球》的谋略，这种谋略，在规划中可以理解为战略规划。一时间，影片中"家园、团结、亲情、希望、责任、使命"等温情辞藻，唤起了对当代的意象与期望——人与自然生命共同体和谐共生、高质量发展，坚持生态文明永续发展等千年大计的提出都是治理当下、放眼未来，为后代的福祉作出积极应对的正确思考。这一认知，其实是用锲而不舍的责任和使命来架构统一的公共秩序，达成共识，最终共创共赢、共筑美好。对标新时代的国土空间战略，以城市为原点，理顺权责，明晰事权，站在区域的层面寻求共识，恰似一次共同拯救家园、拯救城市、拯救国土的战略行动。未来，我们一定要通过谋划千年的时代性、全局性、责任性的战略指引，书写人类文明新征程的光辉巨献。

4.1　战略规划的缘起与意义

战略规划起源于英国，阿伯克隆比（Abercrombie）爵士主持编制的1943年伦敦郡规划（The Country of London Plan）以及1944年大伦敦规划（The Greater London Plan）被认为是战略规划的开端，并对之后的城市规划理论与实践产生了深远的影响。"二战"后，结构规划在欧洲兴起。20世纪60年代，荷兰、法国、英国相继颁布新的规划法规，建构了结合战略性结构规划和实施性土地利用规划的新的城市规划体系。之后，在美国，迈克尔·波特（Michael Porter）建构了企业竞争的理论与分析框架，并延伸至国家和地方层面；因此城市与区域战略规划也借鉴了企业战略规划，立足于综合竞争力的提升，参考企业的管理与发展模式，形成了新的分析思路与方法。20世纪90年代以来，随着城市面对的现实复杂性不断增强、全球化快速推进、可持续发展观念逐步深入，战略规划作为对城市空间发展进行宏观调控的基本手段以及着眼于城市长期发展的思考与谋划，在西方受到了越来越多的重视。

在我国，战略规划的相关研究始于20世纪80年代。随着加入WTO以及城市经济的高速发展，城市所处的竞争环境与面临的发展问题越来越复杂，制定长远性、全局性的战略规划成为城市应对快速与复杂变化的必要手段。2000年的《广州市城市总体发展战略规划》是我国开展战略规划编制的一个开端。受其影响，南京、杭州、合肥、哈尔滨、沈阳等省会城市和国内大中城市如宁波、厦门、莆田等也纷纷展开这类规划的编制,并在国内掀起一股热潮(表4-1)。

表4-1 国内主要城市编制战略规划信息表

阶段	特点	城市战略规划
2000年前后的概念规划	地方政府在市场化改革的背景下谋求自主发展、参与城市间竞争,以"提升城市竞争力"为核心价值取向,从区域、产业、文化、生态、体制多角度进行分析	《广州城市建设总体战略概念规划纲要》(2000年)
		《南京江北新区发展策略研究》
		《杭州市城市发展概念规划(2001)》
		《宁波2001年战略规划》
		《天津城市空间发展战略研究》(2003年)
		《合肥市城市发展战略规划》
		《沈阳城市发展战略规划》(2002年)
		《哈尔滨城市发展战略规划》(2003年)
		《厦门战略规划》
2005年前后的战略规划回顾	反思过度强调城市间竞争带来的区域、社会、生态问题,以及地方和中央在规模扩张和控制上的利益分歧	《广州城市建设总体战略概念规划实施检讨》(2003年)
		《广州城市建设总体战略概念规划实施检讨》(2006年)
		《城市总体规划实施保障机制研究》(2007年)
2010年前后的发展战略	在中央政府加强宏观调控的背景下,要求强化区域规划、主体功能区规划,地方强调政策导向,加强"自上而下的指引",通过落实国家战略要求以争取国家政策倾斜	《广州城市总体发展战略规划(2010—2020)》
		《深圳2030城市发展策略》(2007年)
		《深圳2040城市发展策略》(2010年)
		《宁波2030城市发展战略》(2010年)
		《天津市空间发展战略2008—2020》
		《重庆市主城区城市空间发展战略规划》(2008年)
		《成都市总体发展战略规划》(2009年)
		《西安国际化大都市城市发展战略规划(2009—2020)》
		《沈阳城市空间发展战略规划研究》(2010年)
		《合肥市城市发展战略规划》
2015年前后的远景规划	在"国家治理"概念提出,中央政府加强宏观调控、上收部分事权,地方政府朝"治理型政府"演进的背景下,战略规划从"政府主导"向"多元协调"转型,更强调以人为本	《武汉2049年远景发展战略规划》
		《宁波2049城市发展战略》(2018年)
		《美丽厦门战略规划》(2014年)
		《成都远景发展战略规划研究》
		《黄石市2049远景发展战略研究》
		《大连市2049城市愿景规划》
		《大西安2050空间发展战略规划》
		《济南城市发展战略规划(2018—2050年)》

直至今日，大到国内主要城市，小到县，甚至一些乡镇，也热衷于战略规划的编制，可谓"一直都火、从未降温"。诚然，当今城市高速发展，战略规划已不再局限于为解决类似行政区调整的问题而对法定规划运用权宜之策，而是成为地方政府扩大版图、拓展城市用地的一个手段，从而作为一种"弹性、好用、高效"新应用型规划被广泛应用。

面对新的形势，在全新的国土空间规划体系中，战略规划应充当什么角色，如何将城市经济社会整体发展战略与空间发展紧密结合在一起，是对城市未来发展提出的新问题。

4.1.1　战略规划

战略规划在不同的国家有不同的名称，如总体规划、概念规划、结构规划、综合性规划、发展策略等，没有固定的范式。在西方国家的实践中，它不仅是城市长远的发展路径，同时也和公共政策和公共财政密切相连，是协调多层次的政府、经济部门、经济组织、市民等不同利益集团的工具。

在中国，战略规划经历了30余年的发展。早期，战略规划注重对城市重大问题的研究，王蒙徽认为，概念规划是在大中城市及其经济区域范围内的，以城市性质、基本职能、发展方向和城市体系等重大问题为内容的研究，能对城市未来一定时段内可能进行的开发建设进行宏观的原则性指导。吴志强认为战略规划反映的是地方政府行政过程中，在城市土地空间方面的执政纲领和政治意志。2008年金融危机之后，中国发展方式转型，战略规划成为城市应对外部经济环境与政策环境变化的重要工具，由注重增量拓展转向品质内涵提升，由追求发展目标的静态规划转向应对不确定性的动态规划。郑国认为城市战略规划作为关系城市发展重大问题和关键问题的全局性谋划，成为实现城市治理并将其制度化的最佳公共政策工具，战略规划不仅应真正凝聚社会各界的共同愿望，更应成为政府实现"善治"的政策平台和重要工具。张京祥认为，战略规划本质上是地方政府实现主动治理的政策工具，为其积极应对发展环境变化、理清发展思路、凝聚多元力量、施展空间理想提供了有效的支撑。战略规划作为城市治理工具的公共政策属性越来越受到重视。

4.1.2　西方空间发展战略规划

国外城市发展战略规划形成于20世纪60年代，由于西方市场经济条件下区域之间、城市之间竞争日趋激烈，迫切需要制定区域统筹发展的规划载体，城市战略规划扮演了此角色。由于历史背景、政治体制和规划制度的差异，战略规划在不同国家的作用和地位不尽相同，并逐步形成一些各具特色的区域范式。1960—1980年间，产生了以英国大伦敦战略规划为代表的结构规划、以芝加哥战略规划为样板的北美范式和能够代表发展中国家的新加坡战略规划。进入1990年以后的复兴期，协作式规划（Collaborative Planning）取代系统理性规划而成为西方城市规划的主流[①]。国外理论普遍认为，战略规划的成果不仅仅体现在一个规划文件上，更重要的是规划过程，尤其是通过利益相关者的理性争论达成共识的过程[②]。

最近这半个世纪，全球规划领域整体经历从规制向战略和实施导向的转型，以建立更具有弹性的体制来应对快速变化的社会经济环境和政府再造[③]。但由于各国治理方式和规划制度不同，都市区战略规划的编制主体、规划过程和实施机制不尽一致。因此，都市区战略规划不是教条的概念，也没有固定的标准，它必须根据地方环境和需求弹性控制。这一时期的中长期规划，主要包含国家（区域）、城市两种。在区域和国家这一层面，以《美国2050》《欧盟2050》《兰斯塔德2040》为突出；而在城市层面，尤以《纽约2050》《芝加哥2040》《东京2050》为代表。

4.1.2.1　空间发展规划的开端

空间发展战略规划是综合了空间规划和战略规划而出现的一种新规划类型，是欧洲对区域规划或城市规划用西方思维、文化以及语系重新理解的产物。1983年，《欧洲区域/空间规划宪章》正式印发，成为空间规划跨越国界编制的里程碑文件，空间规划应运而生[④]。1999年，《欧洲空间发展展望》发布，为推进欧盟的一体化进程而制定，提出覆盖整个欧洲地区的空间发展政策，以促进空间规划进一步完善和发展。

4.1.2.2　早期的战略规划

"二战"以后，系统论、控制论和信息论广泛影响着自然科学和社会科学的发展，强调干预与控制的理性综合规划理论也在西方城市规划领域逐渐盛行，这为战略规划的兴起奠定了思想和理论基础。1960—1970年间，在欧洲（含殖民区）和美洲分别形成了两种不同风格的早期战略规划，包括英国、荷兰、法国等国战略性的结构规划，美国以"精明增长"理念为主的概念规划等。

---

① 郑国，张湛欣. 国外都市区战略规划演进与范例研究 [J]. 城市发展研究，2015，22（09）：85-90.

② FRIEDMANN J. Strategic spatial planning and the longer range [J]. Planning Theory & Practice, 2004(5): 49-67.

③ HEALEY P, KHAKEE A, MOTTE A, et al.. Making strategic spatial plans [M]. London: Routledge, 1997.

④ 郑德高，李晓江. 从北京战略规划到总体规划：中央与地方政府的规划思辨 [M] //中国城市规划设计研究院. 中国城市规划设计研究院作品集：战略规划. 北京：中国建筑工业出版社，2006：24-29.

1）英国概念规划

英国是现代规划理论的发源地之一，也是最早编制战略规划的国家。基于20世纪初英国规划相关诸法的研究，英国工党政府于1947年颁布修正后的《城乡规划法》，正式建立了土地开发权国有化和开发许可制度。这一土地政策的转变，使政府获得充足的财政话语权，但私人土地开发被抑制，影响了市场活力。这也直接导致了工党、保守党在规划顶层设计和土地开发方面长达40年的利益博弈和决策的朝令夕改。从这一时期的土地增值税金频繁的正负交替变化即可看出分歧的严重。为了适应自由市场，同时建立有效的规划管控，基于《城乡规划法》，英国工党政府借助新法案的上马于1968年建立概念规划体系，划分为强调战略引导的结构规划和侧重实施的地方规划两个层次。其中结构规划以国家政策导向为规划出发点，关注城市发展方向、整体空间框架战略部署等主题。同时为了更加积极的规划引导和土地灵活开发，英国政府在以铁娘子撒切尔夫人为主要首脑的带领下，在1980—1991年间3次修订和补充《城乡规划法》，形成应对市场的规划制度体系（图4-1）。

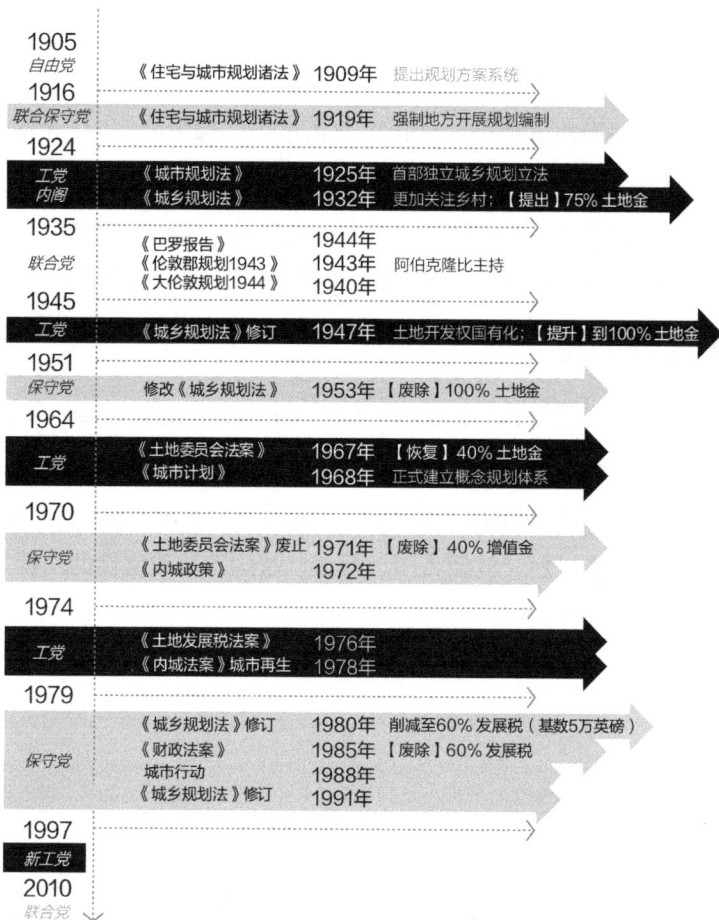

图4-1　英国规划体系建立与1905—1997年间政党更迭的演进变化关系

进入21世纪初，英国城乡规划体系受到多方挑战，急需彻底性的变革。其中针对结构规划的改革主要倾向于更宏观层面的研究。2001年底，英国出台《规划：向根本的变革过程》，彻底改变了英国过往二元规划体系，以区域空间战略文件取代之前的结构规划，并赋予其法律效力。

2）新加坡概念规划

新加坡受英国殖民影响，继承了欧洲中心论规划思想。1958年，新加坡颁布了法定规划《总体规划1958》，提出了一个针对全岛的未来15年发展框架。然而，计划没有变化快，一年后新加坡独立，直面贫困、失业、城市拥挤等大量社会问题，《总体规划1958》无法满足新时代的城市发展要求，理念远远落后于实际发展，成为一本"失效规划"。

为了应对快速发展，自1963开始，新加坡开始了新一轮的国家规划谋划。1971年，新加坡颁布《概念规划1971》，针对长远发展的目标和总体策略，之后每10年修正一次。区别于英国结构规划，《概念规划1971》不是法定规划，而是一个指导文件，为下层级的总体规划搭建框架，指导其规划编制与实施计划。至此，新加坡构建了"概念规划+总体规划"并行的两套体系，私人开发依据总体规划，公共开发依据概念规划[1]。

20世纪90年代初，新加坡对战略规划进行修编，颁布了《概念规划1991》，突出对城市（国家）更长远的战略谋划，提出2000年、2010年和远期三个阶段的发展框架。区别于《概念规划1971》，《概念规划1991》构建了回顾并确定土地利用要求、制定发展战略和政策及制定交通模型规划评估的常态化三个阶段工作，同时着眼于城市品质提升和可持续发展。

3）美国波特兰概念规划

美国俄勒冈州波特兰市，20世纪80年代曾编制过概念规划（Concept Plan of Portland）。该版规划定位于城市规划主要要素的表达方式，提出了土地利用、城市形态和城市规划的物质特性。其主要内容包括用地平衡概念，城市的发展潜力，城市的布局结构，城市的经济发展、住房发展、交通发展等方面。特别是在对城市用地的战略指引方面，重点提出要对"城市增长边界"、交通改革和公众参与进行实践研究。

在城市增长边界与土地利用的战略指引方面，为了更合理、紧凑地发展城市，受新城市主义等思想的影响，波特兰提出了"精明增长"的理念，主要目的是控制城市的蔓延。"城市增长边界"作为一种有控制的城市增长模式成为波特兰市首开先例的土地开发政策。"城市增长边界"是一个城市预期的增长边界，边界内是当前城市边界与满足城市未来增长需求而预留的土地；"城市增长边界"之外是农耕地，禁止在此进行城市开发和建设小的新城镇（图4-2）。

---

① 陈晓东. 新加坡设计控制研究：市场、政府与空间发展逻辑［M］. 南京：东南大学出版社，2016：36.

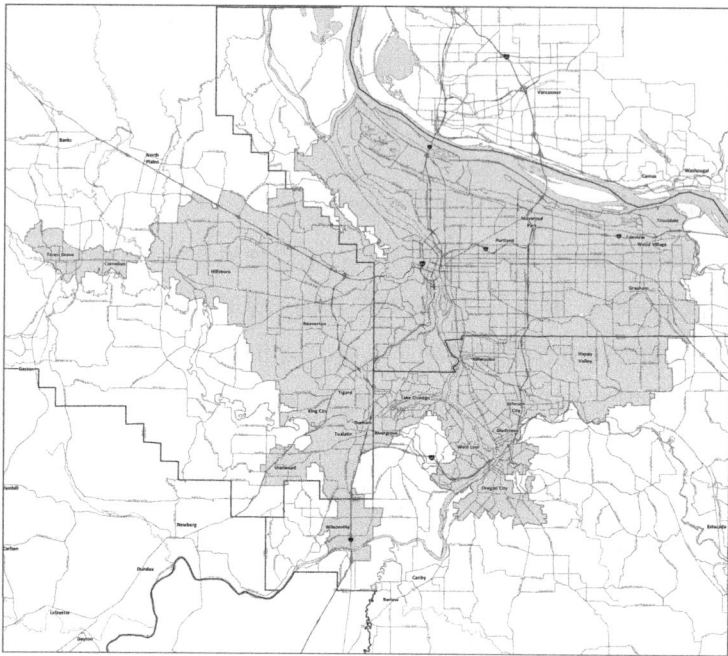

图4-2　波特兰大都会区的城市增长边界（2011年）
资料来源：波特兰大都会区议会网站www.oregonmetro.gov

在波特兰规划的实践进程中，城市规划、市政设施、分区规划以及住宅、轻轨道路等建设实践，96%以上都严格遵守规划最初所预计的指标实施，重要的原因之一就是发动民众参与城市建设规划。可以说，波特兰的公众参与实践给城市发展带来了极大的促进作用。当然还有其特有的制度：波特兰政府制定了专门的法律，并由政府出资，规定必须民众听证，政府规划决策才有功力。这一点使波特兰市不仅在美国成为典型城市，在全球规划界也独具新意。此后的城市发展进程表明，波特兰各个阶层十分认同自己城市的长远规划，因而执行起来很顺利，能获得人民的配合与参与。

4.1.2.3　战略规划的复兴

起源于20世纪60年代的战略规划在经历了20世纪90年代的衰落后，于90年代再次受到国外规划界的广泛重视，主要与以下三个因素有关：一是1992年联合国环境与发展大会之后，世界各国普遍接受了可持续发展观念。二是随着全球化的快速推进，各国地方政府逐步认识到，与经济全球化进程相伴而生的并不是区域差异的消失，而是区域的崛起和个性的凸现，因此区域整体观被进一步强调。三是20世纪90年代上台的西方各国政党不约而同地宣称在政治和经济等方面采取一种既不同于传统左派，又不同于右翼主流的"第三条道路"，他们提出的新口号是"少一些统治，多一些管治"。由此导致区域管治的兴起，地方政府以平等和协商为基础，一方面积极调整政府与政府的关系，另一方面努力改进政府与社会和市场的关系，调动各方面的积极性。

进入21世纪，城市空间发展战略规划在西方盛行，如伦敦2004年编制完成的《大伦敦空间发展战略》。此外，悉尼、墨尔本等其他西方城市也纷纷开展城市战略规划的编制工作。西方学者把这一轮战略规划编制的高峰称为战略规划的"复兴"与繁荣。

1)《大伦敦空间发展战略》(2004)

为了更好地制定大伦敦地区未来30年的发展目标和协调其下辖32个自治区的地方性规划，实现大伦敦地区发展的协调与合作，2001年，大伦敦政府组织编制《大伦敦空间发展战略》(以下简称《大伦敦2004》)。于21世纪这一复兴时期构架起来的《大伦敦2004》表现出以下创新性：

将专项发展策略与战略规划同步开展。分别在住房、就业、交通、服务业、资源利用五大方面进行深入研究。这些专题都围绕着共同的三个主题——伦敦居民的健康、获得机会的平等性、对英国可持续发展所作的贡献。

将城市设计和引导策略引入战略规划体系。首先运用空间设计手法将宏观的城市发展策略转化为现实的建筑和空间，同时强调城市设计服务于一个共同的目标：创造一个安全、安定、可持续和包容性强的城市。建立一个有关开发强度的策略性框架，为下层次空间规划的开展提供指南。

《大伦敦2004》作为未来15年伦敦地区发展指南，以一种可持续发展的模式，创新构建了新时期战略规划的全球样板，描绘了伦敦作为21世纪具有可持续发展示范意义的世界性城市这一美好蓝图。

2)《可永续的悉尼2030策略规划》

在全球化、气候暖化、资源短缺等背景下，2008年5月，悉尼市政府公布了《可永续的悉尼2030策略规划》，从区域及国家之间城市竞争激烈、文化及教育机构有限、人口老龄化、住房可负担程度下降、交通拥堵等问题出发，广泛征求市民意见，对本土居民开展访问和问卷调查，确定"绿色、全球化和高度衔接"三大主题，进而提出10个量化目标和策略指引，并在分目标下制定相应的行动计划和举措。

《可永续的悉尼2030策略规划》作为国外战略规划复兴时期的成果之一，从悉尼城市发展和建设的历史经验出发，根据城市所处的大背景，从经济与创新、环境、交通、住房、实施因素考量，挖掘社会可持续发展、公众参与、行人与公共出行、社区认同感等方面的新举措。

3)纽约历版战略规划(综合规划)

近半个多世纪，全球规划领域整体经历了从规制型规划向战略和实施导向型规划的转型，以建立更有弹性的规划体制来应对快速变化的社会经济环境和政府再造。

纽约，作为美国人口最多的城市和高密度建设地区，近年来，面对日益复杂的环境问题和人口增长压力，纽约的城市发展战略应运而生。2007年，纽约发布了第一版纽约规划《更美好、更葱绿的纽约》，聚焦于解决城市人口增长与环境问题，涉及公园、交通等基础设施以及居民的生活质量和健康水平等方面，从土地、水、交通运输、能源、空气和气候变化6个方面提出了127项计划，以实现城市的可持续发展，并首次将减少温室气体排放量作为承诺目标。2013年，在经历了飓风"桑迪"后，为了应对气候变化带来的更加恶劣的自然灾害，提高城市基础设施的弹性，纽约市发布了《一个强大、更有弹性的纽约》，希望通过规划使城市在变化和灾难之后能够反弹恢复，同时具备未雨绸缪应对困境，并从困境中恢复的能力。2015年，为了应对城市生活成本不断升高、收入不平等、保障性住房供不应求、贫富差距拉大等问题，纽约推出了新版战略规划——《一个强大且公正的纽约》。新规划通过征求市政、社区和商业部门对未来的想法，以多元民意征询和投票调查的方式了解市民对城市未来的愿景，从而建立"一个纽约"的新愿景和"愿景—策略—行动"这一共识。与前几版规划相比，新规划更强调解决社会公平问题，让规划为所有纽约人服务。规划措施涵盖了纽约生活的各个方面，通过建构教育、医疗、健康、韧性、空气质量、能源利用等方面具体的指标体系予以落实[1]。2019年4月，在2015年版的基础上，修订版《纽约2050，建立一个强大且公平的城市》出台，从8个方面提供了城市问题的破解之道：活力的民主、包容的经济、活力的社区、健康的生活、公平卓越的教育、宜人的气候、高效的出行和现代的基础设施[2]。相较于以往，《纽约2050》致力于建设一个更加公正、进步的城市，规划也是基于环境可持续、经济平等和社会公正的理念，在更好地应对全球变暖、绿色出行、生态环保等方面描绘愿景。

回顾近年纽约的几版战略规划，它们的一个重要特征是从人的需求出发，建设适宜的城市功能空间。纽约战略从市民的需求出发，将人口、土地、住房、空气质量、健康保障、能源利用、交通等民生要素纳入规划中进行统筹，以提升生活质量。在公共健康方面，战略规划保证了所有纽约市民都能享有医疗保健服务，以求疾控与防御相得益彰。

纽约战略规划还构建了有明确框架体系与实施导向的规划策略。在纽约市2015版战略规划中，提出了"愿景→目标→指标体系→策略"的框架体系，这是基于多版战略规划实践校验后得出的适合推广的经验。同时，纽约的历版规划都是综合性规划，以落地和实施为目标导向，同时都配合了城市融资、政策和倡议。纽约战略规划每年均开展规划实施评估工作，以及时调整规划目标和策略，做到精准跟踪，及时把控。此外，纽约在制定倡议计划时，规定了明确的实施主体和保障措施，如列出相关牵头机构、资金状况等。最后，规划针对某些措施，提出通过立法来保障其实施。

---

① 田莉，李经纬. 高密度地区解决土地问题的启示：纽约城市规划中的土地开发与利用 [J]. 北京规划建设，2019（01）：88-96.
② 姜紫莹. OneNYC："一个纽约"规划概要 [J]. 上海经济，2015（09）：57-62.

4.1.3　国内区域与城市发展战略规划

国内城市编制战略规划要从两次热潮说起。第一次热潮，是自2000年开始，以《广州城市发展战略规划》为代表，相继有南京、杭州、厦门、沈阳等10多个城市开展了城市发展战略规划研究，并在十年间扩展到全国各大城市，掀起我国城市战略规划编制的热潮。这阶段的战略规划以"加速城市发展，提高城市竞争力"为立足点，分析城市所在的区域和自身条件，编制相应的战略指引来解决城市问题。第二次热潮是在党的十八大、十九大之后，国家经济增长动力不足，社会主要矛盾发生变化。按照处理新时期主要矛盾和以人民为中心的思路，国内一些特大城市顺势而谋，以清华大学吴良镛院士主持开始编制的"北京2049"为代表，深圳、武汉、厦门、上海、福州等城市分别开展了战略规划，应对形势主动求变，探索更加合理、具有前瞻性的城市空间组织。

4.1.3.1　概念规划的兴起

国内战略规划始于2000年广州概念规划，广州借助概念规划的探索，及时解决了城市在经济全球化等新的历史条件下，城市发展方向、发展思路等重大战略问题，统一了认识，提高了规划运作的时效性，建立起以战略规划为核心，能够指导总体规划、控制性详细规划的新规划编制体系。

这一时期，除了广州以外的其他国内大城市，在看到广州概念规划的红利效应后，纷纷效仿，掀起了战略规划编制的第一次"浪潮"（表4-2）。大家均看到了战略规划能够克服法定规划的制约，提供了更具战略性、灵活性、针对性和前瞻性的务实"地方方案"，甚至能够获得城市扩张的空间红利，因而颇受地方政府青睐。如广州市在编制概念规划的同时，完成了番禺、花都撤市设区；随后的2001年，杭州市政府在编制城市发展概念规划的同时，将萧山、余杭撤市设区。这一红利被地方政府一直运用到今日。

表4-2　国内主要城市编制的战略规划时期的行政区划情况表

阶段	案例	行政区划调整/设想
2000年前后的概念规划	《广州城市建设总体战略概念规划纲要》（2000年）	番禺、花都撤市设区
	《南京江北新区发展策略研究》	2000年江宁县撤县设区。2002年撤销原浦口区、江浦县，设新浦口区。2002年撤销原大厂区、六合镇，设六合区。2002年白下、建邺、鼓楼、雨花台4区范围调整。2005年玄武区、高淳县、栖霞区、江宁区区划调整。2007年建邺区、鼓楼区区划调整以加快河西新城发展
	《杭州市城市发展概念规划》（2001年）	2001年萧山、余杭撤市设区

阶段	案例	行政区划调整/设想
2000年前后的概念规划	《宁波2001年战略规划》	2002年鄞县撤市设区，2003—2004年间撤销21个镇和7个乡，建立25个街道
	《合肥市城市发展战略规划》	2002年原郊区所辖农村分别划给新设的包河区、瑶海区、庐阳区、蜀山区，扩大市区范围
	《哈尔滨城市发展战略规划》（2003年）	2004年设松北区。撤销太平区，划归道外区；呼兰县撤县设区
	《厦门战略规划》	2003年思明区、鼓浪屿区、开元区合并为思明区。杏林区部分划归集美区，更名为海沧区。设立翔安区
2010年前后的发展战略	《广州城市总体发展战略规划（2010—2020）》	2014年撤销黄埔区、萝岗区，设立新黄埔区，增城、从化撤市设区
	《深圳2030城市发展策略》（2007年）	2007年设立光明新区，2009年设立坪山新区
	《深圳2040城市发展策略》（2010年）	2011年设立龙华、大棚新区
	《宁波2030城市发展战略》（2010年）	2008年设立梅山保税港区，2009年杭州湾新区扩大面积
	《天津市空间发展战略2008—2020》	2009年撤销塘沽区、汉沽区、大港区，成立滨海新区。2015宁河县、静海县撤县设区
	《重庆市主城区城市空间发展战略规划》（2008年）	2010年设立两江新区
	《成都市总体发展战略规划》（2009年）	2010年市政府驻地由青羊区迁至武侯区
	《西安国际化大都市城市发展战略规划》（2009—2020年）	2014年高陵县撤县设区。2017年西咸新区划归西安代管
	《沈阳城市空间发展战略规划研究》（2010年）	2010年东陵区、浑南新区、航高基地三区合署办公
	《合肥市城市发展战略规划》	2011年通过"三分巢湖"，原地级市巢湖的居巢区、庐江县划归合肥
2015年前后的远景规划	《宁波2049城市发展战略》（2018年）	区域联动，同城化发展
	《成都远景发展战略规划研究》	2015年双流县撤县设区。2016年简阳市归成都市代管

1）广州概念规划的空间拓展应对

从2000年起，广州概念规划已经经历多个版本的更迭。从实践情况看，实现了从推动空间拓展到支撑城市功能优化提升的转变。

改革开放以后，广州市经历了十多年的高速发展。至1999年，市域人口从700万人增加到900万人，国民生产总值绝对值年均增长21.8%。这一时期城市的高速发展引致对土地、环境与交通运输设施的需求急剧扩展，同时面对经济全球化、加入WTO与知识经济发展等新的机遇与挑战，广州亟需拟定一个面对新的发展形势的纲要目标，并制定引导城市可持续发展的总体发展战略规划，作为城市发展与城市建设的指引。此外，2000年6月，广州花都、番禺撤市改区。行政区划的调整也为广州城市空间的拓展与城市持续发展提供了新的契机。

基于此，广州市政府组织开展了广州市总体发展概念规划方案咨询。2001年8月，广州市政府正式印发《广州城市建设总体战略概念规划纲要》，提出了将广州建设成适宜创业发展又适宜生活居住的国际性区域中心城市和山水型生态城市的目标，以及"南拓、北优、

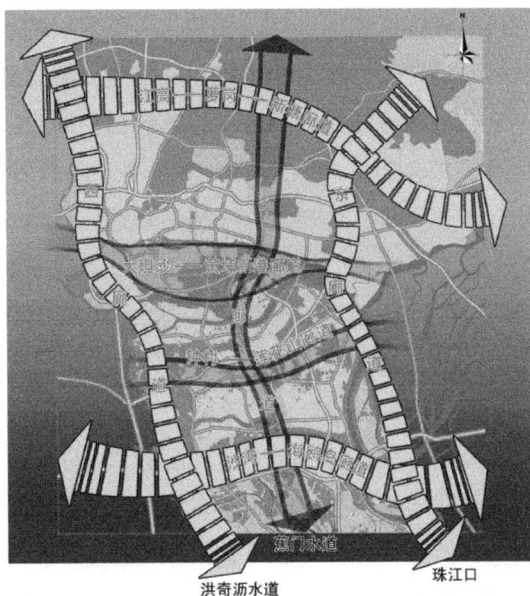

图4-3 2001年广州概念规划提出了"三纵四横"的概念
资料来源：《广州城市建设总体战略概念规划纲要》（深化）

东进、西联"的空间发展战略。该纲要是广州城市发展的纲领性文件，广州也成为国内第一个提出战略规划的城市（图4-3）。

2003年，广州市开展了针对《广州城市建设总体战略概念规划纲要》实施的首次检讨会，对其实施效果进行了深入分析、研讨和评价，专家提出了包括拓展腹地、加强广佛都市圈联系、新区拓展与老区优化并举等空间拓展新思路。

2007年，虽然广州概念规划积极地发挥了对城市空间拓展与社会经济发展的引导作用，但区域统筹力度不够、城乡差别加大、人居环境需进一步改善、城市特色不够凸显等一系列新问题也开始显现。针对这些问题，广州市政府开展了"广州2020：城市总体发展战略规划"的规划咨询，规划明确了将广州打造为"国家中心城市、综合性门户城市、南方经济中心、世界文化名城"的城市定位，提出了"南拓、北优、东进、西联、中调"的新空间"十字方针"。2008年12月，国务院批复《珠三角地区改革发展规划纲要（2008—2020）》（简称《珠三角纲要》）。战略规划工作组贯彻《珠三角纲要》部署，开展了《广州城市发展战略2020》（最终成果）深化完善工作，提出了以"十字方针"确立的整体空间框架为基础，以"优化和提升"为目标架构的片区、发展组团和多层次的城市中心共同组成市域空间结构。

2）杭州概念规划的优势资源整合

继广州首开我国城市战略发展概念规划之先河后，国内一系列城市都先后启动了战略规划的编制。新时期的杭州，在长三角面临着周边城市的竞争与挑战，区域地位呈下降趋势。2001年3月，经国务院批准，余杭和萧山撤市设区，并入杭州市，这一行政区

划调整破解了长期以来困扰杭州城市发展的土地资源约束，实现了从"小杭州"到"大杭州"的转变，成为开展杭州城市发展概念规划的契机。

在杭州编制新一轮城市总体规划的同时，面对行政区划调整后的新形势红利与资源整合需求，为了应对区域城市竞争，破解发展瓶颈，形成城市发展共识，推动"大杭州"实现飞跃，杭州急需编制一套顶层战略对城市开展指引。

面对新时期的机遇与挑战，杭州市政府启动《杭州市城市发展概念规划》工作，基于对城市发展趋势的判断，从理念认知、目标愿景、产业路径、空间策略和体制创新方面提出五大城市发展策略。

在空间资源整合重构策略中，规划首先分析长三角的关系构架，重新织补区域交通网，提出将杭州打造为区域发展的"左右逢源"角色——与上海，错位发展，互惠共赢；与苏州共同构成支撑上海的有力两翼，强调资源共享，良性竞争。杭州应利用宁波港口优势，借海发展、重点突破，在城市发展质量、城市品位、城市经营、制度创新等方面占据浙江省的新高地，巩固省域中心城市的地位。

在城市战略空间的谋划上，杭州提出从西湖时代迈入钱塘江时代。一直以来，西湖是杭州市的城市品牌与中心，但近年西湖周边土地资源开发殆尽，寻找城市新的发展空间成为重点议题。类同于广州的"东南西北中"空间战略，杭州概念规划按照市政府"沿江开发，跨江发展"要求，明确城市跨越钱塘江发展，坚定南下决心，给杭州描绘了一幅展望未来的新山水画卷。

4.1.3.2　远景规划的探索

国外远景规划的产生，是在过往结构、概念规划的基础上，针对国家或城市中长期时间内发生的特殊事件——灾害应对、科学的民主决策、对生态和气候的远景构想等，进而开展对全球视角的研判，如国家层面的《美国2050》《欧盟2050》《芝加哥2040》《纽约2030》等。

对于国内，前期以广州为代表的发展战略规划，是城市经济处于高速工业化进程，面对城市人口规模激增和土地加速扩张所产生的外延式空间拓展的规划模式。自2008年国家进入战略转型期，特别是在党的十八大、十九大之后，国家提出"两个一百年"奋斗目标，国内一些特大城市因时而动，提出了展望更长远时间（50~60年），审视更广阔地域空间的发展策略，在年限上指向了2050年这一时段，分别开展了城市新一轮的发展远景规划探索，这一时期也被称为引领国内战略规划的第二次浪潮，主要代表包括2013年《武汉2049远景发展战略规划》、2014年《美丽厦门战略规划》等。

1）《武汉2049远景发展战略规划》

武汉，古谓之九省通衢，是我国中部六省唯一的副省级市，中国中部地区的中心城市。面对经济全球化竞争的背景，武汉区域影响力和辐射力受到一定挑战。为推动武汉城市发展战略转型，以匹配未来武汉的区域责任担当。2012年底，武汉市政府组织编制《武汉2049远景发展战略规划》，提出"2020年建成中部中心城市、2030年建成国家中心城市、2049年初步建成全球城市"的"三步走"战略，明确了建设一个更具竞争力更可持续发展的世界城市的目标，以及在创新、贸易、金融、高端制造全领域，打造拥有全球影响力与竞争力的"世界城市"愿景。

相较于国内早期的概念规划，新一轮战略规划首先实现理念的转型，由经济增长转向经济、科技和文化全面发展，以创新引领作为武汉迈向全球城市的独特优势。同时为了更好地引导实施，战略规划明确了城市发展转型的两大维度[①]。

从经济层面看，首先将城市由高增长逐步转向更为注重发展质量的稳定增长。在经济发展的动能转换方面，战略提出更注重创新和改革，从要素驱动、投资驱动转向创新驱动。其次是从单纯经济增长到全面发展的模式转型，更注重生态、绿色，强调可持续发展。再次是要求经济发展从注重速度向强化质量转型。

从城市层面看，城市发展将从"以物为本"到"以人为本"，在经历了经济效益优先的快速增加后，武汉更加关注如生态、社会等多元可持续发展目标的共识，勠力践行令城市拥有更加有活力的城市空间、更加绿色低碳的生态环境、更加宜居的市民社区、更加包容的文化环境和更加高效的交通体系的目标，即更加关注后物质主义时代人的需求。

从空间层面看，强调"收"与"放"，即向更大尺度的区域规划和更小尺度的政策分区转变。面向2035年，武汉城市空间转型将体现"较高增量—紧增量—零增量"发展特征，区域视野也将进一步打破行政区划限制，向更大尺度转型，迈向"大武汉时代"；城市内部空间则趋向更小尺度，市域转向中微观尺度的政策分区，重视城市社区和乡村社区。

从功能层面看，创造更加智慧的城市。规划提出城市功能分区将进一步模糊化，土地利用更加兼容混合，公共空间将成为城市空间的关键节点。"互联网+交通"充分优化人、车、路之间的网络，提高整个交通系统及个人出行的应变性，使交通更智能、精细和人性化。

2)《美丽厦门战略规划》

厦门战略规划的编制与2000年广州战略规划颇有渊源。2013年5月，广州战略规划编制的主要负责人调任厦门，参照广州模式提出以"空间拓展和城市竞争力增强"为价值导向，从空间结构调整、重大交通组织、产业布局、生态环境等方面启动了厦门战略规划的编制工作。同时，为了满足新时期中央战略部署和城市转型的需要，广泛征求公众、专家学者意见，并强调战略与行动的高度结合，创造性提出了推动城市转型发展的

---

① 郑德高，孙娟，马璇，等. 竞争力与可持续发展导向下的城市远景战略规划探索：以武汉2049远景发展战略研究为例 [J]. 城乡规划，2017（04）：101-109.

"美丽厦门"构想。

战略方面，通过对厦门山海江城生态本底与城市内涵的挖掘，提出了强调着力实施的"山海一体、江海连城"的"大海湾城市"、"城在海上、海在城中"的"大山海城市"和"青山碧海、红花白鹭"的"大花园城市"三大战略。

为了使战略与行动高度结合，单独编制了符合地方特色的"美丽厦门"十大行动计划，包括产业升级、机制创新、收入倍增、健康生活、平安和谐、智慧名城、生态优美、文化提升、同胞融合及保证党建方面，引导战略精准落地。

在城市转型发展方面，战略规划以治理为抓手，以群众参与为核心，凝聚社会共识，按照共建共享的指导思想与路径，推进了"美丽厦门共同缔造"工作，构建了以社区治理为基础的"纵向到底、横向到边、协商共治"城市治理体系；以创新升级为抓手，将"产城融合"理念引入产业园区，建设"共同缔造产业社区"和"众创空间"，推进了产业转型。在城市空间转型方面，战略规划对厦门追根溯源，抓取美丽特质、统筹空间秩序、展示文化自信，形成生态资源与城市相融共生的理想格局。按照生产空间集约高效、生活空间宜居适度、生态空间山清水秀的要求，营造"山、海、城"相融共生的空间格局。规划的转型变革则是以"多规合一"为抓手，创新建构空间规划体系，改革规划管理体制，创新了差异化的政绩考核机制与规范透明的财政转移支付制度等一系列保障机制[1]。

《美丽厦门战略规划》自2013年启动编制，有效指导了《厦门市"多规合一"规划》（2014年）的编制与实施，通过建立结构控制线、用地控制线两种类型的控制线体系，落实了战略规划确定的"大海湾、大山海、大花园"的城市空间发展战略。通过对厦门市行政审批流程进行梳理分析，形成"战略先行—空间落实—流程再造"的厦门"多规合一"工作三部曲，实现目标控制与实施路径的结合。这一系列规划探索，为新时期国土空间规划编制提供了有益借鉴。

4.1.3.3 区域发展战略规划

回顾国外区域发展战略规划的发展历程，大都走过了以解决大城市发展问题为目标、以恢复经济和资源开发为中心、以区域均衡发展为考量、以参与全球竞争提高整体竞争力为抓手的区域战略规划。经过百年发展，美国的大都市区、大都市带，英国的大都市区，日本的都市圈等，现都已成为世界空间发展的重要载体与全球经济空间的组成部分，彰显了规划的重要引领作用。

对我国而言，区域这一概念可包含城市群、大都市区、城市带、地区区域战略规划

---

① 邓伟骥，何子张，旺姆. 面向城市治理的美丽厦门战略规划实践与思考 [J]. 城市规划学刊，2018（S1）：8-15.

等方面。主要是指在满足国家在宏观控制管制中针对区域层面谋划的新棋局、推动重大战略地区如特大城市及其周边（如上海）、城市群地区（京津冀、珠三角）或国家战略线性空间（长江、黄河水道）而开展的宏观战略研究。2004年，广东省建设厅编制了全国首个区域城镇群发展规划《珠江三角洲城镇群协调发展规划（2004—2020）》。后期，随着我国区域经济一体化的发展和城市化水平的不断提高，城市群逐渐发展成我国区域经济发展的重要增长极，城市群及区域研究越发迫切，各省级或地市相继编制区域发展战略规划，如已经印发的《长江中游城市群发展规划》（2015年）、《北部湾城市群发展规划》（2017年）、《粤港澳大湾区发展规划纲要》（2019年）、《长江三角洲区域一体化发展规划纲要》等。

1）《珠江三角洲城镇体系规划》

改革开放之初的广东，政府通常扮演城市化的投资者和组织者的角色。1989年，为适应经济转变和中小城镇迅速崛起，广东省建委组织编制了《珠江三角洲城镇体系规划》。规划强调在国家意志主导下，在广东省的珠江三角洲地区构建理想的城镇体系，并将引导重点落在城镇培育及职能结构、规模结构和等级结构体系建构，资源的开发利用，以及区域性重大基础设施的安排等方面。

2）珠江三角洲经济区城市群规划

1994年，经济的快速发展催生了经济区的概念。珠江三角洲作为一个经济群体，城市空间已不能匹配急需承载的区域功能，以致城市之间的关系日益紧密。为了更好地从区域的层面统筹协调各资源要素，引导珠江三角洲经济区有序发展，由广东省发展改革部门提出编制珠江三角洲经济区总体规划的工作设想，珠三角经济区城市群规划成为其中一项专项规划。本次规划主要强调了区域可持续发展空间结构的建构和建设形态、建设标准的引导，首次提出了建立都会区、市镇密集区、开敞区和生态敏感区4种用地发展模式，并对通过点轴空间的建构、都市区的协调发展，推进城乡一体化的实现作出了探索与实践。

3）《珠江三角洲城镇群协调发展规划（2004—2020）》

按照中共中央针对广东提出"继续当好排头兵"，立足广东、着眼全国、面向世界，提升珠江三角洲区域竞争力的指示，广东省组织编制《珠江三角洲城镇群协调发展规划（2004—2020）》。规划抓住战略机遇期，以全面提升珠江三角洲城镇群的整体竞争实力、建设成重要的世界制造业基地、充满生机活力的世界级城镇群为目标，提出整合珠江三角洲人口、产业和环境资源，构筑发达的区域基础设施体系和社会公共服务系统，优化城镇空间布局，全方位拓展与"大珠三角""泛珠三角"以及东南亚地区的交流合作，为珠江三角洲经济、社会发展提供具有高度适应性和开放性的空间载体等要求。明确了强化中心，打造"脊梁"，增强区域核心竞争力；拓展内陆，培育滨海，开辟更广阔的发展空间；提升西岸，优化东岸，提高整体发展水平；扶持外圈，整合内圈，推动区域均衡发展；保育生态，改善环境，实现人与自然和谐发展；完善设施，健全服务，提高人居环境质量共六大发展战略。

4）《珠江三角洲地区改革发展规划纲要（2008—2020年）》

2009年1月，国务院审议发布国家发改委制定的《珠江三角洲地区改革发展规划纲要（2008—2020年）》（以下简称《纲要》）。从涉及范围来看，在五年前珠三角城镇群发展规划的9市基础上增加香港和澳门两个特区，建构"9+2"的区域格局。

《纲要》对珠三角地区未来十多年的发展构想、经济发展的活力和竞争力进行了全方位展望。相较于上几版规划，《纲要》着力于产业方面的体系优化和创新转型，同时重点提到珠三角与港澳的相处之道。过往三十年，香港对珠江三角洲的发展起着引导作用，香港的加工业向珠江三角洲转移，缔造了珠三角的产业基础。目前，香港与珠三角经济发展水平趋近，并且高度融合，共同促进了国际市场的巩固。为了避免区域内各城市独立发展、浪费资源，导致规模效应不足等问题，《纲要》明确深化与港澳合作机遇，提出共建粤港澳宜居湾区构想，推动粤港澳湾区从概念走向实质合作。

5）《粤港澳大湾区发展规划纲要》

随着全球化进一步深入发展，2019年2月，中共中央、国务院印发了《粤港澳大湾区发展规划纲要》（以下简称《纲要》），为粤港澳三地在原有基础上，凝心聚力共建世界级城市群指明了方向。

珠三角历版规划，表现出不断向港澳延伸、各城市合作深化的趋势。《纲要》的颁布，意味着粤港澳合作进入了一个新阶段。在全球知识经济高速发展，国家持续加快发展动能转换、发展新经济的背景下，融合粤港澳强大的基础科研实力与扎实的制造业基础，破除制度障碍，强化地区间创新要素自由流动，培育利益共享的产业链和价值链，打造大湾区高效协同的国际科技创新中心，成为三地全面合作，建设世界一流湾区的首要任务。随着《纲要》颁布，贯彻落实《纲要》及其实施意见的三年计划出台，"广州—深圳—香港—澳门"科技创新走廊成为高水平科技创新的载体和平台，支撑国际科技创新中心建设的重要抓手。为保障其顺利推进，《纲要》中明确指出要从国家层面上打破制度藩篱，推进多方面创新体制机制的改革，此举为三地进一步推动区域合作提供了方向。

4.2 区域责任与地方发展协同的战略

如何将大城市的区域责任和区域协同规划得当，将是新时期战略规划的一项重要挑战。

4.2.1　区域责任的关键

中国大地，区域资源禀赋各异，促进区域发展一直是国家治理的重要目标。从1949年中华人民共和国成立开始，我国的区域治理经历了从政治主导到经济主导，到功能主导，再演变为今天品质主导的渐进过程。从这一进程中，可以看到区域发展开始注重生态、品质、人本的责任转变，而这一新的区域责任，不仅体现在2019年5月印发的《若干意见》中关于国土空间规划体系的构建层面，更多是带来一种规范事权、合理治理环节、优化治理生态的根本性变革。它更加关注人本、更加需要区域协同、更加关注生命共同体的健康发展，这是新时代的责任关键。

4.2.1.1　区域中的共同发展

区域是单一城市和与之紧密相连的周围地区（或城市）共同形成的空间组织紧凑、经济联系紧密并最终实现共同发展的城市群体系。其发展大都形成了以区域中心城市为引领、城市群共同作用，带动区域整体进步的模式。在我国，区域共同发展启蒙于1982年的上海经济区，通过联合周边8城共同组成城市群；经过三十多年的发展，经历三四次迭代，今天的长三角区域已经从"上海经济区"跨越到"长三角区域一体化"，上升为囊括1个直辖市和江浙皖3省版图、共27个城市的特大城镇群。从这一区域的共同发展步伐来看，除了规模和城市数量逐增，隐藏在每次更迭当中的地方性诉求成了主导，圈外城市急需登上这辆高速列车，跟随中心城市的脚步，同发展共命运。

4.2.1.2　区域间的协同发展

随着我国经济的高速发展，域内各城市间形成彼此依存的共有秩序，但同时也带来对区域空间和资源的争夺，导致了一系列资源、环境与生态问题：一是区域中心城市因为优势资源的不断集中，出现巨大的人口与产业集聚，与中小城市形成鲜明对比，造成了区域资源的不均衡。二是域内中小城市发展总要向中心城市索取，非汲取式不能发展等现象丛生。新时代的公共治理是政府责任履行的过程。在每一个大城市中，还包括县、乡镇等小行政单元。地方管理既是城市管理，也是区域管理。当地方政府之间的关系上升为区域之间的关系时，就要求通过区域治理的手段加大各城市之间的依存度，因为区域发展需要更加关注内部城市的协同，即通过域内大城市的带动影响依存的中心城市，借以均衡统筹。以珠三角为例，自2004年提出"广佛"同城开始，11年间广州市不仅完善了全市的轨道交通线网建设，还以地铁广佛线为触媒，多轨联通佛山市，再开进顺德区。2018年末，广州地铁再次传来喜讯，地铁南延进中山市，充分体现了新时期在粤港澳大湾区背景下广州对区域的责任落实和使命担当。综上，城市群的区域发展已经从索取式的带动发展跨越到共享、共建、协同进步的阶段，体现了区域发展的时代创新。

4.2.1.3 区域内的健康发展

新时代的区域发展是以国家生态文明建设与城乡高质量发展为重要抓手、以人民为中心的新一轮责任落实。2019年6月，中央印发《关于建立以国家公园为主体的自然保护地体系的指导意见》（以下简称《指导意见》），明确了责任清晰、相互配合的国家公园央地协同管理机制。这一体系的构建是对国家生态文明建设的积极响应。以"广佛肇"为例，2014年的肇庆，PM$_{2.5}$爆表，空气质量全省排名垫底。究其原因，其一，肇庆地处珠三角中西部，地势西北高，东南较低，城市主导风偏东风，东边是工业城市群，加上该市的陶瓷产业，共同导致了地区的环境问题。其二，肇庆处于广佛两市上游，是佛山第二水源和广州西江引水工程的水源地。肇庆产业的发展，特别是几大陶瓷产业的进驻，给广佛地区水环境带来较大影响。针对以上矛盾，自2009年开始，"广佛肇"三地政府即开始了跨界合作、治理生态的积极进程，重点是针对三城交界的区域进行统筹整治。

4.2.2 地方发展的硬力

过往地方城市经营与发展，过度依赖中央，向中央要空间、要资源、要指标、要政策成为地方谋求发展的"捷径"。这一模式利用中央的红利与扶持，加上地方的灵活应对城市发展既缺失了中央的协调与战略谋划能力，又懒散了省、市地方的统筹和创造、共识能力，有些地方甚至脱离了法定规划的管理，最终偏离高质量发展的轨道。

此外，地方在各自的发展战略中，都存在谋求自我的"最大实惠"这一永恒不变的"真理"，弱化甚至漠视了子孙后代永续发展的主题，缺失站在以人民为中心角度的主观能动性。在新时代发展背景下，这偏离了满足人民群众日益增长的供需矛盾观，显然不是一种高质量发展和能够永续的良性模式，更不能代表地方发展的硬核力量。针对以上弊端，笔者从以人民为中心和以高质量发展为目标来提升城市内涵，彰显地方硬实力。

4.2.2.1 地方发展要以人民为中心

城市是人民的，城市建设要坚持以人民为中心的发展理念，让群众过得更幸福。正如《以人民为中心是新时代坚持和发展中国特色社会主义根本立场》里阐述的那样，要坚持以人民为中心的根本立场，在地方的规划引领上要凸显实现"两个一百年"奋斗目标和21世纪中叶的发展构想。"中国共产党人的初心和使命就是为中国人民谋幸福，为中华民族谋复兴"生动诠释了人民对美好生活的向往是我们的奋斗目标这一根本立场。

地方的发展要打开门、走出去，多元多维征询公众意见。只有开门问计才能精准施策，借鉴西方国家战略层面的公众参与经验，坚持"共同缔造"，依靠人民的力量创造历史伟业。地方的发展需要谋求广泛共识，想人民之所想、急人民之所急、为人民之所为，坚持把人民群众满意作为检验工作的第一标准，只有这样才能经得人民的考验。地方的经济发展必然要朝着实现全体人民共同富裕的方向不断迈进，不断创造美好生活，逐步实现共同富裕，才能得到人民认可，经得起历史考验。

4.2.2.2　地方发展要以高质量为目标

现如今，特别在十九大明确提出"高质量发展"背景下，如何理顺央地对话、形成上下良性互动与管控关系、寻求广泛共识成为新一轮国家治理的重点。对地方而言，过往的"柔弱姿态"必须转变，以彰显城市的硬核力量。那么这一硬力如何体现？

在地方的新规划逻辑中，首先是增长逻辑的转型。战略规划要积极引导，以转变国家资源的供给模式，提高空间利用率，改变以往以经济为中心、追求增量扩张的增长规划模式，在国家生态文明建设和高质量发展的背景下开展围绕存量发展的中心工作。

地方要实现高质量发展，不仅仅在经济领域，而是涉及各领域各级各部门的工作，包括经济建设、政治建设、社会建设、文化建设、生态建设"五位一体"各方面全过程的"高质量"。就经济领域来讲，包括农业、制造业、服务业的高质量发展。从公共领域来看，高质量发展包括政务服务的高质量、军队建设的高质量、司法服务的高质量、社会治理的高质量、城市建设的高质量、城市管理的高质量、医疗服务的高质量、教育发展的高质量等。

中央深改委第四次会议上指出，推动高质量发展是当前和今后一个时期确定发展思路、制定经济政策、实施宏观调控的根本要求，要加快创建和完善制度环境，协调建立高质量发展的指标体系、政策体系、标准体系、统计体系、绩效评价和政绩考核办法。要抓紧研究制定制造业、高技术产业、服务业以及基础设施、公共服务等重点领域高质量发展政策，把维护人民群众利益摆在更加突出的位置，带动引领整体高质量发展。因此，整体高质量发展，意味着产业发展高素质、生态环境高颜值、文化建设高气质、社会治理高品质、民生保障高水平。可以说，一个城市或地区是否率先迈入整体高质量发展新时代，取决于一个地区的竞争能力、发展活力和发展水平。

4.2.3　战略规划的转变

十九大把以人民为中心作为新时代坚持和发展中国特色社会主义的重要内容，这也成为新时期战略规划的立足点，即从"人本"的视角出发，通过"嘘寒问暖"来满足人的情感需求，更加关注空间服务体系中，对与"人"需求相关的各类细节的指导与规定，并通过有效的路径向下传导实施。这一实施传导过程应是可测度、可反馈的，以便于根据多元主体的使用感受，对规划进行适时调整，以提升城市居民的地方识别感和归属感。这就是绩效的概念，新时代的战略规划，将转向"用户需求型"的绩效型规划。

4.2.3.1　战略规划的主角：管理型政府向服务型政府的转变

西方规划理论认为，城市战略规划是"地方的事"[①]，何鹤鸣、张京祥等认为，战略规划本质上是地方政府实现主动治理的政策工具[②]，其产生、发展的过程与政治经济制度设计密切相关。如改革开放前，我国是高度集中的计划经济体制，各级政府是以行政控制为主的"规制型政府"，是中央指令性计划的执行者，这一阶段的"战略"，仅仅出现在国家的政治军事领域与各行业整体发展规划中，与城市、地方几乎没有关系。改革开放，尤其是分税制改革之后，经济发展的责任与权力逐步从中央向地方下移，"地方政府越来越表现为有清晰权力结构的利益主体"，并以自身利益最大化为发展目标，开启了地方政府的"增长主义模式"与"土地财政"模式。在这一阶段，政府凭借对企业或土地的控制，成为组织管理各项城市资源，进行城市经营的"管理型"政府，非常重视城市发展的经济性、竞争性问题，并因此推动了城市空间战略规划的兴起。2000年，广州委托5家规划设计单位编制了概念规划，并完成了《广州城市建设总体战略概念规划纲要》，提出了"东进、西联、南进、北优"的空间拓展方案，自此，以空间为核心的城市战略规划在我国蓬勃展开，普遍提出城市空间跨越式发展、拉大城市框架、兴建新区等策略，以此引导城市土地开发，为经营城市服务并为"土地财政"打下基础。

随着中国经济进入新常态，发展模式从要素驱动和投资驱动转向创新驱动以及国家治理体系的改革，地方政府的行为模式也在相应变化。一方面，随着国企改革的进一步深化、土地资源的紧缺、地方债务危机的显现，地方政府控制的资源不断下降，不得不积极寻求与企业和社会进行合作，共同提供城市公共服务和解决城市公共问题；另一方面，在创新型社会，城市竞争的着力点正由吸引"资本"转向吸引并留住"人才"，"城市生活质量"成为决定创新型城市建设成败的关键。而随着市场化改革的推进，城市发展的动力日益多元，"人群画像"日益丰富，地方政府需要主动调动、协调多元发展主体，包括激发市场积极性、谋求部门和社会的共识等，为提升城市生活品质而积极合作，转型成为提供优质公共服务和生态保护等公共事务的"服务型"政府，城市战略规划也相应成为城市的治理平台与重要手段。

---

① 郑国. 地方政府行为变迁与城市战略规划演进 [J]. 城市规划，2017，41（04）：16-21.
② 何鹤鸣，张京祥，崔功豪. 城市发展战略规划的"不变"与"变"：基于杭州战略规划（2001）的回顾与思考 [J]. 城市规划学刊，2019（01）：60-67.

4.2.3.2 战略规划的产品：精英供给型向人民需求型的转变

地方政府的行为模式决定着战略规划的目标、导向与编制方式。对于在地方社会经济发展中占据支配地位的"管理型政府"，编制战略规划以推动城市经济增长、提升城市竞争力为导向，其编制过程、编制单位和编制内容基本都受政府掌控，实际上集中体现了城市政府甚至是少数领导人的施政意图，主要以城市政治精英的利益和价值取向为主导，是城市政治精英与规划技术精英之间的对话，是一种"精英供给型"规划，与市民几乎没有关系。政府想的是施展空间"报负"，技术人员则怀揣着心中的理想蓝图、完美模型，配合政府绘就鸿篇巨制，难免曲高和寡。这一阶段城市经济社会飞速发展，但大时代的洪流淹没了个体声音，暴力拆迁、形象工程、千城一面等种种乱象成了城市发展的副产品。

随着政府由"管理型"向"服务型"转变，战略规划作为地方政府的空间治理工具，要求其具备"应对治理诉求的柔性形变特性"，需要对过去的"精英供给型"规划创新发展。这种创新，应是技术精英和地方诉求平等沟通、共同解放思想、相互启发的结果，是"人民需求型"的创新。随着人民对美好生活需求的日益增长，有人文温度、独特性、新鲜感的城市正表现出不断提升的吸引力与竞争力——看到"佛系青年"纷纷"逃离北上广"，"小镇青年"回归引领"市场下沉"，类似成都、重庆这样的"网红城市"悄然崛起……因此，未来的战略规划，应致力于引导地方打造美好生活场景，其核心是积极协调、动员城市中生活的各类群体，整合他们的需求、利益和知识，激发他们为自己未来的理想生活而共同行动。未来的城市，是为人民塑造的。

4.2.3.3 战略规划的实施：概念性的谋划向可考核的绩效型的转变

战略规划在我国的兴起，是地方政府为了适应经济、社会不断出现的新形势，所采取的一种独立于传统规划的新工具，它强调对城市发展问题的诊断、发展方向的判断。相较于传统总体规划，它可以突破法定规划一些形式上、内容上的约束，制定指导当前行动的整体框架，具有更加鲜明的面向实施的特性。如广州在等待城市总体规划审批通过的漫长过程中，启动战略规划的探索，有效推动了对广州城市空间的拓展。

对于强力主导空间资源配置的"管理型"政府，编制战略规划以空间资源的超前整合和主动供给为意图，侧重于概念性的谋划，面向美好宏大的城市发展愿景，作为地方政府实现空间"报负"的战略"蓝图"。比如，广州2000年战略规划，重在"南拓"，目标是在番禺南沙建设一个250万人口的"新广州"，形成未来珠三角地区新的"区域服务中心"；2004年北京的城市发展战略，提出在京津中间的南彩建设大型综合性新城，形成反磁力系统。在战略规划推崇"宏大叙事性"建设项目这一导向下，战略规划的实施，基本遵循"目标—战略—行动计划"的逻辑，行动计划多细化为项目库，希望以此来落实发展目标与愿景。如2007年深圳的城市发展战略，就包含行动计划的内容，包括项目的建设时序、项目的实施主体、项目的策划等。

我国前期战略规划这一"目标—战略—行动计划"的线性实施逻辑，其实践结果并不尽如人意。广州南沙多年来服务业发展滞后，京津两地在很长一段时间内仍继续外延式蔓延。借鉴国外西方曾遭受的批评来看，战略规划提供的是参考性的发展框架，其实施需要"在真实世界的各种力量互动中因时因地调整"，需要经历曲折、偏转与纠错，需要有效的传导与运行机制来保障其实施，否则，规划实施的结果可能会与目标南辕北辙。为了使战略规划在实施中少"走偏"，20世纪90年代荷兰学派的学者们提出，战略规划应该围绕其决策绩效，即规划到底起到了什么样的"干预"作用，开展持续的实施评价；亚历山大和法卢迪针对规划的"干预"作用，建立了一个PPIP模型，将规划实施过程分解为刺激、政策、计划/项目和实施4个流程，并明确了流程之间的互动关系。从国外理论看，战略规划实施需要以绩效为标准进行不断的测度、反馈、调整，是一个动态的过程。

4.3　国土空间规划中的发展战略

国土空间规划中的发展战略是地方落实国家和省、市重要决策的战略部署，内容包含对城市重大问题开展的系列研究，如城市定位与性质、规划目标、实现目标的分项指标体系、发展策略等。

综合分析国内外战略规划，本书认为城市发展战略可以分为两大类型。一类是概念型，包括重点构建城市发展框架的空间框架型，如英国早期的结构规划；或是强调通过达成社会各界对城市发展的共识，强化战略实施路径，推动城市持续发展的愿景共识型，如纽约规划、武汉2049远景发展战略等。另一类则是随着人本理念提升，强调"用户需求"的绩效型规划，是可测度、可考核的路径型规划。

我国学界从"绩效"的视角研究城市规划与城市空间问题，开始于2000年左右，多聚焦于"空间绩效"。韦亚平、赵民把"绩效"作为研究多中心大城市空间结构的手段，探讨空间结构合理性[①]；刁星、程文等通过绩效指标体系的构建，对特定区域的空间绩效进行有测度的评价；彭坤焘从我国住房市场入手，对城市空间构成要素开展绩效研究；任晓娟，陈晓键等探讨城市空间经济绩效与用地布局之间的耦合关系；彭坤焘研究了空间规划的政策绩效提升路径；孙施文提出了基于绩效的总体规划实施评价与方

---

① 韦亚平，赵民. 都市区空间结构与绩效：多中心网络结构的解释与应用分析 [J]. 城市规划，2006（04）：9-16.

法。总体而言，国内对于"空间绩效"的研究，从研究尺度上，涵盖宏观的城市群空间结构、中观的城市布局、微观的空间构成要素等方面，从量化研究维度上，包括生态环境、社会经济、土地利用、公共政策与指标体系等，但多从单一方面认知空间绩效问题，从绩效视角探讨总体类规划的内容构成以及内容的传导实施路径的研究，还较为缺乏。

孙施文认为，总体类规划，是指导城市各种空间行为的总纲领，借鉴管理学的概念，可以使用城市空间绩效来定义城市整体空间资源配置的动态变化情况，反映各种空间行为所产生的综合空间效用。西方理论认为，各种空间行为来源于"人"，每个人都是塑造空间的微小力量，将绩效方法运用于规划中，能辨明规划过程中所有参与人员的行动角色，通过深入了解用户行为、用户体验，在多元价值取向的基础上构建激励与限制措施，提高规划实施的科学性。张京祥认为在当代中国，人力资源将代替土地资源成为推动经济发展的核心要素，如何吸引"人"、服务"人"、发展"人"，将成为战略规划需要高度关注的问题。基于此，作为新时代将"以人为中心"作为立足点的战略规划，其实施需要实现从"宏伟叙事"向"嘘寒问暖"转型[1]，从概念性的谋划，向体现"用户需求"的绩效型规划转变，规划的成果不仅仅体现在规划文件上，更重要的是沟通协商的规划过程，是在不断试错、反馈、调整中，所获得的人民满意度（表4-3）。

表4-3 概念型战略规划与绩效型战略规划的对比表

	概念型战略规划	绩效型战略规划
基本特点	1. "建设型"思路为主； 2. 注重目标与结果控制； 3. "政府驱动型"，由政府主导，强力干预	1. "治理型"思路为主； 2. 注重过程控制，强调规划在传导实施过程中，对空间资源配置产生的影响可考核、可反馈； 3. "用户驱动型"，强调平等协商的治理理念
理论基础与依据	1. 单一工具理性； 2. 以"经济增长"为价值导向； 3. 过于强调目标与结果的"一致性"，对达成目标的过程重视不足	1. 引入演进理性、沟通理性； 2. "以人为本"的多元价值导向； 3. 建立规划实施的考核反馈机制，提高规划面对不确定性的应变能力
设计逻辑	目标—战略—行动计划	战略定位—发展指标—功能分区—用途管制—实施考核

通过笔者多年的城市战略规划编制经验及近一时期频繁开展的针对国土空间规划前期战略引领和区域协同的研究，拟从地区对国家责任，区域使命角度出发，提出城市发展战略的三大构建方法。本章将通过黄石、湛江、北海三个案例，从区域发展要求、地方发展诉求以及三种战略各自如何协同区域与地方声音，阐述战略的构建过程。

① 郑国. 地方政府行为变迁与城市战略规划演进［J］. 城市规划，2017，41（04）：16-21.

4.3.1 概念式、绩效式的两种战略

4.3.1.1 概念式的特征

1）以制定城市发展的远景共识为主

自2000年我国的城市发展战略兴起以来，各个城市的发展战略在规划方法上大多是基于竞争力的视角突出经济增长和空间外延式拓展。2008年金融危机之后，国家发展战略从外向走向内需，从沿海走向内陆，从单纯追求经济增长转向可持续发展目标，在此背景下新一轮城市发展战略开始兴起。

这一阶段，城市和区域间竞争愈演愈烈，城市功能日益复杂和多元，城市发展的不确定性明显增加，城市地区核心化或边缘化的可能并存。世界上一些国家、区域和城市在可持续发展理念下，面向重塑与复兴编制了大量的中长期发展战略规划（表4-4）。这类战略规划时间跨度较大，普遍以寻找城市发展共识的方式呈现，通过共识凝聚，强化实施路径，推动城市的全域可持续发展，具有以下特征：

（1）多层次、分阶段：在区域协同和可持续发展背景下，需要对城市发展的脉络肌理进行更大时空尺度的梳理，在区域发展、历史演变的多层次视角下，寻找深层次的城市发展动力，预测发展的不同情境及对应的目标定位。

（2）多方协同：由关注经济增长转变为实现生态平衡、社会和谐等多元目标，需要以人为本，多方利益协同，谋求发展共识。

（3）路径规划：时间跨度大、未来的不确定性决定了规划的路径选择重于结果输出，是过程型规划。

表4-4 国内外城市中长期发展战略规划的愿景共识

	纽约2030	香港2030	深圳2030	悉尼2030
可持续发展	21世纪第一个可持续发展的城市	可持续发展前提下的亚洲国际都会	可持续发展的全球先锋城市	绿色的，全球化的，相联通的
城市文化	增加公园和活动场地，丰富居民文化体验	一个具备独特文化体验的世界级旅游目的地	强化城市文化活力	一个有文化和创意的城市
宜居城市	确保所有纽约人居住在公园的"10分钟步行圈"内	提供优质生活环境	宜居，坚持花园城市、生态城市的理念	每个悉尼居民在3分钟内（250米）走过畅通绿色通道到达附近公园
绿色交通	通过为居民、游客、工作者增加数百万客运能力来缩短出行时间	继续采用铁路模式作为乘客运输系统的骨干；让香港成为适宜步行的城市	以轨道交通为骨干，优先发展公共交通；采用更环保的交通运输方式，实现"绿色交通"	到2030年，80%的人使用公共交通上班，城市里至少10%的出行是骑单车，50%是步行

	纽约2030	香港2030	深圳2030	悉尼2030
可支付住房	为大约100万新增纽约人创建家园，同时保障住房价格的合理性和可持续性	为有需要的家庭提供可负担的租住房屋，确保社会所有成员公平使用城市的基建及设施	安居工程特别重视低收入人群的居住和工作，防止出现贫民窟	城里社会福利性住房比例达到7.5%，可负担住房达到7.5%的目标

资料来源：根据陈可石，杨瑞，钱云. 国内外比较视角下的我国城市中长期发展战略规划探索——以深圳2030、香港2030、纽约2030、悉尼2030为例论文整理

2）以制定城市发展的空间框架为主

2000年《广州城市发展战略规划》被视为国内战略规划的开端，它作为柔性规划，对城市法定规划进行补充，通过具体的空间引领，突出空间重构整合，给城市一个空间结构，引导城市良性发展，是目前比较常见的战略构建方法，体现以下特征与内容要求：

（1）向下贯彻：结构型发展战略立足于上层次国家、区域的发展战略要求，结合地方发展实际，提出地方发展的使命与责任，并归纳出一个空间性的统领结构，实现发展战略从上至下、从中央到地方的传达。

（2）着眼当下：在当时的发展条件下，面对当下的城市发展困境，提出城市发展方向、发展思路等战略性问题的对策。

（3）迅速反应：提高规划时效性，作为非法定的宏观层面规划，迅速有效地对城市建设发展进行引导与控制，是城市快速发展时期的产物。

（4）结果规划：重点关注城市发展的功能布局、空间结构，空间结果导向型，呈现的是对规划结果的愿景式、蓝图式的可视化描绘。

4.3.1.2　绩效式的构建

立足于国土空间规划时代，笔者在既有研究的基础上，认为绩效型的战略规划应重点考虑可考核的实施路径、系统化的规划内容、人本性的地方场景设计三方面内容。

1）可考核的实施路径

在规划的实施路径上，建立"战略定位—发展指标—功能分区—用途管制—实施考核"全流程实施路径。战略规划作为政府实现主动治理的政策工具，其有效的规划实施传导机制是推动规划编制合理化的重要途径，重点在于传导要素的选择与规则的设定。绩效型的发展战略，其传导要素的选择应考虑三点：一是影响城市整体发展的框架性要素；二是可层层分解，传导落实；三是对空间资源配置产生的影响，可测度、可反馈、可考核。基于此，将确定城市发展方向、相对宏观的战略定位，通过指标、功能分区、用途管制进行层层落实与分解，对其过程中的实施绩效进行考核，根据结果对规划进行

反馈，并与地方政府人事考核、财政资源投入政策挂钩，形成"发现实施结果偏差—分析认知原因和机理—评估调整实施措施和政策—反馈优化规划目标"的良性循环。

２）系统化的规划内容

我国机构改革前，战略规划多由地方政府主导，重在对影响城市发展的重大问题进行深度研究，体现地方政府发展意图，并不强调规划内容的系统性。而城市总体规划作为需报上级部门审批的法定规划，要满足部门的技术规范与要求，作为综合部署城市各项资源的城市总体规划，其内容要求体现全局性、综合性、系统性，与关注重点问题的战略规划内容上时有脱节，目标导向上也经常出现偏差，以致战略规划的部分内容并不能有效地传导到总体规划中，也就难以进一步向下实施。

作为关系城市发展定位与方向的战略规划，其实施需要城市各系统的协同支撑、多部门行动的有效合作、全社会的共同参与。机构改革后，国家建立"五级三类"国土空间规划体系，发展战略被纳入统一的空间规划体系中，为其传导实施提供了抓手与平台。基于此，绩效式的发展战略一方面应包括构成城市发展框架的区域责任、空间构架、支撑体系等系统性内容，以便战略在体系内能逐级传导，在实施过程中可考核反馈。另一方面，应注重各系统要素的匹配性、协调性，对关联性强的支撑系统要素进行交叉分析，如"人、地、房、业"匹配关系、人口资源环境协调发展等，突出资源配置的高效性、经济性、公平性研究（表4-5）。

表4-5　绩效型战略规划的内容

规划目标	规划内容
高效	有效落实区域责任，网络化的空间构架，高效组织的功能分区
经济	人口资源环境协调发展，"人、地、房、业"等支撑系统的供求匹配，有基础设施配置的规模经济
公平	公共服务中心等公共资源的均衡配置

３）人本性的地方场景设计

十九大将人民对美好生活的追求放到了国民经济社会发展的突出位置，相应地，国土空间规划的发展战略也应转向"嘘寒问暖"这一主题。"嘘寒问暖"的对象，是城市的建设者和主人，是每一位有着不同的空间模式、生活模式、就业方式的市民，这些丰富的人群画像，构成了具有地方特色的活力场景，需要类型多元的空间服务体系与之对应。因此，绩效型的战略，应基于地方产业发展、社会资源等基础条件，探索地方发展的个性化路径（图4-4）。我国960万平方公里的广阔国土，东部与西部、北方与南方、沿海与内地，资源禀赋各异，发展条件与发展阶段各不相同，意味着每个城市的发展战略都有其独特性。例如，紧邻的广州与佛山两地，其"多规合一"

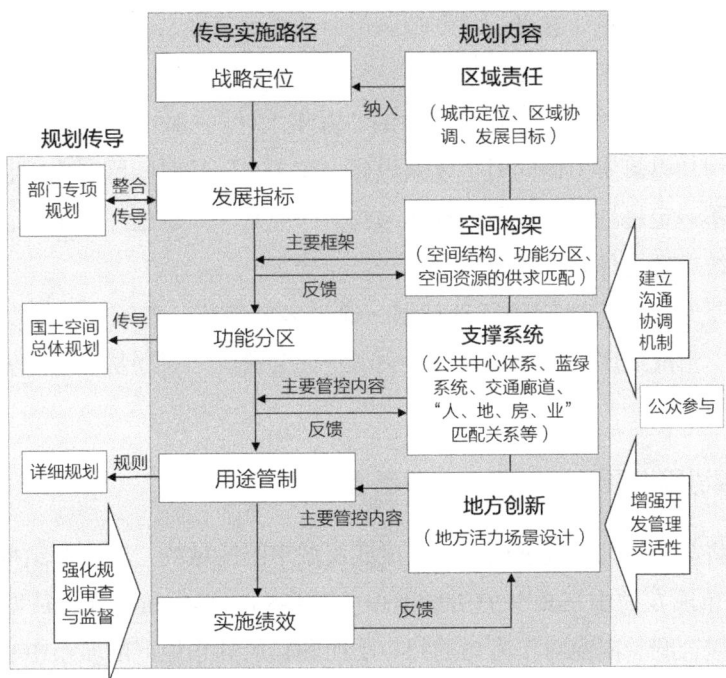

图4-4 绩效型战略规划的内容架构

的战略研究，就表现出不同的重点。佛山作为制造业大市，第二产业比例高达60%，发展产业强市是佛山实现跨越式发展的重要途径。因此佛山的规划中强调保障与提升产业能力，提出划定产业保护区，建立产业用地保障机制，同时设计产业社区，为产业工人提供多元化的工作、生活场景。广州作为区域中心城市，强调服务能力与创新能力的提升，因此规划中要求做实服务能力，突出文化类设施的保护，划定文化设施保护线，致力于打造激发创意的交往空间和愉悦景观，探索创新发展的地方场景。因此，从地方发展需求出发，引导地方打造美好生活场景，塑造地方特色活力，是绩效型战略的重点内容之一。

4.3.2 愿景共识型：黄石2049远景战略案例

黄石市位于湖北省东南部，长江中游南岸，鄂、赣、皖交界地区。历史上的黄石是中国先秦时期重要的铜矿聚集地和粗铜产地，也是中国近现代重要的工矿城市之一，近年来提出了"生态立市，产业强市，建设鄂东特大城市"的重大战略转变。2015年1月，黄石市委、市政府提出，在谋划"十三五"的同时，同步研究2049城市远景规划，并委托广州市城市规划勘测设计研究院进行战略规划编制。在城市面临转型跨越发展的关键时期，黄石市委市政府高瞻远瞩，提出开展面向2049的远景战略谋划，对黄石抓准机遇、寻求转型跨越具有重要意义。规划范围包括武鄂黄黄城市密集区、黄石市域、大黄石都市区等三大层次。

黄石2049属于远景规划，是城市发展的"百年大计"，城市发展的重大战略一旦确定必须持之以恒加以落实。但同时也要意识到，在未来较长时间跨度内，将面临诸多变化，因此战略不一定是"蓝图式"的空间结构，而应是"共识型"的纲领，是今后各阶段规划编制的统领性文件。

黄石2049是基于多方协同的行动计划，通过多方参与，专家、市民、媒体众筹智慧、聚力前行，形成最广泛的社会共识，调动全社会资源。规划从以下五方面构成黄石2049城市发展共识。

4.3.2.1　区域协同发展共识，融入武汉都市圈

未来黄石将与武汉都市发展区共同形成武汉城市圈区域的"双核"结构，从而进一步强化武汉城市圈在"中三角"的引领地位（图4-5）。其中黄—鄂—黄城市协作区承担武汉向东对接合肥、向南对接南昌的门户功能和辐射鄂东地区的城市中心地区。黄石应依托武汉城市圈副中心这一定位，积极提升城市自身的服务水平与吸引力，有效拓展鄂东—赣北—皖西地区腹地，真正成为武汉城市圈向鄂赣皖地区辐射的副中心。同时，应充分将自身的交通体系纳入整个武鄂黄黄城市群乃至武汉都市圈进行一体化规划建设，构建"东延西接"综合交通走廊。以武汉为依托，凭借长江航运优势、公路运输以及自身发展基础，逐步形成"沿江、临路、滨湖"三大区域产业集聚带。

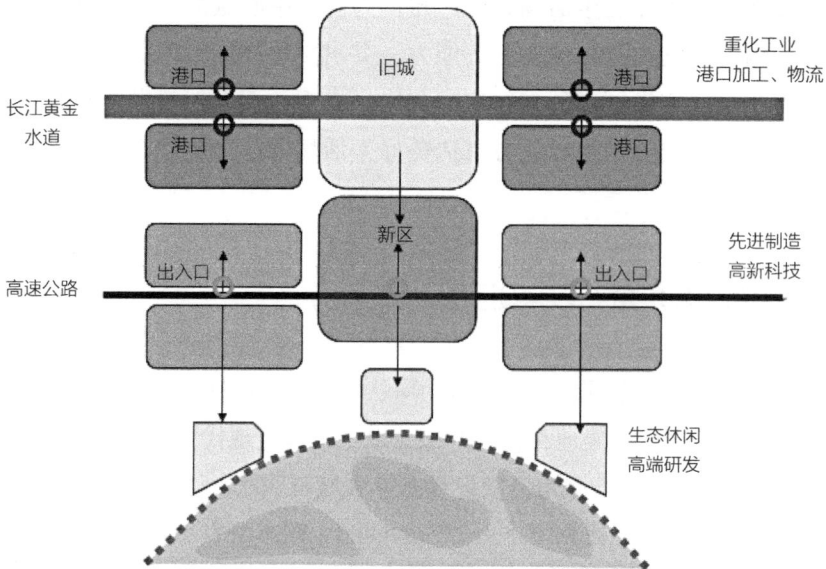

图4-5　"武鄂黄黄"城市三大区域产业集聚带模式图
资料来源：《黄石2049远景战略规划》

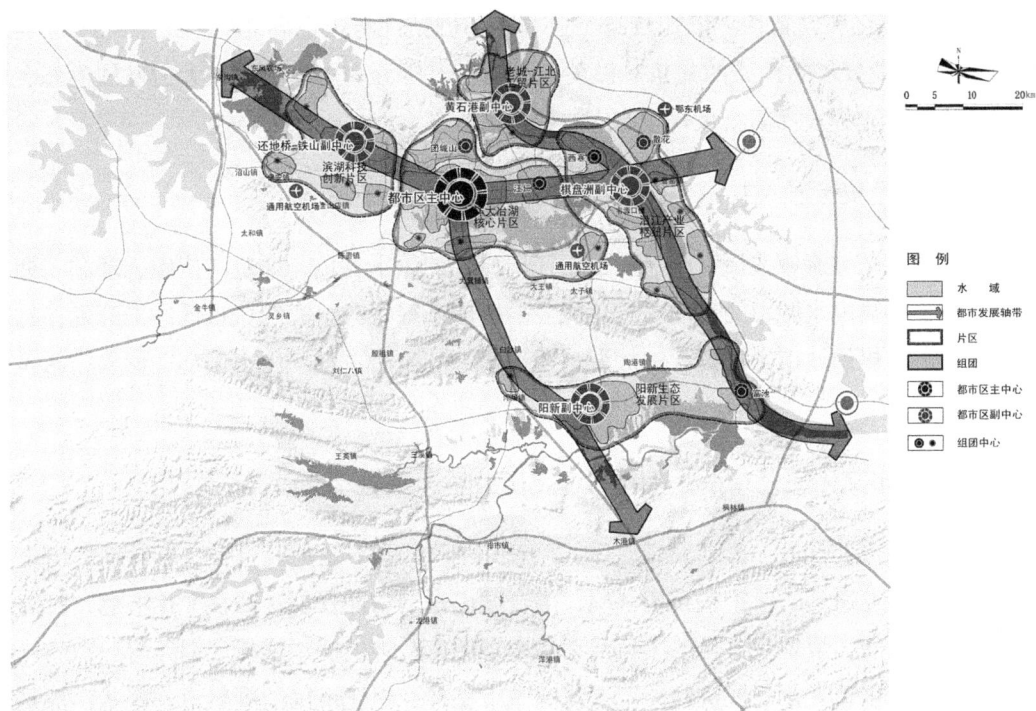

图4-6　黄石都市区整体空间架构示意图
资料来源:《黄石2049远景战略》

4.3.2.2　城市空间发展共识，从磁湖时代走向大冶湖时代

　　黄石市区与大冶同城化对接，实现跨越发展。黄石市区受到地形地貌以及行政区划的限制，跨越黄荆山与大冶同城化发展（图4-6）。同时提出应突破行政区划的束缚，采取共建、合建等方式，实现与周边区域的一体化发展。城市空间拓展将分为三个阶段进行：2016—2020年，都市区范围从环磁湖地区向大冶湖北岸拓展；2021—2030年，都市区范围拓展至武黄—大广—咸黄高速环线，以环大冶湖地区为核心，推动西接武汉地区和东侧长江沿线一江两岸发展；2031—2049年，都市区范围拓展至黄石市域（大冶、阳新）主要城镇化地区及周边城镇组团。

4.3.2.3　产业转型发展共识，实现复合转型精工化

　　规划结合发达国家成功案例的经验，总结老工业城市的复兴路径，为黄石转型跨越提供借鉴：接续替代，产业"精工化"路径；复合转型，综合功能培育路径。未来，黄石城市发展的方向是从工业城市走向中心城市，注重培育综合功能，不断提升城市服务水平。围绕精工基地，进一步打造电子信息、装备制造和生物医药、产业和新材料、节能环保、新能源等重点产业的国际知名精工品牌。整合现有产业，延伸产业链，推进既

有产业的集群化和创新性。依托自身工业基础和创新优势抢占湖北省内工业4.0和"互联网+"等产业发展新模式的先机。做美黄石的生态资源和山水禀赋，大力发展生态、环保等产业。充分发挥阳新现代生态农业的优势。

4.3.2.4 绿色安全发展共识，凸显"山湖江田城"城市特质

促进鄂东区域流域共治，凸显"山湖江田城"的山水特色，通过"依山、环湖、拥江、塑城"彰显山水城市的特质。活化城乡融合的蓝绿资源，海绵城市低冲击开发，打造宜居城市。提倡城市生态资源的旅游利用，塑造"矿冶古都、山水城市"形象，彰显黄石特色。

4.3.2.5 城市文化提升共识，创新打造"矿业遗产"城市品牌

跨越发展需要摆脱"恋矿情节"和"唯矿思维"，但不能割裂黄石城市发展的历史根源。强化工业遗产的保护和合理利用，融合城市高端功能发展；凸显文化特色，打造标志性文化空间；策划多样化的文化活动，丰富城市精神内涵；依托"铜斧熔炉"的传统矿冶精神，创新文化发展机制，塑造新的城市精神，强化市民的凝聚力。这些，都是黄石在跨越发展中，增强城市软实力、擦亮城市品牌的重要策略。

4.3.3 空间框架型：湛江发展战略规划案例

湛江是我国第一批沿海开放城市之一，但与同侪相比，长期以来发展"吊车尾"现象严重。2019年，湛江城市发展正处于国土空间规划转型时期，对于全市规划的具体编制尚未有明确的指导文件，特别在宏观战略层面缺少与时俱进的战略指引。为了给新一轮国土空间规划编制做好准备，湛江组织了《湛江市城市发展战略规划（2021—2035年）》的先行编制工作，为湛江谋划广东省副中心地区，落实区域领头羊的发展使命做好铺垫。在此背景下，广州市城市规划勘测设计研究院参与了本次战略规划的方案竞赛并取得好成绩。规划范围含湛江市辖区、空港经济区、遂溪县黄略镇、建新镇及海域，总面积3200km²，其中陆域面积2221km²。

历史上，湛江一直是区域重要战略地区，2018年，广东省政府发布了《广东省沿海经济带综合发展规划（2017—2030年）》，确定了湛江作为广东省域副中心城市的地位。湛江市身处粤港澳大湾区、环北部湾城市群、海南自贸区三大国家重点战略区叠加地区，却又是边缘化区域。城市发展内生动力不足，人口流失严重，城市群内部同质化，产业发展受生态限制。

规划从区域层面对湛江的发展潜能进行挖掘，结合国家战略与区域使命，提出"蓝色粤地副心、创新经济之极、活力海洋之都"的城市定位。未来，湛江应发挥自身教

育、环境优势，通过"向海经济"产业升级，吸引人口回流，为城市发展、能级提升提供支撑，重塑海洋城市名片。规划通过从全域空间保护利用、城市功能组团布局、交通网络、城乡格局四方面搭建空间结构框架来落实上述战略思路。

4.3.3.1　对全域空间的保护利用：海—城—园

选取生态敏感性中等及以上的地区，结合生态保护红线、现状城乡建设用地、基本农田等，划分湛江市域的生态空间，形成"海—城—园"的全域空间保护利用格局（图4-7）。湛江市陆域生态空间面积为4167km²，占陆域总面积的31.5%。

海——要素叠加，构筑"坐地拥海，一轴一带，六心多廊"的陆海生态格局。强化岸线保护与利用，维育海岸生态要素，根据岸线类型特征、海洋生态敏感区分布，划定生活、生产、生态、特殊岸线范围，明确各类岸线的保护与开发利用途径。

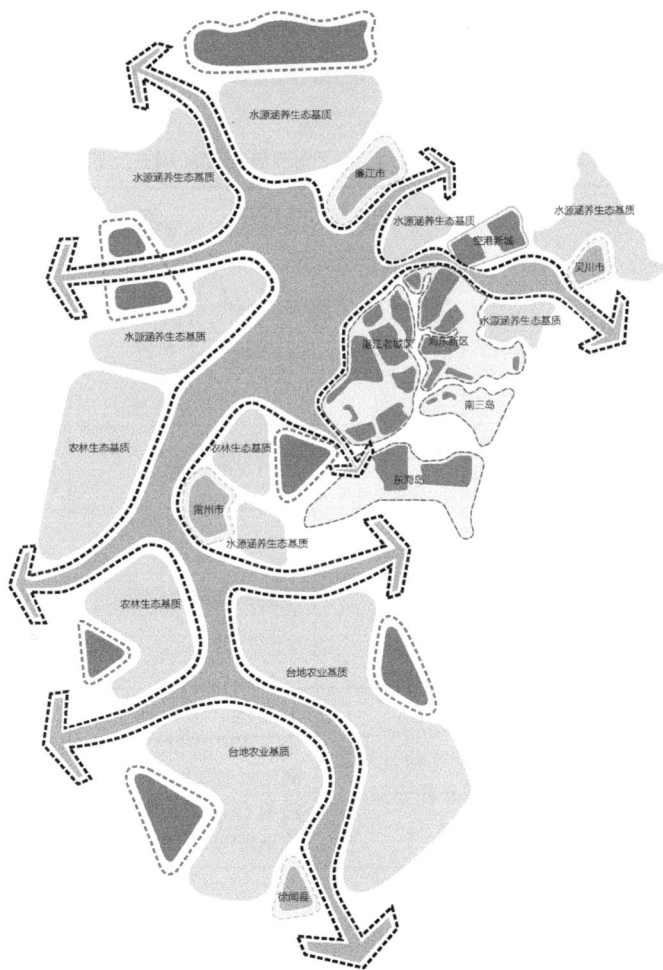

图4-7　湛江市域生态网络结构

资料来源：《湛江市城市发展战略规划（2021—2035年）》方案竞赛

城——通过维育叶脉生长的品质生态环境，打造具有海洋城市特质的宜居环境，大力发展滨海城市旅游、高端海洋会展服务业。规划提出坐地拥海，保用结合，维育海岸生态要素，依托生活岸线营造开发空间，依托生产岸线实现军港转型高科技起步。维育"点线拥湾，轴带聚湾"的城市绿地系统结构，中心城区综合公园及周边多个森林公园、风景名胜区、自然保护区多园点缀，沿着海湾的海滨公园、从内陆延伸至海湾的带状湿地公园、生态廊道组成聚合于海湾的轴带，形成相互依托、相互联系的城郊绿地系统和城区绿地系统。

园——构建以国家公园为主体、自然保护区为基础、各类自然公园为补充的自然保护地分类系统，通过打造一批高标准国家公园，引领对生态资源的保护性开发和利用。

4.3.3.2 对海湾城市的空间营造：新湾区组团城市

结合理想空间构型与现状空间条件，对湛江市中心城区进行多方案推演，最终形成最适合湛江"拥湾发展"的功能空间布局。打造蓝脉金湾，形成"一核一湾、一轴一廊、四带五片多点"的城区空间格局，重点向东向南集聚发展湛江湾区城市功能核心（表4-6）。

表4-6 湛江市中心城区空间发展格局多模式比较

模式	拉大框架模式（与吴川一体化）	区划调整模式（与麻章、遂溪一体化）	拥湾发展模式	中优模式
规划特点	以外围的枢纽设施为基础，同时与吴川联动发展，围绕空港、高铁站、海港等设施，拉大城市框架	将麻章、遂溪撤县并区，纳入中心城区	围绕湾区聚湾发展	在现有用地基础上采用存量更新和填空发展的模式来拓展
优点	摆脱空间限制，新起点科学规划，缓解城区用地不足的情况，有助于形成湛江、空港、吴川一体化	已有建设基础且腹地充足，操作性较强	城市各功能区联系紧密，环湾城市空间品质高，彰显省域中心、沿海经济带发展极定位下海湾城市的特色	投资小、见效快，整体性明显
缺点	缺乏依托和动能，开发成本高、难度大，短期难以实现，可能造成新城、旧城都难以建好的局面	有多条轨道、高速隔离，空间碎片化，向内陆延伸缺乏品质空间和相关配套	跨湾发展难度较大、成本高	不能解决长远用地问题，中心区压力过大，无法摆脱城市病

根据湾区城市形态、产业联系、道路系统特点安排湾区功能布局：发挥滨海优势，连接腹地空间，错位互补发展，以陆域腹地的主导功能支撑湾区特色功能的发挥；交通路网快速衔接湾区，强化道路疏港交通功能；产业区域整合，围绕湾区集群发展，建设自贸港，生产高端设备、化工材料并提供货运。

借助禀赋织补蓝绿，串联滨海组团的活力湾。环湾向海形成功能聚合的重要功能组团，合理布局城市生产、生活、生态功能。根据六大湾区组团在资源禀赋上的现实差异，从空间上合理统筹湾区的主导功能，促进六大组团在产业功能上的分工和协作，实现错位互补发展。

4.3.3.3 对品质城区的活力打造：枢纽引领高效空间

枢纽强化，环湾达海，从"交通节点"迈向"枢纽城市"，引导资源向枢纽集聚，推动城市空间扩展优化，高效利用，集聚活力。依托高铁入城，兼顾主城区旧城更新与区域枢纽打造，强化高铁、港口、机场枢纽的交通高效达到组织。形成以湛江北站为主要客站，湛江站、湛江西（客）站为辅助客站的"一主两辅"的客运系统格局，实现"客内货外、客货分线"的枢纽格局。多港合一，海陆联运，陆港联动，强化海陆空枢纽一体化，打造现代化立体交通体系。道路环湾，延伸高速网络，加强内外衔接，打造环湾达海、外联内通的高快速道路格局。

4.3.3.4 对镇村聚落的风情塑造：雷州半岛的宜居城乡

维育"山、海、城、田"生态本底，推动中心城区扩容提质，实施环湾集聚发展、向内陆组团延伸的发展策略。以中心城区及东海岛、空港经济区、遂溪、雷州联动发展为核心，构建湾区都市核心区；以廉江、吴川、徐闻等副中心城市以及重点小城镇为节点，以市域主要交通干道衔接，构建分工明确、有机联系、功能互补、公共服务均等的新型空间与功能体系。

打造极富雷州半岛特色的景观风貌体系，以海湾元素为核心，串联起港、城、海等其他元素和空间，构建起人文与自然有机结合的景观，彰显湛江独有的城市文化与空间特色，形成"U"形滨海景观风貌格局（图4-8）。

4.3.4 发展绩效型：北海国土空间规划案例

北海，是古代"海上丝绸之路"的重要始发港，是国家历史文化名城、广西北部湾经济区重要组成城市。2017年4月，国家领导人在北海调研"一带一路"建设，推进生态文明建设等情况，并提出"五个扎实"新要求。2019年，国务院要求各市县在2020年底前完成国土空间规划编制与报批，在此背景下，广西壮族自治区土地勘测规划院、广州市城市

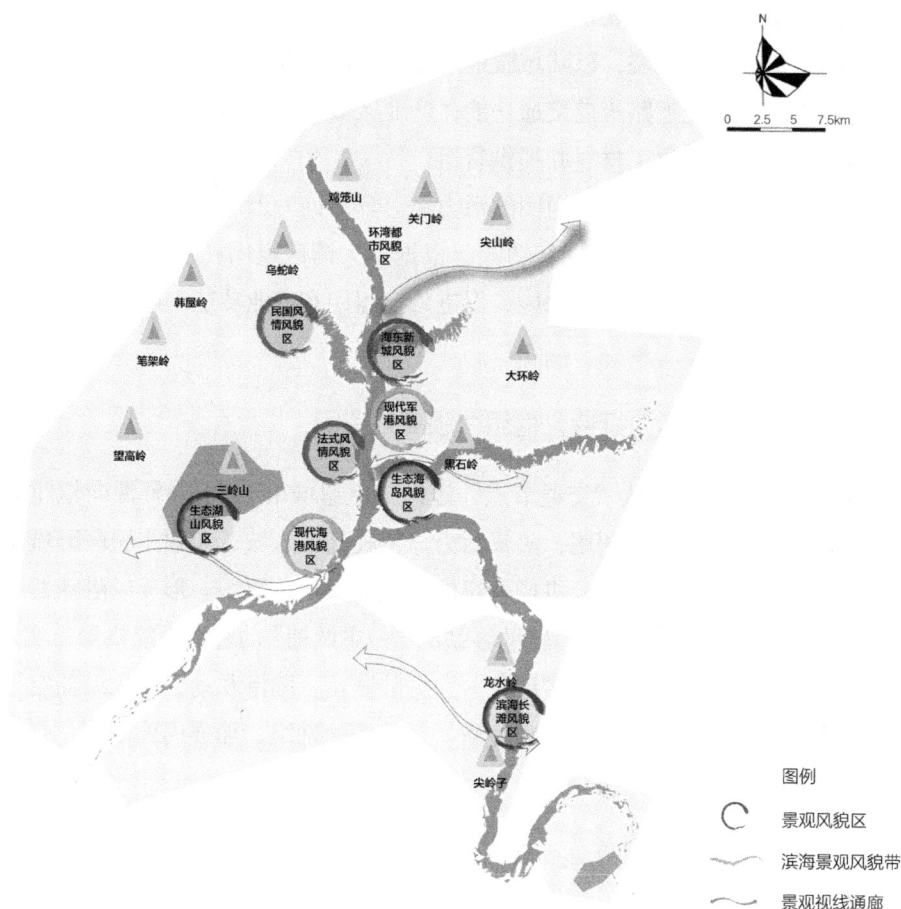

图4-8　湛江市滨海景观风貌格局图
资料来源:《湛江市城市发展战略规划（2021—2035年）》方案竞赛

规划勘测设计研究院、北海市城市规划设计研究院联合编制了本次规划,战略规划作为专题结合国土空间规划同步编制。规划范围3337km²。本书以专题的初步成果为例。

4.3.4.1　路径: 战略定位—发展指标—功能分区—用途管制—实施考核

将战略层层分解形成"战略定位—发展指标—功能分区—用途管制—实施考核"的绩效传达模式落实到行动中,结合城市近期发展重点制定行动纲领,成为指导各部门和各级政府工作的统领性文件。

1）战略定位

结合区域新机遇,本轮空间规划中,北海基于地方发展突破的诉求,提出了泛北部湾的门户枢纽、魅力风尚的山海名城、向海经济的龙头高地、都市创新的先行示范四大发展定位。

2）发展指标

根据多系统复合、全过程设计、可持续发展的基本准则，基于"目标—系统—因素"的三级层次框架，构建"区域协同、社会经济、功能分区、交通组织和生态环境"5个系统层、7个因素层和17个指标层（表4-7）。

表4-7　北海市战略规划空间绩效指标体系

系统层	因素层	权重	指标层
区域协同	区域关系	0.125	区域联系度
社会经济	经济发展	0.1099	单位建设用地增加值
			在岗职工年平均工资
			城镇登记失业率
	社会服务	0.155	住房价格指数
			社区公共服务设施15分钟步行可达覆盖率
			2000m²以上公园绿地500m服务半径居住用地覆盖率
功能分区	结构绩效	0.266	城镇开发边界面积占市域面积比例（%）
			城区职住平衡指数
			城市密度
交通组织	交通可达	0.162	城区道路网密度
			交通整合度
			交通选择度
生态环境	环境治理	0.047	"三废"达标排放率（%）
			水功能区水质达标率（%）
	生态宜居	0.081	细颗粒物（$PM_{2.5}$）年均浓度
			建成区绿化覆盖率（%）

3）功能分区

设定城市功能分区在于确定指导城市空间形态发展的框架，对下层次的规划编制提出指引。借鉴新加坡、悉尼、纽约的战略规划经验，改变传统规划中以居住用地、工业用地等用地分类来进行功能划分的方式，采取"功能分区+政策属性"的思路，采用产业集聚区、公共综合服务区等具有政策意图的"功能分区"模式，避免战略规划向下传导过程中对用地的"过度"规定，同时能把握对地区功能组织的结构性控制。从这一角度，将北海市域划分为自然生态区、郊野生态片区、城市居住区、产业集聚区、公共综合服务区、商业物流服务区、历史特色文化区、农村农业区几大功能分区。

4）用途管制

针对各类主导功能分区，提出用途管制规则，指导详细规划编制。

（1）城市居住区内应保证居住用地占总建设用地比例的60%以上，商住用地等混合用地应按居住用地所占比例进行计算，禁止二、三类工业用地进入。按15分钟社区生活圈组织社区服务中心布局。

（2）产业集聚区内应保证工业用地或仓储用地占建设总用地比例的60%以上，同时限制房地产开发项目进入。二、三类工业用地应单独布置，不应与居住、公共设施及其他功能区相混合；并与其他非工业用地之间保持一定的卫生距离，符合相关工业门类的防护距离规定。工业区配套设施的设置应符合：一类、二类工业区内可配套建设一定规模的集体宿舍，三类工业区内及相邻地区严禁建设集体宿舍。

（3）商业物流服务区中应保证商业用地占总建设用地比例的60%以上，商住用地等混合用地应按商业用地所占比例进行计算。物流园区内所需管理或办公用地不得超过项目总用地面积的3%，计容建筑面积不得超过总计容建筑面积的7%（独立占地的两个指标要同时满足，非独立占地的按计容建筑面积不得超过总计容建筑面积的7%控制）。

（4）公共综合服务区中应保持公益性设施占总建设用地比例的60%以上。

（5）农业农村区中应划定村建设用地的边界，边界内村建设用地不再新增规模，仅允许在既有规模上更新改造，村庄改造控制指标按照批准的旧村改造规划或村庄规划的成果确定。

（6）自然生态区内应对建设行为实行严格控制，对非必要的市政基础设施等项目应禁止进入，对现状的村建设用地应设定增长边界，禁止违章建设行为发生。

（7）郊野生态区内允许配套一定量的休闲游憩设施，但设施用地比例不宜超过规划区比例的5%。

5）实施考核

明确统筹部门和配合部门，将空间绩效指标、功能分区及其用途管制规则，落实到部门五年规划和年度计划中，并对其实施进行动态监测评估，对监测评估结果及时反馈，合理调整规划相关指标与功能分区，并将检测评估结果与部门绩效挂钩。同时从全要素的角度，给出城市资源增值保值的激励措施，并针对实施过程设定规划保障机制。

4.3.4.2　内容：区域责任、空间构架、支撑系统

1）区域责任

随着"一带一路"合作的深化、西部陆海新通道的规划、北钦防一体化的新驱动，北海的区域地位不断提高。通过对国家战略、区域协同态势和城市发展特质的探析和审视，推导出北海应承担作为海上丝绸之路经济门户、践行两山典范、靓丽桂游名片的区

域发展责任。

2）空间构架

判断北海在区域中的发展格局。北海区将成为区域副中心、联动沿湾北钦防三市发展的重要节点。区域内部趋向网络化，多中心发展特征显现，海岸带区域联动增强；随着外部区域大交通从玉林、北海接入，北部湾地区与粤港澳大湾区、西部陆海新通道沿线城市联系加强，使区域融入更大的发展战略空间。

进一步分析北海市域城镇间主要联系与未来城镇发展趋势。综合百度指数与POI分析，判断出城市主要活动集中在北海海城区及银城，北海城区是地区发展主中心，逐步向外拓展；北海城区与合浦县城一体化逐步加强，另外从生活性、生产性服务设施分析，工业用地先行是北海合浦融合趋势。

结合城镇联系度分析，规划依托现代都市产业发展轴、先进制造业发展带，遵循"由陆向海、塑造港湾，两翼带动、打造中心"的原则，形成"一轴一带，四点支撑"的钻石型结构城市发展格局，重点打造北海主城、合浦、银滩、铁山港区四个城市重点片区功能节点（图4-9）。

模拟城市增长，科学校验北海城镇发展可行性。使用CA-Markov模型模拟北海市城市增长，将地形要素、河湖水系要素、交通要素、城镇体系要素作为影响土地转换的基本影响因子，结合自然增长、政策引领、生态控制三种发展情景，模拟未来北海市城乡建设用地规划和空间布局，校验战略发展可行性，为空间扩展提供科学支撑。其中自然增长情景不考虑生态限制或政策驱动要素，仅使用基本影响因子作为影响土地转换的因素，政策引领和生态控制情景则在基本影响因子的基础上，加入城市发展战略、生态保护红线、永久基本农田保护红线作为政策和生态控制因子，分析在不同空间管制理念下

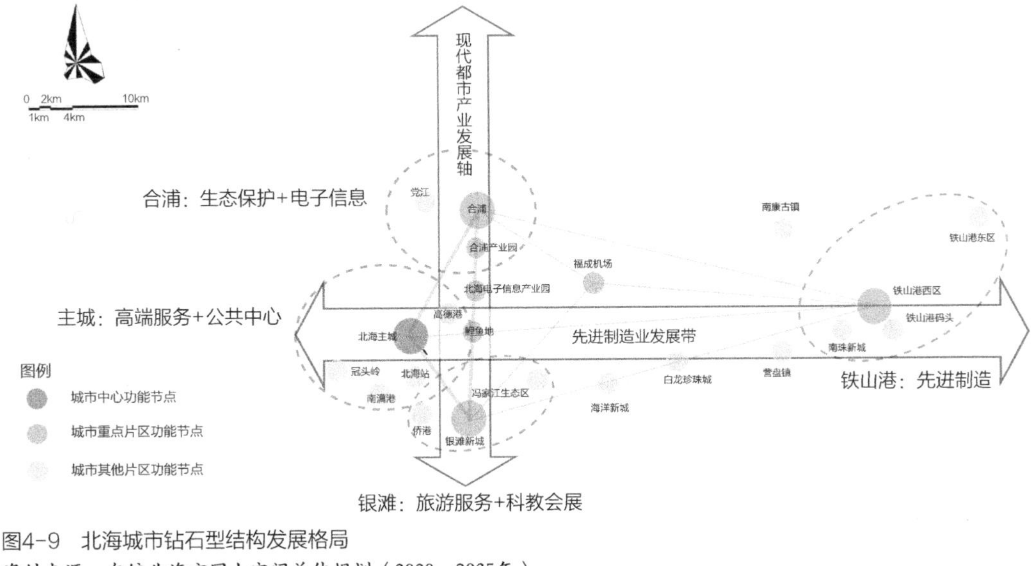

图4-9　北海城市钻石型结构发展格局
资料来源：在编北海市国土空间总体规划（2020—2035年）

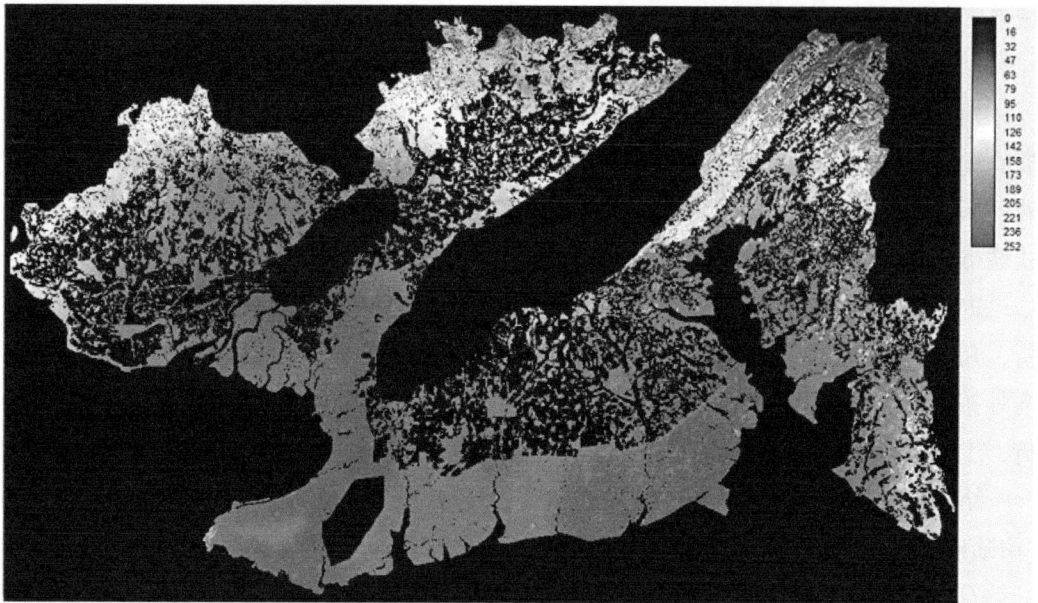

图4-10 耦合战略后城市建设用地发展概率图
资料来源：在编北海市国土空间总体规划（2020—2035年）

的城乡建设用地扩张趋势。在此基础上，提出北海市城市土地利用变化模拟。综合三种情景可以发现，未来北海市城乡建设用地扩张情况均呈现向东、向北融合发展的趋势，说明当前制订的城市发展战略对城乡建设用地的扩张有较好的支撑和引导作用。预测结果为，向北、向西、向东发展是地区主导方向（图4-10）。

尊重北海自然资源条件，沿海强化外向引力构建，腹地强调内生动力支持，有效统筹城市功能资源、空间形态，实现海城一体联动发展格局，划分为自然生态区、郊野生态片区、城市居住区、工业集聚区、公共综合服务区、商业物流服务区、历史特色文化区、农村农业区几大功能分区（图4-11）。

3）支撑系统

为从战略层面实现对市域的结构控制，重点构建两大支撑系统，一是交通与空间关系的相互匹配，二是公共服务中心与人口分布的均衡关系。交通与空间关系的相互匹配，重点分析道路交通系统供需结构，交通与用地功能的匹配等。公共服务中心与人口分布，重点对公共服务设施分布、人口分布、居住用地分布进行交叉分析，得出公共服务中心布局的绩效情况。对支撑系统绩效情况的分析显示，北海城市中心体系仍处于主中心统领初级阶段，其老城主中心发育成熟，合浦副中心仍在孕育中，在北海-合浦一体化的发展大趋势下，作为副中心的合浦亟待发展成综合性城市副中心，部分职能中心的服务功能有待进一步加强。交通与空间的关系是影响北海城市空间绩效的关键因素，需要进一步加强道路网服务密度。

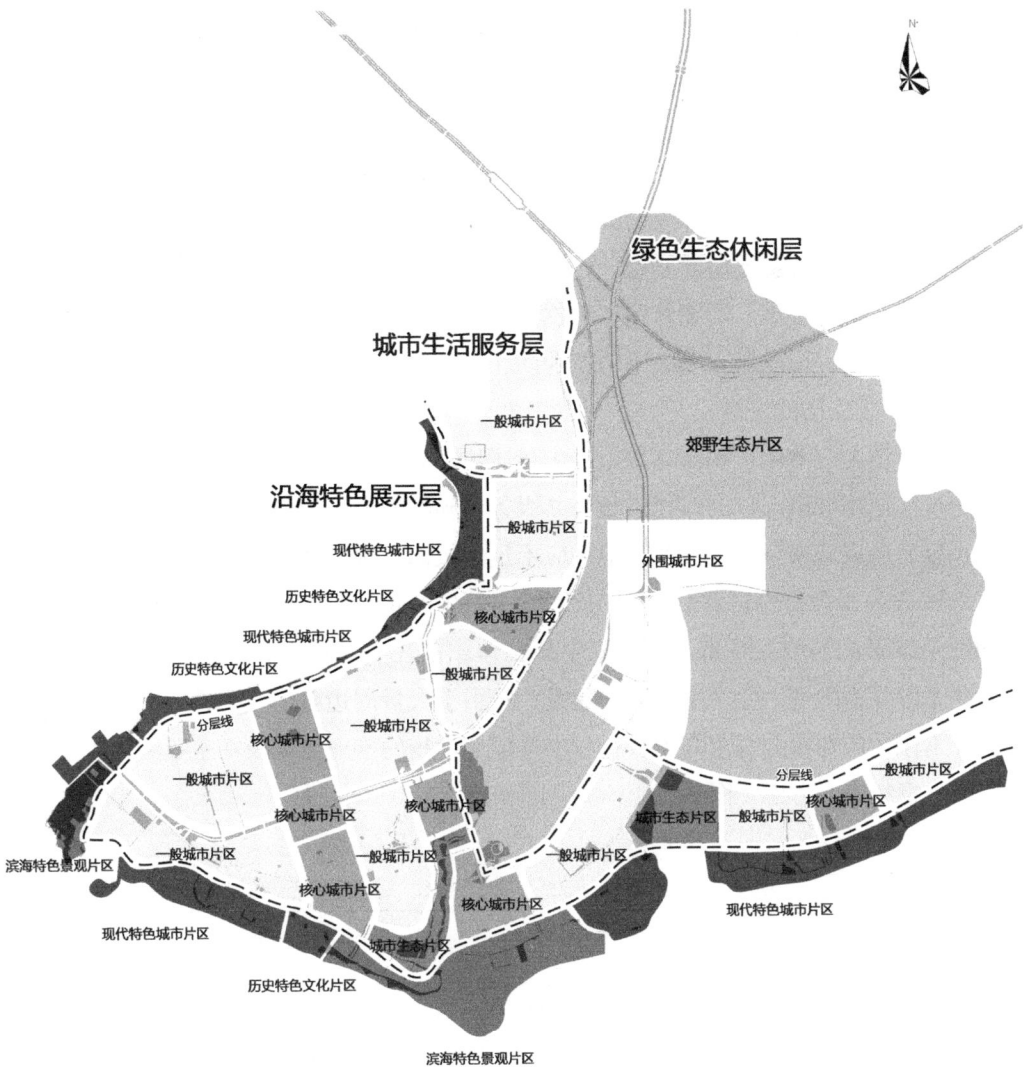

图4-11 北海市主导功能分区
资料来源：在编北海市国土空间总体规划（2020—2035年）

4.3.4.3 创新：旅游与产业的融合、人口与安居的定制、海洋与城市的活化

规划在传统的空间框架、发展共识、支撑系统等内容上，对部分个性化、人性化的元素进行了创新性的探讨，体现了发展绩效型战略对人口、城市活力带来的空间绩效的重视。包括以下方面。

1）旅游与产业的融合

创新旅游发展模式，实现旅游与产业的有机融合。具体策略如下：积极探索文化创意产业与文化旅游业融合的新发展模式；以"北海国际海滩旅游文化节"等特色节庆和品牌会议为依托，培育和引进具有影响力的品牌展览及各类会议（论坛）；海产品加工业与旅游融合，建设集历史、文化、加工、体验、旅游等功能于一体的白龙南珠特色小镇。旅游业与服务业联动发展，按照特色小镇发展思路，打造"涠洲国际休闲度假特色小镇"，满足游客"吃喝玩乐"等各类休闲度假需求；以银滩中区为依托，建设高星级亲海度假酒店群、主题公园、情人岛公园等，发展成具有休闲度假、娱乐、疗养、观光、商务、会议等多功能综合性现代化的滨海休闲度假旅游目的地；建设海洋特色街区，提供潜水基地、邮轮游艇基地、休闲垂钓基地、房车露营基地等休闲度假基地，转变陆域功能为商务会展、购物休闲、餐饮娱乐等能够吸引游客上岸的旅游服务，并发展游艇维修、培训、金融服务等上下游产业。

2）人口与安居的定制

北海市作为旅游城市和候鸟城市，大量居住时间少于半年的活力人口在其中逗留，若按照过往运用城镇人口的口径进行公共服务设施配置及土地供给，会忽视活力人口的需求，容易造成未来公共服务及土地供应不足。故而，规划提出总服务人口的概念，市辖区总服务人口为市辖区常住人口与活力人口的总和。其中，小镇活力青年指出身在三四线及以下的县城、乡镇，在老家生活工作或前往大城市及省会周边城市打拼的青年。北海市积极推进大专、中专职校建设，吸引了大量周边县市及乡镇的青年到市辖区读书及工作，规划将北海市高等教育和中等职业学校的毕业生以及在工业园区中工作的小镇活力青年纳入考虑（图4-12）。

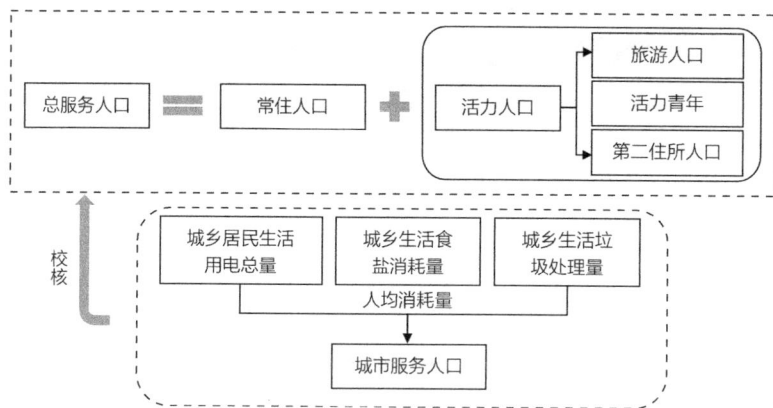

图4-12　北海市总服务人口构成与校核
资料来源：在编北海市国土空间总体规划（2020—2035年）

3）海洋与城市的活化

通过将海洋特色元素运用到城市设计中，塑造特色空间，点燃城市活力。根据北海总体城市设计确定"1+3+4"整体设计框架，"一大城市结构"——"主副多专，轴带串联，分层向海"的城市结构，以及"三大城市系统"——绿地空间、街道空间和城市风

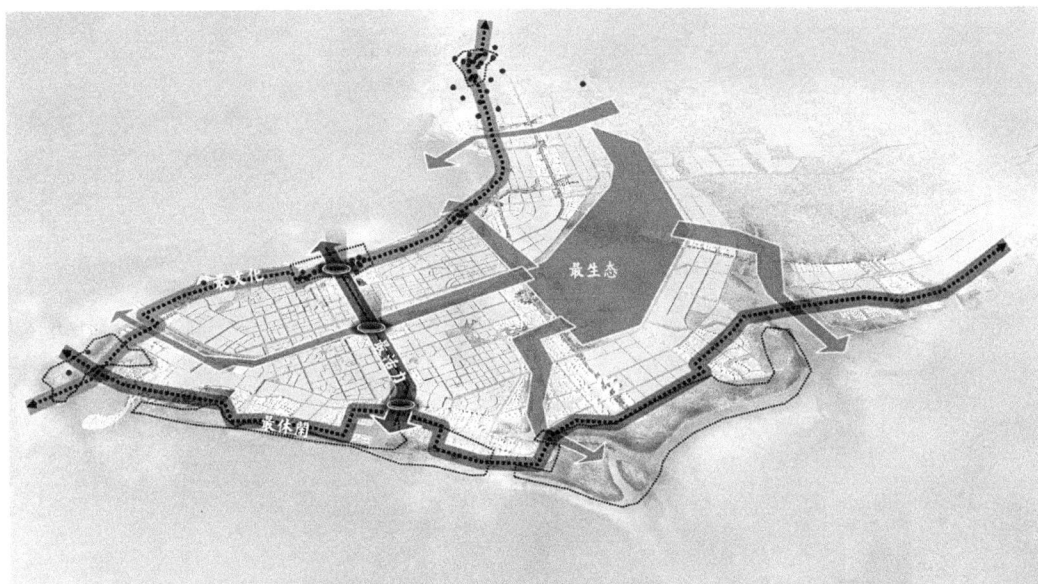

图4-13 "最北海"城市特色体验意向图
资料来源：在编北海市国土空间总体规划（2020—2035年）

貌的整体导控。规划提出"最北海"城市特色体验，即"最北海"城市特色框架，形成"最活力、最文化、最休闲、最生态"四大城市IP（"最活力——八公里向海新中轴""最文化——北海—廉州历史文化径""最休闲——南部抱湾休闲旅游带""最生态——四水一路绿色五珠链"），同时以绿地空间、街道空间、整体风貌三大系统进行支撑（图4-13）。

第 5 章

资源与边界

"我和我的祖国，一刻也不能分割……我歌唱每一座高山，我歌唱每一条河，袅袅炊烟，小小村落，路上一道辙。"2019年国庆，正值中华人民共和国成立70周年之际，这首《我和我的祖国》响彻中华大地。歌中高山流水、小小村落，赞美了祖国的壮美秀丽山河，渲染了袅袅炊烟的美好生活场景，唱出了每一位中华儿女对中华大地的热爱。

960万平方公里陆地疆土，300万平方公里管辖海域，不论是长江黄河、三山五岳，还是洞庭潇湘、苍洱毓秀，不论是巍峨险峻的高山，还是涓涓轻盈的流水，"美丽中国"的脚步从不曾停止。我们的"美丽中国"，既有隽美自然，也有美好人居。

2019年联合国人居署在肯尼亚首都内罗毕的报告发布会上，"点赞"中国治理污染河道的成功经验为其他国家提供了范例。深圳、杭州等众多中国城市均先后获得过联合国人居奖，这些都是中国在快速的城市化进程中，城市高质量发展的例证。"城市让生活更美好"的2010上海世博会，西安、青岛、唐山、北京的世界园艺博览会，都体现了我们对自然的爱护和资源的善用。

2008年，原环境保护部和原国家旅游局决定开展国家公园试点，国家公园的概念萌芽。2019年，中共中央办公厅、国务院印发《关于建立以国家公园为主体的自然保护地体系的指导意见》，国家公园进入新的视野。伴随治理能力现代化的推进，我们对优质资源的价值挖掘与保护利用将更加全面，资源的价值将进一步提升，带来自然资源的可持续发展。

5.1 资源的规划理解

5.1.1 资源与治理能力

5.1.1.1 资源保护与开发

关于"自然资源"，不同学科对其内涵和外延有着不同的界定，狭义的"资源"一般指人类可以利用的天然生成物，广义的"资源"指天然自然物及其产生的空间场所和环境功能。因此，我们把"资源"，理解为与治理能力相关联的概念，它具有时代特征与相对性。在不同的时代，我们看到的是当时的治理能力下人类所能掌控的资源。比如今天我们遍阅的祖国秀美山川，对于古代的人们，是神秘、难以捉摸的，因此有"蜀道难，难于上青天"的名句，工业化时代，人们更是用开山取石等方式，戏剧化地改变着山川的面貌。科学技术的发展，不断赋予人们开发利用自然资源的能力，"技术是一种解放的力量"，重塑着城市、乡村与自然的关系，也给资源赋予了时代的解释和定义。

城市被誉为人类最伟大的发明，这种生活方式在带给人类诸多益处的同时，也在吞噬着越来越多的土地和水域，威胁着生物多样性和生态安全。报告显示，1992—2000年间，城市增长导致全球丧失自然栖息地总面积的16%，科学家们预测，按照这一趋势，到2030年，将有近40亿人面临水安全问题，同时地球将面临史上最严重的物种灭绝危机，自然资源保护工作迫在眉睫。

在我国，资源开发与保护也是一个不断博弈与演进的过程，关系到中央与地方的切身利益。计划经济时期，国家以行政划拨方式，无偿使用国有用地，导致了城市的盲目发展和建设的无序扩张；改革开放后，土地有偿使用制度确立，"发展是硬道理"成为经济建设主要导向，财政分权强化了地方的增长冲动，地方的经济发展、城乡建设、招商引资等工作都把土地作为主要激励因素，自然资源的"开发"在这一阶段占主导地位，也造成了耕地资源大量减少和生态环境逐渐恶化。20世纪90年代末，我国人均耕地从20世纪50年代的0.18hm^2（2.7亩）下降到0.11hm^2（1.6亩），中国成为世界耗水量第一大国（占世界用水总量的15.4%）、世界污水排放量第一大国（占世界总排放量的1/3）、世界主要资源消耗量第一大国，国家的政治和经济安全面临巨大压力[1]。

人地矛盾自古以来就是中国的问题，康熙时期前期，人均耕地面积是1.67hm^2（25亩），乾隆时期变成0.4hm^2（6亩），清代晚期道光时期就减少到0.2hm^2（3亩），而到了现代，1.2亿公顷（18亿亩）耕地平均下来也就人均约0.067hm^2（1亩多），耕地问题是关乎国家粮食安全的底线，也关系6亿农民的生活问题，一度成为我国资源保护与开发的焦点问题。为此，1982年，中央把"十分珍惜和合理利用每寸土地，切实保护耕地"确定为基本国策。1987年，国家组建了原国土资源部和原国家环保总局，高度强调资源与环境保护。1997年，国家设置耕地红线，当时设定2010年的耕地保有量为1.28亿公顷，然而实际上，2000年的全国耕地保有量减少到只剩1.28亿公顷，保护形势十分严峻。1999年，国务院批准《全国土地利用总体规划纲要（1997—2010年）》，从此建立了自上而下逐级控制、以土地供给制约引导需求、以耕地保护为基本出发点的土地利用总体规划编制体系[2]，国家开始从总体上协调国土资源开发利用和治理保护的关系。

5.1.1.2　从治理能力的角度看资源

回顾国家资源管理的进程，是从关注部分资源到逐渐扩大和深化的过程，从早期关注建设用地，到对耕地实施特殊保护，再向林地、草地、水资源、海洋功能区等要素的逐步扩展，管控范围与力度不断扩大，既有赖于资源管控认识上的进步，也与3S等信息化技术的发展密不可分。

我国从1986年颁布第一部《土地管理法》起，前后编制了三轮土地利用总体规划，

---

① 张京祥，罗震东. 中国当代城乡规划思潮 [M]. 南京：东南大学出版社，2013.
② 林坚，赵晔. 国家治理、国土空间规划与"央地"协同：兼论国土空间规划体系演变中的央地关系发展及趋向 [J]. 城市规划，2019，43（9）：20-23.

作为实施土地资源管理的重要规划工具。第一轮土地利用规划没有规划图纸，以数据台账的方式进行土地利用控制，缺乏明确的实施手段，试图灌输"最严格的耕地保护"这一信息。第二轮土地利用规划标志着国家土地资源管理的拐点，从关注单一建设管理，转向切实加强耕地资源的保护，采取数据台账和规划图件两种方式进行土地利用控制。受制于当时的信息化技术，这一轮土地利用规划没有矢量化图纸，难以实现资源的管控"落地"。第三轮土地利用规划划定了基本农田保护区，配套了指标层层下达、土地用途管制、数据库管理和土地监察体系建设等手段，并于2009年始开展土地卫片执法检查，对土地用途管制行为过程实行动态监测[①]，这是我国资源管理方式的根本性变革，极大加强了国家对资源的控制力度，这与国家不断提升的科技水平与管理工具如地理信息系统、遥感技术有直接关系。

随着科学技术的进步，国家得以采取多种措施，来清晰、管理、操控所关注要素的基本状态，实现治理能力的提升。但是，我国960万平方公里的广阔国土，中央政府要面对全国30多个省直辖市自治区、70多个大中城市、600多个市、2000多个县、几万个乡镇，所支付的信息和管理成本相当高昂。而自然资源的督查，又涉及多类要素与多个部门，如国家之前较有代表性的土地督察、城乡规划督察、环保督察、森林督察、水资源督察、草原督察、海洋督察等，虽然都是中央为加强对地方重点资源的管控而设，但是不同的督察制度在督察力度、职责权限、法律保障等方面差距较大，实施手段较为成熟、影响力较大的是环保督察、土地督察，其他督察制度有待加强。在这一现实条件下，国家对资源的管理还是限于部分重点要素，如土地督察，以耕地与建设用地为核心；城乡规划督察，由于面临城市建成区大量复杂的信息与本身手段有限，最终集中在核查城市总体规划的绿线控制方面。

2017年国家启动全国"三调"工作，利用现有的科技成果，包括高分影像获取、一体化数字化调查等，力求精确实现全国每一块国土的信息化网络化管理，这一治理工具的提升，为实现全域资源的统筹治理提供了坚实的基础（表5-1）。

表5-1　各类资源管理依据与方法一览表

资源类型	管控依据		管控手段	
	法律法规	规划	审批	监管督察
土地	1986年《中华人民共和国土地管理法》	土地利用总体规划（1986—2000年）	建设用地预审核审批、农用地转用审批、土地征收审批	土地督察、土地利用动态监督

[①] 林坚，赵冰，刘诗毅. 土地管理制度视角下现代中国城乡土地利用的规划演进 [J]. 国际城市规划，2019，34（04）：23-30.

资源类型	管控依据		管控手段	
	法律法规	规划	审批	监管督察
耕地	1998年《中华人民共和国土地管理法》修订	土地利用总体规划（1997—2000年）	征占用耕地审批管理、征收基本农田审批管理	耕地占补平衡动态监管系统
森林	2000年《中华人民共和国森林法实施条例》	林地保护利用纲要	征占用林地定额管理、征占用林地审核审批管理	森林资源监督检查、林地调查和动态监测
草地	2002年、2009年、2013年《中华人民共和国草原法》三次修订	草地利用规划	征占用草地审批管理	草地使用监督检查
水资源	2002年《中华人民共和国水法》修订、2012年《关于实行最严格水资源管理制度的意见》	水功能区划	涉河建设项目审批公示	河湖日常巡查责任制、河湖管理动态监控
海洋功能区域	2001年《中华人民共和国海域使用管理》	海洋功能区划	海域审批（海域使用权确权发证）	海域使用监督检查

5.1.1.3　全域资源的治理新要求

2018年，自然资源部组建，标志着国家自然资源治理从分散走向了统一。作为资源管控工具的空间规划，其管控的手段，也将从早期的指标控制、区界划定，向更加精细化的全域用途管制演进。

20世纪90年代，为遏制城市开发建设以资源消耗为代价这一趋势，根据中央政府要求，原建设部相继出台《近期建设规划工作暂行办法》《城市规划强制性内容暂行规定》，提出了"三区四线"空间管制手段，包括先后制定的城市绿线、紫线、黄线、蓝线管理办法，以及禁建区、限建区、适建区管理模式，主要在城规划定的规划区内确定管控边界，管控城市建设的具体行为。原国土部编制完成的《全国土地利用总体规划纲要（2006—2020 年）》，则针对建设空间与非建设空间的管控，强调耕地、基本农田、建设用地规模"三线"规模控制和基本农田边界、城乡建设用地边界"两界"空间控制，以保卫"18亿亩耕地"底线为主要目标[1]。国家发改委提出"主体功能区规划"，平衡全国和省域国土的开发和保护分区，这可以说是从全域层面初步建立的陆域国土空间开发保护格局。可以看到，各部门主要通过划定开发或保护资源的边界，以及据此展开的依

① 林坚，武婷，张叶笑，等. 统一国土空间用途管制制度的思考 [J]. 自然资源学报，2019，34（10）：2200-2208.

法行政和监督检查等工作，"努力在发展与保护之间取得一定的平衡，试图使国家在自然资源保护中能有所坚守①。"

许多地方围绕着自然资源"开发"与"保护"的管控，进行了大量的探索，如深圳在2005年，为应对人口、土地、资源和环境"四个难以为继"的瓶颈制约，出台《深圳市基本生态控制线管理办法》，并据此划定基本生态控制线，将全市陆地总面积的50%划入"自然资源保护"的管控边界内。2010年，武汉市为防止城市无序扩张，保持城市"1+6"战略发展空间框架协调稳定，划定了占全市陆地总面积的55.6%的生态控制线。广东省于2013年下发《广东省人民政府关于在全省范围内开展生态控制线划定工作的通知》，提出要在全省范围内开展城市生态控制线划定工作。在这些地方的创新实践中，边界划定聚焦自然资源的保护，在中央重点管控的耕地与基本农田资源之外，加强了对生态资源及环境的管控，这也是对中央资源治理范围的完善与补充。

2017年，中共中央办公厅、国务院办公厅印发《关于划定并严守生态保护红线的若干意见》，从中央层面，把边界管控的范围扩展到了重要生态空间。同年，原国土资源部印发多部门联合起草的《自然生态空间用途管制办法（试行）》，标志着国家对资源的保护，从早期割裂的单要素管制如耕地、林地，迈向了以"山水林田湖草"生命共同体为核心的综合管制。2018年，国务院机构改革后，自然资源部统一行使所有国土空间用途管制职责，为实现自然资源的统一治理提供了事权的支撑。

从我国资源保护与开发规划演进的进程可以看出，随着国家治理能力的逐步提升，随着对资源治理要求的日益精细化，治理的对象逐步从之前针对建设管控或耕地特殊保护的边界管理，拓展到全域国土空间与全类型要素，逐步走向空间"领域"的范畴。

5.1.2　资源与规划

5.1.2.1　资源中的新"领域"

1875年，奥地利地理学家爱德华·休斯提出"生物圈"概念，认为地球上所有的生物构成了一个生命圈，协同进化。大峡谷鬼斧神工的谷壁，由古代贝壳堆积而成；海底油田和广袤的煤矿焦油矿，曾经是湿地森林和浅海；甚至建筑中用到的矿砂，也是在古代水生细菌作用下转变而来的铁等金属的沉积物。在地球这一自我组织和不断进化的生物圈中，人类随着探寻和运用能力的增强，不断发现和发展着新的资源"领域"。

2018年，科学家在我国长江发现了一个新的独立物种——长江江豚，经过多年的基因组数据收集与分析，科学家们发现江豚长期以来为了适应长江的淡水生态环境，进化

① 袁奇峰. 自然资源视角下的空间规划体系改革 [EB/OL]. 城PLUS公众号，2018-05-17. https://mp.weixin.qq.com/s/sl9TRF1-jAR.VyLlRXjmEFQ.

出了与其他种江豚不同的渗透调节基因，因此将其认定为独立物种。作为长江旗舰物种的长江江豚，其种群的变化反映了长江生态系统的健康状况，专家认为通过保护长江江豚，可以更好地推动长江流域生态系统的保护与修复，多地共同开展了长江江豚迁地保护行动，为长江的生物多样性保护提供了宝贵的数据。目前在长江江豚迁地保护区生活着约16头江豚，它们快乐地在这片安静的水域里生活，随着自然条件的改善，江豚也迎来了新的伙伴们。据调查，保护区生活着国家一级保护鸟类黑鹳，二级保护鸟类灰鹤、小天鹅、白琵鹭等约几十种鸟类。科学赋予人类力量，探知着大自然的奇妙赠予，也让我们资源掌控领域不断拓展。

长江江豚的故事告诉我们，资源是随着时光和环境的变迁不断发展和演变的，其广度与维度，取决于人类的治理能力，可以达到的界限即视为可掌控的"领域"。

1）从要素到系统

长江江豚这一独立物种的出现，源于它与长江生态系统的协同进化，科学家提出的生物圈，揭示出地球上的资源与生物是休戚与共的生命体。国家现在强调"山水林田湖草是一个生命共同体"，从关注早期单要素向关注要素间关系转变，就是资源治理系统观念的体现。在《关于〈中共中央关于全面深化改革若干重大问题的决定〉的说明》中，将人与山水林田湖草等自然要素组成的生态系统用"命脉"关联在一起，指出"人的命脉在田，田的命脉在水，水的命脉在山，山的命脉在土，土的命脉在树和草"，这一论述生动而形象地阐释了人与自然及自然要素之间共存共荣的一体化关系，强调了治理要考虑自然资源的整体性和系统性（图5-1）。

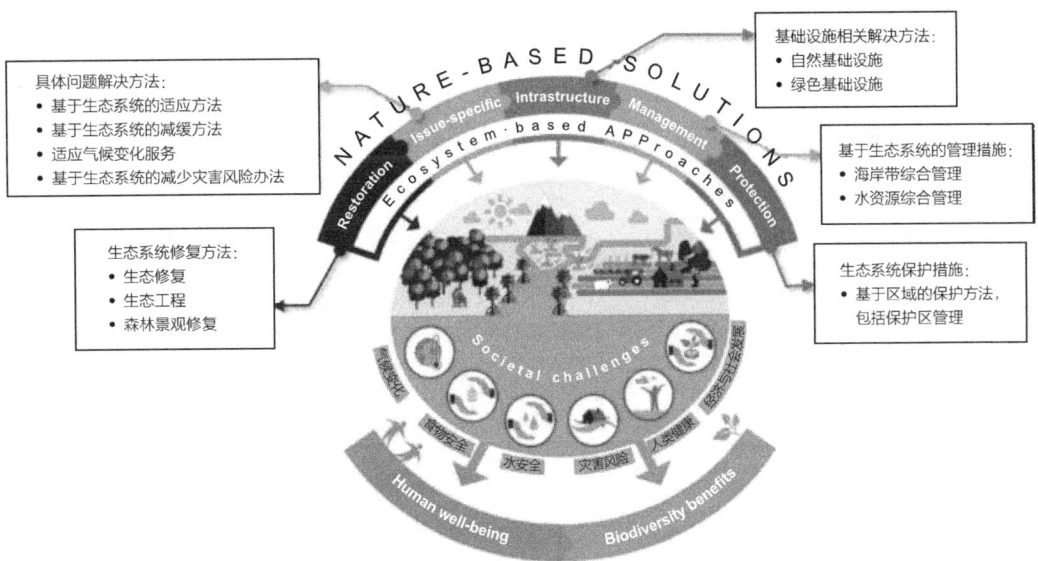

图5-1　NbS的生态系统概念
资料来源：大自然保护协会TNC

2）从"二维"到"三维"

资源治理的工具，深刻地影响着我们控制资源的能力和范畴，新技术、新方法的运用，使我们认知资源的视角从"二维"扩展到"三维"，并在未来向"多维"角度进一步延展。GIS工具的出现帮助实现了资源的数字化管理，并将地理学家创造的简化二维地图转向了三维影像，为国家对资源的统一信息化管控奠定了基础。在自然资源系统化管理的大趋势下，信息化手段在自然资源调查与监管中正发挥着越来越重要的作用，2017年启动的全国"三调"工作，利用现有的科技成果，从高分影像获取，到一体化数字化调查、国土调查云软件，精确实现全国每一块国土的信息汇集，为国家实现资源全域全要素治理提供了现实支撑。在国外，随着科技水平的进一步提高，人类资源治理的视角进一步扩展。例如，通过将记录仪安置在森林中来收集声音，可以对生物多样性进行粗略估计，由此判断环境保护措施是否有效；科学保护工作者用PVC管、一台发电机，就能制造出流水的声音，吸引迁徙鱼群进入运输箱，然后把它们运去产卵地，解决不通畅河道中洄游鱼类产卵的问题。这些空间模拟的新技术，赋予我们力量，让认识、守护我们赖以生存的天空、陆地和水域成为可能。

3）从资源到资产

绿水青山就是金山银山，绿水青山是有价值的。十九大报告指出："要树立自然价值和自然资本的理念，自然生态是有价值的，保护自然就是增值自然价值和自然资本的过程。"早在党的十八大报告中，就提出了自然资源资产化的路径，"深化资源型产品价格和税费改革，建立反应市场供求和资源稀缺程度、体现生态价值的资源有偿使用制度和生态补偿制度"。十九大也再次强调持续推进资源有偿使用制度建设[①]。目前，自然资源资产的生态价值转为经济价值的通道或路径，尚未被有效打通。十九大以来自然资源产权体系的构建、有偿使用制度的建立，为自然资源管理逐渐扩充到资产管理奠定了制度基础。十九大报告中提出，要提供更多优质生态产品以满足人民日益增长的优美生态环境需要，这是未来自然资源资产管理的方向。

黄石市的铜绿山遗址公园，曾经是从距今3200多年的商代晚期就开采的古铜矿遗址，作为中国青铜文化的重要见证，它的开采历史前后延续了13个世纪之久。在那个时代，露天矿是人类统治环境的象征，技术的发展允许人类采集资源，戏剧化地改变地球的面貌，但今天，资源之于人类有了新的价值与表现方式。古老的矿坑蜕变成今日的遗址公园，既是历史的见证，也是一段文明的新生。

---

① 谭丽萍，徐小黎，李勇，等. 自然资源资产管理视角下的生态补偿机制思考 [J]. 中国国土资源经济，2019，32（11）：36-40.

5.1.2.2 需要被规划的资源

我国是农业大国，中华农耕文化历史悠久。但是人们发现，当原有的森林、草原、湿地被开发成农田之后，水土大量流失，海浇漫灌的传统以及人口和城市的扩张，使河流、湖泊水量减少，地下水位越来越低。在西双版纳，当地傣族人有在农田间保留小片森林的传统，这些大大小小的林地与附近的河流组成了水资源银行，不仅能储蓄雨季过多的水分，减少水土流失，在旱季缺水的时候，还可以为农田提供所需的水源。傣家人有句世代相传的谚语，"有林才有水，有水才有田，有田才有粮，有粮才有人"，这是古老的智慧，是"生命共同体"理念的朴素表达。

远在美国的加利福尼亚州，稻田被赋予了另外一项使命。每年的4月到8月，萨克拉门托河谷（Sacramento Valley）的一些农民会往田中灌水，将稻田变成临时湿地，供迁徙的鸟儿们休整。这是因为过去在加利福尼亚地区，由于城市化和农业发展，90%的湿地遭到了破坏，鸟儿们在迁徙途中找到短暂停留的栖息地越来越难，于是当地发起了这个被称为"候鸟归来"的项目，为候鸟提供迁徙的临时中转站。这些稻田并非随意选取，康奈尔大学项目团队建了一套计算机模型，通过估计不同鸟类出现在不同区域的频率，识别鸟类停留的优先区域。科研人员们发现，项目启动的第一年，在这些经过规划优选的"共享稻田"中，鸟类的生物多样性是普通稻田的3倍，鸟类的密度是普通稻田的5倍。规划的优选技术，使环境保护与修复集中在生态价值最高的地区，以最集约的资源投入，获得最高效的生态产出，这就是规划的意义。

从国内外两个关于农田的例子可以看出，资源需要被规划。精心的规划，能为人类和大自然带来多重利益。尤其在我国，基本国情、资源禀赋和经济社会发展的阶段性特征，决定了在一定的时空范围内，自然资源相对于经济社会发展的需要在数量上是不足的（2018年，我国人均水资源量仅为世界人均值的40%；人均耕地面积不足世界人均值的一半），这就更需要通过规划来提高自然资源的使用效率，将发展集中在对重要生态系统影响最小的地区，将保护集中在生态价值最高的地区，最大限度保护，最有效开发。因此，规划资源需要考虑两个要点，首先，挑选出最重要的优质资源，重点资源重点规划；其次，理清全域要素间的系统关联，统筹规划。

1）资源的分级规划

作为单一制国家，我国实行土地资源的分级管理制。土地资源的管理主要包括宏观规划和具体使用两类。前者决定全国性的土地用途规划，是维护农用地（主要是耕地）保有量、分配建设用地规模的一种重要方式，这项任务只能由中央政府站在宏观立场上来完成；后者则是实际土地使用中的具体操作以及相关收益，由于管理成本高昂，这项工作只能由地方政府完成，由地方政府获得相应的利益。

针对这一分级管理体制，林坚认为我国可划分为两级土地发展权，一级土地发展权隐含在上级政府对下级区域的建设许可中，如基本农田划定、生态保护红线划定与建设用地空间管控等；二级土地发展权隐含在政府对开发建设行为的规划许可中，一般由地方政府实施①。我国这一特殊的两级发展权体系，基于中央与地方不同的资源治理目标。中央关注国家利益的最大化，保障粮食安全，解决14亿人的吃饭问题，保持社会稳定；保障支持社会持续发展的生态环境安全，赢得民众的支持；在此基础上，才适当增加建设用地，保持经济稳定增长。所以，中央的资源治理，偏重于"保护"及其责任的分解，重点是明确基本农田、重要生态空间等国家战略性资源的规模及范围，向下落实分解，同时逐级下发建设用地这一"开发"类资源的规模，保障地方经济社会稳定发展。具体的表现形式，就是确定国土空间规划中的"三线"，以及保障相关空间质量的核心指标，如林地保有量、湿地保有量等。

对地方政府来说，首先应落实中央给定的"保护"责任，保障辖区内国家战略性资源不被侵占；其次，是经营好上级下达的开发类资源，协调好全域资源保护与利用的具体安排，保障公共空间资源的供给，做好"未来美好城乡的脊梁与核心架构"，协调政府、社会、市场之间的关系，保持地方持续发展的活力。

2）资源的分类规划

2019年7月1日，《上海市生活垃圾管理条例》正式开始实施，标志着中国进入"垃圾分类强制时代"。上海市在近两个月的准备期间，话题不断，段子频出，"垃圾分类"成了一个全民热议的话题。这把垃圾分类之火的背后，是国家不得不开始重视的垃圾现状：中国正在上演"垃圾围城"，2015年，在市场上的食盐中发现了微塑料；2017年，在众多瓶装水中检出微塑料。我们丢掉的垃圾，大自然正在逐步还给我们，垃圾的妥善处理已经迫在眉睫。

"丢错了位置是垃圾，放对了位置是资源"。回收利用1吨废纸可再造出800公斤好纸，可以挽救17棵大树，少用纯碱240公斤；1吨废塑料通过最新研发的技术能还原成无铅汽油和柴油600公斤；食品、蔬菜等"厨余"，是有机肥的好原料。将垃圾变害为宝，是在现有资源利用技术水平下，根据垃圾特性进行科学分类管理。垃圾分类，是成本最为低廉而且安全卫生的处理方法，是资源可持续化的运作方式。

回到资源，与此类似，提出科学的分类方案，才便于因地制宜的治理。我国960万平方公里的广阔国土空间，治理所面对的资源条件和发展诉求千差万别，有国家意志的传导，也有地方发展的诉求。资源的分类使用方式，取决于其"比较优势"。在国家治理体系之下，涉及国家公共利益的耕地、重要的生态空间，是体现国家意志的"优势资源"，将是国家重点规划与管控的对象；从调动地方积极性，以及中央治理事权的角度考虑，有一部分开发资源要留给地方，来推动地方美好生活场景的塑造；剩下的一部分

---

① 林坚，许超诣. 土地发展权、空间管制与规划协同［J］. 城市规划，2014，38（01）：26-34.

资源，是国家现有治理能力下尚难完全掌控的区域，可以暂时"打包"起来，留待未来逐步治理。

（1）重点管控的优质资源

根据我国的《宪法》《民法》《物权法》等法律，自然资源是能产生经济价值的天然生成物，如土地、水、矿产、森林、草原等，这其中有法可依、可确权、具稀缺性、有特定空间形态边界的自然资源，才具有资产属性，可通过相应的保护与利用来实现其应有价值。因此，资源的管理，首先须对资源的价值、稀缺性进行评估，珍稀资源需要更加严格甚至是强制性的管控来强化其保护，同时积极探索实现其价值的合理利用方式。

党的十九大报告提出，"走向生态文明新时代，建设美丽中国，是实现中华民族伟大复兴的中国梦的重要内容"。祖国的美，在大江南北、幅员辽阔的自然画卷之中；在源远流长、连绵不绝的历史文化之中。2017年，中央印发《建立国家公园体制总体方案》，将国家公园建设作为保护自然文化遗产的重要手段，国家公园必须具有国家级的视觉景观价值（审美价值）。未来，国家公园这一极具稀缺性、象征美丽中国的优质资源，将作为龙头，推动国家自然保护地体系的改革和建设，作为国家的珍贵资产，由国家直接管理。

从国际经验看，关系国家安全的重要自然资源、代表国家特色的景观资源，一般都掌控在国家手里。即使是在土地私有制的美国，其中42%、约384万平方公里，用于保护生态及其他自然资源的国土，由国家公园、国家纪念地、历史古迹、自然保护区、州立公园、水资源保护区、水库附近地区、特殊景观地区构成，这些土地的权属也统一归属国家所有，原则上不进入土地市场交易。美国政府对这384万平方公里的土地管得很"死"，几乎很少调整，这些土地包括建构生活安全体系、生态安全体系所需要的水、森林等一系列资源[1]。另一种管控类型，如英国的国家公园，则与欧洲其他国家不同，包含了人类活动的文化景观，主要特征在于有人居住、混合用途，主要为私有景观[2]。英国国家公园内大部分土地归当地农户所有，但1955年《环境法》规定，每个国家公园必须成立独立于地方政府、直接由中央政府领导的"国家公园管理局"，每个国家公园管理局在其辖区内拥有规划和控制社会经济发展的权力。

在我国，关系国家粮食安全的永久基本农田、关系生态安全的生态保护红线、代表国家形象的国家公园，采取的是类似的管控思路。国家把这些关系国家命脉的优质资源，通过划定永久基本农田控制线、生态保护红线、建立国家公园等方式，框进了中央

---

① 潘安，吴超，朱江. 规模、边界与秩序："三规合一"的探索与实践［M］. 北京：中国建筑工业出版社，2014.
② 董禹，陈晓超，董慰. 英国国家公园保护与游憩协调机制和对策［J］. 规划师，2019（17）：29-35，43.

管控的范围，把最应该保护的地方保护起来，留给子孙后代（表5-2、表5-3）。

表5-2 国家系列文件中关于"国家公园"相关政策梳理表

相关文件	主要内容	政策要点
十八届三中全会《决定》（2013年11月）	建立国家公园体制	严格按照主体功能区定位推动发展
十三个部委《关于印发建立国家公园体制试点方案的通知》（2015年1月）、国家发改委办公厅《试点区实施方案大纲》（2015年3月）	明确九个试点区。体制改革方向：倡导管理和经营权分立的机制探索，推行探索特许经营，强调建立社区发展机制，鼓励创新社会参与机制	明确国家公园以保护为主、全民公益性优先；强调多方参与的制度创新
《中共中央国务院关于加快推进生态文明建设的意见》（2015年4月）	建立国家公园体制，实行分级、统一管理，保护自然生态和自然文化遗产原真性、完整性	建立国家公园的目的是保护生态和自然文化遗产
《国务院批转发展改革委关于2015年深化经济体制改革重点工作意见的通知》	在9个省开展国家公园体制试点	明确国家公园体制试点是生态文明制度改革的重要内容
《生态文明体制改革总体方案》（2015年9月）	建立国家公园体制……加强对国家公园试点的指导，在试点基础上研究制定建立国家公园体制总体方案	将建立国家公园体制作为生态文明制度建设的重要组成部分，并由中央制定总体方案
中办、国办印发《建立国家公园体制总体方案》（2017年9月）	初步完成国家公园体制的顶层设计；界定国家公园的内涵，为国家所有、全民共享、世代传承；采取统一事权、分级管理的体制	明确国家公园内全民所有自然资源资产所有权，由中央政府和省级政府分级行使
十九大报告（2017年10月）	建立以国家公园为主体的自然保护地体系	提出自然保护地体系建设，明确国家公园的核心战略地位
中办、国办印发《关于建立以国家公园为主体的自然保护地体系的指导意见》（2019年7月）	按照山水林田湖草是一个生命共同体的理念，建立以国家公园为主体、自然保护区为基础、各类自然公园为补充的自然保护地管理体系	明确自然保护地体系的分级分类管理思路

表5-3 国家10个国家公园体制试点情况一览表

试点区域	总面积（km²）	保护资源	地方法规与条例
东北虎豹试点区	14612	将多个自然保护地类型整合成片，使野生东北虎豹种群稳定	—
钱江源试点区	252	位于浙江省开化县，包括古田山国家级自然保护区、钱江源国家级森林公园、钱江源省级风景名胜区等范围，是钱塘江的发源地，拥有大片原始森林，是中国特有的世界珍稀濒危物种、国家一级重点保护野生动物白颈长尾雉、黑麂的主要栖息地	浙江省制定实施《钱江源国家公园山水林田河管理办法》

试点区域	总面积（km²）	保护资源	地方法规与条例
武夷山试点区	983	试点位于福建省北部，试点范围包括武夷山国家级自然保护区、武夷山国家级风景名胜区和九曲溪上游保护地带等。武夷山是全球生物多样性保护的关键地区，保存了地球同纬度最完整、最典型、面积最大的中亚热带原生性森林生态系统，也是珍稀、特有野生动物的基因库	福建省出台《武夷山国家公园条例（试行）》
神农架试点区	1170	位于湖北省西北部，拥有被称为"地球之肺"的亚热带森林生态系统、被称为"地球之肾"的泥炭藓湿地生态系统，是世界生物活化石聚集地和古老、珍稀、特有物种避难所，被誉为"北纬31°的绿色奇迹"。这里有珙桐、红豆杉等国家重点保护的野生植物36种，金丝猴、金雕等重点保护野生动物75种	湖北省发布《神农架国家公园管理条例》
南山试点区	636	位于湖南省邵阳市城步苗族自治县，试点区整合了原南山国家级风景名胜区、金童山国家级自然保护区、两江峡谷国家森林公园、白云湖国家湿地公园4个国家级保护地。这里植物区系起源古老，是生物物种遗传基因资源的天然博物馆，生物多样性非常丰富，还是重要的鸟类迁徙通道	—
大熊猫试点区	27134	整合四川、甘肃、陕西3省81个自然保护地，保护野生大熊猫种群数量占全国总量的87%，栖息地面积占全国的70%	—
三江源试点区	123100	平均海拔4713.62m，是长江、黄河和澜沧江的源头地区。作为"中华水塔"的三江源，是我国重要的淡水供给地，维系着全国乃至亚洲水生态安全命脉，是我国生物多样性保护优先区之一	青海省出台《三江源国家公园条例（试行）》
普达措试点区	300	位于云南省迪庆藏族自治州香格里拉市，拥有丰富的生态资源，拥有湖泊湿地、森林草甸、河谷溪流、珍稀动植物等，原始生态环境保存完好	—
祁连山试点区	52000	祁连山是我国西部重要生态安全屏障，是我国生物多样性保护优先区域、世界高寒种质资源库和野生动物迁徙的重要廊道，还是雪豹、白唇鹿等珍稀野生动植物的重要栖息地和分布区	—
海南热带雨林	—	是亚洲热带雨林和世界季风常绿阔叶林交错带上唯一的"大陆性岛屿型"热带雨林，是我国分布最集中、保存最完好、连片面积最大的热带雨林，其中分布着海南长臂猿等我国珍稀濒危物种	—

（2）地方开发的城市资源

在我国的资源治理体系中，中央自上而下分配给地方建设用地等开发类资源，作为地方推动社会经济发展、开展城乡建设的基础。在绩效考核的压力下，地方政府全力经营自身领域内的资源，招商引资、增加税收。当今经济社会发展非常重要的特点之一，是驱动城市发展的动力在发生变化，从以土地为支撑要素的传统经济方式，发展到了以营造"场景"为重点的服务业主导型的发展模式，城市决策体系将通过场景的选择创造未来，形成更美好的城市与社会秩序，吸引更多的人流、产业流、资金流进入。从这个角度来理解，作为地方开发资源主要构成的城镇开发边界，对国土空间除了"限定"和"控制"之外，还应有"引导"和"塑造"的作用，其目标是打造鲜活的地方场景，"提高资源发展效率和资源利用效率，形成持续发展的美丽国土空间"。

不涉及生态安全格局的，与城市生活密切相关的一些资源，可以赋予到城市生活之中，如小丘陵、城市湿地、江心岛屿等，可以塑造为城市的鲜活场景。2019年，一股清新的"公园城市"之风，吹进了成都的城市规划界，或者说"公园在城市中，城市在公园中"，或者说"公共底板上的生态、生活和生产的'一公三生'"，或者说"'产—城—人'到'人—城—产'"，亮点纷呈，成都似乎一夜之间成为生态文明建设的典范。其实，回顾成都建设公园城市，最早可追溯到2003版总规中"198地区"概念，早在2003年总规修编时即提出"198地区"概念，划定绕城高速两侧500m共计198km²的生态隔离带及楔形绿地作永久保留生态用途，奠定了城市开敞空间的雏形。2008年与2010年分别编制了《198地区控制规划》与《成都市"198"区域环城湿地公园总体规划》，不断细化对建设用地比例、强度、产业门类与风貌特征的管控要求。指导建设了锦江198·LOHAS绿道、锦城公园、桂溪生态公园等多个具体项目，城市公园体系基本成型。在"198"地区开发前期，政府搭建平台，引导社会资本进入项目开发与公共设施建设；后期运营中，成立专门绿道运营公司，采取提供会议、展览、商务等有偿使用与市民公共活动免费相结合的方式，实现收支平衡。政府预控环城周边3万亩待出让地块，规定每亩开发需缴纳30万元公共建设费用，实现"涨价归公"，保障公共空间的维护与可持续发展。从"198绿地"到公园城市，可以看出，有些资源，可以留给地方，这样会用得更好，更能面向人民大众，甚至还能使资源转化为具有生态价值、社会价值、经济价值的活资产。

（3）其他资源

当前国家资源治理的技术手段，应用到全域仍有其能力界限，因此，可以把三线之外的自然资源划分为"其他资源"，把这些国家现有治理能力下尚难完全掌控的区域，留有一定管理余地，在不久的未来逐步开展相关治理。

从资源全域治理的视角来看，目前国土空间规划中提出的"三区三线"管控体系，除了自上而下、央地协同管控的优质保护利用类资源、生态保护红线、永久基本农田，以及地方开发的城镇开发边界之外，还有"三线"管控范围之外的城镇、农业、生态空间，我们可以理解为其他资源。这类以生态、农业、城镇为功能导向的其他资源，是国家构建全域全类型用途管制的基础，但由于目前尚未形成统一的"三区"划定技术方法，多在省域层面通过"双评价"结果预判分解到市县的三类空间，由市县研究落实，其精确性、适用性，有待进一步研究加强。同时，"三区"的管控方式，比如上级管什么、地方怎么控，都还在探索之中。可以把这一情况，理解为在国家目前的资源治理能力之下，是"为自上而下的强制权力传导留资源，为自下而上的市场动力留余地[①]"的方式，而地方对这类资源的管理，如深圳、广州、武汉等地的生态控制线规划实践，都是可供借鉴的地方探索。

5.1.2.3 资源的规划逻辑

从资源的角度来分析国土空间规划的重点，包含三个方面：一是通过评价，识别需重点管控的优质资源；二而是划定边界，明确优质资源的管控责权范围；三是实现自然资源的资产化管理。

1）评价与优质资源

构建国土空间开发保护格局的关键，是实现开发与保护资源空间配置的"最优解"，识别重要、优质的资源，把"最应该保护的地方保护起来"，提高自然资源的使用效率。资源评价是实现这一目的的有效工具。目前国家将"双评价"作为国土空间规划编制的前提和基础，可以认为，"双评价"是从资源环境角度认识国土空间开发保护利用特征的一种方式，通过"双评价"工作，识别生态系统服务功能极重要和生态极敏感空间，明确在一定经济技术水平和生产生活方式下，农业生产、城镇建设的最大合理规模和适宜空间，理论上为识别优质资源、辨明"保护"与"开发"类资源的合理配置规模及其空间区位，提供了技术支持。

但是，从"自然生态是有价值的，保护自然就是增值自然价值和自然资本的过程"这一中央要求来看，我们要保护的优质资源，不仅应具有重要的生态系统服务功能价值，同样也应包括满足人民日益增长的优美生态环境需要的优质生态产品，比如英国的法定特殊自然美景区、美国的国家公园等，因此，特色自然景观与文化评估，也是评价优质资源的重要工具。

2）边界与领域管理

边界，是我们框定需要保护或开发空间资源的一种政策工具，是我们治理能力掌控下的一种"领域管理"，是一种国家对地方发展权的划定与分配。早在1942年，阿伯克隆比主持制订的英国大伦敦规划划定的环城绿带，就是抑制城市向外扩展的一种"领域管理"，绿带内集中城市建设资源，绿带外是乡村和卫星城镇的领域，界内界外是不同的土地发展权与资源配置方式。

空间资源是最大的利益载体，边界决定了利益。在我国从中央到地方自上而下的资

---

① 尹稚. 国土空间规划，跳出部门利益束缚方见改革光芒! [EB/OL]. 清华同衡规划播报，2019. https://mp.weixin.qq.com/s/m-rcRCM3ZgxDMt_DM99WCw.

源分配中，在中央和市、县地方政府（经营资源、发展经济、收取税金、提供公共产品）、市场资本（开发资源、提供消费产品、上缴税金、赚取利润）、国民（消费资源、参与经济社会政治生态活动、求生计、求人权、求环境权）的互动中，中央最好的立场就是坚守自然资源保护的底线，这是国家在当前的治理能力下，通过这一"自上而下有限范围内的强力管控"，应对多样化的地方需求与发展不确定性的有效方法，避免因为各自追求发展而形成的"合成谬误"①。

国家要求划定的生态保护红线、永久基本农田、城镇开发边界三条控制线，明确了特殊区域重点保护的规则，也是国家权力向下的传导。生态保护红线与永久基本农田界内的地区，须要落实国家意志严格保护。城镇开发边界不能突破国家下达的规模，但可以在其内保留地方的自由裁量权与活力。

3）监管与资源活化

随着自然资源部组建成立，国土空间规划、"三调"工作的有序推进，自然资源产权体系将进一步明晰。自然资源部的自然资源资产管理职能，是管理的重要转型，把自然资源作为资产，从最初的勘查阶段开始，到开发利用，再到生产和再生产全过程，将自然资源由单一的实物管理，转向价值和实物的统一管理，逐步推动自然资源资产化进程。建立健全生态产品价值实现机制，按照生态系统的功能特征系统谋划功能空间和策略，这是实现生态产品价值实现的基础，在此基础上结合不同类型生态产品的优势来精准设计产品的模式。在这一过程中，发挥地方、市场等多方的参与性与积极性，基于地方特色因地制宜，打造以人民为主角的鲜活场景，是资源活化的关键。

5.2　底盘底数与评价

5.2.1　"三调"

5.2.1.1　发展的历程

土地是民生之本、发展之基。古人云"夫仁政必自经界始"，意思是行仁政，要从划分、确定田界开始。田界划分正确了，那么分配井田，制定俸禄标准，就可轻易办妥了。自20世纪80年代至今，我国共启动了3次全国性的土地调查工作，以全面厘清全国土地利用现状情况。

第一次全国土地调查的重点是"查"与"绘"。我国第一次全国土地调查又称"土

---

① 袁奇峰. 自然资源视角下的空间规划体系改革［EB/OL］. 城PLUS公众号，2018-05-17. https://mp.weixin.qq.com/s/sl9TRF1-jARVyLlRXjmEFQ.

地详查"，于1984年开始，1997年底完成，基本摸清了城乡土地权属、面积和分布情况，获得了近百万幅土地利用现状图和地籍图，结束了我国长期以来土地资源家底不清、数据不实的局面。"一调"的核心内容是"查"与"绘"。其中，"查"是指土地详查，采用传统测量手段实地调查行政区界线、权属界线、权属区内的图斑类型以及土地的分类和利用情况；"绘"是指图形绘制，采用经纬仪、平板仪测图等方法绘制行政区界、权属界线及地类，形成纸质成果图件。

第二次全国土地调查的重点是"调"与"管"。"二调"开始于2007年，以2009年12月31日为标准时点汇总调查数据。"二调"针对"一调"后急速变化的土地利用现状及权属，首次采用数字化信息技术，全面查清了全国土地利用状况，掌握了各类土地资源家底，为中央战略决策提供有力支撑，为地方政府编制各类发展规划、为有关部门和地方开展信息共享，提供了重要基础。"二调"的核心内容是"调"与"管"。"调"指土地调查，在已有土地调查成果的基础上，采用传统测量手段、GPS测量等技术实地调查土地利用现状、土地权属、基本农田分布；"管"指成果管理，采用地理信息系统、数据库及网络技术，对调查成果进行数字化成图与管理，以便于数据的保存、更新和统计。

第三次全国土地调查的重点是"更"与"用"。一方面，"二调"实际是在基础数据十分匮乏的情况下开展的，受调查标准、技术方法等制约，"二调"部分成果的真实性有所降低。另一方面，生态文明建设、自然资源管理体制改革和新经济、新业态的发展，对土地调查数据也提出了新的要求。为此，国务院决定自2017年起开展第三次全国土地调查（简称"三调"）。"三调"的核心内容是"更"与"用"。"更"指数据更新、内容补充，更新"二调"成果，新增专项调查工作和城镇村庄内部的现状调查，补充土地以外其他自然资源数据的收集与调查；"用"指成果应用，利用大数据、云计算和"互联网+"等新技术，根据国土资源管理工作、其他部门及社会大众的需要，开展数据共享与应用。与"一调""二调"相比，"三调"任务目标更加丰富、技术手段更加先进，是我国土地调查历史上又一次里程碑式的创举。

5.2.1.2　三调：从土地到资源

1）从土地到资源，自然资源的首次"全要素"调查

"三调"是我国将山、水、林、田、湖、草、海等自然资源，首次全要素统一进行调查。目的是要掌握全国耕地、园地、林地、草地、商服、工矿仓储、住宅、公共管理与公共服务、交通运输、水域及水利设施用地等地类分布及利用状况；细化耕地调查，全面掌握耕地数量、质量、分布和构成；开展低效闲置土地调查，全面摸清城镇及开发区范围内的土地利用状况；建立互联网共享的覆盖国家、省、地、县四级的集影像、地类、范围、面积和权属于一体的土地调查数据库，完善各级互联网共享的网络化管理系统。

2）面向"三维"的自然资源登记系统

2018年自然资源部提出自然资源登记等系统要由二维系统转变成三维系统，从而解决自然资源调查、确权和国土空间用途管制等问题，目前广州等少数城市已经在"三调"中探索三维登记技术。自然资源的三维登记系统，是将自然资源资产信息与三维空间位置进行紧密关联，助力地上、地表、地下空间资源一体化呈现，在此基础上进行资源信息分布展示、三维可视化查询、空间搜索定位等，为自然资源资产管理提供保障。

3）适应管理需求的用地分类

为了支撑生态文明建设与资源管理需要，提供更加详细、精准的自然资源数量和分布情况，为相关地类的保护与管理提供基础支撑，"三调"土地分类对部分农用地和未利用地分类进行了细化，如将"有林地"细化为"乔木林地""竹林地""红树林地""森林沼泽"，"灌木林地"细化为"灌木林地""灌丛沼泽"，"天然牧草地"细化为"天然牧草地"，"沼泽草地"，将"裸地"细化为"裸土地""裸岩石砾地"，以满足耕地后备资源开发及生态保护需求。同时，提取8个二级地类重新组合为一级地类"湿地"，突出"湿地"分类的重要性。

同时，"三调"土地分类进一步加强与林地、水、草地等自然资源调查的衔接，兼顾相关部门管理需求。如细化"种植园用地"分类，新增"橡胶园"，以满足林木覆盖率的统计需求。但自然资源相关调查分类标准较多，且分属多个管理部门，难以在"三调"中实现从土地类型划分到地类含义的协调统一。从长远来看，还需理清自然资源各种管理需求、各种调查分类，制定统一的自然资源分类标准，更好地为自然资源管理服务。

5.2.1.3 "三调"与国土空间规划的衔接

1）基数转换

依据第三次全国国土调查工作分类，"三调"将用地分类分为13个一级地类与73个二级地类。根据《市县国土空间规划基本分区与用途分类指南》（试行，征求意见稿），国土空间规划分为28个一级地类、102个二级地类、39个三级地类。由于两者的分类标准不同，部分用地存在概念不同、地类划分粗细不一等问题，需要对二者进行基数的转换。

对"三调"工作分类与试行的市县国土空间规划用途分类进行对应（表5-4），结合笔者在黔南州国土空间总体规划编制中"三调"数据的实际情况，以及江西省相关要求，建议将基数转换分为以下几种类型：

（1）直接转换型

"三调"工作和国土空间规划用地分类二级地类——对应的，可以实现直接转换。这些地类在非建设用地的分类中有24个，在建设用地的分类中有11个。

表5-4　"三调"工作分类与国土空间规划用途分类对应表

"三调"工作分类				国土空间规划用途分类		
一级类		二级类		一级类	二级类	三级类
代码	名称	代码	名称			
0	湿地	1106	内陆滩涂	17湿地	1703滩涂	170302内陆滩涂
1	耕地	101	水田	01耕地	—	—
		102	水浇地		—	—
		103	旱地		—	—
2	种植园用地	201	果园	02园地	—	—
		202	茶园		—	—
		203	橡胶园		—	—
		204	其他园地		—	—
3	林地	301	乔木林地	03林地	—	—
		302	竹林地		—	—
		305	灌木林地		—	—
		307	其他林地		—	—
4	草地	401	天然牧草地	04牧草地		
		403	人工牧草地			
		404	其他草地	18其他自然保留地	1805其他草地	—
6	工矿用地	602	采矿用地	16采矿盐田用地	1601采矿用地	—
8	公共管理与公共服务用地	08H1	机关团体新闻出版用地	07公共设施用地	0701行政办公用地	
		08H2	高教用地		0703教育用地	070301高等教育用地
		0810A	广场用地	12绿地与广场用地	1203广场用地	—
10	交通运输用地	1002	轨道交通用地	10道路与交通设施用地	1003城市轨道交通用地	
		1001	铁路	14区域基础设施用地	1401铁路用地	—
		1003	公路用地		1402公路用地	—
		1008	港口码头用地		1403港口码头用地	—
		1007	机场用地		1404机场用地	—
		1009	管道运输用地		1405管道运输用地	—

"三调"工作分类				国土空间规划用途分类		
一级类		二级类		一级类	二级类	三级类
代码	名称	代码	名称			
11	水域及水利设施用地	1101	河流水面	19陆地水域	1901河流水面	—
		1102	湖泊水面		1902湖泊水面	—
		1103	水库水面		1903水库水面	—
		1104	坑塘水面	05其他农用地	0504坑塘水面	—
		1107	沟渠		0505沟渠	—
		1109	水工建筑用地	14区域基础设施用地	1406区域公用设施用地	—
12	其他土地	1202	设施农用地	05其他农用地	0501设施农用地	—
		1205	沙地	18其他自然保留地	1802沙地	—
		1206	裸土地		1803裸土地	—
		1207	裸岩石砾地		1804裸岩石砾地	—

（2）逐级细化型

一个"三调"用地的二级类可以转换成多个国土空间规划的一级类。黔南州"三调"中共有6项。"05H1商业服务业设施用地"和"08H2科教文卫用地"需细化为国土空间规划中的"07公共设施用地"和"06居住用地"的二、三级类，"0809公用设施用地"需细化为"11公共设施用地"和"14区域基础设施用地"的二级类，"0810公园与绿地"需细化为"12绿地与广场"的二级类，"09特殊用地"需转换为"15特殊用地"的二级类，"1004城镇村道路用地""1005交通服务场站用地"需转换为"10道路与交通设施用地"的二级类。

（3）无对应型

"三调"用地无相对应的国土空间规划用途分类，主要指空闲地。

2）"三调"与国土空间规划底数底图认定

（1）建设用地底数

根据国土空间规划需求，国土空间规划中的建设用地底数应该包括"三调"建设用地、已批未建、"三调"部分城市公园、企事业单位附属用地四部分地类。由于"三调"为所见即所得，部分已批准、未建设的用地未纳入建设用地范围，应在国土空间规划底图中予以修正。"三调"将城市公园绿地中部分有生态功能的面积相对较大的水面、树林等调查为非建设用地，但作为城市公园绿地内的必要组成部分，其基本地类属性应与公园绿地一致。

（2）耕地保有量

现状耕地数量是决定耕地保有量的关键因素。国土空间规划按照应保尽保的原则，考虑土地整治难易程度，确定规划耕地保有量应以"三调"实有耕地和可调整地类确定。

（3）基本农田保护任务

基本农田保护任务的确定应以"三调"成果为基础，主要包括基本农田范围内的实有耕地、可调农用地以及可恢复标注地类。永久基本农田内的耕地（含可调整地类）和通过工程可恢复为耕地的地类，保持不变；永久基本农田外与基本农田连片分布的优质耕地，优先划入永久基本农田。

5.2.2　"双评价"应用

2012年11月，党的十八大将生态文明建设纳入统筹推进"五位一体"总体布局。作为推进生态文明建设的重要抓手，"资源环境承载能力评价"和"国土空间开发适宜性评价"受到高度重视。自《若干意见》^①出台后，国土空间规划的编制审批、技术标准、实施监督和法规政策体系逐步建立健全，"双评价"是国土空间规划重要的支撑成为共识。资源环境承载力评价和国土空间适宜性评价分别为国土空间规划的不同实践内容提供数据支持，这决定了"双评价"是编制完善国土空间规划的基础性工作，也是进行三区三线划定，明确各类规划指标的重要参考依据。

"双评价"的技术标准体系构建一直以来是在摸索中前进的，不积跬步无以至千里。"双评价"的技术规程、评价方法甚至是评价指标选取都经过了漫长的技术演变。直到2019年11月25日，自然资源部在全国电视电话会议上指出"双评价"的技术指标问题："复杂的指标主要考虑的是技术的问题，它有它的合理性，但跟行政指挥逻辑，和行政工作需要、保护开发格局难以吻合。今后要出有操作性的文件，要能够综合行政逻辑和技术逻辑。'双评价'不能搞得太过复杂，需要和行政管理结合，切中要害问题。"2020年1月19日，自然资源部办公厅发布《资源环境承载能力和国土空间开发适宜性评价指南（试行）》。这份指南（试行）明确了以生态优先、绿色发展为导向的高质量发展方向和目标，作为全国各个城市编制国土空间规划的其中一份技术指引。

5.2.2.1　"双评价"的作用

"双评价"是国土空间规划的前提和基础。"双评价"能够识别城市发展的短板，生态文明的建设要求下，底线思维是"双评价"工作的核心要义。在生态保护极重要区以

---

① 《中共中央国务院关于建立国土空间规划体系并监督实施的若干意见》于2019年5月印发，标志着国土空间划体系构建工作正式全面展开。

外的区域，基于现有经济技术水平和生产生活方式，应优先考虑环境安全、粮食安全和地质安全等底线要求，以水资源、空间约束等为主要约束，缺水地区重点考虑水平衡，分别评价各评价单元可承载农业生产、城镇建设的最大合理规模。例如，"塞上江南"宁夏干旱少雨、缺水严重，通过"双评价"工作判断出部分城市主要的发展限制性因素是水资源，且城市发展过程中对环境效益的忽视进一步加剧了资源性缺水。因此在区域发展战略中，要求该类城市调整产业结构，限制耗水量大、污染水环境的企业进入并推动现有企业转型，对该类城市的人均用水量、万元工业增加值用水量提出约束性指标，对城镇开发边界的规模进行一定限制。通过甄别区域资源环境突出问题，并与地方的战略体系相结合，因地制宜，多视角研究，多部门、多相关利益方统筹权衡，最终指导国土空间格局的构建。此外，"双评价"也能够识别城市发展的优势资源。通过对各类要素的综合分析，可以识别资源环境禀赋优势和潜力空间。

"双评价"的结果有利于支撑国土空间格局优化、完善主体功能分区、划定三条控制线，支撑规划指标确定和分解，支撑重大工程安排，引导高质量发展的国土空间策略，编制空间类专项规划。更重要的是，通过"双评价"工作，要倒逼形成以生态优先、绿色发展为导向的高质量发展新路子，实现高品质生活，建设美丽中国和以人民为中心的美好家园。

5.2.2.2 "双评价"的难点

2019年是国土空间规划的基期年，面广量大的国土空间规划实践如雨后春笋般展开，随着各项实践工作的深入，对"双评价"的认识也将进一步深化。尽管被业内戏称为"月刊"的指南在过去的一年里不断地在完善更新，直至2020年1月才发布试行稿，但仅就目前"双评价"工作的理论和技术问题来说，尚有进一步研究的需要。

首先是实施性问题。"双评价"工作需要在全国不同层面开展工作，涉及大量的基础数据获取和处理，且横跨多个专业，有一定的技术难度。在实际工作中，不同地方由于经济发展、技术力量等差异，部分数据无法获取，数据搜集存在困难，且已获得的数据精度良莠不齐，因此在实施层面很难保证技术人员合理把控技术方法的刚性要求以及各地的工作质量。此外，市县层面的"双评价"目标更为多元、评价要素更多、成果精度更高，需要进一步考虑各地不同的工作条件和技术基础，在技术路线、评价要素、评价指标的设计方面，在保证基本目标不变的前提下，加强可操作性，留有足够的扩展性[1]。

其次是适用性与实用性问题。"双评价"是一种串联并进的方法，"双评价"工作涉及全国、省级（区域）和市县三个尺度层级。市县的"双评价"应同时突出地域特性，在充分衔接上位评价结果的基础上该加则加，针对性地补充和深化，为更好地对接后续

---

① 武廷海，周文生，卢庆强，等. 国土空间规划体系下的"双评价"研究 [J]. 城市与区域规划研究，2019，11（2）：5-15.

规划方案需求打下基础，才能体现本地资源环境特征。此外，我国各市县发展规模、发展阶段、主体功能均存在较大差异，因此"双评价"中如何体现对不同类型市县的差异化要求和引导，也需要进一步深入探讨。而不同尺度的空间整合和规划精度亦成为实践中的难点。保证市县层级的规划精度对技术水平、工作方法等有较高的要求，需要刚性的技术要求进行严格把控。省级市级"双评价"之间传导关系的建立，各市县地方特色指标的确定，参数阈值及参与评价的方法，以及"双评价"如何传导到重大基础设施及城镇的建设都是进一步研究的重点。

再次是陆海统筹问题。"双评价"工作包括陆域和海域两大空间载体。海洋强国成为目前国际社会的重要战略部署方向，拥有海域的地区应重点增加海域研究的部分，引导陆海空间统筹发展。例如，青岛"双评价"总体上包含了陆域和海域两大板块，其中海域评价选取海域建设用海适宜性、海洋生物资源利用适宜性、海洋生态适宜性等指标。评价集成的初步结果映射到空间上，将海域版块分为建设用海空间、生物资源利用空间和海洋生态空间三类[1]。目前对陆海空间"双评价"的统筹衔接融合仍需要进一步深化研究。此外，海岸带在国家经济社会发展和生态安全格局中具有重要战略地位。作为陆海统筹的重要介质，海岸带海陆空间交接地区是首要区域，为实现"深水深用，浅水浅用，有利生产，方便生活"，以岸线利用为主导的海岸带地区空间适宜性评价技术与方法应作为研究的重点。

我们处在一次大的时代变革中，只有开放胸怀，开放知识体系，拥抱更多的学科、更多的行业、更多从来没有涉及的治理领域，拥抱从来没有接触过的组织架构，才能让变革搞出真学问[2]。"双评价"工作亦是如此。从国土空间规划工作体制搭建，到"双评价"技术指南的试行，一点点摸索，形成现在的最终稿，但这不是终点。未来很长一段时间，还要不断地从地方的实践经验中摸索规律、总结改进。

5.2.2.3　"双评价"的内容

自然资源部成立以来，已经发布多版"双评价"指南征求意见稿，内容不断精简——从2019年3月版（征求意见稿）的101页，到7月版（过程稿）的45页，再到2020年1月版（试行）的33页。至今，指南经历了不断的探索与实践，基于自然资源部成立前的技术规程与成立后的多版指南不断改进和完善，拓展内涵与深度，为支撑国土空间规划基础工作的开展提供了具有实践意义的指导内容。新版指南（试行）要求各地在开展"双评价"工作时要分析区域资源禀赋和环境条件，研判国土空间开发利用问题和风

---

① 吕红亮，韩青. 双评价，新时期国土空间规划的前提和基础[EB/OL]. 中国城市规划学会，2019. http://www.planning.org.cn/news/view?cid=13&id=9655.
② 尹稚. 空间规划要以不断创新回应时代变革[EB/OL]. 清华同衡学术周巅峰论坛，2019. http://www.shekebao.com.cn/.

险，识别生态保护极重要区，明确农业生产、城镇建设的最大合理规模和适宜空间，为编制国土空间规划，优化国土空间开发保护格局，完善区域主题功能定位，划定三条控制线，实施国土空间生态修复和国土综合整治重大工程提供基础性依据，促进形成生态优先、绿色发展为导向的高质量发展新路子。

1）指南迭代：归口自然资源部门

在自然资源部组建前，原国土部门和国家发改部门先后开展了"多规合一"试点、"省级空间规划试点"等工作，为后续的技术指南更迭打好了基础，具有一定的可操作性。但仍存在局限性，难以跳出各个部门自身的逻辑，从而导致要素指标考虑较为单一、承载力与适宜性评价逻辑关系不清、可载与否的二元化识别对空间规划支撑不足的问题。直至2018年国家组建自然资源部，建立国家空间规划体系，"双评价"技术指南研究工作在多方组织下逐步开展，并同步开展一系列的试点工作。2019年3月，两会提到坚持底线思维，以国土空间规划为依据，把城镇、农业、生态空间和生态保护红线、永久基本农田保护红线、城镇开发边界作为推进城镇化不可逾越的红线。自此，多版"双评价"技术指南不断地实践、修改和迭代。"双评价"的技术规程从以往的各部门专业评价到由发改委等十三部委发布的并联交错式评价，进一步演变为当前的串联递进的关系。评价方法历经了从单要素向多要素系统综合评价转变，从单一功能向全域要素功能转变等阶段。在评价指标的选取上，避免使用开发利用现状数据和经济社会指标，更加侧重于资源环境本底的挖掘、资源环境承载能力原值的评价测算。承载力的内涵从"在可预见的时期内，利用本地资源及其他自然资源和智力、技术等条件，在保证符合其社会文化准则的物质生活水平下所持续供养的人口数量"调整为"一定国土空间内自然资源、环境容量和生态服务功能对人类活动的综合支撑水平"，"双评价"的作用从总量调控到空间约束与指引转变。总体来看，"双评价"指南演变至今，评价逻辑更为清晰，内容更加简明，评价方法更具有针对性与可操作性（表5-5）。

表5-5　"双评价"相关技术文件一览表

发布时间	相关文件名称	主导部门	评价对象	评价载体	评价单元	内容与特点
2015年	《市县经济社会发展总体规划技术规范与编制导则》	发改委、测绘地理信息局	空间开发评价	陆域	矢量图斑	包括区位、交通、地形、人口集聚度、经济发展水平，约束性评价包括可利用土地资源和水资源、环境容量、生态系统脆弱性等
2016年	《资源环境承载能力监测预警技术方法（试行）》	发改委、海洋局等十三部委	资源环境承载力	陆域+海域	县级行政区	评价要素全面，包含海陆全覆盖基础评价和主体功能区的专项评价。陆域包括土地、水资源、环境、生态，海域包含空间、渔业、生态和海岛等方面的现状和过程评价

续表

发布时间	相关文件名称	主导部门	评价对象	评价载体	评价单元	内容与特点
2016年	《国土资源环境承载力评价技术要求（试行）》	原国土部	资源环境承载力	陆域（土地+地质）	县域	侧重土地和地质承载能力，充分考虑地质要素
2017年	《省级国土规划编制要点》	原国土部	资源环境承载力、国土空间适宜性	陆域	县域、公里网格	承载力评价更趋向于资源环境开发限制性评价，选取自然地理、生命安全、生态安全、粮食安全等限制性因素，更偏重土地承载力。从资源与社会经济等因素出发，重点评价了建设开发的适宜性，未涉及生态与农业因素
2020	《资源环境承载能力和国土空间开发适宜性评价指南（试行）》①	自然资源部	资源环境承载力、国土空间适宜性	陆域+海域	省、市县行政区	将"双评价"作为有机整体，从生态安全底线出发，围绕水资源、土地资源、气候、生态、环境、灾害等明确生态保护分区。在生态保护极重要区以外综合分析农业生产、城镇建设的合理规模和适宜等级

2）评价重点：承载力与适宜性

1866年，汤姆森（Thomson）②在美国《科学》（Science）杂志上发表了论文《新西兰动物驯化》，对该地区能够承载的动物数量进行了评价，这是最早对封闭陆域环境下生态承载力的学术研究。20世纪60年代，全球人口增长与环境问题持续恶化。各界针对影响地球承载力的限制性因素展开讨论，不仅包括食物、耕地、不可再生资源等传统的资源要素，也包括环境要素，以及影响气候变化、生态系统平衡等其他未知限制因素③。1965年，艾伦（Allan）④提出以粮食为指标的土地承载力计算公式，以粮食为限制因素的土地承载力研究影响了一些国家的政策。1972年，梅多斯（Meadows）⑤等在增长的极限中阐明了环境的重要性以及资源与人口之间的基本联系，为资源环境承载力研究奠定了科学基础。1992年6月，联合国环境与发展大会在巴西召开，制定了可持续发展框架。伴随着全球可持续发展理念的深入，资源环境承载力研究逐渐实现了由定性到定

① 仅列出最新版技术指南，过程稿较多，不一一列出。
② THOMSON G M. Acclimatization in New Zealand [J]. Science, 1886, 8(197): 426-430.
③ 郝庆，邓玲，封志明. 国土空间规划中的承载力反思：概念、理论与实践 [J]. 自然资源报，2019, 34(10): 2073-2086.
④ WILLIAM A. The African husbandman [M]. Münster: Lit Verlag, 1965.
⑤ MEADOWS D H, MEADOWS D L, RANDERS J, et al.. The limits to growth: a report for the club of Romes' project on the predicament of mankind [M]. New York: Universe Books, 1972.

量、由基础研究到应用实践的转变[①]。

我国有关承载力的研究最早起源于1956年针对土地资源环境承载力的探索，随后逐步拓展到水资源、矿产资源、森林资源等；20世纪90年代后，逐步实现从单要素承载力评价向综合要素承载力评价转变。2000年后，承载力评价开始应用于国土空间规划编制之中[②]，而我国国土空间开发适宜性的基本理念来源于土地适宜性评价，历经了从20世纪50-60年代的荒地调查、70年代土地适宜性评价体系建立、80年代农用地到非农用地评价的转向[③]。20世纪90年代后，伴随城市化进程加快、不同领域和学科的交叉相融，适宜性评价研究逐渐趋于多元综合，内涵逐渐深化，研究对象从城市建设用地逐渐扩展到包含乡村、山地丘陵、海域等多要素，研究尺度也逐步分层次展开。

十余年来，"双评价"工作相继出现在国家系列重大政策文件中，成为制定国土空间规划乃至中长期经济社会发展规划的前提和基础。最早在2002年天津市国土规划试点中开展了资源环境承载力评价；2007年，国务院要求以资源环境承载力为基础编制主体功能区划；汶川地震后，国家提出将"资源环境承载力评价"作为灾后恢复重建规划的基础和重建工作的前提；2015年9月，国务院印发《生态文明体制改革总体方案》（中发〔2015〕25号），指出应以资源环境承载能力评价的结果作为规划的基本依据。直至2017年1月，中央印发《省级空间规划试点方案》，进一步明确将资源环境承载力与国土空间开发适宜评价作为划分国土空间功能分区、实施空间用途管制的基础；同年3月，原国土资源部发布《自然生态空间用途管制办法（试行）》，要求在资源环境承载力和国土空间开发适宜性评价的基础上，确定城镇、农业、生态空间，划定三线。2018年4月，习近平总书记在深入推动长江经济带发展座谈会上的讲话中指出，要在开展资源环境承载能力和国土空间开发适宜性评价（简称"双评价"）的基础上，抓紧完成长江经济带生态保护红线、永久基本农田、城镇开发边界三条控制线划定工作，科学谋划国土空间开发保护格局，建立健全国土空间管控机制。通过"双评价"科学认知国土空间格局分异的自然规律和社会经济规律，划分"三区三线"，已经成为国土空间规划的基础性工作。2019年，《若干意见》再次明确将"双评价"作为国土空间规划编制的科学基础。此间启动编制的《长江经济带国土空间规划》、雄安新区等重大建设中也开展了"双评价"工作。

从一系列重大政策文件中可以看出国家对资源环境承载力评价工作的重视，以及逐步完善的国土空间开发适宜性评价工作。从底线把控到逐渐对优质资源价值挖掘的完

---

① 杜海娥，李正，郑煜. 资源环境承载能力评价和国土空间开发适宜性评价研究进展［J］. 中国矿业，2019，28（S2）：159-165.

② FENG Z, SUN T, YANG Y, et al.. The progress of resources and environment carrying capacity: from single-factor carrying capacity research to comprehensive research. Journal of Resources and Ecology, 2018, 9(2): 125-134.

③ 纪学朋，黄贤金，陈逸，等. 基于陆海统筹视角的国土空间开发建设适宜性评价：以辽宁省为例［J］. 自然资源学报，2019，34（03）：451-463.

善，"双评价"作为国土空间规划的基础工作逐渐完善着自身的理论体系和方法思路。

3）评价思路：从单要素到多元情景

（1）指标完善增加广度

自然资源部的组建，改变了以往"多规打架"的困局。机构改革前，社会发展规划、国土规划、城乡规划，以及交通、水利、海洋、农业、林业、电力、铁路、信息等部门都有各自的规划和各自的系统与标准，"双评价"的工作仅从部门自身的角度出发。早期以单要素评价为主，各个要素间的相互关系考虑不足，难以评估自然资源环境综合状态。面临着资源管理的一系列问题，统筹调控势在必行。

从早期自然资源评价的探索，到现今"双评价"技术指南试行，双评价的内容是不断完善和扩展的。资源环境承载力评价从最开始"生物种群存活数量"到"单要素资源承载力"到环境承载力集成评价再到综合性的环境承载力，涵盖了土地、水资源、海洋资源、环境生态、灾害等多方面的评价。此外，国土空间开发适宜性的内涵也由仅针对城镇建设单一功能导向逐渐深化为涵盖生态保护重要性评价、农业生产适宜性评价以及城镇建设适宜性评价。新版的《指南（试行）》中，资源环境承载力和国土空间开发适宜性评价成为有机的整体，在优先识别生态保护极重要区基础上，综合分析农业生产、城镇建设的适宜等级。

（2）地方特色扩展深度

我国国土幅员辽阔，不同发展区域的不同市县发展各有差异。因此不存在统一的指标体系和统一的评价方法来应对所有不同类型地域功能的可能。省级"双评价"应该从区域角度，引导区域资源均衡布局，合理构建区域发展格局。市县层面的"双评价"工作应从建设美好家园的高度认识国土空间，不仅包括自然资源，也包括人文资源，空间开发适应性评价需要考虑需求变化和环境变化，充分挖掘地方特色。省级的承载规模评价以市县行政区为单元，市级以县级（或乡级）行政区为单元评价承载规模。新版指南的自上而下省市县的评价体系搭建，有利于使市县层面的评价分类更加详细与完善，有利于合理补充市县地域性影响要素，从而反馈在省级的评价结果调整上，拓展评价的深度，增加评价的精度和可实施性。未来的地域功能可以依据不同的地域要素特征进一步分类化、体系化，不同的地域功能应构筑符合自身特色的评价指标体系。在空间治理层级体系中，地域功能将不断细化[①]。

（3）情景分析提升保障

新版指南（试行）的工作流程在潜力分析之后，延续情景分析的工作内容。针对气候变化、技术进步、重大基础设施建设、生产生活方式转变等不同情景，分析对水资

---

① 樊杰. 国土空间规划的双评价—理论与方法［EB/OL］. 中国城市规划，2019. https://mp.weixin.qq.com/s/7TiCA3l06cRtpDkS8GgQcQ.

源、土地资源、生态系统、自然灾害、陆海环境、能源资源、滨海城镇安全等的影响，模拟重大工程建设、交通基础设施变化等不同情景，分别给出并比对相应的评价结果，提出适应和应对的措施建议，支撑国土空间规划多方案比选①。有条件的地区，尤其是沿海、青藏高原及周边等重点地区，针对全球气候变化的不同情景，因地制宜地分析各类要素，研判变化趋势和重大风险，提出国土空间开发保护应对策略。

"双评价"工作中的情景分析，应结合评价结果与空间开发潜力对区域资源环境禀赋和空间格局特征进行刻画，识别当前发展存在的问题和未来可能存在的风险，并结合重大战略事项开展一定的情景分析。这样将有效降低城市的风险预警，为城市的发展提供更好的保障，从而更好地指导空间格局优化和细化工作。

4)"双评价"的技术要点

《指南（试行）》第五章提出了双评价的工作流程：在完成数据收集、队伍搭建等准备工作后，首先进行本底评价，主要围绕水资源、土地资源、气候、生态、环境、灾害等要素，针对生态保护、农业生产、城镇建设三大核心功能开展。其后展开综合分析，包括资源环境禀赋分析、现状问题和风险识别、潜力分析，并针对水资源、土地资源等不同情景提出措施建议，支撑国土空间规划多方案比选。最终进行成果呈现时，需要对国土空间格局、主体功能定位、三线划定、规划主要指标分解方案等提出建议。整体的工作流程体现了以生态保护为根本、结合需求增补评价两大技术要点。

（1）以生态保护为根本

"生态环境保护是功在当代、利在千秋的事业"。"在生态环境保护问题上，就是要不能越雷池一步"。生态文明时代的一切发展都应以生态保护为根本，坚持底线思维，坚持最严格的生态环境保护制度，维护国家生态安全。《指南（试行）》将原来平行展开的生态、农业、城镇三类功能区评价，延续2019年11月版，首先开展生态保护重要性评价，再在其评价结果上，开展农业和城镇的适宜性评价和规模测算。在有限识别生态保护极重要区基础上，综合分析农业生产、城镇建设的合理规模和适宜等级。生态保护成为严格的约束性条件，成为"双评价"技术流程的首要部分，成为农业生产空间和城镇建设空间的评价基础和根本条件。

（2）结合需求增补评价

《指南（试行）》将农业生态进一步细化为种植业、畜牧业和渔业，在空间适宜性等级评价基础上增加了农业、城镇承载规模的测算，进一步明确了综合分析和成果应用的方向。以问题为导向，充分考虑各类资源环境要素，结合定性定量，客观地评价区域资源禀赋与环境条件，有针对性地提出增补评价内容。

---

① 自然资源部办公厅关于印发《资源环境承载能力和国土空间开发适宜性评价指南（试行）》的函（自然资办函〔2020〕127号）[Z]. 自然资源部办公厅，2020-1-19.

5.2.2.4　承载力评价：湖南省临湘市案例

湖南省临湘市是国家发改委、原环保部牵头的四部委"多规合一"28个试点之一。广州市城市规划勘测设计研究院是临湘市"多规合一"工作的主要编制单位，并在"资源环境承载力与生态保护红线专题研究"中联合广州市地理所的技术力量，就资源环境承载力与生态保护红线划定展开了技术探索。

该研究以2013年为基期年，在收集整理规划区内自然、社会、人口、经济等方面的资料和基础地理空间数据的基础上，进行现有生态因子调研和分析，主要包括地形、地貌、地质、气候、水文、土壤、生物、大气环境质量、水环境质量、景观、社会、经济、文化等，充分了解区域的生态系统结构、生态过程、生态潜力与制约因素，识别生态保护的重点区域，初步确定生态保护红线划定的重点范围。在对临湘市现状土地资源、水资源及其环境质量进行分析评价的基础上，结合生态承载力分析，得出临湘市资源环境承载力情况。

1）土地资源承载力

土地作为经济社会发展和环境的承载体，其承载力研究不应局限于耕地，还应包括人类的各种社会、经济活动，如城市规模、经济产值、交通规模、土地的纳污能力等。鉴于土地资源承载力研究的多样性，本研究选择从土地—粮食—人口的视角来评估土地资源承载力。通过可利用土地资源辨识评价临湘市剩余或潜在可利用土地资源对未来人口集聚、工业化和城镇化发展的承载能力，计算结果对可利用土地资源进行丰度分级。再从临湘生态环境的实际情况出发，选择适宜的评价指标体系，对城市用地的增长潜力进行分析。最后进行土地生产潜力测算。以联合国粮农组织建立的农业生态区法为主，另外结合了迈阿密模型、太阳辐射产量修正法等来计算作物的气候生产力。

2）水资源承载力

水资源人口承载力研究是一个复杂的系统，需要考虑人口、经济、环境和水资源等，是通过经济合理、技术可行的措施，在流域（或水系）地表水资源量中，可供河道外生活、生产、生态用水的一次性最大水量（不包括回归水的重复利用）。确定长江水系地表水资源可利用率按30%，据此估算临湘市多年平均地表水资源可利用量。在此基础上计算水资源可承载的最大人口数，即在满足用水约束条件下的水资源人口承载力。具体而言，首先建立用水供给需求约束，供水量要大于等于需水量。其中，用水需求约束包括农业用水需求约束、工业用水需求约束、生活用水需求约束及环境用水需求约束。供水量首先要满足经济社会发展的需要，即满足工业需水量、农业需水量及环境需水量。由于模型所计算的是水资源人口承载力，即水资源所能够承载的人口数量的极限值，因此未来供水量必须大于未来实际人口数所需要的供水量，未来实际人口数是按照一定的增长率进行估算的。然后，将总供水量的剩余部分全部用作水生活用水，再以一定的人均生活用水量为标准来计算人口的数量，即得到在一定供水量前提下的人口数量的极限值，也就是水资源人口承载力。

3）环境容量评估

该研究的环境容量包括大气环境容量承载指数和水环境容量两项指标，通过大气和水环境对污染物的容纳能力来反映环境容量的大小。环境容量研究采用A-P值法中的A值法和P值法分别确定总量控制区允许排放量（容量）和总量控制区内各个功能分区的点源允许排放量（容量）。水环境容量研究为了使环境容量的对象更加明确，把水环境容量与在该水功能区排污的镇区对应起来，计算出各镇区水体的环境容量。如按水环境目标分类，可分为自然水环境容量和管理水环境容量。前者以污染物在水体中的基准为水质目标，则水体的允许纳污量称为自然水环境容量，它反映的是水环境容量的客观性；后者以污染物在水体中的标准值为水质目标，则水体中允许纳污量称为管理环境容量。

此外，还利用生态足迹原理和模型对临湘市2012年土地生态承载力进行分析，分析临湘市社会经济的发展对生态足迹的驱动作用，为临湘市的可持续发展提供依据及参考。

临湘市资源环境承载力的研究重点针对土地资源、水资源、大气环境、水环境、生态资源展开，分别选取发展变量和制约变量组成发展变量集和制约变量集，并将发展变量集的单要素与相对应的制约变量集中的单要素相比较，得到相应资源承载力、环境容量和生态承载力。最后，在生态环境现状调查的基础上，充分考虑临湘市主要生态环境问题及原始驱动力，展开敏感性分析，并在单因子分析的基础上，对整个规划区的生态系统敏感性进行综合性评价。

5.2.2.5 适宜性评价：汶川灾后重建案例

《指南（试行）》中提到为充分体现不同空间尺度和区域差异，应合理确定评价内容、技术方法和结果等级。下位评价应充分衔接上位评价成果并结合本地实际，开展有针对性的补充和深化评价。在实践中，由于各地经济发展情况、自然环境与资源条件各不相同，因此不能一味复制其他地方的经验，而是应该在充分的现状摸查与实际调研中，灵活地挖掘地方特色要素，充分认识地方发展限制条件，从而在充分衔接上位结果的同时，因地制宜地调整和优化评价内容和技术方法。

2008年5月12日14时28分，四川汶川发生里氏8.0级特大地震。地震所造成的破坏是毁灭性的。震后，广州市迅速投入到汶川县城的恢复重建工作中来。广州市城市规划勘测设计研究院参加编制《汶川县县城（威州镇）灾后重建总体规划》，2008年8月10日赴灾后汶川现场，11月总体规划通过四川省建设厅组织的专家评审，汶川县城成为第一个完成灾后总体规划的县城。地震使原本脆弱的县城生态环境受到极大的破坏，面临着滑坡和泥石流等次生灾害的威胁。资源环境承载力评价作为影响地区重建的关键要素，是影响该地区发展规模的重要因素，也是用地空间布局的重要依据。这使得灾后恢复重建工作将重点充分考虑资源和环境承载能力，充分考虑灾害和潜在灾害威胁。

1）以重建条件适宜性评价为核心

地震造成原本已经极度紧张的城市建设用地进一步减少，如何在用地紧缺的条件下尽快实现县城功能的基本恢复、为县城重建提供足够的建设空间，成为制约城市重建的关键问题。此外，县城重建还面临着如何协调近期重建和远期发展的两难抉择。

基于地质条件和灾后重建的特殊情况，汶川的总体规划以资源环境承载力为基础展开。通过震后灾损调研，开展用地受损、公共服务设施灾损、道路与基础设施灾损、建筑灾损、地质灾害隐患评估等基础工作，形成详实的震后灾损报告。具体的评价要素以自然地理环境、地质条件和次生灾害危险性、人口经济基础等评价为基础。在影响汶川县城重建的众多要素中，起到主导作用的是用地条件评价，即评判哪些是适宜建设的土地，从而按照生活标准相应推测出可以容纳的人口数量。评价成果对灾区进行重建条件适宜性分区，明确适宜、适度和生态重建的区域范围，提出产业发展导向的建议并测算灾区人口的合理容量。

2）用地适宜性评价的内容

（1）用地适宜性评价

用地适宜性从灾后地质评估情况和安全角度，将汶川县城所在地区的用地划分为适宜区、基本适宜区以及适宜性差地区：适宜区为可直接进行建设的用地区，基本适宜区为需要进行一定的地质安全处理后才能建设的用地区，适宜性差地区为基本不能进行工程建设的地区，一般将适宜区和基本适宜区作为城市建设用地。分析发现，汶川县城因地震损毁不适宜建设的区域仅占原县城总建设用地的6%，大部分用地通过地质加固都可以用于恢复重建（图5-2）。

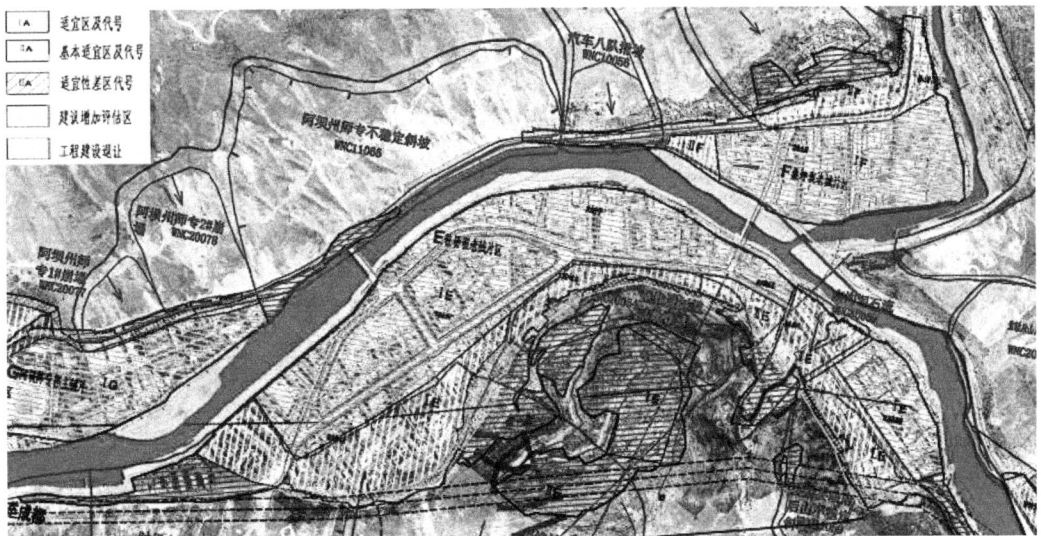

图5-2　汶川县城部分地区用地适宜性评价图
资料来源：《汶川县县城（威州镇）灾后重建总体规划》

（2）用地适宜性叠加分析

从城市规划和工程建设角度，需要进一步对用地适应性评估的结果进行修正，主要交由地质勘测部门进行工程建设安全退让距离划分[①]、划定地震断裂带和其禁建区域，以及进行地质评估的核查排险等细化工作。在此过程中，可以找出一些较为安全的备整土地，并及时将这些用地反馈到对口援建部门，以同步推进首期援建项目尽快动工建设。近期在适宜区内进行重建，远期可考虑基本适宜的地区，并且应进行相关防灾减灾措施建设，适宜性差的地区绝对禁止开发建设。

（3）用地适宜性结论

根据对地质用地适宜性的修正评估，得出震后县城所在区域可建设用地约为2.75km^2（包括雁门、七盘沟等原县城未建设的土地），地震断裂带和工程安全退让损失的建设用地为0.96km^2，建设用地灾损率为29.1%，满足近期县城重建的可建设用地总计为1.83km^2，其中原县城基本上都为适宜建设区与基本适宜建设区。

5.3　资源价值分析

"自然生态是有价值的"，包括为维护生态安全提供的生态服务功能价值，也包括为人们提供优质生态产品和优美景观感受的生态环境价值。基于此，对资源提出生态价值分析、景观价值分析两种方法，生态价值分析重点识别对生态系统保护具有重要意义的自然资源与空间，景观价值分析重点识别代表地方景观特征的优质自然景观资源。

5.3.1　生态价值分析

2014年，根据《广东省人民政府关于在全省范围内开展生态控制线划定工作的通知》的部署与要求，广州市组织编制《广州市城市生态控制划定工作方案》，由广州市城市规划勘测设计研究院作为编制单位。本次规划探索了非建设用地的"多规融合"，依托广州市"三规合一"工作基础，落实《广东省城市生态控制线划定工作指引》要求，采用"同编共用、上下协同"的工作方法，多轮对接各部门和各区，整合4大类、28小类生态要素，衔接相关规划和建设项目，与原环保部门的生态保护红线、林业部门的林业生态红线、水务部门的蓝线实现同编共用，实现了生态控制线从图上画（多条线）到地上划（一条线）的转变。

① 按照建设用地范围退让山体10～20m，作为工程建设安全距离要求。

广州市自然资源的生态价值评估，以协同开展生态保护红线与生态控制线工作为基础，按照"识、评、落、合"的技术路线，对不同类型生态资源空间叠加识别，判定广州市的生态功能重要区。识别广州市市域范围内所涉及的国家、广东省已划定的禁止开发区、重点生态功能区、生态敏感/脆弱区及其他生态保护地区；分析广州市生态系统服务极重要区及生态极敏感区，得到生态功能重要区界线；识别市域内自然保护地，将自然保护地与生态功能重要区合并叠加，最终确定广州生态功能价值区（图5-3）。

5.3.1.1 生态功能价值评估

结合广州市实际情况，开展广州市生态系统服务功能重要性评价、生态敏感性评价，包括水源涵养功能重要性评价、土壤保持功能重要性评价、防风固沙功能重要性评价、生物多样性保护功能重要性评价、水土流失敏感性评价、土地沙化敏感性评价、石漠化敏感性评

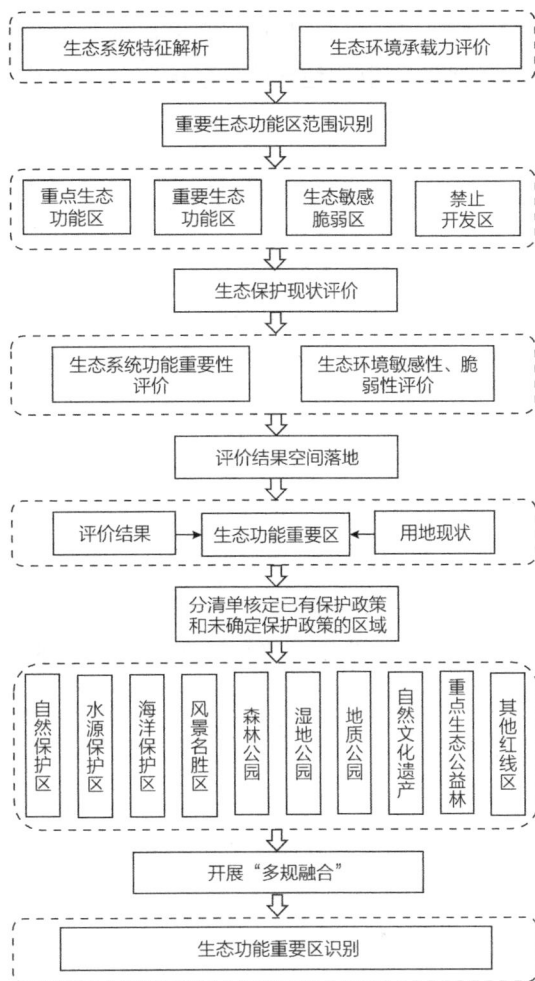

图5-3 广州市生态功能价值区识别的整体技术路线
资料来源：《广州市城市生态控制划定工作方案》

价等。全国范围评价结果显示，广州市不涉及防风固沙功能极重要区、土地沙化极敏感区、石漠化极敏感区，因此广州市具体开展水源涵养功能重要性评价、土壤保持功能重要性评价、生物多样性保护功能重要性评价和水土流失敏感性评价。

综合获取数据的精度及兼顾生态系统评价的尺度效应，以250m网格作为基础评价单元，将多年平均年降水量等数据进行空间插值，并对基础评价单元采用最大最小值法归一化到0~1之间进行赋值，再通过基于降水和蒸散的水量分解模型法等模型计算，得到单项评价结果。对于重要性评价，通过地理信息系统叠加处理得到生态系统服务总值，采用分位数法将区域划分为4个重要性等级，包括一般重要、中等重要、重要、极重要，将极重要划定为生态功能系统重要区。

对于生态敏感性评价，对以水动力为主的水土流失敏感性进行评价，根据原国家环保总局生态功能区划技术规范的要求，并结合研究区的实际情况，选取降水侵蚀力、土

壤可蚀性、坡度坡长和地表植被覆盖等评价指标，并根据研究区实际对分级评价标准作相应的调整。利用地理信息系统软件，采用自然分界法和定性分析相结合的方式，将生态敏感性评价结果分为不敏感、一般敏感、敏感、极敏感四个级别。

5.3.1.2　生态功能重要区识别

1）重要自然保护地分析

2019年7月，中共中央、国务院印发了《关于建立以国家公园为主体的自然保护地体系的指导意见》，要求整合优化现有各类自然保护地，形成以国家公园为主体、自然保护区为基础、各类自然公园为补充的自然保护地分类系统。2019年11月，国办印发《关于在国土空间规划中统筹划定落实三条控制线的指导意见》，要求将自然保护地评估后划入生态保护红线。

广州在2015年协同划定生态保护红线、生态控制线的过程中，环境保护部、国家发改委联合印发了《关于贯彻实施国家主体功能区环境政策的若干意见》（环发〔2015〕92号），要求"将国家级自然保护区的全部、国家级风景名胜区、国家森林公园、国家地质公园、世界文化自然遗产等区域的生态功能极重要区纳入生态保护红线"。广州经综合考虑，整合生态功能价值高的自然保护地，划定生态功能重要区，纳入生态保护红线。这类自然保护地包括饮用水源一级保护区、省级及以上自然保护区、省级及以上风景名胜区的核心景区、省级及以上森林公园的核心区、省级及以上地质公园、省级及以上湿地公园的一级保护区。

2）识别优质资源，划定生态功能重要区

根据空间叠加分析，基于生态功能重要性评价与生态敏感性评价，将生态功能极重要区、生态极敏感区划定为生态功能重要区，将生态价值高、生态功能重要、生态高度敏感的自然保护地，纳入生态功能重要区。划定的广州市生态功能重要区，集合了对广州生态安全有重要价值的优质生态资源，以及自然保护区、森林公园、风景名胜区等优质生态产品。

5.3.2　景观价值分析

"广州大地景观研究"，是"面向2035"广州城市总体规划重要专项——"广州总体城市设计"的专题，于2017年由广州市城市规划勘测设计研究院编制。项目以塑造广州依山、沿江、滨海的风貌特色为指导，运用景观特征评估方法，从宏观层面研究和提炼广州大地景观特色要素，构建广州岭南山水大地景观框架，提出大地景观分区发展策略，策划一批示范性大地景观项目，提出实施性的景观规划设计导引，为各区细化落实城市景观风貌特色提供指导。

广州开展大地景观规划研究，目的在于为保护广州区域景观特色、保护和利用多重价值资源、引导城市发展建设方向、组织城市结构等提供技术支撑。广州大地景观规划研究，主要采用景观特征评估方法，研究广州大地景观资源特色，构建大地景观总体框架和进行分区管控，以便实现实施性的设计导引。

5.3.2.1　景观特征评估方法（LCA）

景观特征评估LCA技术始于英国，主要应用于欧洲，从20世纪90年代发展至今，英格兰、威尔士和苏格兰当局不仅开创了"景观特征""景观特征区""景观特征评估"等相关名词，同时成功地使景观特征评估以一种政策工具广泛应用于区域发展、城市规划、土地利用、自然和景观保护、部门资源规划和可持续发展影响评估等方面。

该方法系统地分析了影响当地景观特色的要素，并建构了景观特色的评价体系与评价内容，涉及土地利用方式、地质、土壤、水文、植被、景观边界与肌理、农业、主要物种及其栖息地、聚落、历史、游憩、可达性等维度。

景观特色评价方法基于对现状景观的分类和描述，生成景观特征地图，分析可能出现的变化，对景观进行评价。景观评价不仅包括景观特征，还涉及景观环境容量、景观价值、景观敏感度、景观质量等。

最后，根据预测到的潜在景观变化情形做出评价结论和辅助决策，确定每个景观类型或区域的发展目标，如保护和保持、强化（通过新要素的介入或现状要素的改变）、恢复、创造（新景观特征）等。

景观特征评估可以指导独立的规划建设及管理决策，在英国区域规划、结构规划和地方规划中，主要有以下3种形式。

用于直接的政策规定：要求开发建设必须与所在地区的景观特征一致，将与景观特征成果及相关的实施导则一同解释开发建设的要求。

作为附属文件或规划导则：主要针对景观中的聚居环境和开发建设，为随后的开发控制提供支撑信息。

形成景观政策分区：形成的景观策略图或景观政策分区将作为规划政策及开发控制的决策基础。如英国景观特征地图将英格兰分为159个景观特色区域，展现了国家尺度上景观特色的多样性。

5.3.2.2　LCA方法挖掘特色的景观资源

1）分析方法

基于国外案例研究和对国内香港应用的借鉴，广州针对大地景观研究建立了景观特征评价体系。从宏观层面研究广州大地景观资源特色，构建大地景观总体框架和分区管控，从而实现实施性的设计导引（图5-4）。从生态、自然地理、人文历史等角度

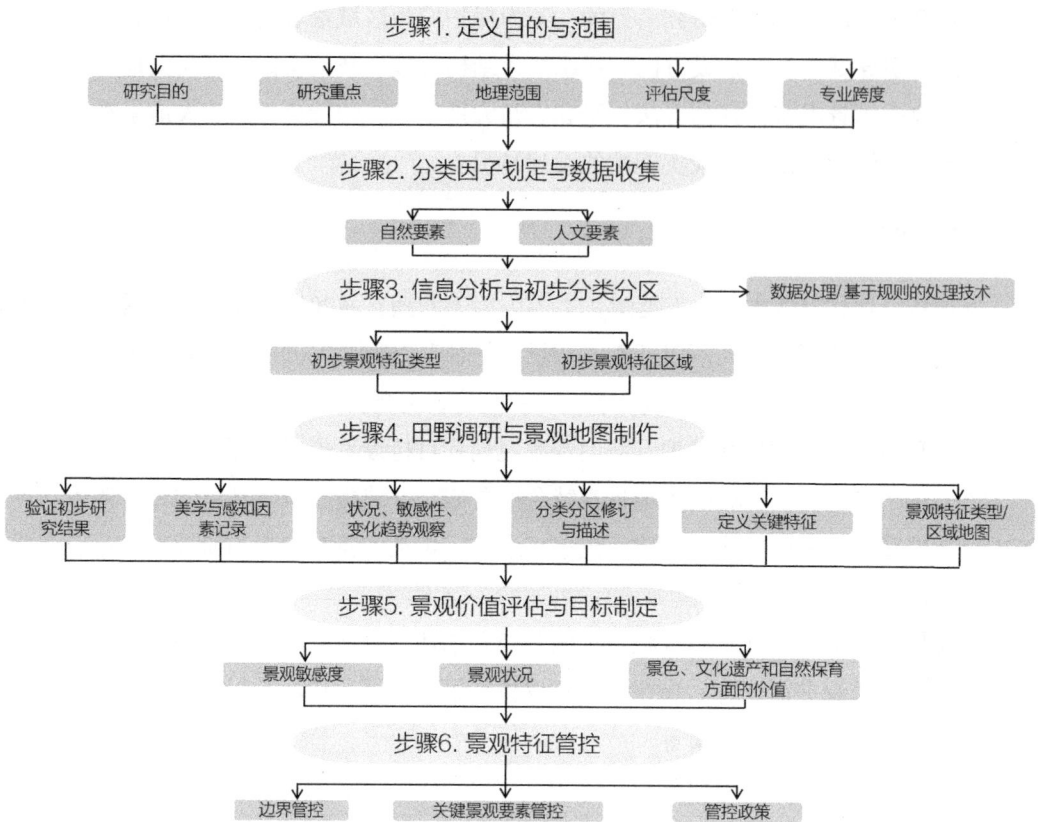

图5-4 广州大地景观特征分类的研究框架
资料来源:《广州大地景观研究》

研究分析广州大地景观特色,运用景观特征评估方法,识别广州大地景观特征类型及其空间分布,形成大地景观特征地图。景观特征评估工作体系以"无价值观的景观特征分类—基于景观分类之上的景观价值评估—基于特定政策目标的景观特征管控"的逻辑展开。

数据库建立:基于自然和人文因子的GIS数据,进行因子叠加分析,航片判读结合GIS图层信息构建数据库。

初步景观特征分区/分类:针对建立的景观地理信息数据库,寻找具有最多共性的区域边界,以此作为景观特征初步分类分区的依据。

田野调研与景观地图制作的客观分析:通过田野调研对景观进行主客观平衡的科学分类分区,通过景观生态安全格局、通风廊道、生态廊道等分析,以客观标准比较区域性差异。景观特征评价固然通过主观描述详实地呈现了区域性的景观特色,也以调查、分区结果作为景观规划的基础,但美中不足的是,评价中重视描述性的景观特征,缺乏客观的标准以比较区域性差异。因此,需要加入田野调研和景观地图制作的验证与相关准则识别特征，进行进一步景观特征类型划分。

2）识别优质景观资源，明确资源分类分区

特色类型资源的划分，是构建景观特征评价体系的重要基础。基于对现状景观的分类和描述，生成景观特征地图。分析可能出现的变化，对景观进行评价。提炼出山、水、林、田、岛的特色要素。

这一阶段基于景观地理信息数据库完善资料名录，针对如地形地貌、水文特征、土壤、生物栖息地、植被类型、气候等自然要素以及土地利用、道路与街道模式、聚落形态、历史等人文要素进行初步分析，通过数据处理分析景观分类规则，得出初步的景观特征类型，并划定初步的景观特征区域。

首先对建立的景观地理信息数据库的数据进行叠加分析，以及对带分类选取条件的数据进行处理，寻找具有最多共性的区域边界，以此作为景观特征初步分类分区的依据。得出初步的分区后，对初步形成的景观特征类别进行共性描述和概括。分析地形、水文、土壤、生物、植被、气候六类自然因子。

其次分析土地利用、建筑、农田、基础设施、历史文化、产业六类人文因子。

通过自然和人文要素特征初步分析，可以总结初步的景观特征和特征区域（表5-6）。

表5-6 片区级和地区级景观特征类型分布

地区级景观特征类型	主要分布地区	片区及景观特征类型
山地丘陵景观（M）	从化、花都北部、增城北部、中部白云山-帽峰山	高山山地景观（MM）
		中低山森林景观（ML）
		山谷景观（MV）
		高地平原景观（MH）
		山地河谷景观（MR）
平原郊野景观（P）	花都西部和中部、增城中南部、南沙北部	山前平原景观（PH）
		滨海平原景观（PW）
城乡边缘景观（R）	白云北部和西部、番禺东部、南沙西南部	城市周边村镇景观（RC）
		城市边缘住宅景观（RR）
		交通走廊景观（RS）
		主题公园景观（RP）
		空港景观（RA）
		港口景观（RG）

续表

地区级景观特征类型	主要分布地区	片区及景观特征类型
城市景观（C）	越秀、天河、海珠、黄埔、白云中部和东部	中央商务区景观（CC）
		历史城区景观（CH）
		市区滨水景观（CB）
		住宅商业综合景观（CR）
		郊区市镇景观（CS）
		科教和产业园区景观（CI）
沿岸水域景观（W）	珠江水域、江心岛、南沙滨海水域和湿地	珠江水域景观（BP）
		江心岛屿景观（BI）
		海岸湿地景观（BW）
		滨海水域景观（BS）

进行景观生态安全格局分析，通风廊道、景观生态廊道分析，总结景观特征类型：在特征上相对一致的特定的景观类型，具有广泛均匀的地形、植被、土地利用和城市定居模式的通用区域。并构建分类准则，将景观特征类型划分为5个地区级和22个片区级景观特征类型（图5-5）。

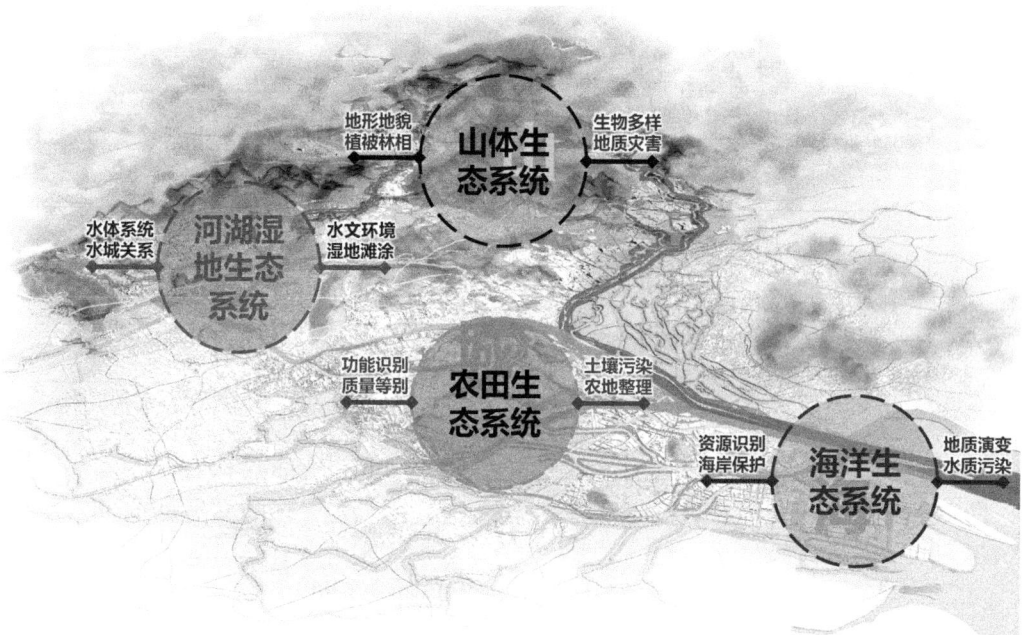

图5-5　广州市大地景观特征结构图

基于景观特征类型分析，识别广州大地景观的特色要素：从化–花都连绵山地景观、流溪河古驿道百里画卷、山水城相融的都市景观、江心岛屿、沙田农业、珠江三大口门和滨海湿地。特色要素的识别是广州城市风貌特色塑造的基础，为各区细化落实城市景观风貌特色提供研究指导。

5.4　边界的划定

5.4.1　生态保护红线与生态控制线的划定

5.4.1.1　生态保护红线<生态控制线

生态控制线概念首次提出，源于深圳市在2005年出台的《深圳市基本生态控制线管理规定》，其目的在于防止城市建设无序蔓延，保障城市生态系统安全，促进城市建设可持续发展。2009年，东莞市借鉴深圳经验，出台《东莞市生态控制线管理规定》，加快推进东莞经济社会双转型。2013年10月，为大力推进广东省生态文明建设，广东省政府结合正在开展的"三规合一"规划工作，要求在全省范围内开展生态控制线规划探索，印发《广东省人民政府关于在全省范围内开展生态控制线划定工作的通知》（粤府函〔2013〕202号），组织19个地级以上市政府（不含深圳、东莞）开展生态控制线划定工作。2014年7月，广东省住建厅印发《广东省城市生态控制线划定工作指引》，明确生态控制线由4大类28小类生态要素构成，实施一、二级分级管制。之后，省内共有不到10个城市完成了生态控制线划定工作，广州从2014年起，开展生态控制线划定工作，之后进一步研究生态控制线综合保护利用，再到研究划定生态功能单元，持续推进了从划定到管控的一系列生态空间规划工作。佛山于2014年启动生态控制线工作，完成初步成果之后，将其纳入控规，作为区域绿线进行规划控制，但因具体实施难度，最后不了了之。

2013年11月，党的十八届三中全会《中共中央关于全面深化改革若干重大问题的决定》明确指出："划定生态保护红线。坚定不移实施主体功能区制度，建立国土空间开发保护制度。"生态保护红线由此被提升为国家战略。2014年1月，原环保部印发《国家生态保护红线—生态功能基线划定技术指南（试行）》，该指南成为我国首个生态保护红线划定的纲领性技术指导文件。广州市于2012年9月被原环保部确立为第一批先行开展环境总规编制的12个试点城市之一，《广州城市环境总体规划（2013—2030年）》在2013年10月全面启动，该项工作的核心内容之一便是划定生态保护红线，最后形成了"两线协同"的共识：将生态控制线28类要素中生态服务重要性较高的9类要素抽取出来，作为生态保护红线（只包含陆域生态系统，是目前国土空间规划中生态保护红线的

"前身"），保持生态控制线一级管制区与生态保护红线的规模、边界一致。

5.4.1.2　划线的技术方法——以广州生态控制线规划为例

广州从2000年以来开展了大量城市生态空间规划工作，始终坚持生态保护与城市发展的互动，城市生态结构不断延续，重要生态要素得到长期保护，并逐步推动生态空间边界的细化、落地和立法保护。主要有3个阶段：在2000年前后，广州开展了战略规划，提出构建"山、城、田、海"山水型生态城市的战略目标和"三纵四横"的区域生态廊道，随后的城市总体规划及绿地系统规划等提出了更加具体的生态城市建设目标及区域廊道划定方案；从2010年开始，广州在城市总体规划修编及"三规合一"的工作过程中，整合重要生态用地，提出生态控制线，尝试明确城市生态空间的边界管控；2014年以来，根据国家、广东省关于生态空间划定的有关要求，市属相关部门陆续开展了多项划线工作，包括城市生态控制线、生态保护红线、林业生态红线和生态廊道控制线等。

广州从2014年起开始组织编制《广州市生态控制线划定工作方案》，2016年1月15日，广州市政府批复并下发了《工作方案》，并要求由各区政府按照《工作方案》组织编制本区生态控制线图则。原广州市国土资源与规划委员会在《工作方案》的基础上，组织开展了《广州市城市生态控制线规划》，由广州市城市规划勘测设计院继续跟进规划编制工作。

《广州市城市生态控制线规划》以市、区两级联动的生态控制线编制为牵引，重点与原环保部门，以及同时与发改部门、林业部门等开展写协同编制，探索广州市域生态空间边界的协同划定方法，推动建立各部门在生态要素整合、生态空间结构引导、边界划定等方面的协同实施架构。

1）统一评估基础，明确生态功能重要区

广州生态控制线的生态评估，与原环保部门的生态保护红线共同推进，采取的技术方法与国家目前颁布的"双评价"方法是通用的。对市域进行生态系统服务重要性评估、生态敏感性与脆弱性评估，叠加重要自然保护地分析，确定共同的生态功能重要区域，是开展边界划定工作的统一基础。

2）统一管控要素，明确资源的分级分类

广州市的生态控制线，重要的基础是对各类生态资源的评估、梳理、整合，将重要生态资源纳入管控边界。这项工作完成在自然资源部成立之前，是根据地方管理需求开展的全域非建设用地"多规融合"梳理。工作据《广东省城市生态控制线划定工作指引》展开（下称省工作指引），省工作指引将对城市生态保育、隔离防护、休闲游憩等有重要作用的生态区域，以及具有生态、生产功能的农林渔业等垦殖生产用地纳入生态控制线范围，并划分为生态保育用地、休闲游憩用地、安全防护用地、垦殖生产用地四大类用地，每大类用地又分别划分为若干小类。同时根据生态功能重要区，确定生态保护重要性程度，实施分级管制。

（1）生态保育类要素

指具备较为完整的生态系统，维护自然生境基本生态安全的区域，包括自然保护区、水源保护区、区域主干河流及堤围、大型湖泊及沼泽、水库及水源林、生态公益林区、重要湿地及其保护范围、具有重要生态保护价值的岛屿及群岛、生态滨海岸线及防护区、其他重要生态保护区10个小类（表5-7）。

表5-7 生态保育用地分级分类划定要求及管理主体一览表

小类	含义	划定要求	管制分区	管理主体	主要用地类型
自然保护区	是指对具有代表性的自然生态系统、珍稀濒危野生动植物物种的天然集中分布区、有特殊意义的自然遗产等保护对象所在的陆地、陆域水体，依法划定并予以特殊保护和管理的区域。自然保护区应划定核心区、缓冲区和实验区	已经设立和规划设立的县级以上自然保护区，均应划入	市级及以上自然保护区纳入一级管制区，其余纳入二级管制区	环保、林业、海洋渔业	E2、E1
水源保护区	是在河流、水库的上游、源头及周边地区，为稳定洪、枯水量，保护水质而划定的保护区域。水源保护区应划定禁戒区和限制区，并划出一定范围的涵养林区。上游河段、源头地区以及承担区域供水的水源保护	已划定和规划划定的一级水源保护区应划入，二级水源保护区、准水源保护区，也可划入	一级水源保护区纳入一级管制区，其余纳入二级管制区	环保、水利	E1、E2
主干河流及堤围	主干河流是指集水面积在100km²以上的河流主干和一、二级支流主干的河流泄洪通道与出海口。主干堤围是指三级及以上（或捍卫1万亩以上耕地）的江、河、海重点防洪大堤	省内重点防洪大堤和五大联围（珠江、韩江、榕江、南渡江、漠阳江、鉴江干流各联围外水道和磨刀门等），均应划入。其他对供水、航运、泄洪和防洪有重大意义的河流及堤围，也可划入	省内重点防洪大堤和五大联围纳入一级管制区，其余纳入二级管制区	水利	E1、E2、E9、U3、H3
大型湖泊及沼泽	湖泊和沼泽均为自然界典型的水生态系统和景观。湖泊是积水多、水域深广的洼地，既有蓄水、滞洪、调节气候、提供动植物栖息地的作用，又具有较高的景观美学价值。沼泽是地表常年过度湿润或者薄层积水的洼地，具有纳洪、补充地下水和过滤的作用，也是野生生物的重要栖息地	省内目前尚存的50hm²以上的大型湖泊、沼泽，均应划入	纳入二级管制区	水利、海洋渔业	E1、E9

小类	含义	划定要求	管制分区	管理主体	主要用地类型
水库及水源林	总库容在0.1~1亿立方米的中型水库和总库容在1亿立方米以上的大型水库,是区域防洪、灌溉、供水或发电的主体和骨干,也可以成为有观赏价值的人工景观	全省具有重大蓄滞洪水、灌溉和后备水源作用的骨干大、中型水库及周围第一重山的水源林,均应划入,小型水库及水源林也可划入	全省性重要水源林纳入一级管制区,其余纳入二级管制区	水利、林业	E1、E2、E9
生态公益林	以生态效益和社会效益为主体功能,以提供公益性、社会性产品或者服务为主要利用方向,并依据国家规定和有关标准划定的森林、林木和林地,包括防护林和特用途林	国家级、省级生态公益林应当划入。市、县级生态公益林也可划入	省级及以上生态公益林区纳入一级管制区,其余纳入二级管制区	林业	E2
重要湿地及其保护范围	主要为自然湿地,是指沼泽、泥炭地或低水位时水深不超过6m的水域,可分为沿海湿地和内陆湿地。沿海湿地包括红树林湿地、河口三角洲湿地、浅海湾潟湖湿地、海滩湿地、小岛屿湿地、咸水湿地等	各类列入省内重要的内陆湿地和沿海湿地及其保护范围必须划入,其余湿地也可划入	市级及以上湿地保护区纳入一级管制区,其余纳入二级管制区	环保、林业、水利、海洋渔业	E1、E2、E9
岛屿及群岛	根据《联合国海洋法公约》,岛屿是指散布在海洋、江河或湖泊中的四面环水、并在高潮时露出水面的、自然形成的陆地区域,彼此相距较近的、成群的岛屿称为群岛	无居民岛屿及群岛根据规划及实际使用情况划定生态控制线,具有生态保护价值的岛屿及群岛应部分或全部划入	无居民岛屿及群岛原则上全部纳入一级管制区,其他纳入二级管制区		E2、E9
生态滨海岸线及防护区	岸线是水陆交互作用的地带,包括海岸线(滨水线)向陆海两侧扩展一定宽度(一般是离岸线向陆侧延伸10km,向海到15km水深线)的区域。为防止风暴潮和台风的袭击,滨海一般建有防护林	自然生态岸线和重要的水产养殖岸线,以及沿海防护林带,应划入。主要的海湾及海湾沿岸绿带应根据规划、具体用地及建设情况,部分或全部划入	纳入二级管制区	国土资源、海洋渔业、环保、林业、水务	E1、E2、E9
其他生态保护区	经科学评估分析,需要进行生态保育的生态敏感区、脆弱区等其他生态保护区	依据相关规范性文件、相关规划等,结合生态系统服务重要性评价、生态环境敏感性、脆弱性评价,其他生态环境敏感、脆弱,且具有重要生态保护意义,需要进行生态保护的区域	生态敏感性极敏感区和高度敏感区纳入一级管制区,其他纳入二级管制区	环保、国土资源、林业	E2、E1、E9

资料来源:《广州市城市生态控制线规划》

（2）休闲游憩类要素

指兼具生态保护、保育功能，经适度的规划建设，供人们观赏、休闲、游憩、娱乐的园林绿化与生态旅游用地，包括自然公园（风景名胜区、森林公园、郊野公园、地质公园及地质地貌景观区、湿地公园、海岸公园）、大型城市公园（综合公园、专类公园）、生态旅游度假区等9个小类（表5-8）。

表5-8　休闲游憩用地分级分类划定要求及管理主体一览表

小类		含义	划定要求	管制分区	管理主体	主要用地类型
自然公园	风景名胜区	是指具有观赏、文化或科学价值，自然景物、人文景物比较集中，环境优美，具有一定规模和范围，可供人们游览、休息或进行科学、文化活动的地区	经设立和规划设立的风景名胜区均应纳入	省级以上自然公园原则上纳入一级管制区，但园区的大型基础设施、旅游配套设施纳入二级管制区	城乡建设、园林、旅游	E2、E1、H9
	森林公园	是指森林景观优美，自然和人文景观集中，具有一定规模，可供人们游览、休息或进行科学、文化、教育活动的场所。森林公园多由原始森林改造而成，改造工程以不破坏自然景观为准则	所有已设立和规划设立的森林公园均应纳入		林业、城乡建设、园林	E2、E1、H9
	郊野公园	是指位于城市边缘或近郊区的风景点、旅游点，具有较丰富的活动内容，设施安全、完善，以大型公共绿地为主的场所。经设立和规划设立的郊野公园均应纳入生态控制线范围。湿地公园，是指纳入城市绿地系统规划的、具有湿地的生态功能和典型特征的、以生态保护、科普教育、自然野趣和休闲游览为主要内容的公园	所有经设立和规划设立的湿地公园均应纳入		城乡建设、园林、林业	E2、E1、H9
	地质公园及地质地貌景观区	是指在地球演化的漫长地质历史时期形成、发展并遗留下来，有重要科学研究价值和观赏价值的奇特地质地貌景观的分布区，如丹霞地貌、古海蚀遗址等	所有为保护地域内的各种自然资源及相关地质、生态资源等而划定的地质公园或地质保护区、地质地貌景观区，均应纳入		国土资源、园林、旅游	E2、E1、H9

续表

	小类	含义	划定要求	管制分区	管理主体	主要用地类型
自然公园	湿地公园	是指纳入城市绿地系统规划的、具有湿地的生态功能和典型特征的，以生态保护、科普教育、自然野趣和休闲游览为主要内容的公园	所有经设立和规划设立的湿地公园均应纳入	省级以上自然公园原则上纳入一级管制区，但园区的大型基础设施、旅游配套设施纳入二级管制区	林业、园林、水利	
	海岸公园	是指作为康乐和保育用途的海岸或近海海域，为保护海洋及海洋资源而划定的海岸公园	所有经设立和规划设立的海岸公园均应纳入		海洋渔业、园林、水务	
城市公园	综合公园	是指为整个城市服务，向公众开放，以休闲、游憩为主要功能而设立的各类公园	10hm²以上的各类城市公园均应纳入	纳入二级管制区	园林	G1
	专类公园				城乡建设、园林、旅游	G1、B3、A2、A4
生态旅游度假区		是指在优美的自然环境和丰富的文化景观环境中，为了向旅游度假者提供良好的生活条件和游憩设施，并配备一定的文娱活动场所而建造的一种新型聚居地。旅游度假区一般位于城市郊区，是城乡居民休闲游憩的重要去处	县级以上生态旅游度假区应纳入	纳入二级管制区	旅游、城乡建设、国土资源	B1、G1

资料来源：《广州市城市生态控制线规划》

（3）安全防护类要素

指为城市（镇）及重大设施设置的防护和隔离区域，具有卫生、隔离、安全防护功能的绿色开敞空间，包括基础设施隔离绿地（高压走廊、大型环卫设施隔离绿地、重大电力、通信、输水、供气等基础设施安全控制区或隔离带、国道、省道、高速公路、快速路沿线的绿化带等）、组团或城市功能隔离带（环城绿带）、自然灾害防护绿地、公害防护绿地4个小类（表5-9）。

表5-9 安全防护用地分级分类划定要求及管理主体一览表

小类	含义	划定要求	管制分区	管理主体	主要用地类型
基础设施隔离带	是指在重大的交通、电力、通信、输水和供气等基础设施两侧一定宽度内或周边一定范围内划定的安全区域或隔离地带	国道、省道、高速公路沿线的绿化隔离带，骨干输水、供气线路，高压走廊保护区，市级以上重大基础设施防护绿地，均应划入	纳入二级管制区	林业、城乡建设、国土资源、交通、市政	G2、H3、S1、S2、U1、U2、U3、U9

小类	含义	划定要求	管制分区	管理主体	主要用地类型
环城绿带（组团或城市功能隔离带）	是指在城镇建成区外围一定范围内，强制设定的基本闭合的绿色开敞空间。组团或城市功能隔离带（环城绿带）具有防止城镇无序蔓延，为相邻城镇或为城乡之间的发展提供缓冲空间，并提供更多的居民休闲游憩场所，以及维护城市生态平衡等多种功能	常住人口50万以上的城镇和连片发展面积超过100km²的城镇密集区应设立环城绿带（组团或城市功能隔离带），并划入生态控制线范围。其他小规模环城绿带或大中城市组团间的隔离带等，也可划入	纳入二级管制区	园林、林业、农业、城乡建设、国土资源	G2、E2、E9
自然灾害防护绿地	是指对自然灾害起到一定缓释作用的绿地，如防风林、防沙林、水体防护林及各类地质不稳定地段的防护绿地。自然灾害防护绿地一般进行植树造林，形成防护林带，有些情况下也保持开敞，如避震疏散场地等	50hm²以上或跨城市行政辖区的自然灾害防护绿地，必须划入，其余自然灾害防护绿地也可划入	纳入二级管制区	林业、城乡建设、国土资源、环保、水务	G2、E2、E9
公害防护绿地	是指对废气、废水、粉尘、恶臭气体、噪声、振动、电磁波辐射、爆炸以及放射性物质等城市公害有一定隔离防护、缓冲作用的绿地。公害防护绿地的防护带宽度，取决于干扰与危害的程度	防护范围覆盖较大区域的公害防护绿地，应划入	纳入二级管制区	环保、消防、林业、城乡建设、国土资源	G2、E2、E9、U2、U9

资料来源：《广州市城市生态控制线规划》

（4）垦殖生产类要素

指兼具生态、生产功能的农林渔业生产用地，包括基本农田保护区、水产养殖场及围垦区、基塘系统、生产绿地、林业生产基地5个小类（表5-10）。

表5-10　垦殖生产用地分级分类划定要求及管理主体一览表

小类	含义	划定要求	管制分区	管理主体	主要用地类型
基本农田	是指为对基本农田（即不得占用的耕地）实行特殊保护而根据土地利用总体规划和依照法定程序确定的特定保护区域	与其他类型区域绿地相关联，对区域城镇空间格局有重要意义的基本农田保护区，必须划入，其他成片基本农田范围也可划入	纳入二级管制区	国土资源、农业	E2

续表

小类	含义	划定要求	管制分区	管理主体	主要用地类型
水产养殖场及围垦区	是指集中连片的稀、优、名、特水产品养殖区以及较大规模的滨海围垦区，不仅具有较强的生产功能，也可作为科学研究和旅游观赏场所	面积达到50hm²以上，集中连片的稀、优、名、特水产品养殖区以及较大规模的滨海围垦区，应划入	纳入二级管制区	海洋渔业、农业、国土资源	B1、U3
基塘系统	是指起源于珠江三角洲的一种由鱼塘及其塘基（堤）组成的传统农业生态系统，包括桑基鱼塘、果基鱼塘、蔗基鱼塘、花基鱼塘等多种类型，其中以桑基鱼塘最为著名，是岭南水乡科学利用低洼积水地的成功典范和特色景观。集中连片的基塘系统，具有重要的生产、科学意义和浓郁的岭南水乡特色	面积达到50hm²以上，集中连片的基塘系统，应划入	纳入二级管制区	海洋渔业、农业、国土资源	E1
生产绿地	是指为城市绿化提供苗木、花草、种子的苗圃、花圃、草圃等圃地	规模达到10hm²以上的生产绿地可纳入	纳入二级管制区	园林、林业、农业	E2
林业生产基地	是指各类商品林业生产基地，包括速生丰产林基地、竹林基地、经济林基地、能源林基地、其他商品林基地等	面积达到50hm²以上，集中连片的林业生产基地，应纳入	纳入二级管制区	林业	E2

资料来源：《广州市城市生态控制线规划》

（5）广州特色生态要素

将广州特色生态资源江心岛、物种资源保护区，纳入生态控制线进行保护。其中，针对江心岛，根据现状条件和生态特点将岛屿分为三类保护控制：严格保护类：未开发建设的岛屿控制为生态用地，实行严格保护，生态恢复；限制开发类：对已进行部分开发建设的岛屿，实行限制开发，低强度利用，除了个别公益性、功能性设施外，不进行房地产开发；优化利用类：对基本开发建设的岛屿，进行存量规划，完善交通及公共服务，注重建设开发过程中的环境治理与保护措施。

3）建立结构引领，构建生态空间网络体系

从城市的发展需求来看，针对生态空间的区界管控，共同的目标是营造利于城市健康发展的生态空间结构，树立生态优先的发展理念，明确城市重要的生态资源本底，从而构建系统性的生态空间网络。

广州整体生态空间结构从2000年战略规划以来不断延续与深化，始终指导生态空间的区界划定与管控规则的制定。在2006年战略规划实施评估后，城市总体规划、生态专

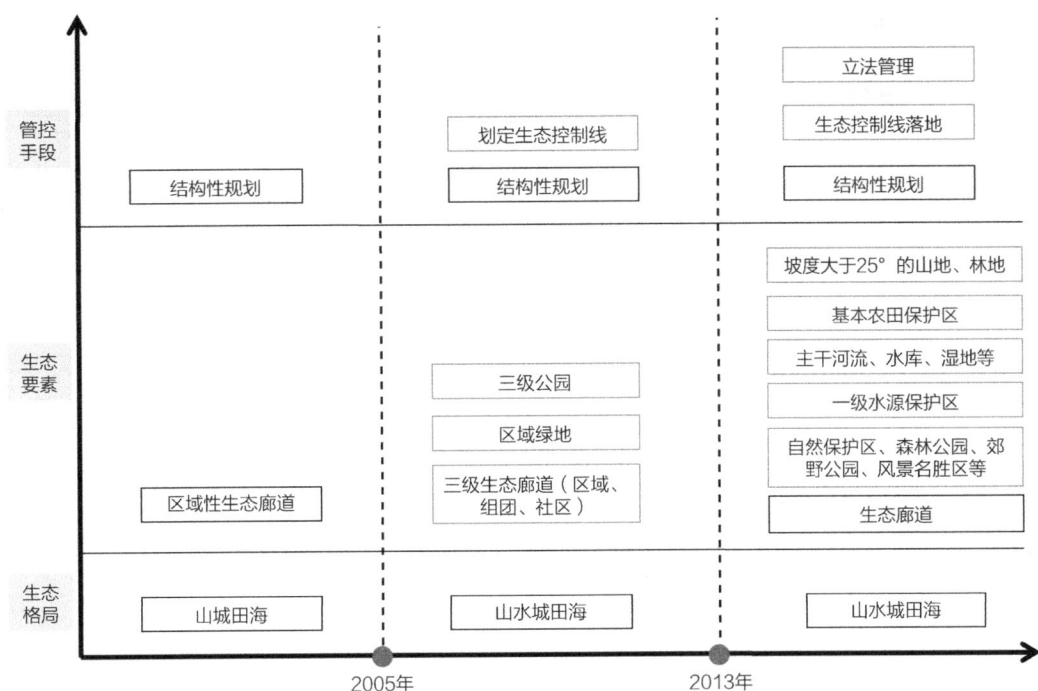

图5-6　广州市生态相关规划工作脉络

项规划等开始了生态控制线的研究。2013年推开"三规合一"工作后，开展了《广州市生态控制线管理规定》的研究工作，同步推动划线与立法工作（图5-6）。

广州在战略规划中确定了"山、城、田、海"格局和"三纵四横"生态廊道体系后，探索了市域层面构建"区域绿地—生态廊道"生态格局、都会区层面构建生态廊道网络的实践。首先，延续城市总体规划提出的"区域绿地—生态廊道组成的生态绿地网络系统"，充分利用市域南北延伸的指状山体绿地、河流水系，以及市域中部地区缓丘、河涌、城镇组团间的水网，在市域层面构建"七核九片、六廊多带"的生态空间结构。其次，都会区作为广州南北生态系统连续的关键区域，进一步明晰了构建"三纵五横"的生态廊道系统。

4）统一管控边界，形成优质资源的规划共识

从归类到分级体系的建立，统一技术准则。广州在生态空间的管控区界划定中，也涉及原环保部门、林园部门以及住建部门各自划定的生态保护红线、林业生态红线以及生态控制线的协同，其中有效的"多规融合"方式是归类梳理生态各要素构成，建立敏感优先秩序的分级管控体系，共同划定边界。首先是要素归类，广州以生态控制线作为"多规融合"平台，进行生态空间构成要素整合，衔接相关红线，生态控制线包括生态保护红线、林业生态红线Ⅰ级、部分Ⅱ级保护区域，纳入原有的一二级水源保护区、自然保护区、主干河流、水库及湿地、风景名胜区、森林及郊野公园、集中成片的基本

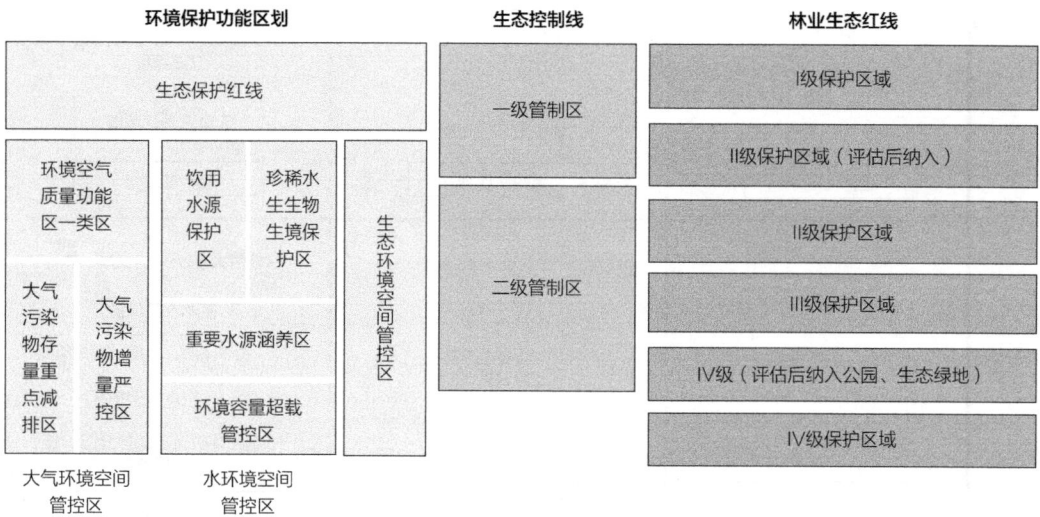

图5-7　生态控制线与生态保护红线、林业生态红线的分级衔接关系图

农田保护区等；同时协调城乡规划的蓝线、绿线等管控边界，将主干河流、大型湖泊水面、主要公园、大型城市生态绿地等纳入生态控制线。其次是分级管理，在生态空间的区界划定中，分类管理的情况如下：生态控制线的构成包括28个类型的构成要素，其中包括生态保护红线的自然保护区、生态高度敏感区等8个主要类型，整合林业生态红线的林地、森林、湿地、物种红线4个主要类型，加上水域，共包括自然保护区、一级水源保护区、省内重点防洪大堤和五大联围、省级以上生态公益林、其他生态保护区、省级以上风景名胜区、省级以上森林公园、省级以上湿地公园、省级以上地质公园等9小类要素，纳入一级管制区，其他为二级管制区，并依此限定一级、二级管制区内建设项目的准入（图5-7）。

　　处理图斑差异，建立共管边界。之前部门分割管理、技术管理准则不一等多种原因，导致了部门生态要素管控区界存在差异及相互打架的情况进而导致存在众多的生态要素图斑。广州在划定生态控制线的过程中，对收集汇总的5万多个生态要素图斑区分为不同的类型，采用整体纳入、协同划定、评估划定三种方式进行处理。对于管控部门明确、管控边界已划定并落实到坐标的生态要素，如自然保护区、水源保护区等，在统一坐标、精度的基础上，将其整体纳入生态控制线。对于多部门交叉管控、边界不统一的生态要素，如主干河流、水库及水源林、生态公益林等，在其主导部门划定的边界基础上，与规划部门、原国土部门规划建设用地协调校核后纳入生态控制线。最后一种类型为评估划定，包括管控部门明确但未划定具体边界的生态要素，如环保的生态功能重要区，应根据其部门的法律和法规规章，在对生态资源进行范围校核、生态服务重要性或生态敏感性评价的基础上，协调相关规划后划入生态控制线；另外一种情况为管控部门尚未明确的生态要素，如生态廊道、基础设施隔离带等，应在生态评估与整体生态格

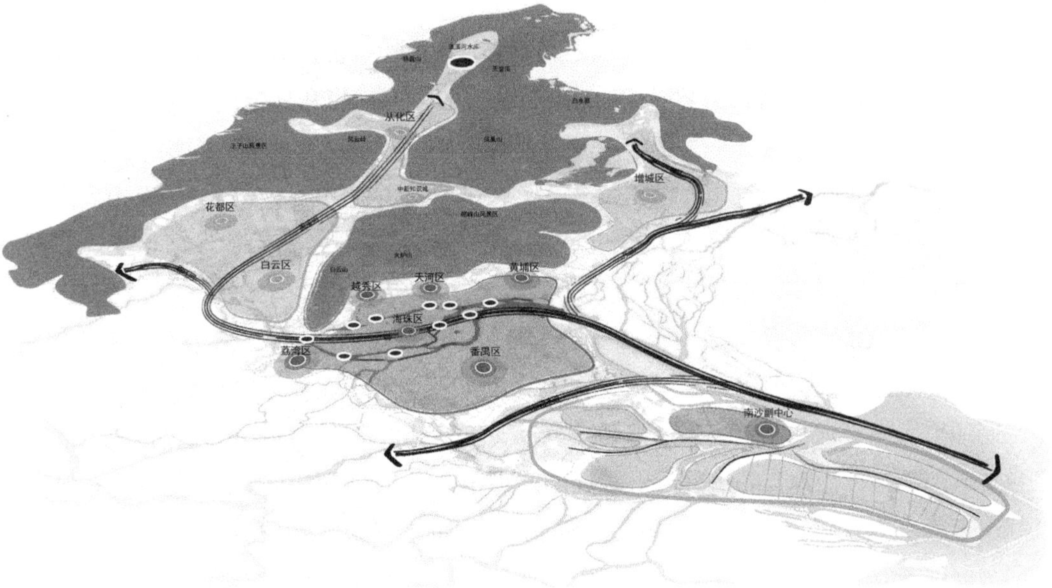

图5-8 广州市生态控制线结构图

局分析的基础上，协调城市绿线等相关规划后划入生态控制线。通过这种由部门单向负责转向多部门统筹协调，明确了各相关部门的管理权责与边界，以促进"多规融合"为目标统一管控边界。

从广州划定生态空间边界的实践来看，生态控制线是以提供生态产品为主体功能的国土空间，类同于目前国土空间规划中生态空间的概念，而生态保护红线是其中需要严格保护的核心部分（图5-8）。生态控制线是地方管控自身城市空间形态的良好工具，是控制城市蔓延的终极约束线，是统筹全域生态保护的管控框架，应包含主要生态资源和结构性的生态廊道等。生态保护红线则是交予中央管控的，最底线、最重要的生态空间，是关系区域与地方生态命脉的优质资源。

5.4.2 城镇开发边界的划定

霍华德的田园城市，是城镇开发边界的思想起源，其雏形是通过城市外围的绿带来限制城市的增长；而真正为国际所普遍接受的，则要追溯到1958年美国的肯塔基州首次提出并加以应用的城市空间增长边界（UGB），这一边界其实是在城市与农村之间划定一条界线，来控制城市的无节制扩张。而为我国城市普遍关注并实践的，则要到2005年之后，这一阶段，开发边界的概念与内涵随之演变，但总体而言，其引导城市集约发展的本质是没有改变的。通过梳理，我国城镇开发边界的概念及探索可简单概括为"城区空间增长边界（2006年）—开发边界控制线（2012年）—城市开发边界（2014年）—城镇开发边界（2017年）"。

2006年，原建设部颁布了《城市规划编制办法》，该办法首次提出在城市总体规划中"研究中心城区空间增长边界"，用以限制城市的发展规模和划定城市的建设范围。到2012年，在广州"三规合一"工作以及后续多地开展"多规合一"的探索中，进一步提出建设用地控制线、开发边界控制线、产业区块控制线等控制线体系，开发边界控制线是为限制城市无序发展，保障重点功能区、重点建设项目及民生建设项目用地，有效引导城市空间发展和建设项目布局的边界，包含城乡建设用地与拓展区域。再到2014年，原住房和城乡建设部、原国土资源部，根据2013年的中央城镇化工作会议、《生态文明体制改革总体方案》等一系列重要文件，开展了城市开发边界划定试点工作，目的是限制城市无序蔓延和低效扩张，推动城市发展由外延扩张式向内涵提升式转变，范围则包含城市的建设用地与拓展区域。最后到2017年，十九大报告中提出"完成生态保护红线、永久基本农田、城镇开发边界三条控制线划定工作"，以及2019年《关于在国土空间规划中统筹划定落实三条控制线的指导意见》等文件明确，城镇开发边界是在国土空间规划中划定的，一定时期内指导和约束城镇发展，在其区域内可以进行城镇集中开发建设，重点完善城镇功能的区域边界。至此，"城镇开发边界"的概念与方法等渐成共识，划定与管理进一步成为新的聚焦点。

5.4.2.1　城镇开发边界的技术探索

1）城镇开发边界的试点探索

2013年以来，我国开展了一系列推动空间规划改革的工作，特别是2013年中央城镇化工作会议指出"划定特大城市开发边界"，2014年国家四部委联合下发的《关于开展市县"多规合一"试点工作的通知》要求"探索完善市县空间规划体系"，以及住房和城乡建设部、原国土资源部共同选择北京、广州等14个试点城市，探索城市开发边界划定工作，对我国城镇开发边界的管控体系、划定方法和管控措施等方面都进行了探索，并形成了一定的共识。

针对开发边界的管控对象，该阶段形成了三种类型的称呼[1]，包括有城市开发边界、城镇开发边界及城乡开发边界，最后，逐步对城镇开发边界达成了共识，主要范围包括城市集中建设区、城市和中心镇集中建设区、城镇与乡村的集中建设区的不同范畴。相关多规合一与开发边界的试点工作中，呈现从互相分离到互相协调，从单线管控到多线协同的模式转变，并逐步从原有单线控制的开发边界体系向拥有丰富内涵的管控体系转变的趋势。其中比较有代表性的，是《南海区多规合一试点工作》《广州市"三

---

① 林坚，乔治洋，叶子君. 城市开发边界的"划"与"用"：我国14个大城市开发边界划定试点进展分析与思考［J］. 城市规划学刊，2017（02）：37-43.

规合一"工作》划定的控制线，包括建设用地规模控制线、建设用地增长边界、生态控制线、产业区块控制线。其中，建设用地增长边界包括建设用地规模控制线、有条件建设区、产业区块边界等（表5-11）。

表5-11 各类控制线对应关系表

开发边界		内涵	对应的土总规/城总规控制边界
边界类型	控制线		
开发类边界	建设用地规模控制线	按照土地利用总体规划确定的建设用地规模指标划定的允许建设区域的范围界线	规模边界
	建设用地增长边界控制线	建设用地、城市生态绿地、有条件建设区的围合线	扩展边界
	已建区和适建区对应的边界	确保城市开发边界在已建区和适建区内	已建、适建区
	产业区块控制线	产业项目选址区域	规模边界
生态保护边界	基本生态控制线	保障城市基本生态安全以及开发边界应避让生态红线范围内的高敏感区域	禁建边界、禁建区
	生态保护红线		
	城市生态控制线		
基本农田边界	基本农田控制线	落实耕地保护	

　　基于不同地区的发展阶段与发展诉求，在城镇开发边界内，也逐步延伸出面向高质量发展的工作创新。如广州、佛山等地区，在城镇开发边界划定的同时，基于愈演愈烈的工业用地粗放发展与空心化，均进行了工业产业区块线划定，并基于促进低效存量用地盘活的设想划定了三旧改造图斑，同时基于产业区块线、"三旧改造"图斑等范围线，制定了相应的政策激励与管控要求。

　　根据相关定义，工业产业区块是指为保障工业用地（含仓储用地）总规模，提高工业用地节约集约利用水平，以工业为主导功能的区块范围线，并划分为一级、二级控制线两级进行管控，一级控制线是为保障城市长远发展而确定的工业用地管理线，二级控制线则是为稳定城市一定时期（5年以上）工业用地总规模、未来可根据城市发展需求适当调整使用性质的工业用地过渡线。而"三旧改造"图斑则是广东省为深入推进城镇低效用地再开发，加快盘活利用各类低效城镇建设用地，对符合条件的存量用地进行范围划定并给予政策激励其进行改造，是广东省特有的改造模式。

　　2）城镇开发边界的划定原则

　　（1）尊重地方资源禀赋

　　因为各城市的自然地貌特征与发展限制条件相差较大，需要优先考虑地区资源禀赋的差异。一方面应从城市资源禀赋和生态环境本底出发，保障山、水、林、田、湖、海生态资源，凸显地区的自然资源特征与保护山水资源，优先保障不能开发建设的空间；二是开展资源环境承载能力与国土空间开发适宜性评价，在适宜建设的空间内划定城镇空间和开发边界，保障城市生态安全格局，促进城市紧凑布局、集聚发展。由此，通过对地区生态基底的综合评估，开展国土空间的双评价工作，明确开发底盘，落实城市空间规划的保护底线，形成城市生态资源与大山大水的自然保护格局图底。

（2）地方发展的不确定性预留弹性

城镇开发边界被认为是引导城镇集约节约发展的重要控制边界。促进城镇向最佳规模趋近，同时考虑城镇发展的不确定性，需要从城镇化水平、制约城镇发展的条件等角度综合考虑，合理预留必要弹性空间。一是开发边界合理规模确定，根据城市经济学，不同城镇规模的效益与城市规模的大小相关，划定合理规模的城镇开发边界，可以在促进城镇基础设施效益最大化的同时，减少城镇公共产品与服务的拥挤。二是开发边界弹性空间需要契合城镇发展考虑。如在相似的发展约束下，城镇化水平低的城市，未来发展的空间较大，城镇弹性空间较大；再如在相似的发展约束下，相对城镇规模较大的城市，城镇规模小的城市弹性空间也较大。

（3）利于地方空间场景的塑造

城镇开发边界的划定，需要进一步优化城镇布局，实现因地制宜。既要面向理想城市空间格局的构建，也要兼顾城市远景发展的需要，明晰发展重点，并做好生态廊道、绿化隔离等绿色开敞空间的规划控制。

一是充分评估城乡建设用地现状，结合土地利用调查结果，分析建设用地现状基础。盘点规划建设现状，整合相关规划成果，预判城镇发展的自然增长规律，形成完整的城镇集中建设区。二是创新城镇发展模式，以生态安全格局和耕地保护倒逼城市发展模式，转变以往"摊大饼"式的发展，引入"山水田园城市"的总体格局，使城市发展融入风景，保护田园，让居民"望得见山，看得见水，记得住乡愁"。三是对城镇发展战略进行分析，明确未来城乡建设用地的扩展重点方向和地区，校验战略发展可行性，为空间扩展提供科学支撑。四是实施内外有别的分区管制；对城镇增长边界范围内外的国土空间开发活动，实行有区别的分区管制，积极引导城、镇、村或工矿等各类开发建设活动向城镇开发边界内集中，严格边界外的各类开发建设活动，进一步加强城镇用地内部结构的合理性。

3）城镇开发边界的三种模式

近年来，我国各大城市通过探索实践，开发边界逐步被吸收入相关规划管控体系，进行了本土化的融合演变。而各城市，也纷纷基于自身实际，从发展阶段、地域特征、现实问题出发，探索出形形色色的城镇开发边界划定方法。而基于对城镇开发边界的本源认识和理解，总体而言，可分为三种不同的方法，即正向法、底线法以及综合法，与此同时，相应产生"增长型边界""底线型边界"和"综合型边界"三种类型。

5.4.2.2 正向法划定开发边界——以南溪区为例

正向法主要是借助ARCGIS等软件，综合CA、神经网络等算法模型，在对城市建设用地历年来增长情况分析的基础上，预测模拟未来增长情况，并参照模拟结果划定开发边界，以此作为规划期限内的开发边界。该方法认为开发边界是满足城市未来扩展需求而预留的空间，是可随城市增长不断调整的。具体方法介绍以南溪区城镇开发边界划定为例。

2014年8月，国家发改委、原国土资源部、原环保部与住房和城乡建设部联合下发《关于开展市县"多规合一"试点工作的通知》，选取28个市县开展空间规划改革试点，推动经济社会发展规划、城乡规划、土地利用规划、生态环境保护规划"多规合一"。南溪区被列为原国土资源部的试点市县之一，组织编制《宜宾市南溪区"多规合一"规划》，由广州市城市规划勘测设计研究院负责编制。

2011年7月南溪撤县设区，纳入宜宾中心城区。根据《宜宾市城市总体规划（2013—2020）》修编，2020年宜宾中心城区总人口140万，城市建设用地规模140km²，并将南溪城区定位为宜宾城市副中心，规划南溪城区2020年城市建设用地20.65km²、城市人口16.3万人。规划重点探讨了通过现代田园和城乡用地置换的模式，推动农业空间的高效发展。

1）总体思路：面向地方发展愿景的边界划定

南溪区原为"万里长江第一县"，位于长江经济带上游，是川南城市群的地理中心，全区面积704km²，辖2街7镇6乡，2013年全区GDP为92.4亿元，总人口为43.5万人。其发展特征主要有：一是从传统农业县向工业强县再到城市副中心的发展转变。2011年南溪撤县设区以来，南溪区一直以建设滨江新城，全力打造宜宾城市副中心为目标。二是建设空间沿江集聚，中心城区发展一枝独秀。2005—2013年，南溪中心城区建设用地年均增长22%，而镇建设用地年均增长0.2%，村建设用地年均增长0.5%，中心城区建设用地增长量占全部建设用地增长量的87%，特别是2006年以来，在园区和新区拉动下，中心城区增长趋势越加明显。三是地区生态用地结构基本稳定，中心城区建设用地条件好。2005—2013年，南溪区生态用地比例由81.9%下降为79.6%，但总量基本稳定，同时综合国土开发适宜性评价与资源承载力分析，南溪区未来城镇化发展地区仍集中在沿江及内生地区，是承载全区主要人口分布的重要地区。

基于南溪区的发展特征，试点工作采用正向增长法进行城镇开发边界的划定，该方法主要适合南溪这种地区发展限制条件少且发展趋势良好，能充分落实城市发展战略，基本满足城市未来扩展需求的地方。具体划定步骤为基础评价分析—预判增长情况—匹配发展愿景—协调多规情况—划定城镇开发边界，即在分析南溪区建设适宜性并评估建设用地历年来的增长情况下，预测模拟未来城镇增长情况并参照模拟结果，结合南溪区城镇空间拓展方向，考虑重大基础设施建设影响，避让基本农田和重要生态用地区域，划定城镇开发边界，并允许一定的弹性增长空间。

2）愿景谋划：战略引领与重点平台打造

一是开展建设适宜性评价。规划基于自然生态本底出发，结合引导性因素与限制因素，进行因子分析，其中对于相关自然保护区、生态公益林、饮用水源等坚决不予建设。二是满足重大平台及重点项目需求。规划结合南溪重点项目的梳理，在整合存量用地、低效用地的基础上，确保重大发展平台、重点项目的落实。三是契合"三生空间"的发展趋势与要求，引导城市有序拓展。规划以"大集中、小分散"理念，依托城乡融合共生的市镇体系，框定城镇开发边界划定方向。四是多规协同，协调消除多规差异。在整合城乡规划边界、现状建设边界、未来重要发展片区、拟建重点项目的基础上，协调生态控制线、基本农田保护红线，初步划定城镇开发边界。

结合不同的预测方法，坚持存量挖潜和增量提效相结合，按照常规增长和惯性增长两个方案，初步预测2030年建设用地规模约100km²（常规增长方案）、107km²（惯性增长方案）。最后，综合相关发展诉求与趋势，按照20%的弹性空间，划定全区城镇开发边界规模为128km²，中心城区建设用地规模为40km²。

3）边界划定：战略需求落实与多规"协同"

南溪区城镇开发边界坚持"江山融城"理念，整体形成"一心两园四区"的结构。其中2020年城镇建设用地规模边界，以土地利用规划2020年的建设用地规模指标为基础，在落实国民经济和社会发展规划确定的重点发展区域、产业园区基础上，协调城乡规划和土地利用总体规划的建设用地布局，在一定期限内划定允许建设的统一控制线；2030年城镇开发边界则是为更好引导城市建设用地增长，结合南溪的总体发展框架，在确保生态、生活、生产三者协调的基础上，按照一定比例划定的，并作为"多规合一"城镇扩展范围和规划编制范围。

4）功能引导：开发资源的合理利用

城镇开发边界内通过功能区块规范城镇规划建设。在2030年的城镇开发边界内，为有效引导未来的城市发展，规划结合重点地区的发展，以控制性详细规划管理单元对接，形成引导性的开发功能区块，包括城镇建设功能区块、产业功能区块以及预留发展区块。结合多规合一的管控要求，分区块、分单元制定了环境目标与生态保护、产业类型与设置指引、空间管控与指标控制及相关保障政策（图5-9）。

5.4.2.3　底线法划定开发边界——以南海区为例

底线法主要是从地区赖以生存发展的自然资源条件与生态环境出发，通过对规划强制性控制要素的梳理，结合生态敏感性与脆弱性分析，判断不宜或不可建设区域，以此

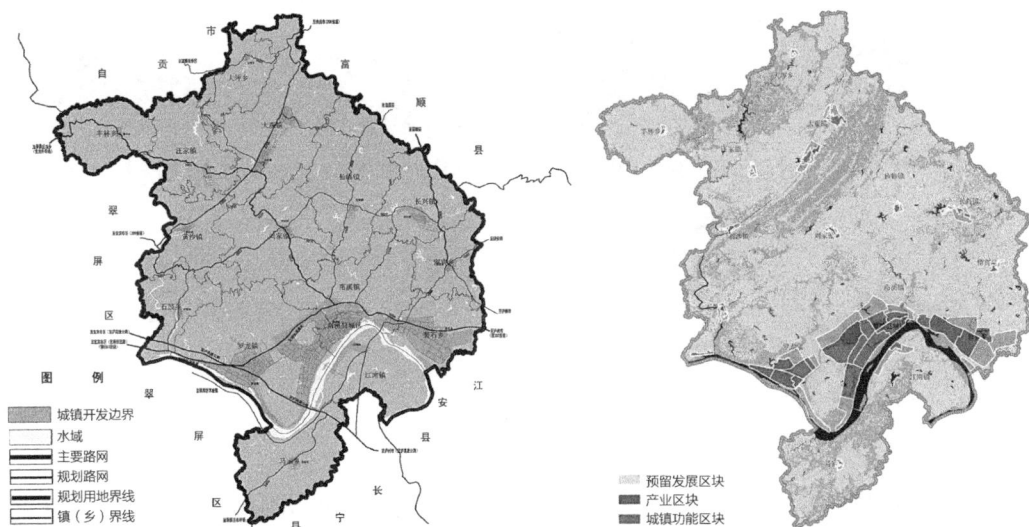

图5-9　南溪区建设用地增长边界控制线与功能区块规划图
资料来源:《宜宾市南溪区"多规合一"规划》

识别可能建设的最大范围,以此作为地区发展的极限开发边界。该方法认为开发边界是去除自然、非建设用地空间而划定界限,是一种保护自然要素的底线型边界。具体方法介绍以南海区城镇开发边界划定为例①。

2014年8月26日,国家发改委、原国土资源部、原环保部与住房和城乡建设部联合下发《关于开展市县"多规合一"试点工作的通知》,选取28个市县开展空间规划改革试点,推动经济社会发展规划、城乡规划、土地利用规划、生态环境保护规划"多规合一"。南海区被列为原国土资源部的试点市县之一,《佛山市南海区国土空间综合规划(2014—2030)》编制工作,由广州市城市规划勘测设计研究院负责编制,结合南海区承担的多项全国试点工作,深入探索发达地区城乡空间用途管制的不同维度。

1)总体思路:增存结合的"两线合一"

南海位于珠江三角洲腹地,面积1074km²,行政辖区为1街道6镇,常住人口264万,是全国农村改革试验区、中央农办农村改革试验联系点、全国社区治理和服务创新试验区、国务院农村综合改革示范试点单位、全国农村土地制度改革试点、全国"多规合一"试点等。其主要特征包括:

一是工业经济强区,镇(街)集体经济特色突出。南海区的发展主要是乡村主导的"自下而上型工业化及城镇化"与城市主导的"自上而下型工业化及城镇化"共同作用的结果,工业用地比例高,占全区建设用地的53%,其中现状村集体工业用地130km²,约占全区工业用地的70%,且村级工业园数量众多,占集体用地的90%。二是建设用地

---

① 材料来自广州市城市规划勘测设计研究院编制的《南海区"多规合一"试点项目》规划成果。

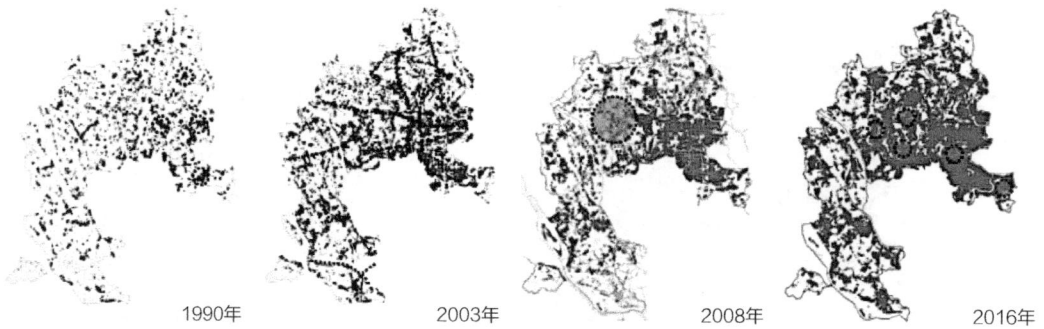

1990年　　　　　　　2003年　　　　　　2008年　　　　　　2016年

图5-10　南海区建设用地演变
资料来源：《佛山市南海区国土空间综合规划（2014—2030）》

比重大，土地粗放破碎化严重。据统计，2014年，南海区建设用地面积占区国土面积的
50%，以年均超过10km²的速度在扩张，主要表现为集体用地尤其是村集体工业用地的
扩张；按南海区拥有2031个股份经济合作社计算，平均每个合作社的工业用地面积仅为
6.4hm²，每个工业园的面积仅为1.5hm²，如此破碎的工业用地导致南海土地效益低下。
三是区域统筹不强，镇街之间"诸侯割据"。南海区由于乡镇企业经济发达，造就了
区、镇两级政府"强镇弱区"的情况，同时形成了区级层面整体统筹较弱、空间发展缺
乏强有力整合等问题。四是多规矛盾明显，公共服务设施配套不足。经梳理，南海区编
制了不同类型的规划60余种，各类空间规划的管理要求互相矛盾，仅仅土地利用规划和
城乡规划的建设用地差异图斑就高达12.2万个，总面积为166km²，占全区建设用地面积
的30%（图5-10）。

考虑到南海区较为发达的经济水平、较高的开发强度，为进一步促进地区的内生发
展，规划对其进行建设用地的总量锁定，以此形成底线型的城镇开发边界。南海区通过
划定不可开发建设的区域，反推可开发建设区域，形成了生态保护和开发建设的共同底
线边界，促进两者合二为一。具体做法为：首先通过用地限制性评价，划定非建设区的
范围，初步确定底线型城市生态控制线和开发边界，再将初步划定的边界与永久基本农
田保护线和生态保护红线进行衔接，确保在永久基本农田保护线和生态保护红线在边界
以外，并避让蓄滞洪区、地质灾害高危险地区、矿产采空区等区域，最终确定底线型城
镇开发边界。

2）底线思维：锚固生态保护底线空间

2000年以来，南海城乡建设用地以年均超过10km²的速度扩展，生态用地和开敞
空间的压力日益增大，对于建设用地占比50%的地区，需要重点做好生态空间保护底
线。因此，规划重点协调林业、水务等专业部门，梳理形成自然资源一张图，其中耕
地面积约65km²，林地约90km²，园地约68km²，草地约36km²，湿地约3km²，水域约
261km²。

3）总量锁定：引导城镇空间转型发展

南海区通过生态控制线、基本农田控制线的划定，保护脆弱的生态环境和耕地资源，并提出城乡建设用地规模"总量锁定"的目标，固化建设空间的边界。为进一步保障生态底线和提高用地效率，南海制定底线思维下的发展型规划，一是结合2050年的远景年限划定底线型的城镇开发边界，并结合2030年制定底线思维下的发展型规划；二是重点控制村集体工业用地的扩张，划定产业集聚引导区界，整合碎片化的集体工业用地，引导存量工业用地进行优化整合。

4）流量激活：机制创新激发地方活力

通过集中连片的城镇开发边界，进一步探索南海土地存量流量激活机制与碎片化空间优化路径。一是探索全流量机制。通过周转规模、周转指标和拆旧复垦等政策着力解决空间碎片化、集体建设用地占比高、城乡混杂等突出问题。二是增减挂钩，创新政策，激活流量，逐步完善和提升城市功能，解决历史遗留问题。其中周转规模指的是在规划期末建设用地规模基础上，申请新增一定规模的周转规模，待存量用地改造完成后，再通过其他地方的复垦复绿将该周转规模返还；周转指标则是向省预支存量建设用地周转指标，在城镇重点发展区域、重点提升村级工业园等地区优先使用，以流量激活存量，达到预期效果后归还指标。

5）精准投放：开发资源的高效利用

一是南海区通过"五个南海"战略规划引领其未来的发展，促使不同利益主体达成共识，明确空间发展方向；二是梳理重点项目，形成地方合力，通过梳理重大项目，优先保障民生需求，优化土地资源配置；三是引入体现南海区地方特色的指标，关注空间品质与土地效益的提升，如设置单位用地产出作为产业用地绩效的考核标准，促进产业用地集聚发展。

5.4.2.4　综合法划定开发边界——以广州为例

综合划定法则是综合上述两者方法，在基于城市发展基础与限制要素的基础上，结合城市增长趋势预测，综合考虑相关规划控制要求，结合多情景模拟与规模匹配，划定刚性的底线与规划期末具有一定弹性的开发边界。该类型划定方法由于具有较好的可操作性与实施性，现多为大家所采用。

2014年，原国土资源部与住房和城乡建设部联合选定广州市作为14个首批城市开发边界划定的试点城市之一，广州市城市规划勘测设计研究院作为试点工作的编制单位，编制《广州市城市开发边界划定》。本次城镇开发边界探索工作，得到了我国多位学者的关注与认可，孙雪东、林坚等认为广州的城镇开发边界不仅仅是一条技术边界，也是一条公共政策边界，兼具了刚性管控与弹性管控的作用，其探索的产业开发边界也丰富完善了城镇开发边界的内涵。而从划定技术方法上来看，广州本次城镇开发边界的划定，是在延续广州"三规合一"、生态控制线及其他已有工作基础上，从生态控制线与城镇开发边界两线共划的思路出发，通过保障底线、调优结构、情景模拟、弹性预留、城乡统筹等过程进行划定的。

1）划定思路

2014年，广州市城镇开发边界的探索是基于国土空间研判与适宜性分析的，它最大的特点是延续了当时的相关工作探索，探索包括从"一规合一"到"多规合一"再到"两图合一"，层层递进。首要的是做好城市总体规划与控制性详细规划之间的衔接，做好"总控联动"，即"一规合一"，再开展了城乡规划与土地利用规划的深度整合，即"两规合一"，再进一步对民生公益、社会经济发展的重点项目进行了衔接，保障重点项目的落地实施，即"三规合一"。随后，广州又开展"多规合一"工作，对环境总体规划、教育设施和电力设施以及医疗卫生、消防、水务、生态、应急避难等涉及20多个部门的14项专业规划进行统筹，拟实现"一个城市一张蓝图"。

广州市城镇开发边界工作，整合了广州城市总体规划、土地利用总体规划，合理与广州市"三规合一"、生态控制线划定、环境总规等确定的生态空间分界，合理与村庄规划、永久基本农田划定等确定的农业空间分界，协调融合城镇、农业、生态三类空间，适当留白，通过不同情景模拟，最后综合划定。

2）划定方法

（1）基础研判：国土空间特征分析与建设适宜性评价

通过对广州市历年城市空间扩张的数量特征与空间特征进行系统分析，提出了影响广州市未来城市空间布局的基本因素和空间扩展方向。通过分析，广州市城市空间拓展表现出四个明显的特征：一是1986年土地制度改革之前，广州市城市空间扩展相对缓慢，以政府投资小片区空间拓展为主导；二是改革开放后，加之土地制度改革，1986—2008年，以市场经济驱动模式为主，该阶段广州市城市空间扩展迅速；三是2009—2013年，以大型项目整合推进模式为主，金融危机过后，广州市城市发展逐渐走向理性发展轨道，城市空间扩展逐步放缓；四是近年来，逐步结合边界管控引导项目落地，加强增存结合方式，带动城市发展。总的来说，广州市未来的城市空间发展，将从拓展增长走向存量优化提升，着重形成以重点片区与项目的精准投放为重点，强化以珠江为主脉的组团式发展格局；而城镇建设用地，也将呈现由中心向外围，沿着交通主干道逐渐扩展依然存在的趋势，工业用地的建设空间，则依托高快速路拓展，且更加集聚化与规模化。

参考《城乡用地评定标准》（CJJ132—2009）指标，借助层次分析法、专家打分法的计量方法，结合广州城镇建设、水系、交通的具体情况，构建工程地质、地形、水文、交通等指标体系，进行建设适宜性评价。建设用地适宜性评价的定性分级，按照其对建设用地适宜性的影响程度可分为最适宜用地、比较适宜用地、基本适宜用地、勉强适宜用地、不适宜用地，依次评分为5分、4分、3分、2分、1分。评价指标体系将城市用地适宜性影响因素分为现状交通条件、城市氛围、规划建设条件、地形条件、生态敏感性5个一级指标和24个二级指标，指标权重采用层次分析法与专家打分法相结合的方法确定（表5-12）。

表5-12　建设用地适宜性评价因子权重表

一级指标	权重系数	二级指标	权重系数
交通设施条件	0.16	距离高速路口	0.14
		距离货运站	0.06
		距离机场	0.08
		距离市客运站	0.19
		距离小火车站	0.1
		距离省道	0.14
		距离国道	0.19
		距离县乡道	0.08
城市氛围	0.2	距离主要河流	0.23
		距离支流	0.12
		距离市区	0.41
		距离建制镇	0.24
规划建设条件	0.08	已批用地	0.18
		距离规划高速路口	0.46
		距离规划省道	0.18
		距离规划城市干道	0.18
地形条件	0.2	—	—
生态敏感性	0.36	土地利用	0.16
		水库水源	0.23
		文物保护	0.19
		地质灾害	0.23
		城市公园	0.13
		基本农田	1

（2）两线共划：平衡发展与保护需求

广州城镇开发边界划定继续延续"生态优先，宜居为重"的理念，规划充分落实市域"七核九片、六廊多带"的生态空间结构和都会区"三纵五横"的生态廊道，通过城镇开发边界与生态控制线"两线"共划来平衡开发与保护需求。广州为确保两者规划协调且管控边界一致，在划定开发边界的过程中，充分衔接了正在编制的生态控制线，始终坚守生态底线并做好与相关规划的协调，如协同广州生态控制线的规划，融合生态保护红线、林业生态红线、海洋生态红线等，将生态控制线作为城镇开发边界的底线空间。

（3）调优结构：战略引领与资源精准投放

基于广州市构建"多中心、组团式"的网络空间格局构想，即以珠江水系为纽带，以生态廊道相隔离，聚焦三大战略枢纽建设，形成"多点支撑"格局，未来广州市空间布局的重点将集中在南沙、番禺、萝岗、增城等新区，而中心城区以局部调整为主。因此，广州城镇开发边界的划定，重点考虑了广州市南部和东部地区建设用地需求，同时将外围区域与中心城区联系的区域一并划入开发边界，以提高城市建设效率；而对于功能联系比较松散的区域，则作为组团式、串联式发展的节点进行边界划定，纳入城镇开发边界。

（4）情景模拟：地方空间场景的积极探索

采用"反规划"理论，确定城市不可开发建设的空间和比重；衔接永久基本农田保护线、生态保护红线以及现有禁止类控制边界，明确城市用地开发阈值及空间布局，并在建设用地限制性评价的基础上，避让蓄滞洪区、地质灾害高危险区、矿产采空区等，以此作为底线边界的范围。

以土地利用总体规划中的允许建设区、有条件建设区为底图，增加市政交通用地及部分特殊用地，作为开发边界原则上应该纳入范围，再衔接"三规合一"建设用地控制线、产业区块进行综合划定，即原则上应纳入城镇开发边界的规模边界应包括允许建设区、有条件建设区、市政交通用地、特殊用地等。

进一步，为保持城镇开发边界的完整性，考虑村庄与城镇发展的动态关系，村庄集中建设区是否划进城市开发边界，主要考虑未来对其建设管控的便利性，结合广州工作经验，建议采取分类处理方式：城镇型、郊区型村庄，划入城镇开发边界，同时该类型村庄参照城市建设管理。远郊型村庄，则划定村庄规划区，划入农业空间，核发乡村建设规划许可证，作为农业生活空间进行管控。

结合城镇适宜性评价结果，结合以上的底线边界、规模边界，进行方案比选，进一步与相关规划协同，进行城镇开发边界的方案比选情景（图5-11）。

（5）弹性预留：战略留白，应对未来发展不确定性

本次划定工作主要结合规模预测进行弹性预留。首先选取影响城市发展的自然地

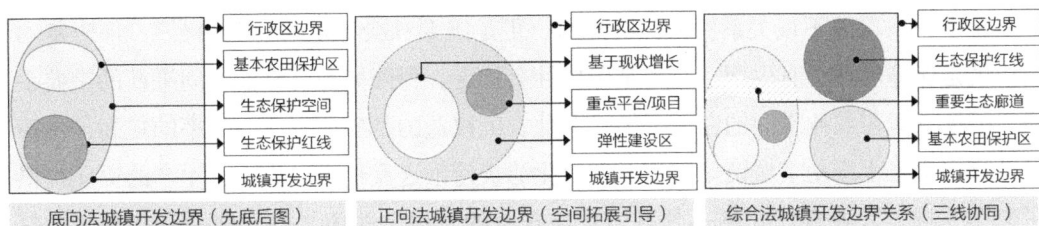

图5-11　城镇开发边界三类模式

理、社会经济、土地利用等要素因子，评价资源环境容量可承载的合理城市规模。进一步，在合理规模制定的基础上，通过规划手段或严格技术论证给予城市新增建设用地适当的调整空间，以适应城市增长中未预见的可变情况，也避免频繁修改城镇开发边界的情况。

　　本次城镇开发边界划定，在预测广州市2030年的常住人口规模及GDP总量的基础上，预测至2030年的广州市建设用地合理需求，同时考虑到远郊村、搬迁村的农村居民点用地以及跨组团的交通用地不适宜划入城市开发边界范围，因此予以扣除。此外，考虑到"弹性"城市开发边界管理需要与广州的发展阶段，规划在原有边界的范围预留5%~10%的弹性空间。

5.4.3　永久基本农田的划定

　　2019年11月底，由中国自然资源学会主办的国土空间规划学术年会在南京召开[①]，会议开幕式上进行了多次有关粮食安全的探讨。中科院地理资源研究所成升魁研究员从粮食供需的背景出发，解读了现阶段的基本情况与地缘分布，指出应改变以牺牲耕地资源环境为代价换取粮食持续增长的模式，应建立以资源环境效应评估为平衡点的粮食供需模式，并将粮食生产的耕地资源环境效应纳入国家粮食战略安全保障整体计划。有趣的是，第二个做主题讲座的吴志强院士的开篇也从粮食讲起。

　　两场讲座都揭示了粮食的重要性。粮食是国民生活的保障，也是国家发展的根本。基本农田是粮食发展的基础，尽管我国已经基本解决了温饱问题，但我国的农业发展仍存在一些问题，如污染交织以及规模经营、现代科技装备使用比重较小，等等。国际粮食贸易依旧面临着保护主义和单边主义的干扰，不稳定因素增加，保障粮食安全依旧面临着严峻的挑战。因此，我国的基本农田保护与管理制度仍然有待进一步完善，从而保证粮食产量，积极应对世界粮食安全形势变化，促进国际粮食市场有序流通，积极维护世界粮食市场总体稳定。

---

① 中国自然资源学会2019年国土空间规划学术年会暨国土空间规划研究专业委员会成立大会。

基本农田保障不仅关系到人民的温饱，更是维系社会稳定的"压舱石"。保障基本农田就是保障农民自有生产空间，是保持社会稳定，保障城镇与农业空间平衡的重要手段。城镇空间与农业空间的良性平衡是保证农民权益的基础，农业生产率的提高，保障了粮食安全，也推动了城镇化进程。城镇化的快速推进反过来又为粮食生产的提质提供了有力支撑，农业现代化离不开城镇化与技术的发展。然而，如若这一良性平衡被打破，城镇化速度使农村人口日益减少，或是侵占农业空间，将会严重影响粮食安全。因此，新时代农业空间与乡村振兴应与粮食安全保障需求相适应，维持城镇与乡村的良性平衡。

5.4.3.1　国民营养与粮食安全

1）从"吃不饱"到"吃得好"

2019年中国大陆的人均粮食产量约为470公斤，而在大约70年前，这个数字仅为210公斤[①]，当时有将近80%的人口长期处于饥饿或半饥饿的状态。70年来中国依靠自身力量，实现了从"吃不饱"到"吃得饱"再到"吃得好"的转变（图5-12、图5-13）。

而这一切与我国实施严格的耕地保护政策有着不可分割的关系。为了守住国家粮食安全底线，国家先后划定了耕地红线、永久基本农田、粮食生产功能区和重要农产品生产保护区，不仅不再开垦后备土地资源，而且大规模退耕还林还草还湿，实施藏粮于地战略，确保农业可持续发展和中华民族子孙万代粮食安全。耕地是粮食安全的保障。基本农田是耕地中最优质、高产的部分。因此，基本农田是经济社会可持续发展的重要保证，是国民幸福生活的重要保障。

我国的基本农田保护政策最早可以追溯到20世纪六七十年代，主要为了扩大粮食生产，解决吃饭问题，起初以建设10亿亩稳产高产农田为目标。20世纪80年代，随着人口增加，耕地面积急剧减少，人地关系紧张，我国开始启动基本农田保护；到了20世纪90年代，进入基本农田保护与管理时期。1994年8月国务院颁布《基本农田保护条例》，明确基本农田概念、分等定级方法等内容。1996年5月《划定基本农田保护区技术规程》，明确基本农田保护区划定操作[②]。2008年后，基本农田保护的形势逐渐严峻，国家明确提出了划定永久基本农田的战略思想[③]。2018年2月，原国土资源部印发《关于全面实行永久基本农田特殊保护的通知》，以守住永久基本农田控制线为目标，巩固永久基本农田划定成果。2019年1月，自然资源部、农业农村部印发《关于加强和改进永久基本农田保护工作的通知》，对守住耕地红线和永久基本农田控制线提出了更高要求。我

---

① 数据整理自国家统计局网站。
② 聂庆华，包浩生. 中国基本农田保护的回顾与展望［J］. 中国人口·资源与环境，1999(02): 33-37.
③ 钱凤魁，王秋兵，边振兴，等. 永久基本农田划定和保护理论探讨［J］. 中国农业资源与区划，2013，34(03): 22-27.

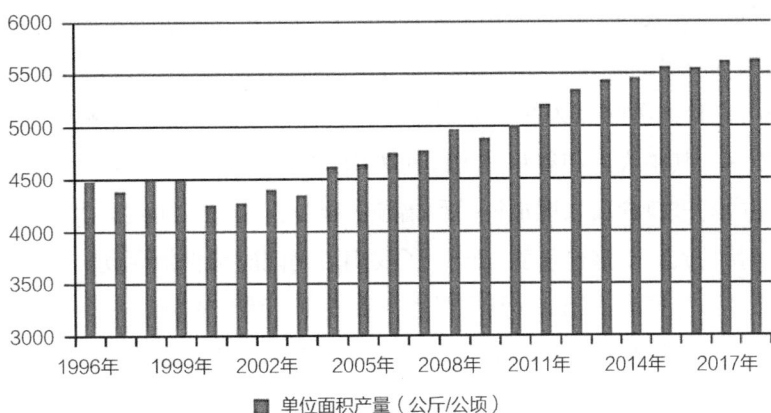

图5-12 中国粮食单位面积产量（1996—2018年）
资料来源：国家统计局

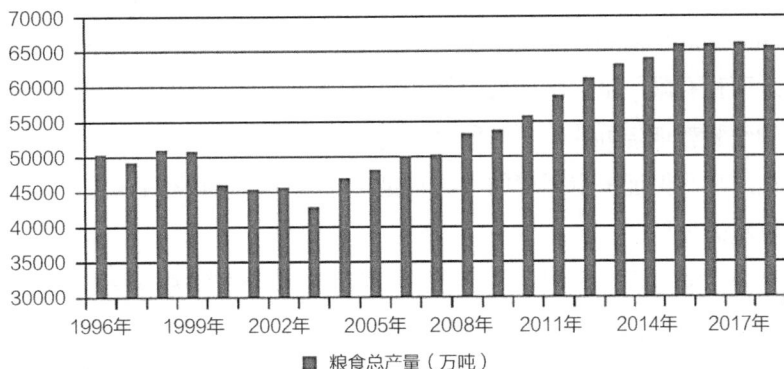

图5-13 中国粮食总产量（1996—2018年）
资料来源：国家统计局

国在改革开放后陆续出台《农业法》《土地管理法》《水土保持法》等法律法规抑制耕地面积锐减。70年来我国坚定地走中国特色社会主义道路，成功探索出了一条具有中国特色的农业现代化道路，解决了中国人的温饱问题。

现如今，我国的粮食人均占有量稳定在世界平均水平以上，单产显著提高。成升魁认为，尽管近70年中国粮食稳健跨上5个台阶，为经济社会发展和国民温饱小康奠定了强大物质基础，但生产的自然与社会背景发生了巨变。粮食生产又面临着新的挑战。后工业化社会的背景下，中国的人口结构发展了剧烈变化，老龄化问题严重、膳食结构持续发展变化对粮食安全提出了更高质量发展的要求。伴随着经济发展，人民生活质量的显著提高，膳食品种愈加丰富多样，营养水平不断改善。研究指出，谷物类和根茎类食物消费量下降，而动物性食物，尤其是牲畜肉、奶类和蛋类食物平均每天的摄入量呈上升趋势。"吃不饱"到"吃得饱"已经走下历史舞台，"吃得好"的新阶段下，对粮食生产质量提出了更高要求。

2）国际粮食贸易

2018年3月22日，酝酿已久的中美贸易战一触即发。在这场贸易战争中，粮食成为双方的手段之一。其中大豆和谷物是美国对中国的第二大出口物。随后，中国宣布对美国包含大豆在内的进口食品采取加征关税措施，以反击对方。而数据表明，我国粮食进口比重最高的就是大豆。这也从侧面说明了我们对美国的粮食依存度。有数据表明，我国农业资源对外依存度高达30%，其中以巴西和美国最为集中。

民以食为天，国以粮为安。粮食早已不再是单纯的贸易资源，更成为国家外交甚至地缘政治的手段。粮食生产不断地促使世界形成新的国家关系，粮食正在成为外交中的有力武器。我国的粮食进口需求，促进了粮食出口国的农业生产和发展，同时全球粮食贸易的相互依存也越来越强化。随着人民生活水平的不断提高，我国面临巨大的粮食供应压力。我国是14亿人口的大国，中国市场的任何一点风吹草动都会引发国际粮价巨幅波动，成为国际垄断粮商和投机资本讹诈的对象。我国政府一直强调粮食生产的自给自足，但是耕地面积有限，虽然实施最严格的耕地制度，主粮与副粮生产仍然不免顾此失彼。贸易战的经验教训告诉我们，与贸易国之间不仅要相互支撑、彼此成就，也应保持自我的独立性。只有保证一定程度的自给自足，才能在国际贸易中立于不败之地，更好地促进国际贸易的发展。

挖掘粮食增产潜力、保障粮食等农产品供给是粮食外交的基本保障和政策基础。自2000年推出GHI[1]数据以来，我国的饥饿指数每年都在下降，粮食外交研究也开始步入专业化阶段。"中国人的饭碗任何时候都要牢牢端在自己手上，饭碗里必须主要装中国粮"。要稳定粮食生产，确保粮食安全，就要从根本上保障耕地规模与质量，不断地提高粮食生产水平，减少对进口粮食的依赖。

为了应对未来的世界粮食安全形势变化，立足于我国国情、粮情，落实高质量发展要求，实施新时期国家粮食安全战略，我国走出了中国特色的粮食安全之路[2]。在提高粮食生产能力、保护和调动粮食种植积极性、创新完善粮食市场体系、健全完善国家宏观调控、发展粮食产业经济、建立粮食科技创新体系等方面不断探索。

从基本农田保护的角度来看，我国的粮食战略是符合国情的。保护耕地始终是增产粮食的基础。提出严守耕地保护红线，实施国土空间规划。从严管控各项建设占用耕地特别是优质耕地，建立健全建设用地"增存挂钩"机制，实行耕地占补平衡政策，全面落实永久基本农田特殊保护制度。提升耕地质量，保护生态环境，实施全国高标准农田建设，逐步消除面源污染，稳步提升耕地质量，保护环境。此外，还通过主体功能区规

① 全球饥饿指数（global hunger index，简称GHI）。
② 《中国的粮食安全》白皮书 [J]. 中国粮食经济，2019（11）：34-43.

划，以永久基本农田为基础建立粮食生产功能区和重要农产品生产保护区。

5.4.3.2　永久基本农田划定的意义与要求

1）基本农田的划定意义

按照户籍统计，中国有9亿农民，其中有2.88亿农民工。伴随着城镇化率进一步提高，每年仍有相当数量的农村富余劳动力和人口转移到城市，相关统计数据显示，70%的农民家庭是基于代际分工的兼职和半耕结构。

但农民工作为特殊的两栖群体在城市中难以享受社会保障、教育等市民待遇。这样的城镇化并不能为城市农民提供足够的收入机会和就业机会，不能让他们体面、安全地生活在城市地区。因此，中国的城市化进程不可能是农民从农村到城市的单向过程，而是农村与城市的对流。如果农民工解决不了城市落户问题，返回家乡后土地就是他们的谋生手段，耕地就是他们的财产，城镇化不能切断农民的后路。如若城镇不断蚕食农田，农民工将陷入进不能融入城市、退不能守农田的两难境遇。因此，全面划定永久基本农田是推动农村发展和农业现代化建设，维护农民权益的重要保障。

耕地是农村发展和农业现代化的根基和命脉。划定永久基本农田，推动落地到户，有利于筑牢农村土地制度改革底线，巩固农民的土地承包经营权，增加农民收入，切实维护广大农民权益。

2）调整划定要求

自1998年国务院颁布《基本农田保护条例》以来，我国基本农田划定和保护已走过了22年，虽然时间不长，但是基本农田保护观念已经深入人心，无论是地方的管理者还是使用者都认识到基本农田"不能碰"和"不好动"，然而在经济建设要快速发展和基本农田要严格保护的冲突矛盾下，基本农田布局被频繁调整[1]，如何科学判别与划定基本农田，成为落实基本农田保护制度的前提。为确保永久基本农田能够"划得准、管得住、建得好、守得牢"，在多规合一、统筹规划的背景下，永久基本农田划定必须从农业、生态、城镇发展三个角度出发，遵循以下几个划定要求：一是农业条件方面。现状非耕地、可调整林地、可调整草地、25°以上坡耕地等不符合划定条件的，不得划入；标准农田建设、高标准基本农田建设、农田水利标准化建设、农业综合开发、耕地提质改造等建成的优质耕地、粮食生产功能区和重要农产品生产保护区，应当优先划入。二是生态保护方面。位于具有重要生态保护价值的区域以及生态公益林保护范围内的耕地，不得划入；同时受自然灾害损毁、因采矿造成损毁、地面塌陷无法耕种和已列入土壤严格管控且无法恢复治理的耕地，不得划入。三是城镇发展方面。国家和省重大战略

---

① 钱凤魁，王秋兵，边振兴，等. 永久基本农田划定和保护理论探讨 [J]. 中国农业资源与区划，2013，34（03）：22-27.

部署项目、近期将启动实施的重点建设项目、批而未用、农村宅基地、安置地和留用地等确需占用的耕地，不得划入；城市（镇）周边、交通沿线易被建设占用的优质耕地，应当优先划为永久基本农田。

3）城市周边永久基本农田划定要求

为严控特大城市建设用地规模，制止各地城市无节制扩张的"摊大饼"现象，切实保护城镇周边优质耕地不被占用，原国土资源部指出城市周边（即中心城区范围）永久基本农田要"抢先机、优先划"[①]，对城市周边未划入基本农田的现有耕地进行核实举证；城市周边已有基本农田，原则上不得调整，确需微调补划的，须满足"范围不变、面积不减、质量不降"的要求。

依据《关于印发〈重点城市周边永久基本农田划定任务认证审核工作方案〉的通知》（国土资厅发〔2016〕3号），城市周边永久基本农田划定须满足数量增加、质量提高、形态优化等要求。一是数量增加。划定后，拟划入的面积与已有基本农田之和应达到下发初步任务范围内总耕地面积的60%以上，或者限制建设区和禁止建设区拟划入比例应达到该范围内下发初步任务的80%以上，或者加上已有基本农田达到该范围内耕地面积的90%以上，各地方划定任务至少达到以上其中一项指标要求。二是质量提高。拟划入基本农田的耕地集中连片程度、平均质量等级有所提高，水田水浇地、坡度小于15°的耕地比例有所增加，无遭受严重污染耕地。三是形态优化。划定后的城市周边永久基本农田与河流、湖泊、山体、绿带等生态屏障共同形成城市开发的实体边界，能够发挥优化城市空间格局、促进土地节约集约利用、控制城市扩张蔓延的作用。

5.4.3.3　永久基本农田的划定——以萍乡市为例

萍乡市位于江西省西部，是江西的"西大门"，在赣西经济发展格局中处于中心位置，素有"湘赣通衢""吴楚咽喉"之称。2014年，萍乡市实现地区生产总值912.39亿元，经济规模在江西省11个地级市中排在第九位。2014年8月，萍乡市被列为江西省"多规合一"7个试点市县之一。2016年4月，萍乡市正式启动《萍乡市城乡总体规划（四规合一）》工作，并委托广州市城市规划勘测设计研究院编制。

作为多规合一的工作试点，萍乡市永久基本农田划定工作按照"先评价、后规划""先中心、后全域"的顺序递进式划定思路，在基于对全域耕地定量分析评价的基础上，与社会经济发展和生态保护要求进行了充分协调，在严守耕地底线和生态优先的前提下，为城市发展预留了空间，确保调整后基本农田的稳定性和长久性（图5-14）。

① 刘国洪. 严格划定永久基本农田扎紧耕地保护的"篱笆"[J]. 国土资源通讯，2015（7）：27-30.

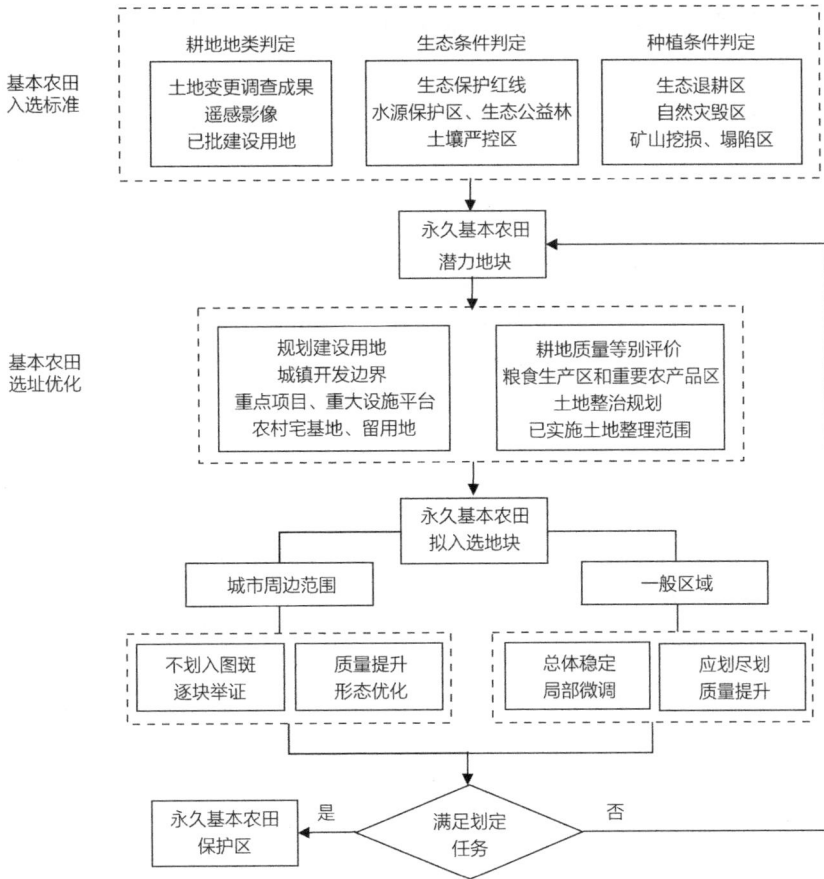

图5-14 萍乡市永久基本农田划定技术路线图

1）城市周边永久基本农田划定

（1）确定城市周边范围

城市周边范围原则上以土地利用总体规划确定中心城区规划控制范围，对于城市建设已达到或接近中心城区规划控制范围的，综合考虑城市建设用地分布现状、土地利用总体规划等因素，不跨实际行政界限，可适当扩大范围，确定城市周边范围。结合萍乡市2014年土地利用现状及社会经济发展状况，萍乡市城市周边范围将沿用土地利用总体规划确定的中心城区范围，涉及安源区和上栗县。

（2）未划入基本农田的现有耕地核实举证

依据《关于切实做好106个重点城市周边永久基本农田划定工作有关事项的通知》（国土资发〔2014〕128号）的要求，地方应根据上级下达的初步任务，运用最新的遥感影像图、土地变更调查、耕地质量等别评定和耕地地力调查与质量评价等成果，逐块调查摸底、核实举证城市周边范围内未划入永久基本农田的现有耕地分布、面积和质量，对不符合划入准则的耕地地块予以剔除①。并由地方提出本地区城市周边划定任务。

不能划为永久基本农田的地块需要进行举证，主要分为两大类情况：一是实际地类为非耕地的不能划为永久基本农田。二是实地为耕地，但属于批而未用、严重污染和生态建设等的，可予以划出；或社会经济发展中的城市新区、园区、开发区及经济社会发展重点平台用地范围、国家和省重点项目规划用地、规划交通水利等重大工程用地、采矿用地范围、正在用地报批、土地规划允许建设区等情形可予以划出。

萍乡市区依据上述准则，对收集到的举证材料进行分类归档整理，划定城市周边永久基本农田面积24.89km²。城市周边永久基本农田划定工作引导了城市发展避让优质耕地的分布区域，锁定了中心城区城市发展方向，固化了城市开发实体边界；同时为城市发展预留了足够的发展空间和发展通道，实现了让永久基本农田数量有增加、质量有提高、形态有优化的工作目标。

2）全域永久基本农田划定

（1）现状耕地自然质量评价

为全面掌握区域内耕地规模、质量和空间格局，萍乡市对全域耕地进行了自然质量评价，从耕地质量、农业生产条件和地块形态三个方面，选取了8个评价因子，并以ARCGIS软件为平台对评价因子进行标准化处理（表5-13）。

表5-13 耕地入选永久基本农田的评价因子

目标	准则	评价因子	因子解释	评价方向
耕地自然质量评价	耕地质量	耕地地类	地块的耕作作物	水田最优，水浇地、旱地次之
		地形坡度	地块的坡度水平	坡度越平缓越优
		利用等别	地块的利用等指数	质量等别越高越优
	农业生产条件	交通通达度	地块距离最近的交通主干道距离	距离越近越优
		村镇临近度	地块距离村镇距离	距离越近越优
		生产条件	地块灌溉及生产路等条件	设施越完善越优
	地块形态	连片度	地块的集中程度	地块规模越大越优
		田块规整度	地块内田坎的密度	地块越完整越优

① 杨绪红，金晓斌，贾培宏，等. 多规合一视角下县域永久基本农田划定方法与实证研究 [J]. 农业工程学报，2019，35(2): 250-259.

①耕地质量状况

利用最新土地变更调查成果，分析全域耕地分布状况，优先划入水田。耕地坡度共分为5级，坡度级越小，地势越平缓，越有利于农业机械化、水利化生产。采用国家利用等衡量耕地质量，国家利用等共分为15个等级，等别越低质量越好，产量越高。

②农业生产条件

利用GIS应用技术，对交通主干道、村庄进行缓冲，邻近交通干线和村镇的耕地农业机械下地上田，农产品运输和农业耕作管护将愈加方便；并通过遥感影像图，判断交通干线和村镇周边等容易被占用的耕地，实地是否已建设。已实施农用地整理范围，优先划入基本农田。

③地块形态

主要考虑耕地集中连片程度和田块规整度，丘陵地区基本农田连片程度不小于1亩。通过GIS分析工具，将连片的基本农田进行融合，从而判断耕地的连片程度；根据地块的田坎系数，判断田块的规整程度，当田坎密度愈高时田块越破碎，不利于规模化生产。

根据萍乡市2014年土地变更调查成果，萍乡市耕地保有量为663.14km^2，其中水田、水浇地面积共计548.36km^2，占耕地面积的82.69%。全市耕地国家利用等共涉及10个等别（4～13等），以4～6等为主，4～6等地约占耕地总面积的63.43%。萍乡市耕地数量虽少，但耕地质量较高，永久基本农田划定潜力大。

（2）综合评价

过去由于基本农田、生态保护红线和城镇开发边界由不同部门划定和管理，缺乏共识，导致基本农田布局调整频繁、稳定性差。人们为了获取更多的土地来种植作物，盲目地围湖造田、开荒种地，甚至划为基本农田进行保护，导致了生态环境的恶化。而产生上述问题的根源是基本农田划定过程中忽视了对土地区位条件的考虑。平坦的地形、便利的交通、充足的水源等自然条件，既适宜农业生产，同时也具有较高的建设适宜性；季节性干涸的湖泊土壤肥沃，灌溉条件好，适合耕种，但湖泊的防洪蓄洪作用不能忽视。因此，基本农田划定须注重对耕地立地条件的考虑，从而真正实现基本农田的永久性和稳定性。

①与城镇开发边界协调

城镇化进程伴随着大量的土地资源被占用，肥沃的土地逐渐被钢筋混凝土所覆盖，土壤结构被破坏，水资源被污染，同时伴随着酸雨和大气污染等环境问题，它们不断挤压着耕地的发展空间。耕地保护与城镇化发展似乎存在着不可调和的矛盾，但从深层次看又是一致的，耕地保护能倒逼城市更集约、更高效发展，城市化发展能为农业发展提供更高标准、更现代化的生产设施。因此，划定永久基本农田保护红线必须全局统筹，将基本农田作为城市丰富多样性肌理的要素，协调好与城镇开发边界的矛盾，实现国家对基本农田划定和保护的政策本意和主旨。

为保障永久基本农田的稳定性，萍乡市收集了土地利用总体规划、城市总体规划划定的建设区及发展备用区，交通发展规划、经济社会发展规划中的重点建设项目等，并在满足基本农田保护任务的前提下，将该部分的基本农田调出，为已确定选址的重点项目、重大发展平台等预留发展空间。位于中心城区范围内确需划出的基本农田，按照"范围不小、面积不减、质量不降"的要求，在城市周边范围内进行补划。

②与生态保护红线协调

耕地生态安全评价主要反映耕作生产的生态容许度和安全程度，即周边生态系统稳定性和地质灾害等生态问题对耕地可耕作性的综合评价。一般认为，生态系统稳定且生态风险低的区域生态越安全，耕作等人类活动的限制性越小，相应的耕作越适宜，耕地质量也会越高，反之亦然[①]。萍乡市位于分属鄱阳湖水系和洞庭湖水系两大二级水资源区，中部幕府山脉和罗霄山脉交汇处是两大分水岭，生态资源十分丰富，环境敏感性较高，因此在水资源和生态多样性保护、地质灾害控制等方面对人类活动有更高的要求。萍乡市耕地质量与安全主要受到矿山开采和水资源短缺的影响。

萍乡是依托资源开采发展起来的工矿城市，煤炭的超强度开采和不同程度的不规则开采，在地下形成了大面积采空区。由于矿山开采容易造成地面塌陷、酸雨污染、土壤污染和地下水位下降等问题，因此在基本农田划定时应尽量避让已探明的矿区，而已挖损、塌陷、土壤污染严重且无法恢复的耕地不得划入。同时，受地形地貌因素影响，萍乡市成为洞庭湖水系和鄱阳湖水系的分水岭，水存储难度较大，是全国110个严重缺水城市之一。粮食作物的生长离不开水资源的灌溉，尤其是水稻需水量更大。因此有水源保障的耕地应优先划入，而位于一级饮用水源保护区范围内的耕地不得划入，避让耕种带来的水资源污染。

③永久基本农田划定结果

调整后，萍乡市共划定永久基本农田控制线539.93km²，占全市域面积的14.09%，超额完成上级下达的基本农田保护任务。调整后基本农田的耕地数量有所增加，耕地比重有所提高；质量等别与调整前相比基本持平，实现了"总体稳定、局部微调、应保尽保、量质并重"的要求；布局更符合萍乡市的发展需求，更有利于耕地的保护。

---

① 奉婷，张凤荣，李灿，等. 基于耕地质量综合评价的县域基本农田空间布局 [J]. 农业工程学报，2014，30(1): 200-210.

5.5　资源管理的限定与激励

限定机制与激励机制是保障新一轮国土空间规划实施落地，促进自然资源资产价值最大化的核心路径。赵燕菁认为，自然资源保值增值是国土空间规划的"元规则"[①]，那么针对地方自然资源与管控边界制定限定与激励机制便是"元规则"下的"子规则"。

子规则一，建立限定机制。限定机制，是面向重要的优质资源的严格限定，主题词是"保护与限定"。地方首先应确保的，是落实国家关于生态保护红线、自然保护地体系等的建立与管控，制定负面清单和项目准入类型，明确保护区域的管制措施；其次才是结合自身的资源特色，发展生态绿色产业，制定特色型的"定制"规划与规则，活化自然资源资产。

子规则二，建立激励机制。激励机制，是对地方开发资源的充分激励，关键词是"发展与激励"。地方要基于自身的发展条件与资源特征，进行合理的开发与高质量发展，特别是要充分发挥地方智慧，用好用活存量资源，制定激励型的流量规划与规则，如广东的"三旧改造""增存挂钩"等方式的创新，可以看成是对激励机制的成功探索。

5.5.1　面向重要优质资源：严格限定

国家的战略性重要优质的资源，从地方管理的角度上看，主题词是"保护与限定"。一方面，地方需要响应顶层声音，全面落实国家统筹划定的三条控制线与实施自然资源资产化管理，坚守自然资源保护的底线，给予限定式的管理，并基于不同类型的不同管理要求，给定相应的补偿机制，配套一些监管机制；另一方面，地方不应只停留在生态保护红线、永久基本农田等刚性控制线守护上，需要进一步探索有利于开展相关工作的探索，以提高资源使用效率，促进生态价值提升与转化。

当前，市、县地方政府，也正在积极结合自身资源特色开展相关试点工作，如积极开展国家公园体制试点地区、山水林田湖草生态保护修复工程试点区、公园城市等试点，探索构建生态保护修复与生态价值转换等机制。总的来说，如何保护好生态资源，促进开发资源再利用，实施生态修复，实现资源变资产、资产变资本，以此打造地区高品质绿色资源环境，是国土空间规划视角下需要重点关注的关键工作。

5.5.1.1　限定式的底线管理

1）生态保护红线的划定优化

基于底线思维，加强生态空间、生态自然资源保护，落实生态保护红线划定，协调

---

① 赵燕菁. 论国土空间规划的基本架构 [J]. 城市规划，2019，43（12）：17-26，36.

永久基本农田与城镇开发边界，正向优化生态保护红线与生态空间，以此建立刚性约束图，加强生态修复工程，制定负面清单和项目准入类型等。如逐步腾出生态保护红线内、重要生态功能区内的生产建设空间，重点对生态破坏地区、生态脆弱地区等进行生态修复。

2）自然保护地体系的分解细化

结合以国家公园为主体的自然保护地体系构建工作，创新自然生态空间用途管制创新试点，以此释放自然资源与资产服务价值；结合"三调"工作，梳理评估现有自然资源，并将重要资源纳入自然保护地体系，包括对世界自然遗产、自然保护区、风景名胜区、国家森林公园等进行梳理，以此得出自然资源资产的核算结果。

5.5.1.2　特色型的定制规划

1）优质空间的精细识别

针对性地开展全域自然资源优质空间的全面摸查，以此制定差异性的优化策略，引导生态空间活化利用。如黔南州国土空间总体规划中，综合气候条件、自然资源、生态资源等条件，精细划定海拔800~1000m以上涉及农业空间、生态空间、旅游空间等的优质生态资源，以此制定相关的资产提升增值措施。

2）自然资产的保值增值

根据中办、国办印发的《关于统筹推进自然资源资产产权实现机制试点方案》，通过推进自然资源、资产产权制度改革，引入市场力量，在保护自然资源生态价值的前提下，充分挖掘山水资源特色，打造全域旅游，实现"绿水青山就是金山银山"。同时积极发展绿色生态产业，并借助互联网等新经济模式，为"返乡创业"提供平台，吸引人口集聚。

5.5.1.3　生态补偿与监管机制

1）分级分类分区的生态补偿

考虑各地区自然资源资产类型及生态价值等方面的差异较大，为确保重要的、优质的资源得到保护，需要重点考虑以下三方面因素：一是生态补偿主体的明确。如对自然保护地体系、国家确定的重点生态功能区等自然资源，应以中央财政补偿为主，地方和市场为辅；而对于地方确定的自然保护地，则由地方结合市场承担主要财政补偿。二是完善生态补偿标准的制定。各地区需要综合生态系统服务价值、经济发展水平、财政支付能力以及改善收益等因素综合制定标准。三是创新多元化的生态补偿方式。探索通过财政补偿、市场化补偿等方式保障自然资源产权人的合法权益，同时探索适当开展旅游、经济林养殖等方式，获取相应的经营收益。

2）生态信用账号的建立

以广州为例。广州是我国开启生态补偿探索的先行区，近年来取得了一定的成效，如广州增城区早在2006年，就因地制宜地把全区规划为南、中、北三大主体功能区，并以生态补偿机制、绩效考核机制，保障三大功能区的实施。但广州更多的是面临"补偿标准如何制定、补偿如何落实"等问题。一是补偿标准与保护动力不足。2017年广州生态公益林补偿金已达每年每亩200元（基本农田达200～500元），大大高于我国其他地区标准（湖南补偿17元，广西15元，广东28元，东莞150元），但仍远远低于林地租金（约10%～40%），更低于伐木收入（约0.7%～10%），和出卖土地获益相比更是有天壤之别，加之各部门掌握的基数标准不一，导致生态补偿成效及动力极为有限。二是补偿机制与制度建立举步维艰。2012年广州成立的国内首家以碳排放权命名的交易所，通过长达3年的探索，到2015年，才完成国内第一单CCER线上交易；到2017年，碳配额现货交易量累计成交突破8000万吨，但总成交额仅为17亿元[①]。对于生态补偿机制的立法探索，也是从2013年开始，历经6年，于2019年才颁布了《广州市生态保护补偿办法（试行）》。

从中看出，生态补偿制度存在不足。建议借鉴德国生态占补、广州增城的主体功能区规划的实施经验，建立"生态信用账户"，共享优势发展地区的成果。生态账户可以由地方政府或委托第三方机构等进行管理，按照"制定生态补偿专项规划，组建生态信用账户，综合运用多种手段开展生态补偿项目，生态指标的计算、交易与生态账户的收支平衡"去实施。

3）全要素全周期的资源监管

为完善对重要优质资源的严格限定，需要实现对自然资产要素的审计全覆盖，从原有森林、土地、水、矿产等自然资源要素进一步拓展到森林、土地、水资源、水环境、矿产、草原、海洋、土壤、大气等要素，具体包括建立并执行审计评价指标体系生态环境保护预警机制。

同时，需要积极健全自然资源资产管理和监督机制，在发挥人大、行政、司法等联动作用的前提下，进一步发挥公众、媒体、NGO等社会力量，共同推进。一方面通过监管平台与及时反馈机制，监督相关参与主体对自然资源、资产的使用行为；另外一方面加强对政府部门管理的监督，通过检查评估、信息披露、联席会议等手段，落实管理问责制。

5.5.2 面向地方开发资源：充分激励

新时代国土空间规划，应以高品质规划引领高质量发展。一方面，需要在国家战略

---

① 相关数据来源于广州市碳排放权交易所网站http://www.cnemission.com。

层面做好城镇开发边界的底线管控与战略空间部署，引领城市走向集约化精明化发展模式；另一方面，更多的是需要地方发挥主观能动性，探索高质量发展的实施路径。从地方政府角度出发，则在保障城市公共利益不受损的前提下，为保持正常运转，也需要更多的财税收入，尽可能保障城市资产保值增值，并以此科学制定各类空间开发行为的指引与管控规则，指导相关规划及开发建设。

当前，市、县地方政府，也在兼顾效率与公平的基础上，结合自身发展阶段，探索用好用活增量与存量资源，打造高品质的城市环境，以此吸引更多的人才，创造更多的良性资产与现金流，实现城市的高质量发展。尤为明显的是北京、上海、广州、深圳等特大城市，逐步进入存量时代或增存并举时代，囿于增量资源的有限与产业转型发展需要，已进一步倒逼自身城镇空间的存量盘活与流量激活，具体做法包括：一是在规划管控上，探索建立"战略+管制+政策"的规划手段，建立激励地方发展的机制与发展模式；二是在功能布局上，考虑规模的"弹性预留"、布局的"战略留白"以及功能的"兼容性"；三是针对开发资源，开展新旧动能的转换、城市更新、乡村振兴等一系列地方探索工作。

5.5.2.1 激励式的主动引导

为保障国土空间规划的有效实施，激励地方发展的积极性，可探索建立"战略+空间+政策"的全周期管理模式。具体以战略为引领，形成地区空间战略共识和行动纲领，再基于开发资源的差异性，制定空间政策引导分区。

1）谋划空间战略共识和行动纲领

国土空间规划应当以制定空间发展战略为核心任务。一是体现战略性，落实上位规划功能定位，建立战略远景目标和地区发展框架体系，具体包括城市发展战略、发展规模、承载容量与空间布局等；二是体现共识性，建立政府、专家、社会共同参与的开放式规划工作架构，真正达成全社会共识。最后，结合城市近期发展重点制定行动纲领，作为指导各部门和各级政府工作的统领性文件。

2）制定全域政策分区与特别政策区

以政策引导增强地方的城乡治理责任和发展活力。一是制定全域政策分区，将全域划分成特色发展片区，以差异化绩效考核为主，辅以产业政策、跨区合作与补偿机制等；二是划分特别政策区，如特色产业区块、特别开发区等，促进特色产业集聚，以产业政策为主，辅以国土、规划、环保等政策。

5.5.2.2 创新型的流量规划

1）"三旧"改造图斑促进存量资产增值

自2008年以来，在广东作为集约用地试点示范省的同时，广州开展了一系列创新探索，具体开展了从"三旧"改造到城市更新再到老城市新活力的一系列工作。近期，为实现"一美·三高"的新时代目标，广州市进一步提出统筹推进城市更新九项重点工作，通过市、区两级政府的扎实推进，联通多个市直部门，进一步优化、盘活存量低效土地资源。

其中，为加快盘活市属国企低效用地，推动产业转型升级，广州市统一梳理了市属国企地块用地面积约40km^2，创新实施"规划统筹、土地整备、联动开发"的方式，确保国有资产保值增值，并促进城市功能优化提升。典型案例如2014年广州东圃立交存量用地再开发项目，通过改造，落实了约6万平方米上盖绿化，创造了约45亿元的土地一级收益，改造后的片区交通更加完善，噪声影响减少，这块被城市遗忘的角落焕发了新生。

2）产业区块范围培育千亿产业集群

工业产业区块划定，是工业用地和产业扶持相关政策落地的重要适用范围，将有效促进产业高质量发展，提升工业用地产出效益。自2013年以来，广州等城市便结合"三规合一"工作，开展了关于产业区块的相关研究工作。其中，2014年，结合广州市"三规合一"的产业区块划定工作，颁布了《广州市提高工业用地利用效率试行办法》；2017年，又进一步发布了《广州市建设"中国制造2025"试点示范城市实施方案》；2020年1月，正式通过《广州市工业产业区块划定成果》，明确了全市工业产业区块布局。至此，全市划定一、二级工业产业区块669个，总面积621km^2。

3）乡村群发展单元促进乡村振兴

为加强村庄地区与城镇开发边界、生态保护红线、永久基本农田、现状建设情况、市域功能分区等要素的衔接，广州探索建立乡村群发展单元，以此通过构筑差异化的乡村空间分类发展引导区，如将90%以上村域面积位于城镇开发边界范围内、位于城镇建成区内的村庄确定为社区更新型村庄（城中村），将村域主体位于城镇开发边界边缘或城镇功能辐射范围内的确定为城乡融合型村庄（城边村），将50%以上村域面积位于生态保护红线范围内的确定为生态保护型村庄，其他村域主体位于农林用地范围内的村庄为产业振兴型村庄。规划通过整合多个乡村形成乡村群发展单位，打造"特色小镇""现代农业园"等产业发展平台。

5.5.2.3　激励机制与绩效考核

1）倒逼产能升级的增存挂钩

2018年自然资源部印发《关于健全建设用地"增存挂钩"机制的通知》，将批而未供和闲置土地的处置工作也纳入"增存挂钩"机制，规定对两项任务均完成的省份，下一年度计划时将在测算结果的基础上，再奖励10%新增建设用地计划指标，而其中一项任务未完成的，则要核减20%。这一机制的推出，倒逼各地进一步消化利用批而未供和闲置土地的同时，更为精准地进行新增建设用地指标投放。而各地方也进一步结合自身更新实践，深化改革创新，激发市场活力，如支持降低用地成本、支持优化利益分配、加大对"工改工"及公益性项目奖补力度、降低改造项目税收负担等。

2）空间政策引导的差异化绩效考核

为进一步加强空间政策引导，对建设用地进行精细化管控，各地方可结合自身的开发资源特征，匹配城镇开发边界内的城镇功能、产业发展和预留发展类等各种功能区块，提出差异化的指标考核体系。如城镇功能区块可重点考核集约用地、民生类指标，产业功能区块重点考核经济发展、集约用地类指标，预留发展区块重点考核资源环境类指标。

5.5.3 "资源"到"资产"的实现

自然资源是法定的、有空间边界或有载体、可明确产权的天然生成物，资产则是有法可依、可确权、可定价、具有稀缺性、有特定空间形态边界的自然资源。我国一直在积极探索自然"资源"变"资产"的路径设计。从1983年云南省以昆阳磷矿为生态补偿试点开始，到2019年印发《关于统筹推进自然资源资产产权制度改革的指导意见》，政府逐渐意识到"产权与生态补偿制度"在资源资本转换过程中的重要性。目前，我国自然资源产权体系正在建构，生态补偿制度也散见于《森林法实施条例》《基本农田保护条例》《自然保护区条例》等条例中，但依旧面临不少问题。例如广州在生态公益林补偿、主体功能区生态补偿、碳排放交易所的探索中，一直面临着生态公益林、基本农田"怎么补、补给谁、补多少"等问题。

究其原因，无法实现从"好资源"到"好资产"，主要是在自然资源产权、管理与补偿机制方面有所欠缺。因此，在明确资源管理的"限定与激励机制"之前，有必要对资源产权进行界定，以及对资源的类型进行识别。

5.5.3.1 资产形成的产权制度与领域管理

1）自然资产产权的制度创新

2019年4月，《关于统筹推进自然资源资产产权制度改革的指导意见》，明确了全民所有自然资源资产由国务院代表国家所有，并授权自然资源部，具体代表统一行使所有者职责，并探索部分由自然资源部直接行使，部分省级和市（地）级政府代理行使，法律已有授权的特定自然资源除外，理清了自然资源资产国家所有权在横向、纵向上的权责关系及授权、委托代理实现方式（表5-14）。

而自然资源资产所有权是不能转让处分的，有必要进一步分离出使用权，设立自然资源用益物权（使用权、经营权、利用权等），并做好两方面工作：一是用益物权差别化制定，如明确哪些自然资源资产可以使用，采取哪种方式；二是资产收益如何归属，如依托公益性的自然资源资产的特许经营权方式获得收益，应主要反哺给国家公园等的维护建设，而依托经营性的，则可通过出让金、租金乃至资产作价入股方式，由国有公司直接经营或相关收益反哺给政府。

表5-14　我国自然资源资产的产权关系一览表

权利主体	核心产权权能	衍生产权权能
国家	所有权	占用、使用、收益、处置等
政府部门（国务院、自然资源部代表或委托省、市政府）	所有权	占用、使用、收益、处置等
集体组织	所有权、使用权	占用、使用、收益等
企业和个人	使用权、经营权	占用、使用、抵押等

2）自然资产管控的权责匹配

如何结合三条控制线的划定，制定清晰的管控要求与权力清单，详细界定中央与地方政府、地方政府之间的责、权、利关系，明确不同类型自然资源所有者的主体责任、权力和利益，是实现自然资源资产化有效运转的重要措施。

一是从自然资源产权边界看。对于产权界限较清晰的，结合三调与登记确权工作，如山水林田湖草海等，可将自然资源资产所有权划分由央地政府行使，并将使用权进行分配或拍卖给政府、企业和个人等主体；对于产权边界较为模糊或难以界定的，如空域、地下水资源等，则可由自然资源部作为单一的所有者来管理。二是从自然资源重要性看。分清中央政府、地方政府应掌控的自然资源资产清单和空间范围，国家重要的战略或者优质资源，由中央政府进行管理，如重要能源资源、贵重稀有矿产资源、生态功能重要的功能区等。三是从自然资源公益性看。对于为社会公众服务，或者行政主体有自身使用需要的，则主要由央地政府协同进行管理，对于经营性的自然资源，则可在市场上流通，促进资产增值。

5.5.3.2　资产活化的协同管控与类型识别

1）重要优质资源识别

在《宪法》《物权法》等法规里面，只规定了珍稀资源的产权，特别需要在国土空间规划中进一步识别挑选相关重要的资源并加以管控。而新时期国土空间规划改革中，看似频繁的政策出台，实则是国家与地方对加强重要资源资产保护与治理边界进行"大小协同"的体现。国家层面，一是保护好优质和重要资源，如国家公园、地方郊野公园、耕地和基本农田等，以及由此衍生的生态保护红线、永久基本农田控制线，它们是国家需要控制的底线；二是管住城镇开发边界的规模与边界，地方开发资源主要是建设用地，管住了建设用地的规模与指标，也就管住了发展的临界线，剩下的事情就是地方政府的事务。地方层面，则需要在国家制定好的领域管理范围内，做好三线协同管控与资产管理，匹配央地方政府以及地方政府之间的责、权、利关系，激发地区的活力（表5-15）。

表5-15　三线协同管控与资产管理权责表

边界类型	自然资源类型		权利主体	权责职能
开发利用资源			政府部门（国务院、自然资源部代表或委托省、市政府）	所有权
城镇开发边界	公益性、重要性	如边界规模、国家、省重点项目等	自然资源部、省政府	划定、管理
	经营性、一般性	产业、居住、配套等	地方政府	管理、经营、使用
其他空间	乡村发展	产业、居住、配套等	地方政府、集体组织	所有权、使用权
生态资源			政府部门（国务院、自然资源部代表或委托省、市政府）	所有权
生态保护红线、永久基本农田边界	公益性、重要性	如生态重点功能区、自然保护地、高标准基本农田等	自然资源部、省政府	划定、管理
其他空间	经营性、一般性	如郊野公园、城市公园、经济林地区等	地方政府	管理、经营、使用

2）地方开发资源识别

中国40多年的改革经验说明，只有在落实中央政府相关工作部署的前提下，又保持一定的发展弹性，才能有效激发各种利益主体的发展积极性。新时期国土空间规划，国家、省级层面规划不应该只是地方层面规划的拼合，而地方市、县层面的规划，也不应该是上级国土空间总体规划的简单落位。

因此，地方一方面需要对全域的战略、空间有一个统筹；另一方面也需要基于自身特色，打造为人民谋划的鲜活场景。特别是在地方开发利用的自然资源资产上，未来需要做好以下版块的场景设计：一是增量资源精准投放，在城镇开发边界内，用好用活有限的增量规模建设指标；二是资源资产的保值增值，匹配三条控制线，通过价值转换、存量盘活、流量激活等手段，提升山水林田湖草、产业资源以及国有存量资产等综合价值；三是空间品质提升，通过一体化综合开发、口袋公园设置等手段，全方位提高人民生活质量与幸福感；四是积极开展政策创新、激发地方活力、形成有效监管。以广东省为例，地方政策创新已成为广东先行先试的重要组成部分。例如：激励机制代表有"三旧改造"政策，地方政府进行适当让利，有效盘活了大量的存量闲置用地资源；监管机制的代表有地方规划委员会制度，有效地保障了公共利益，约束官员的任期政绩冲动。

第 6 章

空间与场景

2019年，有一位"顶流网红"李子柒得到了《人民日报》的"点赞"，她把乡村的日常生活场景上传到海外的视频网站，让800多万海外观众爱上了中国。在她的视频里，一颗小小的水稻种子从播种、育苗、插秧、抽穗到灌浆，经历二十四节气的轮转，从"春种一粒"到"秋收百颗"，经过晾晒、磨粉、蒸煮，最终变成了香喷喷的白米饭、米酒和各式佳肴。

为什么一个姑娘在乡村的生活场景会得到大家的交口称赞？央视新闻的报道里，说她"讲好了中国故事"；《人民日报》的评论认为，"李子柒的视频不着一个英文字，却圈了无数国外粉……重要的是它所表达的中式生活之美，在赏心悦目之际让人愿意接近"。

承载这种"在赏心悦目之际让人愿意接近"的美好生活场景的，正是我们多样的国土空间。当我们行走在城市的街道上，当我们漫步于乡村的旷野中，当我们置身于大自然的怀抱中，都能感受到广袤大地生机勃发的力量。正如王建国院士所说，生活所形成的空间意象、逸闻趣事和场所氛围既是人类行为的一种图景呈现，也渗透着社区精神的记忆[①]。

伴随着城镇化进入"下半场"，新时代给国土空间提出了新的要求。有别于工业文明时代一味标榜简洁机械且高度关注生产效益和资本增值的空间价值观，新的国土空间价值观将以美好生活为导向，驱动空间高质量发展。正如芒德福所说，城市作为巨大的物质载体，为人们提供了一种生存的空间环境，并在精神上长久地影响着生活在这个环境中的每个人。正因如此，过往那些宏大叙事的增长式蓝图和制度设计，都将向内涵提升、增存并重的品质化营造转变，伴随着生产、生活、生态空间的雕琢，城市环境营造和精细化管理将成为空间治理的新的主旋律。美好生活场景，秀美壮阔的大好河山场景，连同自然空间的生命场景，都将与我们——不仅仅是人类，还包括这世界万物，在广袤的国土空间中亲近着、和谐着。

6.1 美好生活的场景

6.1.1 城乡空间的幸福场景

6.1.1.1 空间是美好生活的容器

10年前的上海世博会，在中国城市发展史上，是通过一个重大事件使城市发展的好案例。这次盛会提出了"城市，让生活更美好"（better city，better life）的主题，这个

---

① 王建国. 包容共享、显隐互鉴、宜居可期：城市活力的历史图景和当代营造 [J]. 城市规划，2019，43（12）：9-16.

主题阐述了在经历高速城镇化进程之后，全球进入"城市时代"，城市成为人们追求美好生活的愿望成真之地。

这10年，我们都在关心城市，因为城市让生活更美好。今天，李子柒告诉我们，让生活更美好的地方，还有很多，尤其是自然与人对话的一些场景。正如李子柒的视频，她营造的场景有两个特征：一是中国风的生活场景，与她所处的自然环境和空间载体高度匹配。在视频中，她的春耕夏种秋收冬藏，乃至一箪食一瓢饮，都无不妥帖地契合了川西河山秀美的自然场景，使空间的魅力得到充分的体现，强化了人们对传统文化的个体感知。二是她返璞归真的生活场景满足了人们深层次的心理需求。她所展现的是"采菊东篱下，悠然见南山"的中国风式美好生活场景，唤醒了现代化生活中人们对自然的渴望。

诚如芒德福所言，城市是人类赖以生存和发展的重要介质，城市不仅仅是居住生息、工作、购物的地方，还是文化容器，更是新文明的孕育所。城市建设要坚持以人民为中心的发展理念。让人民群众在城镇空间、农业空间、生态空间的塑造中，收获幸福感、温暖感、获得感，才是国土空间的应有之义。人本主义的空间关怀，是在"五级三类四体系"的框架之下，以提升品质为中心打造美好生活都市圈，成为促进新时代高质量发展的新引擎[①]，让国土空间与场景链接，让空间承载社会交往的悠闲，让孩子得到照料，让文化绽放全新的生命力。

6.1.1.2　大事件与小事件并存的时代

不仅是上海世博会，过去十余年间，奥运会、亚运会、园博会、G20峰会……各类国际性体育文化经济活动的接连举办，正是中国大地上出现的以大事件为核心的城市营销和空间拓展方式的缩影。重大事件带动各个城市进入了热火朝天的建设状态，修地铁、拓马路、建场馆、整房子，不一而足的建设工程，体现了大事件营销在城市空间增长方面"堪比19世纪工业革命的发动机"的作用。

比如广州的新城市中轴线，正是借亚运会的东风而创造的美好场景。早在20世纪90年代初，广州市政府就拿出珠江边6.4km²的土地，用于珠江新城CBD的建设。然而受到1997年金融危机冲击以及当时多主体出让、无组织的土地供应的影响，珠江新城的建设一度停滞。为了筹备亚运会，2003年新城市轴线的建设被提上议事日程，通过规划调整，将原来部分6000m²的小地块归并为1万平方米以上的大地块，同时将原来分散在小地块里面的小区绿地合并成更大的中心绿地，使CBD核心区除了中央公园、街头绿地之外，还充实了整个绿化体系。公共服务设施用地也从原来的19.6hm²增加至32hm²，并将

---

① 杨开忠. 以品质为核心打造新时代中国都市圈［EB/OL］.（2018-02-01）［2020-02-28］. http://www.xinhuanet.com/info/2018-02/01/c_136941397.htm.

中央绿地公园的地下开辟成当时世界上规模最大的地下商业交通综合体，包括15.1万平方米商铺、2996个地下车位。同时通过对市内商务用地供给进行限制，使其集中投放于CBD。赶在亚运会召开之前，珠江新城CBD在2010年左右基本建设完成，并决定将亚运会的开幕式安排在珠江新城的海心沙上举行。借助亚运会的开幕式让建成后的珠江新城在世界亮相，起到了很好的城市营销的作用。

建成后的珠江新城CBD，得到了广大游客的交口称赞，有专家评论它为"国内最好的中轴线地区"。最初城市设计中确定的120m的轴线，也向北跨过六运新村、天河体育中心，延伸到火车东站乃至北部山体，向南跨越珠江，到广州塔"小蛮腰"，再延伸到海珠湖。长达12km的新轴线改变了广州维持千年的城市骨架，在原来越秀山—中山纪念堂—人民公园—珠江的传统城市轴线基础上，出现了新的城市中轴线。

广州新城市中轴线，延续的不仅仅是中轴线所体现的秩序和仪式感，务实的广州人民还为这条新轴线增添了许多通过细节才体会到幸福感的场景。从海心沙改造成公园，到口袋公园的建设和沿江幕墙灯光的改变，大事件塑造的宏大场景，正在慢慢变成贴近日常生活的小事件。就连"小蛮腰"广州塔，也在亚运会后，慢慢褪去了地标的"高冷范儿"，成为融入百姓生活的"城市玩具"。从2015年起，它会在每天晚上11点和市民道"晚安"，会在恒大第七次夺冠的晚上说"广州未赢够"，会在我国70年华诞的时候为祖国献礼。城市中轴线不再仅仅是城市空间的大事件，更是每个市民日常小生活的一部分。因此，城市空间的营造，不仅需要有大事件的逻辑，关注宏大叙事的视角，还需要有小事件的填补，落脚老百姓日常生活的场景。通过大事件来打开城市的骨架，将小事件作为空间的血肉，如此，才能造就我们城市的美好生活场景。

6.1.1.3　生活场景的24小时和365天

莎士比亚说"城市即人"。我们的城市，是由许多个体的"人"构成的，有企业中辛勤伏案工作的白领，有城中村里日复一日艰难谋生的外来务工人员，有在老城里徜徉拥有不同颜色皮肤和瞳孔的海外游客，有骑着电动车穿街走巷的快递小哥……最终塑造城市的，正是城市中身份各异、需求各异的人们和他们的鲜活生活。因此，国土空间的规划，离不开生活场景的规划，更离不开对使用空间的人群进行画像（图6-1）。只有把人群画像放进规划的空间中，才能感知这种场景的魅力。

比如雄安新区启动区城市设计中，提出的"生活之城，生生不息"的设计理念。二十四节气的场景，不仅融入了自然的韵律，更体现了一座新城在贴近人民生活场景的春夏秋冬。这样的一座新城，是雄心勃勃、领先世界的新城，也是安详宁静、家和业兴的新城。

我们的城市空间，不但要构筑宏大叙事的场景，而且要贴近普通生活场景的24小时和365天。阿兰·雅各布斯在《伟大的街道》中说"伟大的街道造就伟大的城市"，日

图6-1 人群画像与空间场景需求图

常的生活场景，需要高质量、细致入微的物质空间予以支撑，这就对国土空间的管理者和规划者提出了新的要求。如何将我们的国土空间规划与日常生活场景相契合，通过高质量的空间供给，给老百姓的每一天以温暖和幸福，是空间治理过程中始终需要关心的话题。

过去的10年，"大事件"一直是城市空间营造的法宝。通过场馆的建设，城市政府与市场力量结成了"增长联盟"，超规模、高密度的投资与建设活动带来突发动力，从而深刻地影响着城市空间发展的演变[1]。然而，这种城市空间的演变，就像福柯所说的"异托邦"，城市的快速拓展和旧城的物质更新并存，不可避免地带有空间上超越区域尺度、内嵌入全球化浪潮的特征。巨额的全球流动资本和地方资本，为城市空间带来了不同的效应，重大事件产生的"植入效应"也引起了城镇空间的"变异"，老城的绅士化和郊区化都是人们讨论的焦点。

城市空间的营造需要有"大事件"的助力逻辑，但对于一座城市来说，"大事件"不常有，就像是城市空间中的奢侈品，然而美好的生活场景很常见，它发生在我们生活中的每一天，也发生在城市乃至国土空间的每一个角落。同样地，承载这些日常生活的场所，不论是在喧嚣的城市还是在宁静的乡村，或是在偏远的自然，"每一个场所都是唯一的，它需要体现出该场所环境的特征，这些特征既包含了实体的物质形状，肌理和颜色，也包含了无形的文化内涵和人类的活动"[2]。

---

① 于涛，张京祥，罗小龙. 城市大事件营销的空间效应：研究进展及思考 [J]. 城市发展研究，2011，18（02）：94–100.

② 特兰西克. 寻找失落的空间：城市设计的理论 [M]. 朱子瑜，等，译. 北京：中国建筑工业出版社，2008.

2013年中央城镇化工作会议提出"望得见山，看得见水，记得住乡愁"。"三生"空间的营造与人民生活的密切结合，让城市生活充满磁力，让我们的乡村记得住乡愁，让我们的祖国河山焕发新颜。

6.1.2　秀美河山的品质场景

城市与乡村以外，更多的是自然和生态的场景。

比如广州的7434km²，按空间划分，有城镇空间、生态空间、农业空间。广州最美的场景不仅仅有"小蛮腰"广州塔和"水桶哥"西塔，还有它们所俯瞰的广州母亲河——珠江的"一江三带"，还有珠江上面的54个江心岛，还有岛上无数的美好场景。

大地景观也书写了广州7434km²的国土空间，伴随着2000年全国轰轰烈烈的一场规划创新，广州战略规划提出了山城田海，这就是一种大地景观的场景，在这个场景里，我们塑造了2000万人的岭南生活韵味。

6.1.2.1　空间的源点塑造

珠江——广州的母亲河，千百年来穿城而过的江水，孕育着一江两岸的广府人民。有人说，粤文化的源头在广州，而广州的源头在珠江。2015年，广州市提出打造珠江"两岸三带"，"三带"即"珠江经济带、创新带、景观带"，通过对"3个10公里"特色区段重点建设，以点连线、以线带面地提升珠江沿岸景观，实现对广州空间源点的场景塑造。

"沙"，是粤语对珠江中经年累月淤积形成的"沙洲"的称呼。珠江上像这样的大大小小的岛屿，一共有54个，总面积约120km²。其中，未开发岛屿29个，总面积占4%；部分开发岛屿17个，总面积占67%；开发岛屿8个，总面积占29%。这些岛屿，也构成了岭南生活场景的一部分。通过大地景观的营造，让这些秀美的河山，都融入我们的生活之中。

大吉沙，正是珠江的一座江心岛，也是广州唯一一个仅靠水上交通联系的江心岛。岛民大部分以种植业和渔业等传统农业为生，俨然是隐匿于繁华大都市一隅的"桃花源"。2018年5月，黄埔区启动"都市锦田计划"，通过开展土地综合整治项目，以山水林田湖草综合治理为主要抓手，推动大吉沙岛的美丽乡村建设和乡村振兴。"都市锦田计划"实际上是以高标准农田建设为基础，通过生态整治、景观整治系列工程的整合，实现大地景观的再造；通过水田增加、农作物收益提高和耕地质量提升，为乡村发展注入新的动能。受惠于该项工程的推进，大吉沙岛开启了江心岛乡村旅游的4.0模式，都市锦田计划促进了岛上的经济发展，增加了岛上居民的就业机会，增加了各类配套设施，也丰富了岛上的产业构成。岛上经营农家乐的农民尝到了甜头，广州的市民也从中受惠，可以享受近在咫尺的"偷得浮生半日闲"的悠闲生活。

6.1.2.2　大地景观的展示

大吉沙岛的"都市锦田计划"只是广州大地景观塑造中的一环，广州构建的大地景观—总体城市设计—重点地区城市设计—品质提升行动这一规划体系，将精细化的引导，进一步延伸到宏观层面的大地景观研究，细化依山、沿江、滨海的风貌特色，塑造广州在粤港澳大湾区的山水景观独特性。通过大地景观的展示，将农业空间的另一重价值逐步展现在人们面前，吸引很多城市正计划以绿道和碧道沿线、交通沿线、旅游景区为重点，全面开启大地景观再造工程，从而为乡村振兴助力。

广袤的农村大地将成为美丽乡村最美的底色。以农村生态环境为核心，在原有的土地综合整治的基础上进行升级，以国土空间综合整治和生态修复为抓手，打造农业空间中的大地景观。通过高标准农田建设、乡村风貌整体提升、农村生态环境整理，农耕文明与壮丽风光交相辉映的城乡融合画卷将徐徐展开。

6.1.3　自然空间的生命场景

6.1.3.1　美好城市也是鸟类栖息"驿站"

"小燕子，穿花衣，年年春天来这里……"，这首耳熟能详的童谣描绘了一个人们熟知的场景：千百年来，每逢秋冬季，人们都能在天空中发现成群的候鸟，它们每年都沿着固定路线在繁殖地和越冬地之间往返迁徙。鸟儿们的长途飞行往往跨越数千公里，从遥远苦寒的西伯利亚到温暖如春的羊城，因此，中途需要"驿站"来补充体力。

在鸟类的迁徙路线上，广州的海珠湿地正是这么一处城市中重要的鸟类迁徙"驿站"。海珠湿地位于广州新城市中轴线的南端，是总面积达1100hm²的国家湿地公园。2013—2015年，广州启动湿地生态修复工程，将海珠湖、万亩果园、39条河涌串连成广州规模最大的城市生态绿核和鸟类天堂。生态修复后，海珠湿地的候鸟种类及种群数量逐年增加，鸟类从2012年的72种增加到目前的177种，增长约132%；鱼类增加到46种，较2015年增长约28%。物种多样性指数逐年上升，生态效应拓展到方圆40km²，呈现一幅生态空间与城市和谐共生的美丽图景。

"城央湿地"的成功，佐证了城市中的生态空间对鸟类"驿站"的重要作用。广泛分布而又互相联系的生态斑块和生态廊道，成为鸟儿迁徙途中觅食和栖息的场所。生态空间成为让生命共同体都能保持长续共存的重要场所。

6.1.3.2　美好自然是人类的命脉

自然空间是开放的，同时也是闭环。人类的命脉与自然遵循同一个规律，你我都是生态链的一环，是休戚相依的命运共同体。老子《道德经·第二十五章》中的"人法地，地法天，天法道，道法自然"，点出了人与自然的关系。人类与自然界密不可分，山水林田湖草彼此依存，形成一个生命共同体，任何一方受到损害，都必然会对另一方造成影响。因此，要"像保护眼睛一样保护生态环境，像对待生命一样对待生态环境"。生态空间的营造在于正确对待生命共同体的场景营造，通过划定生态空间的分级保护底线，统筹山水林田湖草的综合治理，合理管制自然资源的开发利用和保护，最终实现生态空间中生命共同体一体化治理。

6.2　城镇空间与品质化提升

如果在晚上从太空俯瞰我们的国土空间，会在长三角、珠三角、京津冀等地区看到成片连绵的城市灯光。璀璨的夜景背后，是我国自改革开放以来取得的震惊世界的经济成就，也是不断蔓延渐趋失控的城镇建设空间。1981—2017年间，中国城市建设用地面积从1981年的6720km²扩增至2017年的55155km²，增长了8.21倍。在改革开放中先行一步的珠三角地区问题更加突出，经济增长带来了快速的城镇化过程，城镇建设用地迅速增长，新的城市和建制镇不断涌现。1978年，珠三角仅有5个城市、32个建制镇。到2017年，城市增加到9个（5个县级市），建制镇达到404个，城镇密度接近100个/万平方公里，是我国城镇最密集的地区之一。2000年前后，深圳、东莞、佛山等珠三角城市建设用地超过行政区面积的30%，是国际公认的警戒线。2005年，深圳率先喊出了"四个难以为继"，难以为继的不仅仅是城市建设用地，也包括水资源、大气资源、环境资源等在内的自然资源。学术界纷纷将关注焦点集中在增长主义的终结和"精明增长"、存量规划的开始，城镇空间也逐步从外延扩张式迈向内涵提升式，从无序蔓延和低效扩张逐步探索高质量发展之路。

精明增长意味着有序和品质化，意味着更高效地运用我们每一寸国土空间，意味着在增量空间拓展和存量空间再造之间采取更谨慎的策略，意味着国土空间需要更妥当地支撑我们的美好生活场景。在这种背景之下，城市开发边界划定、紧凑型开发模式和土地混合利用在国内被作为"精明增长"的重要技术手段逐渐被强调。

精明增长，是内秀的城市发展模式，是品质化的城市空间。品质化的空间，可以使人民在城市中有和谐、均等、舒展、活力、便利、安心的感受。

6.2.1　品质化城镇空间的规划

6.2.1.1　战略选择的和谐空间

围绕着精明增长这一核心，国土空间的合理配置和使用成为关注的焦点。2019年，广东被选定为自然资源部开展资源环境承载能力和国土空间开发适宜性评价的典型区域，有意思的是根据技术指南得出的试评价的结果，农业适宜性地区和城镇建设适宜性地区高度重叠。这样的评价结果不难想象，广东是"七山一水二分田"的多山地区，平原地区由珠江水系的冲积平原所形成，土地肥沃，历来是粮食的主要产地，过去有句老话，"湖广熟，天下足"，正是佐证了这点。然而改革开放以来，先行一步的广东创造了惊人的经济成就，连续30年GDP总值领跑全国，2019年更是成为全国首个GDP突破10万亿元的省。那么，在这种情况下，如何战略性地评判"双评价"的结果，合理配置国土空间中的"三生"空间，成为国土空间规划的重点。同样的国土空间，是用于发展现代农业更高效，还是承载生态功能，还是发展经济，需要从国家的战略意义来进一步整体研判。

城镇空间作为承载地方发展的核心空间，更需要妥善处理国家使命与地方发展要求的关系。地方层面的发展战略在发展定位、区域协调上落实宏观层面的国土空间规划要求，并形成反馈机制，宏观层面的综合规划应强化战略性和政策性，弱化指令性指标，强化区域统筹框架与区域协调机制，推动地方政府建立更多的合作、协调关系[①]。同时，应考虑将保护权上收、发展权下放，如国家要求层层划定、垂直管理的永久基本农田红线、生态红线，以限制地方政府不符合整体利益的盲目发展冲动等。涉及地方事权的城镇空间用途管制，应按地方政府事权逐级下放，充分调动城市政府作为城市运营主体的积极性，强化地方规划的编制、审批和实施等权力，加强地方规划的可操作性与适应性。

6.2.1.2 中心内外的均等空间

与以往市级总体规划编制中强调以未来建设集中区域所标定的"中心城区"的概念不同，在2019年6月自然资源部下发的《市县国土空间总体规划编制指南》中，"中心城区"的概念出现了逐步淡化的趋势，而一个新的名词"城镇功能控制区"出现了，并且在规划层级中明确市县规划按照全域、城镇功能控制区两个层次来开展，分别编制规划方案。在指南后的附录解释中，对"城镇功能控制区"的划定要求进行具体展开，不论是划到"市辖区"，还是划到"中心城区、新城、新区、市及以上级别政府派出机构管理的重要开发区、工矿区可能划定城镇开发边界所涉及的乡镇"，都反映了一个新的重要信号，不仅需要关注建设集中的区域，同时要关注美好人居的方向。

"中心城区"的变化，是一个"城"的再界定，城市发展好了，不一定局限在"中心"的概念上。中心内外都应该是美好人居。自然资源部开展的"城区"试划的试点工作，也隐含了这次国土空间规划需要重新定义"中心城区"。

在《北京城市总体规划（2016—2035年）》中，对中心城区的理解进一步展开，不仅仅是一般意义上的中心城区与其他行政区域，而是从事权划分上，明确区分了承载首都

---

① 何冬华. 空间规划体系中的宏观治理与地方发展的对话：来自国家四部委"多规合一"试点的案例启示 [J]. 规划师，2017（02）：12-18.

核心功能的地区和承载非首都功能的地区。2019年以来，除了首都功能核心区（包括东城区、西城区）直接编制控制性详细规划和北京城市副中心直接编制控制性详细规划（街区层面）之外，北京先后审批通过了14个分区规划，将总规确定的发展目标、规模和空间布局进行分解，以分区规划作为有序承接中心城区功能疏解和人口转移的抓手。分区规划统一设置了10大类57项规划指标，内容涵盖了绿色空间、绿色出行、民生保障、基础设施保障、环境治理等，包括常住人口规模、城乡建设用地规模、森林覆盖率、人均公园绿地面积等具体指标，实现了各圈层梯度式疏解的要求，指明规划实施的导向。

6.2.1.3　用地留白的舒展空间

国土空间规划的编制面向2035年，在15年的时间跨度里，城市的发展将面临各种变化莫测的内外部环境，这为规划的编制带来不确定性。这些不确定性，有的来自于市场环境，有的来源于人口等社会经济变化，有的来源于自然灾害，只有对这些不确定性有充分的准备，城市才能健康发展。城市"留白"空间常常是空间规划中用以应对不确定性的工具。1995年新加坡市区重建局（URA）在规划中使用了"白地"（White Site）的理念，来作为对市场发展不确定性的应对，新加坡在分区指导规划中设定了若干"白地"，容许用地的弹性和兼容性，从而赋予了规划灵活性，也给不同的市场主体提供了多样化的建设选择。

"白地"用以指导发展商根据市场需求在一定许可条件下对一些特殊区位城市功能进行灵活调整，以促成城市机能良性运行。这些地段通常位于交通便捷、周边环境成熟、基础设施配套完备或者具有深厚文化底蕴的区位，开发建设情况比较复杂。1997年新加坡在55个分区的开发指导规划（DGP）中设定了一定数量的"白地"，其目的是为了提供更灵活的建设发展空间。

合理的留白空间将成为城市应对各种不确定性的有力"武器"和"缓冲区"，提高了规划的科学性。这种留白空间，可以为城市发展的战略潜力区域留白，可以为重大事件留白，可以为重大产业项目落地留白，也可以为重大基础设施落地留白。城市"留白"不仅仅涉及空间的留白，还涉及背后一系列为保持规划可适应性而设定的政策。健康城市的韧性也需要留白。留白，是因为没有想清楚；留白城市，对未来更加负责。只有这样，才能将不留白的地方用好建好，才能做好品质空间。

6.2.1.4　存量更新的活力空间

随着我国城镇化发展，新增用地日益紧缺，特大城市已逐步进入存量规划时代，由增量土地的外延发展走向存量土地的优化更新[1][2]。然而，城市更新不仅仅是城市物质空

① 邹兵. 增量规划向存量规划转型：理论解析与实践应对 [J]. 城市规划学刊, 2015（05）: 12-19.
② 赵燕菁. 存量规划：理论与实践 [J]. 北京规划建设, 2014（4）: 153-156.

间的重造。单纯将城市中衰败的区域剔除，重新去腐生肌长出新的城区，并不是城市更新的全部要义。还需要在考虑经济社会效益的同时，重新赋予老城市新活力，让那些腐朽的陈旧环境，注入新的城市动能。

城市更新作为存量土地更新的主要类型，是中国城市矛盾最聚焦的领域之一，在快速城市化过程中通过"城市增长联盟"力量推动[1]。但随着中国的经济步入新常态，提出了"完善城市治理体系、提高城市治理能力"等要求，以经济增长为主要目的的"城市增长联盟"模式遭受质疑与挑战[2]。在此背景下，如何完善"城市更新治理"体系，有效推进城市更新，将是存量规划时代面临的重要问题，而"治理"的难点就在于建立协作机制、协调多方的利益。

6.2.1.5 社区生活的便利空间

国土空间规划需要关注人民幸福的实现，而人的日常需求反馈在城市空间中，则与我们社区生活密切相连。率先通过城乡总体规划的两个特大城市——北京和上海，都在社区生活圈的实践上有所突破，成为国土空间规划领域以人为本的规划实证。

北京在副中心规划中，进一步强调对社区生活圈的规划。城市副中心规划中提出打造12个组团和36个民生共享的都市家园。其中，家园中心将成为容纳各类公共服务设施综合配套的组团中心和超级公共服务设施综合体，将提供包括商业、文化、社区服务等在内的各种满足人民生活需求的公共服务设施。同时，根据规划，2035年将增加规划基础教育设施用地面积，将新建各类学校133所，包括幼儿园69所、小学35所、中学29所。

上海率先开展社区生活圈的规划实践，在2016年8月公布《上海市15分钟社区生活圈规划导则》，以此作为落实上海2035的专项规划。规划突出以人民为中心，对居民的生活方式进行详细的调研，并适配居民需求来建立规划标准，体现在设施的种类和配套方式上，比如增加了与时俱进的托幼设施、中小学课外培训设施、社区物流配套设施等。同时，契合存量时代的用地需求，在建成小区中探索社区生活设施落地的新方式和实施途径，鼓励通过城市双修、现有设施利用等方式来满足老旧社区中的生活圈需求。

6.2.1.6 城市健康的安心空间

城市建成环境与公共健康息息相关，19世纪工业革命后，高密度城市环境带来环境污染、疫病频发等问题。1831—1832年英国暴发霍乱，为了解决城市病，1848年由查德

---

① 叶林. 从增长联盟到权益共同体：中国城市改造的逻辑重构 [J]. 中山大学学报（社会科学版），2013（5）：129-135.
② 张京祥，赵丹，陈浩. 增长主义的终结与中国城市规划的转型 [J]. 城市规划，2013，37（1）：45-55.

威克主持制定的《公共卫生法》颁布实施，成为人类历史上第一部综合性的公共卫生法案，系列措施成为现代城市规划实践的参考。

1854年，英国再次暴发霍乱，其传染源被认为与公共水井分布有关，直到关闭了疫情发生集中地宽街上的公共水井后，霍乱才最终被控制下来。该事件使得城市建成环境和公共健康的关系进一步明确，而基于社区集聚的传染病模式，也让健康社区的理念逐渐清晰起来。

未来，在健康安全的理念影响下，国土空间规划也应该更加关注健康城市，尤其是健康社区的营造，因为这是与每个居民息息相关的基层健康生活组织。2020年1月，武汉暴发新型冠状病毒肺炎，由于社区医疗设施分级就诊的制度未能得到良好的贯彻，交通封闭后的武汉市民需要长途跋涉到定点医院就诊，路途中增加了更多人员感染的风险，也不利于病人病情的缓解。因此，健康小区的建设已经迫在眉睫。结合社区生活圈的建设，确立安全、健康的预警和监督机制，加强社区级的医疗卫生服务设施的分诊能力，将成为未来健康城市建设的关键环节。

6.2.2　城镇空间的区域协同：太原案例

太原市作为资源型经济转型城市，是山西转型综合改革示范区的主战场。为了更好地探索转型综改的发展路径，提升空间治理效能，2016年太原成为山西省首个"五规合一"试点城市，承担在空间规划体系改革等方面的先行先试使命，启动《太原市市域空间总体规划（2016—2035年）》的编制，由广州市城市规划勘测设计研究院和太原市城乡规划设计研究院共同承担该项规划的编制。规划范围包括太原的市辖6区与3县1市，面积共6909km²。

规划通过结合太原自身资源特征，将矿藏、泉域、采矿扰动区等地下资源，纳入立体自然资源数据库，将地上地下资源的协调作为评价分析基础。同时，强化自内而外、自上而下的精准协同思维和立体管控思维，结合大数据开展区域经济联系度、竞争态势矩阵（CPM矩阵）、产业竞争力模型、交通联系热力分析、城市空间网络分析等研究，实现大都市区的网络化协同、市辖区的一体化协同、跨行政区的包容性协同、对接地下矿藏的立体化协同和面向流域的资源保护协同，破解资源型城市转型难题。

6.2.2.1　面向大都市区的网络化协同

太原的发展，需要在区域上寻找战略共识。因此，太原大都市区的网络化协同，对太原有重要的意义。太原大都市区位于山西省"大"字形发展轴的汇聚核心，以汾河为轴线，以太原盆地为空间承载，涵盖太原市、晋中市、吕梁市的18个县、市、区，土地总面积1.55万平方千米，占全省的10%。

太原作为大都市区的核心发展极，将融入大都市区作为网络化协同的重要枢纽，引领山西转型跨越发展。对外，重点深化与发达地区尤其是京津冀地区的全方位合作，以及与"一带一路"地区、环渤海地区的协同发展，推进各类"流"要素的无障碍对接，以汾河谷地"山西绿心"为核心，以太谷、祁县、平遥、孝义、太原西山旅游城镇带以及清徐、交城、文水、汾阳、阳曲、晋中、潇河园区工业城镇带为骨架，在产业布局、交通体系、生态安全和环境保护等方面，实现全方位的紧密协调和一体化发展。对内，全方位拓展与省内其他地市的分工与合作，重点完善综改示范区和省内其他开发区的合作机制，发挥创新成果对全省的示范和带动作用。

太原的区域合作不仅关注"远亲"，还更关注"近邻"。太原、晋中的同城化合作，将以山西转型综合改革示范区的建设为抓手，以"一区两市"产业布局、设施建设、体制机制一体化为着力点，构建城乡和区域一体化发展格局，构筑太原都市区一体化；综合交通体系，推进太原晋中市政公用设施、信息网络的联网共享，建成国家资源型经济转型的示范先导区。

6.2.2.2　推动市域空间的一体化协同

太原作为山西省会，城市建成区从中华人民共和国成立初的30km^{2}扩张到2018年的438km^2；人口增至442.15万。由于太原受东西两山的地形夹击限制，中心城区发展空间基本已饱和。这就意味着，仅仅依托中心城区，不足以支撑未来15~20年里太原发展的需求，拓展的空间需要在市辖区之外去寻找。因此，需要整合市辖区和三县一市资源，重点通过山西转型综改示范区和太原都市区建设，推动阳曲、清徐行政区划调整，实施"提升中心城、做大都市区、带动都市圈"的策略，形成"一核、三片、两轴、多联"的市域城镇空间结构。

一核：指太原中心城区，重点培育区域性服务职能，发展先进制造业，与晋中、阳泉、忻州和吕梁等其他城镇共同组成太原都市圈，作为山西省新型城镇化的核心载体。

三片：指太原都市区外围分别以阳曲县城、清徐县城——潇河产业园区、古交市中心城区为核心的三个综合性产业新城，是承接太原中心城区产业外迁、促进本地资源性产业升级发展的主要地区，也是扩大都市区辐射影响力的重要节点。

两轴：指太原市域范围内两条重要的城镇空间发展轴，并形成十字轴结构。一条是南北向联系阳曲现代产业发展片区、太原中心城区和南部清徐——潇河产业新区的城镇空间发展主轴；一条是东西向联系古交、中心城区，并向东强化与晋中的一体化发展、向西联系娄烦的城镇空间发展次轴。

多联：指中心城区向外辐射的多个重要通道，包括东向的石太通道和石太二通道，北向的北同蒲通道，西向的太古和太佳通道，西南向的太中银通道，南向的大运通道和东南方向的太长通道。

6.2.2.3　协调跨行政区的包容性协同

山西转型综合改革示范区是在山西省获批"综合改革山西省国家资源型经济转型综合配套改革试验区"后的一项重要举措，初衷是通过开发区的建设，扭转"一煤独大"的产业结构。山西省政府通过"整合、改制、扩区、调规"，将太原、晋中两市8个主要开发区整合成转型综合改革示范区。示范区由4个国家级开发区、3个省级开发区以及8个产学研园区整合而成，并向南、向北突破阳曲、清徐的辖区限制，建立扩展区，总规划面积约600km²。

整合后的示范区（图6-2），从事权上看相当有意思，因为跨越了太原、晋中两个地级市，并涉及太原市辖区及阳曲、清徐两个县（市），实行"三统一、三不变"①的管理原则。晋中市域内各园区受晋中市和示范区双重领导，以晋中市领导为主。开发区这种跨越行政事权的关系，对于国土空间规划视角下，以行政区为责任单元的规划模式提出了挑战。规划采用整体编制，按行政区划分别纳入两市各类指标和实施统筹的方式来推进。

此外，整合后的多个园区，需要在空间上取得协调，成为整合其他分散工业用地的抓手。为此，我们在太原"多规合一"中提出全市一盘棋，通过产业区块线划定，形成产业合力。

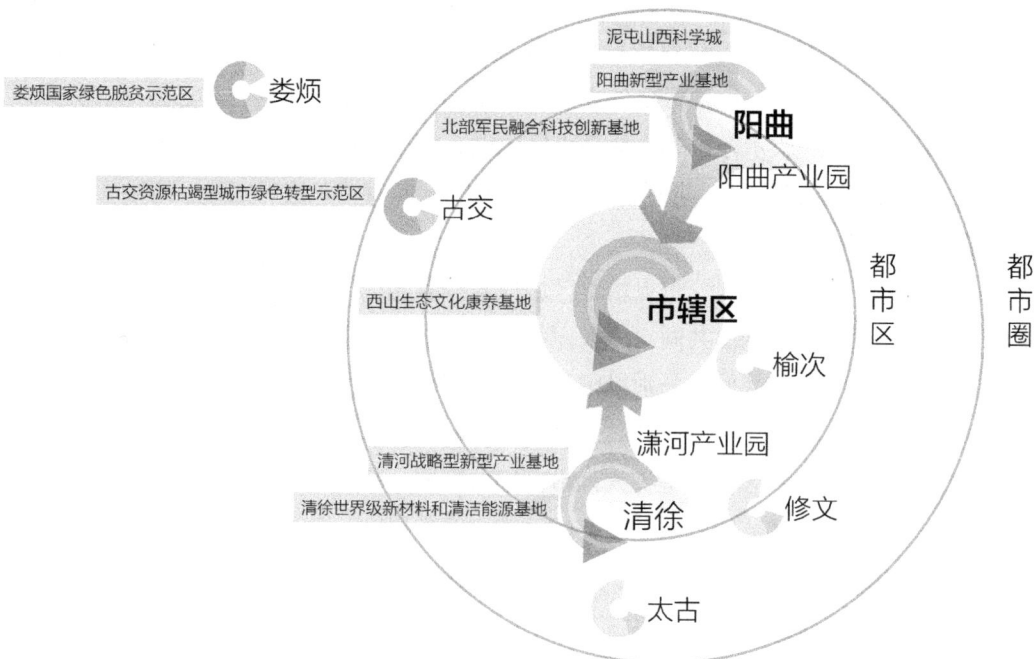

图6-2　太原与周边区域的产业整合图
资料来源：《太原市市域空间总体规划（2016—2035年）》

---

① "三统一"，即统一领导、统一规划、统一政策；"三不变"，即太原、晋中两市的人、财、物不变。

产业区块线是为了保障实体经济发展，合理确定城市产业发展空间和产业布局，促进用地集约节约利用，加快工业产业项目审批，而按照各个城市实际需要划定的工业用地集中区域边界线。结合产业空间布局规划，将产业区块线细化为与主导产业功能对应的各类产业区块，并从"定功能、定边界、定指标、定容量"四个方面对产业区块进行深化，合理引导各产业在空间上合理集聚，提高单位面积土地产出水平。

产业区块线的管控包括各类引导措施和财税、供地、环保等系列政策的差异化供给。从产业门类、发展规模、产出效率、环保要求等方面明确产业准入机制；年度产业类新增建设用地指标向投入产出强度高、土地综合利用效率高的线内工业项目倾斜；制定已建工业项目入园奖励政策；对接山西承诺制改革，通过精简审批事项、下放审批权限、合并审批事项、转变管理方式、调整审批时序等方式，实现"全承诺、无审批、拿地即开工"。

6.2.2.4 对接地下矿藏的立体化协同

太原是典型的资源型城市，资源富集的同时也带来了一系列的问题，尤其是煤炭的开采，每吨煤的开采将带来2.5t水资源的消耗。面向水源、地质、矿产等城市安全要素立体化管控和资源的资产化利用，规划提出空间管控从二维到三维的提升，统筹地上地下资源保护与整体开发，梳理山水林田草矿六大类自然资源20万个图斑，在多因子评价的基础上，建立"立体三维"的自然资产数据库，搭建部门共遵的"三区七线"管控体系（图6-3、图6-4）。

规划面向矿产资源的立体开发和城市安全，摸清矿产开采边界，衔接城镇开发边界；对采煤沉陷区、废弃工矿地提出保留再利用、土地复垦、避险搬迁等应对措施，推动全国首例地下采矿扰动影响区摸查的开展。面向城市安全的综合保障，梳理市域36条地震断裂带，摸清东西两山的地下采矿扰动影响、地质灾害高易发区，划定重大危险源防护区、摸清汾河滞洪区，整合纳入城市安全控制线管理。

在此基础上，确定城镇空间的协同发展。通过资源环境承载力评价，预测未来建设用地极限容量，引导城镇空间向高资源承载力地区布局。实施南拓东联、扩容提质。一是向南拓展汾东新区、潇河产业园区，向东推进太榆一体化，谋划布局一批功能完备、特色明显的发展片区，推动城市扩容提质。二是立足建设综改示范区、国家级开发区、武宿综合保税区、南客站的汾东新区，集聚城市高端功能；建设三给片区，完善商贸、医疗、教育、文化等功能，建成北部地区公共服务中心；完善长风商务区建设，形成融功能与品质、文化与商业、历史与现代于一体的城市新中心。三是立足晋阳文化和晋商文化的复兴，加快建设以晋阳湖区、晋祠景区和明太原县城为中心的晋阳片区，打造唐风晋韵特色浓郁的文化休闲旅游区，增强城市凝聚力和吸引力。

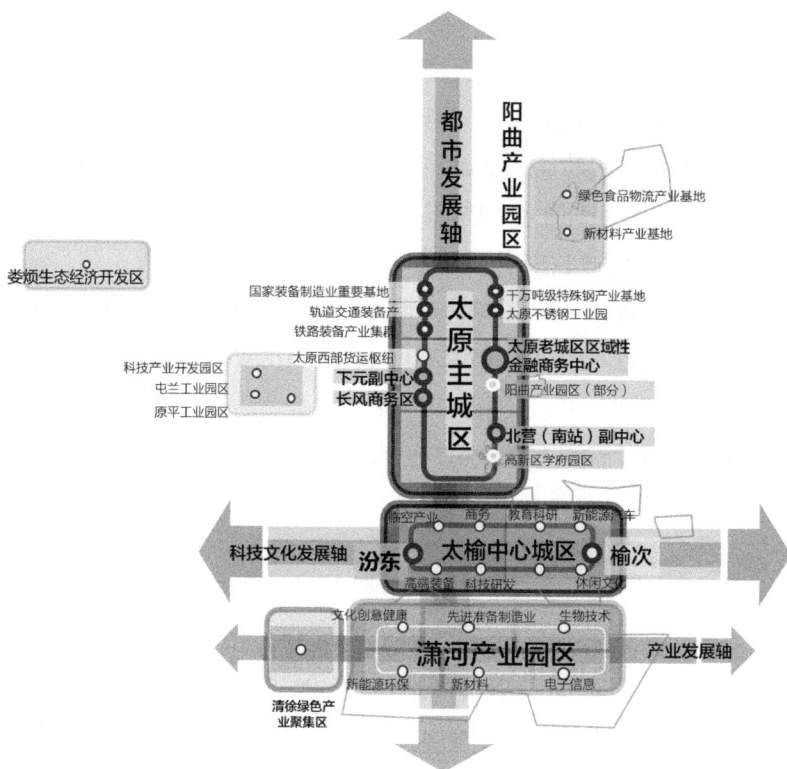

图6-3　太原市市辖区产业发展战略示意图
资料来源：《太原市市域空间总体规划（2016—2035年）》

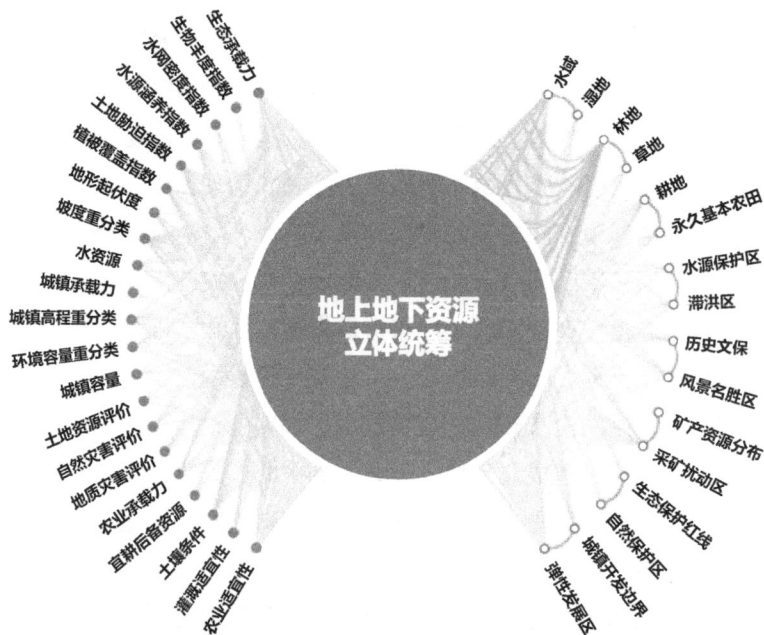

图6-4　在多因子评价的基础上，建立"立体"自然资源数据库

6.2.3 城镇空间的布局优化：萍乡案例

为响应国家的发展战略，江西省着重在生态文明建设、新型城镇化方面发力。2014年8月江西省人民政府办公厅印发的《江西省城乡总体规划暨"多规合一"试点工作方案》（赣府厅字〔2014〕109号），贯彻落实《中共江西省委江西省人民政府关于完善城镇化发展体制机制提高城镇化发展质量的意见》（赣发〔2014〕13号）和《江西省新型城镇化规划（2014—2020年）》的要求，深化江西省空间规划体制改革，全面推动城乡一体化发展，在国家"三规合一"试点的基础上，开展经济社会发展、城乡、土地利用、生态环境保护规划的"多规合一"试点工作，将萍乡市列为全省"多规合一"7个试点市县之一。2016年4月，萍乡市启动《萍乡市城乡总体规划（多规合一）》编制，由广州市城市规划勘测设计研究院和萍乡市规划勘察设计院承担此项工作。

本次规划范围包括三个层次，市域、规划区、中心城区。其中，市域总面积3831km²，规划区面积为1242km²，中心城区面积为254km²。

6.2.3.1 城镇用地的差异配置

根据萍乡城乡空间发展的重点以及中心城区、各镇区不同的区域发展定位，合理配置城镇用地，优先保障中心城区、重点城镇的建设用地需求。

萍乡市域范围内不同地区无论从地形地貌特点上，资源禀赋条件上，还是从社会经济发展基础上差异都十分明显，不同类型地区各具潜在发展优势。整体来看，萍乡市域范围内可划分为四种不同类型的地区，并分类实现城镇用地的差异配置。其中：

中部320国道沿线地区：包括安源区、开发区、湘东区、芦溪县和上栗南部地区，该地区综合资源优势最突出，城镇化与城镇发展初具网络化、一体化发展态势，具有集中城镇化的条件与基础，但核心职能培育不足。规划将发挥中部地区综合资源优势，打造湘赣边的重要增长极，以中心城市建设带动外围城市功能组团和卫星城镇的发展，促进人口和产业集中，做强做专外围重点城镇，推进中部城镇一体化、同城化发展，促进人口和产业向城镇一体化发展区集中。

北部地区：上栗县北部地区，该地区资源、交通优势较明显，生态环境制约较突出。目前该地区，县城和资源型城镇发展较快，但整体发展水平较低。部分城镇传统资源型产业单一突进，城镇综合服务职能发育滞后。规划将发挥传统产业与交通区位优势，集中布局资源开发型产业，建设新材料基地。以上栗县为片区组织中心，作为带动区域经济发展和人口集聚的增长极，同时沿主要交通干线实施"点—轴"开发模式带动片区发展。

南部地区（主要为莲花县）：该地区农特、旅游优势明显，目前县城发展较快，但整体发展动力挖掘不足，农特旅游资源优势和城镇综合服务职能有待提高。规划突出农贸产业优势和生态优势，构建以旅游、生态农业、轻工业和服务业为主体的产业体系。以莲花县城为片区组织中心，生态保护与开发式扶贫并举，引导人口和产业向城镇集中。同时，选择具有良好区位条件和资源条件的小城镇做特做优。

6.2.3.2　空间拓展的融合模式

从城市发展趋势来看，萍乡在未来20年将进入快速发展和结构优化期，经济产业的发展必将对用地空间产生巨大需求，城市空间拓展将打破原有的依托旧城区连续向外拓展的单一模式（包括以旧城区为基础近似均匀蔓延的集中型同心圆式拓展模式，以及因种种限制沿主要轴线或沿城市交通干线的带状、指状拓展模式等），而采用跳跃式拓展模式。跳跃式拓展模式是一种在空间区位上不连续的拓展方式，它表现为离开现有城区一定距离跳跃式发展，形成新城区，乃至由极核城市走向区域性城市（图6-5）。

规划以空间资源条件为布局的前提，合理判断城市空间生长趋势、强化城市空间布局特色和对结构要素整体控制遵循三项原则：一是选取用地评价适宜建设和较适宜建设区，二是依托重要区域交通设施，三是尽量避让耕地与基本农田集中区域。中心城区采取依托安源城区的"北进南提，东融西合"空间发展策略，城市北拓，产业西进，促进东西城镇带融合发展。

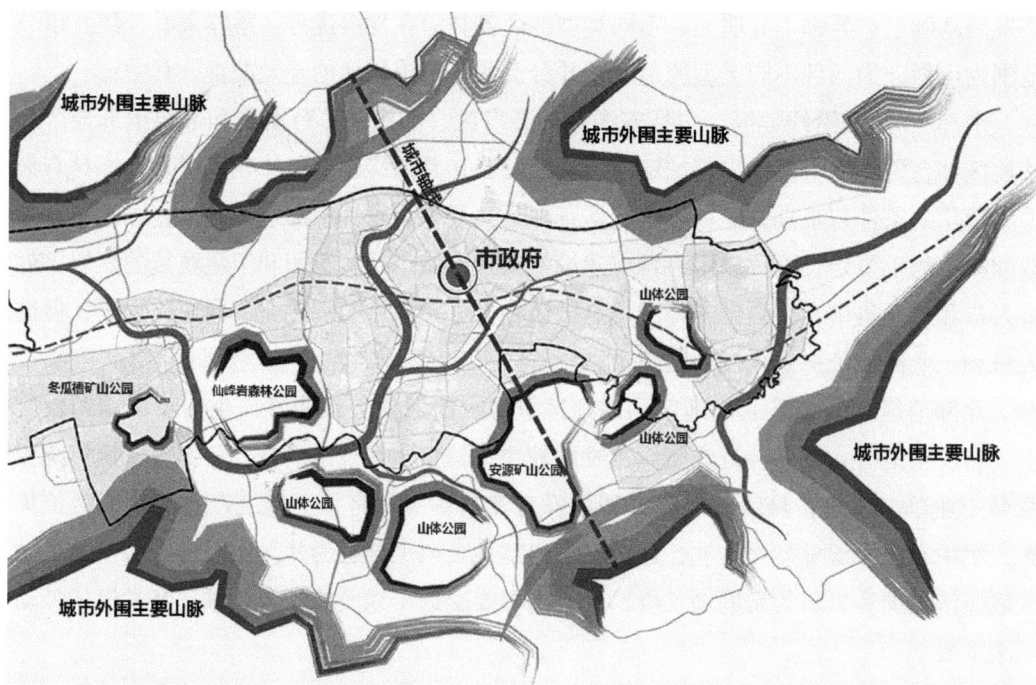

图6-5　城市发展方向分析图
资料来源：《萍乡市城乡总体规划（多规合一）》

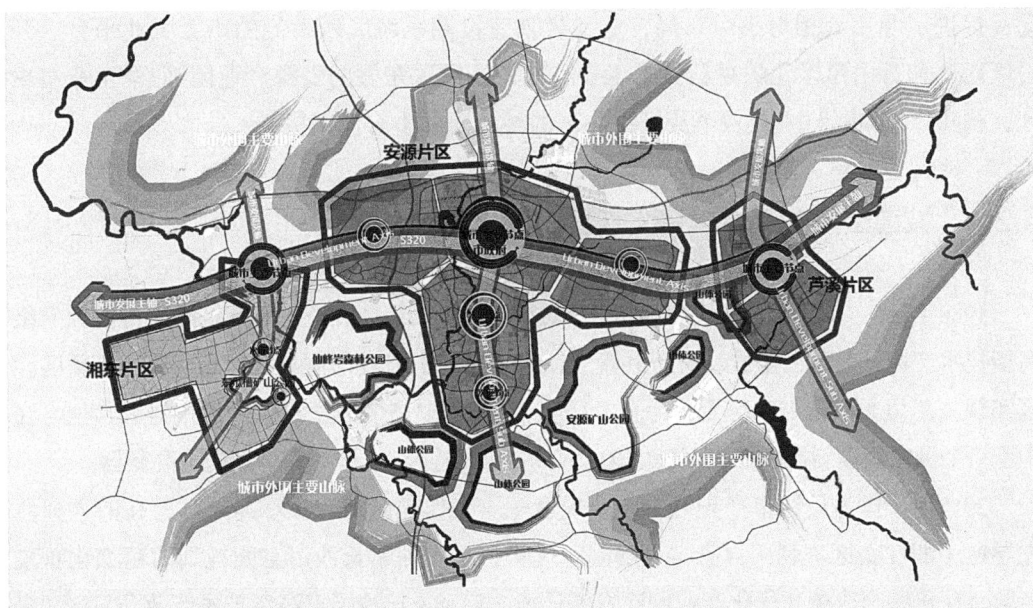

图6-6 中心城区规划结构图
资料来源:《萍乡市城乡总体规划（多规合一）》

6.2.3.3 山水格局的组团结构

立足城市的良好山水资源，以山水为核心组织城市空间，建设城市与山水空间融合的集约型生态园林城市，保育周边山体水系的生态涵养能力。结合横龙寺西侧一带山体，形成城市生态涵养的核心区域，城市远景布局以此为核心、以生态廊道为纽带、以萍水河作为主要的景观廊道和休闲轴带，串联湘东城区、主城区的北部和南部城区，形成城绿交融、人与自然共生共息的生态体系。

中心城区分为两个片区——安源片区和湘东片区，各片区又细分为数个组团，进一步完善萍乡自身的中心体系。本次规划提出以安源区及东西交通轴为依托，在安源城区建设市级主中心，增加两个片区中心的中心体系格局。通过自然绿地、山体分割将建成区分为四个组团片区，构筑自然生态的城市结构。并通过多中心体系的培育，推动萍乡城市的空间结构走上跨越发展、持续发展的道路。

中心城区形成"一轴两片五组团"的城市结构：一轴——320城市发展轴；两片——安源片区、湘东片区；五组团——安源组团、城北组团、城南组团、湘东组团、高坑组团、青山组团（图6-6）。

6.2.3.4 用地布局的均衡有序

规划将重点增加湘东城区、开发区的用地，优化用地结构，增加公共管理与公共服务用地、绿地广场用地、商业服务设施用地等，形成结构合理、布局均衡的城市用地布局；促进工业用地相对集中布局，重点规划建设湘东城区西南侧的市级工业平台、开发区西侧和青山镇以北的高新技术工业片区、安源区东侧的安源产业园等3个工业集聚区，构建"2个市级中心、2个片区中心"的城市公共中心体系格局。

6.2.4　城镇空间的产城融合：长沙高新区案例

1988年7月，长沙科技开发试验区正式成立；1991年3月，经国务院批准为首批国家级高新技术产业开发区，形成"省市共管、以市为主"的管理体制。2014年，长沙高新区园区实现技工贸总收入2200亿元，综合经济实力在全国115个国家级高新区中排名14位，在中部11个国家级高新区中综合经济实力名列第2位，连续7次被评为全国先进高新区。

2015年，作为长沙市率先开展"多规合一"工作的试点，长沙高新区所在的大河西先导区（湘江新区）利用自身"大部制"优势，率先探索长沙市空间规划的精细化管理经验，深化综合改革，优化产业创新发展环境，启动《长沙国家高新技术产业开发区"多规合一"规划》，由广州市城市规划勘测设计研究院和长沙市规划信息服务中心共同承担。

6.2.4.1　打造综合发展的产业集群

从高新区的发展历史可以看出，长沙高新区大体经历了"初期探索、一区多园重新起步、建设科技产业新城"三个阶段，逐步从传统工业区向产城融合高新区转型。2014年底，国务院批复同意长沙、株洲、湘潭三个国家技术产业开发区建设国家自主创新示范区，高新区战略地位不断提升，将发展成创新的示范区、改革的试验区、产业的集聚区、中西部地区发展新的增长极。

高新区的高新技术产业产值占工业总产值的比重一直呈上升趋势。从高新区内部产业结构的变化发现，高新区自身也在实施产业的创新升级调整，节能环保、新材料、电子信息等对科技创新依赖较高的产业近几年也呈上升的趋势，而工程制造的比例则在下降。

从产业功能的角度，规划提出高新区应实现"工业唯一"到"多元复合"发展。现代开发区的功能不仅满足单一产业职能，还将建成行政、商业、文化、体育、科技多元结合复合型现代化的产业新城，同时还要带动人居环境的提升。

从产业空间的角度，规划提出实施集聚发展战略，提升综合能力，推动"简单加工"到"产业集群"的发展。实现产业集群中同一产业、相关产业和延伸产业的相互支撑，通过集群内产业间的"追赶效应"和"拉拨效应"，提升整个产业链的竞争力。

6.2.4.2　融入长沙城市的综合园区

新型城镇化的发展要求，使高新区正从原来位于城市外围的产业园区逐步向城市中心城区的重要位置转移。长沙高新区与长沙主城仅"一江之隔",主动融入中心城区,实现一体化发展的趋势明显。

规划提出园区生产性服务、生活性服务以及整体景观风貌等方面的改善措施,改变"绿化单一"的局面,形成"绿色生态"的新景象。有别于传统产业区缺乏鲜明的区域环境特色,现代产业空间需要注重生态环境和环境空间的营造,打造厂、园、水、景、树等多元景观聚合空间。

6.2.4.3 发展产城一体的组团网络

规划打破简单功能分区的模式,提出产城一体的组团网络格局,提出"北产南城,二轴三心,三区六园"的空间结构(图6-7)。

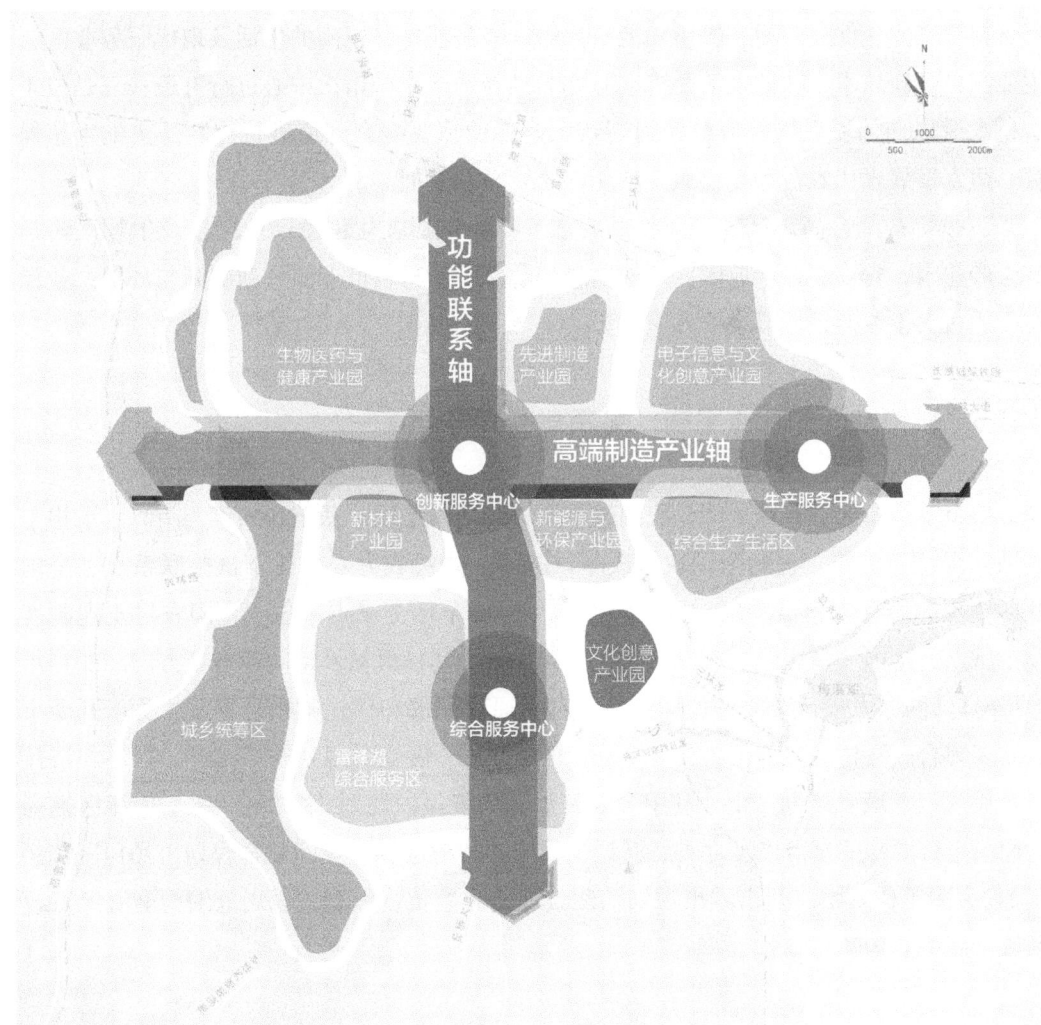

图6-7 长沙高新区空间结构图
资料来源:《长沙国家高新技术产业开发区"多规合一"规划》

"北产南城"：规划以枫林路为界，北边重点发展产业功能，引导产业集群式发展；枫林路以南，依托雷锋湖服务中心和梅溪湖服务中心，重点发展居住生活、商业零售、商务办公等综合性城市服务功能，实现高新区的"产城融合"发展。

"二轴三心"："二轴"，一是衔接湘江新区规划要求，依托桐梓坡西路—金洲路，形成"高端制造产业轴"，集聚生产功能，向东联系长沙中心城区，向西对接宁乡经济技术开发区；二是依托南北向的环城高速、望雷大道—紫荆路，形成北向联系望城、南向对接岳麓科技园的功能联系轴。"三心"，根据高新区的发展需求，在北部的产业功能区内布置1个创新服务中心和1个生产服务中心，重点设置企业孵化器、企业信息港、研发机构等，为企业提供生产服务支持；在枫林路以南设雷锋湖生活服务中心，为高新区提供便捷的城市服务。

"三区六园"："三区"，一是建成区，重点发展智能制造、装备制造、家纺服装、新材料等产业，促进产业和城市功能双升级；二是枫林路以南的生活及现代服务业区，主要满足高新技术人才的生活需求，并作为高新区未来城市次中心进行打造；三是位于黄桥大道以西的城乡统筹区，作为高新区西部的重要生态廊道进行控制，实施生态保育，适度发展现代农业和乡村旅游功能，统筹城乡发展。

"六园"：结合高新区的产业发展要求，布置包括文化创意产业园以及生物医药与健康产业园、先进制造产业园、电子信息产业园、新材料产业园、新能源与环保产业园在内的六大工业园，形成集群发展优势。

6.2.5　城镇空间的利益平衡：南海案例

佛山市南海区一直以来都是我国改革开放的前沿地区。截至2014年，南海区承担了多项全国试点工作，包括全国农村改革试验区、中央农办农村改革试验联系点、全国社区治理和服务创新试验区、国务院农村综合改革示范试点单位、全国农村土地制度改革试点、全国"多规合一"试点等，深入探索发达地区城乡空间治理新方向。2014年8月26日，国家发展改革委、原国土资源部、原环保部和住建部联合下发《关于开展市县"多规合一"试点工作的通知》，选取28个市县开展空间规划改革试点，推动经济社会发展规划、城乡规划、土地利用规划、生态环境保护规划"多规合一"。南海区被列为原国土资源部的试点市县之一，开展《佛山市南海区国土空间综合规划（2014—2030年）》编制工作，由广州市城市规划勘测设计研究院负责编制。规划范围为南海区行政区域，面积为1073.82km^2。

6.2.5.1　城与村：集体土地上建城市[①]

改革开放以来，南海凭借"三大产业齐发展，六个轮子[②]一起转"和以土地为核心的农村股份合作制（"南海模式"）享誉全国，成为我国县域经济发展的先锋地区。2014年，南海区实现地区生产总值2089亿元，一、二、三产业比例为2.1：51.5：46.4。按常住人口计算人均GDP为78724元，折合12281美元。全年城镇常住居民人均可支配收入36886元，农村常住居民人均可支配收入23655元。

然而，由于镇街分权制度和乡镇企业的发达，这种"在集体土地上建城市"的分散工业化、城镇化模式，也导致南海的城市化进程严重滞后于工业化进程，带来了土地利用破碎低效、空间环境品质不高、公共服务缺失、产业低端落后、环境污染频发等一系列问题，已经成为制约南海发展的重要因素。在空间管理方面，南海仍然保留原有的区、镇街、村分治的体制和管理模式，多元主体以土地发展权为核心进行各种博弈，存在保护与建设监管不力、多规管控重叠、城乡发展无序等多重矛盾，反映了城市与乡村、区镇两级政府之间、镇街之间、不同部门之间的博弈。

这种模式有不少问题，因为村集体只能通过增加物业来追逐租金收益，往往出现违规建设等情况，使空间碎片化情况更为严重。据统计，1998年南海区建设用地仅占区国土面积的11%，而到2014年南海区建设用地占比已超过50%，以年均超过10km²的速度在扩展，而其中最主要的影响因素，是集体用地尤其是村集体工业用地的扩张。南海现状集体用地占全区建设用地的比例高达70%，其中村集体工业用地134km²，约占全区工业用地的70%。由于农村土地的"集体所有"属性，股份经济社用于招揽中小企业的土地仅能在村集体组织的使用权下进行物业出租，然而村集体所拥有的土地规模非常小，难以满足现代化工业园区的需要。按南海区2014年有2031个股份经济社计算，平均每个经济社的工业用地仅为6.4hm²。具一定规模的村级工业园约590个，总面积约897hm²，平均每个工业园仅为1.5hm²。而不同的村集体之间由于村民利益诉求不一，又难以有效整合。破碎的工业用地也带来土地效益的低下，2014年南海区地均GDP仅为每平方公里4.3亿元，在珠三角处于中等水平。

6.2.5.2　区与镇：简政强镇上提效率

南海区下辖桂城街道和九江、西樵、丹灶、狮山、大沥、里水6个镇。由于镇街经济高度发达，区政府在土地财政和GDP考核的双重压力下，高度依赖镇街的经济发展以得到财税收入。因此，为了保障镇街经济的活力，行政管理方面采取市、区向镇逐

---

① 邱杰华，何冬华. 多方博弈下的佛山市南海区"多规合一"空间管制实施路径［J］. 规划师，2017，33（07）：67-71.

② "六个轮子"是指县、公社、大队、生产队、联合体、个体私营。

级"放权"的模式，给予了各镇街充分的发展自由。导致区镇两级政府存在"强镇弱区"纵向博弈的情况。这种规划管辖权限的下放，过去确实极大地刺激了镇街发展的自主性和积极性，促进了南海经济的快速发展，同时也造成在区的层面空间管制力度不足，空间发展缺乏强有力的整合，镇街之间"诸侯割据"，难以提升整体区域的运行效率。

以狮山镇为例，2009年狮山镇成为佛山市简政强镇改革试点，2013年实施"园镇融合"，市、区政府通过委托、服务前移等方式，向镇（街）下放行政管理事权（包括经济发展、市场监管、公共服务、社会管理、民生事业和建设、规划、国土等方面，且均为整体下放，包括行政审批终审权和行政执法处罚权）。然而管理权限的下放与财税的分成却不相匹配，镇级行政单位在财政税收分成中只能拿到12.5%的税额，剩下的部分则上缴国家及省市区等上级政府，镇政府却承担了较重的基础设施和公共设施建设与维护的压力，存在"小马拉大车"的情况，所以以镇街为主导的城市化质量存在"量"高"质"低的问题，阻碍了区域的整体发展。因此，规划提出以下策略（图6-8）。

1）构建两级管控体系，对应区、镇两级事权

试点工作提出的构建空间管控+用途管制的两级管控体系对应区镇两级事权。为了强化区层面的区域统筹和宏观管控能力，空间管控权限上收到市、区级，用途管制下放到镇级。空间管控通过划定控制线体系来实现，明确保护与开发的界线，实现整体与局部利益的平衡。用途管制确定四级土地用途分类，衔接现有土地利用总体规划及城市总体规划用地分类。其中，四级分类与城乡规划用地分类相衔接，作为镇街管控重点，并为控制性详细规划对接留有接口。

2）强化区域整合，引入协调机构

强化市、区级层面对区域的整体统筹力度，结合东中西片的控制，建议成立跨越镇街行政边界的东、中、西片"多规合一"管理机构，涉及两个或以上镇级行政单位内土地利用空间布局调整的，由区相关主管部门逐级上报市、省相关主管部门批准。

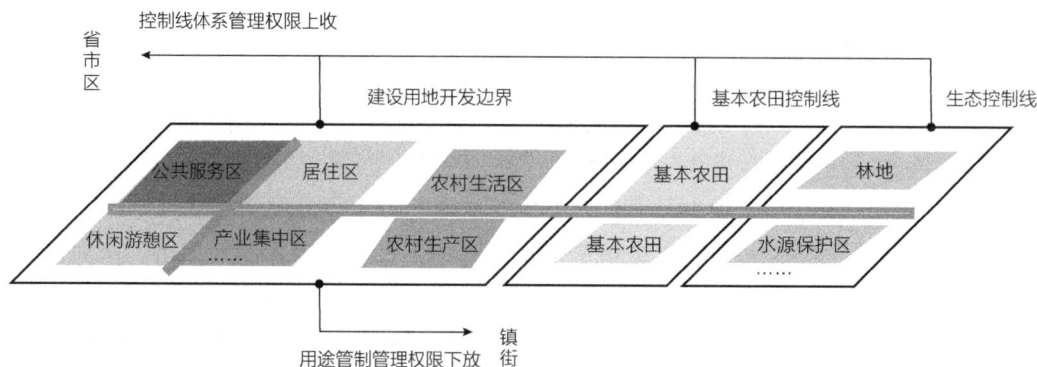

图6-8 分层级的空间管控权限示意图

3）划分管辖优先顺序，设定不同部门的管控要素

对应现有各部门管辖的权限，梳理行政职权清单，根据管控的严格程度对其空间管控要素进行优先级排序。在保护空间管控边界上求得并集，确保纳入所有保护要素，同时求同存异；在保护空间管辖上求得交集，按最严格的管控要求来落实。

6.2.5.3　公与私：权益边界上定规制

空间管制涉及土地利益的调整，有学者提出空间管制的边界可分为"权益边界"和"责任边界"[①]，权责在不同利益主体间配置的变化，可以通过权责边界的划分来实现。因此，改变权责边界有可能实现新的纳什均衡。通过公共利益边界的明确，对管控权限"收""放"之间的有效分配，实现空间权责的明晰化。

南海解决空间问题的关键，在于积极探索乡村用地的空间管制手段，核心是围绕建设用地总量锁定的目标，促进农用地高效利用和城乡用地布局优化。

首先，以底线思维为引导，明确公共利益的边界，划定刚性控制线，约束建设用地尤其是村集体用地无序蔓延。通过生态控制线、基本农田控制线的划定保护脆弱的生态环境和耕地资源。并通过建设用地开发边界的划定，提出建设用地2020年以存量为主，辅以增量，2020—2030年城乡建设用地规模"总量锁定"的目标，固化建设空间的边界，以促进低效破碎的用地进一步集聚整合。

其次，控制村集体工业用地扩张，划定产业集聚引导区界。解决南海用地破碎问题的关键，在于对碎片化的集体工业用地的整合。规划通过产业集聚引导区界的划定，辅以产业、用地、财政、环保、配套等多重政策，引导存量的工业用地进行优化整合，控制零散工业用地在区界外蔓延。

6.3　农业空间与乡村振兴

6.3.1　一号文与农业空间

6.3.1.1　一号文的视角

自2004年开始，中央一号文件的主题连续十七年聚焦"三农"问题。2010年以前，中央一号文件主要关注农民增收，自2013年以来，连续多年聚焦"现代农业"。十八大以后，2017年提出农业供给侧结构性改革，2018年对乡村振兴进行战略部署，2019年强调农业农村优先发展。但纵观十七年的中央一号文件，虽均明确提出要壮大乡村产业，

---

① 林坚，许超诣. 土地发展权、空间管制与规划协同［J］. 城市规划，2014，38（01）：26-34.

补齐农村设施短板，但对农村产业空间与用地供给的具体措施着墨较少（表6-1）。

　　2020年的中央一号文件中，农业产业用地成为新焦点，农业空间的使用成为乡村振兴的重点手段。文件中规定"农业设施用地可以使用耕地""不少于5%的年度新增建设用地指标支持乡村""农村集体建设用地可以直接发展乡村产业""农村集体经营性建设用地入市改革全面推开"等，这些举措有利于解决建设用地指标配置的城乡差异问题，缓解现代农业和非农产业等新产业落地难问题，保障了农业产业用地在国土空间的落地。

表6-1　近十年中央1号文件的农业空间相关内容要点表

年份	文件名	农业空间相关的内容要点
2010年	《关于加大统筹城乡发展力度进一步夯实农业农村发展基础的若干意见》	健全强农惠农政策体系，提高现代农业装备水平，加快改善农村民生，协调推进城乡改革，加强农村基层组织建设。着力推动资源要素向农村配置，促进农业发展方式转变，努力缩小城乡公共事业发展差距，增强农业农村发展活力。
2011年	《关于加快水利改革发展的决定》	把水利作为国家基础设施建设的优先领域，把农田水利作为农村基础设施建设的重点任务，把严格水资源管理作为加快转变经济发展方式的战略举措，大力发展民生水利，加大公共财政对水利的投入，加强农田水利等薄弱环节建设，实行最严格的水资源管理制度
2012年	《关于加快推进农业科技创新持续增强农产品供给保障能力的若干意见》	加大投入强度和工作力度，持续推动农业稳定发展；依靠科技创新驱动，引领支撑现代农业建设；提升农业技术推广能力，大力发展农业社会化服务；加强教育科技培训，全面造就新型农业农村人才队伍；改善设施装备条件，不断夯实农业发展物质基础；提高市场流通效率，切实保障农产品稳定均衡供给。特别重视农业科技创新，重点强调抓好种业科技创新
2013年	《关于加快发展现代农业，进一步增强农村发展活力的若干意见》	总结过去十年我国的农业农村工作，围绕现代农业建设，充分发挥基本经营制度优越性，着力构建新型农业经营体系。鼓励和支持承包土地向专业大户、家庭农场、农民合作社流转，首次提出"家庭农场"的概念
2014年	《关于全面深化农村改革加快推进农业现代化的若干意见》	完善国家粮食安全保障体系，强化农业支持保护制度，建立农业可持续发展长效机制，深化农村土地制度改革，构建新型农业经营体系，加快农村金融制度创新，健全城乡发展一体化体制机制，改善乡村治理机制
2015年	《关于加大改革创新力度加快农业现代化建设的若干意见》	重点解决在经济增速放缓背景下继续强化农业基础地位、促进农民持续增收，强调加大改革创新力度
2016年	《关于落实发展新理念加快农业现代化实现全面小康目标的若干意见》	农业供给侧结构性改革，厚植农业农村发展优势，释放农业农村发展新动能，激发农业农村发展的原动力，强调把财政支持的基础设施建设的重点放在农村，把社会事业发展的重点放在农村和接纳农业转移人口较多的城镇
2017年	《关于深入推进农业供给侧结构性改革加快培育农业农村发展新动能的若干意见》	优化产品产业结构，着力推进农业提质增效；推行绿色生产方式，增强农业可持续发展能力；壮大新产业新业态，拓展农业产业链价值链；强化科技创新驱动，引领现代农业加快发展；补齐农业农村短板，夯实农村共享发展基础；加大农村改革力度，激活农业农村内生发展动力

年份	文件名	农业空间相关的内容要点
2018年	《关于实施乡村振兴战略的意见》	明确"工业繁荣、生态宜居、乡村文明、有效治理、生活繁荣"的20字方针，明确乡村振兴战略"三步走"时间表，坚持农业农村优先发展，坚持农民主体地位，坚持乡村全面振兴，坚持城乡融合发展，坚持人与自然和谐共生，坚持因地制宜、循序渐进。巩固和完善农村基本经营制度，保持土地承包关系稳定并长久不变，第二轮土地承包到期后再延长三十年。确保国家粮食安全，把中国人的饭碗牢牢端在自己手中
2019年	《关于坚持农业农村优先发展做好"三农"工作的若干意见》	聚力精准施策，决战决胜脱贫攻坚；夯实农业基础，保障重要农产品有效供给；扎实推进乡村建设，加快补齐农村人居环境和公共服务短板；发展壮大乡村产业，拓宽农民增收渠道；全面深化农村改革，激发乡村发展活力；完善乡村治理机制，保持农村社会和谐稳定；发挥农村党支部战斗堡垒作用，全面加强农村基层组织建设；加强党对"三农"工作的领导，落实农业农村优先发展总方针
2020年	《关于抓好"三农"领域重点工作确保如期实现全面小康的意见》	面向全面打赢脱贫攻坚战的收官之年，明确"三农"领域重点工作，如完善农村基础设施与公共服务、创新农业空间管制政策、保障乡村振兴用地供给等

6.3.1.2　现代农业发展的需求

扎实推进农业现代化是乡村振兴的基础，也是关系国计民生的根本性问题，是国家现代化的基础。产业兴旺作为乡村振兴的重点，需要与现代农业发展相适应，实现农村一二三产业深度融合发展，推动农业从增产导向转向提质导向，增强农业创新力和竞争力，为农业现代化建设提供有力支撑。

当前农业土地破碎化、农业规模经营不足，小农户抵御自然风险能力不高。未来农业的发展，应坚持发展特色优质现代化高效农业，在增加适度规模经营的同时，改善小农生产设施条件，推动乡村振兴的实现。

6.3.1.3　农业空间中的生产与生活

农业空间，主要承载的是农业生产和农民的生活。在不同历史阶段，有不同的农业生产方式和农民聚居方式。传统的农业生产模式，是与农民聚居点密切联系的，生产空间与生活空间的距离，往往在农民步行距离1~1.5km半径范围之内。而现代农业往往需要规模化种植，这会对传统以家庭为核心的小农户耕作的模式进行调整，零散的耕地需要被整合，以适应机械种植的要求。农业产业园、农业科技园、农民电商园等，不一而足，都是农业生产空间的创新模式，随之而来的是，如何为这些新的空间模式进行配套。比如，农业规模化生产的储藏、包装、运输空间，比如立体化、多层化的养殖空间，都需要有新的空间应对。

而现代农业规模化种植的方式，也让农业生产空间与农村生活空间的分离成为可能。新的居住模式出现，需要对乡村生活空间布局合理优化。这不是简单提倡农民"集体上楼"，而是要在适应生产力发展的前提下，寻找更适合农民聚居的空间模式。不仅要充分尊重农业生产生活方式，还要保存地方的历史文脉、强化传统文化的传承，同时还要让乡村生活空间保留村民的淳朴人情味，让乡村的生活聚落与田园结合，与生态空间融合，让村民共享与居民均等的公共配套服务。

农业的生产空间绝不仅是我国长期强调要保护的"耕地"。实质上，耕地、永久基本农田更多强调的是国民粮食安全保障，乡村振兴实践过程中，农业产业所展示的内涵则远超出耕地的范畴，园地、林地、牧草地等与乡村产业经济的发展息息相关。因此，未来的乡村振兴，应在落实最严格的永久基本农田保护制度的基础上，进一步关注农业生产、生活空间。

6.3.2　耕地与永久基本农田保护

6.3.2.1　现实问题

伴随着快速城镇化的进程，中国耕地保护的形势日趋严峻，耕地数量不增反减、耕地质量下降趋势突显。为了保障粮食安全，避免耕地的持续减少，1986年中国出台的土地管理法明确了严格控制非农业建设用地占用耕地的制度，通过限制耕地的用途变更为建设用地来实现最严格的耕地保护制度。1998年的土地管理法修订版，进一步确立了以耕地保护为核心的土地用途管制制度，明确"农民集体所有土地使用权不得出让、转让或出租用于非农业建设"。其中核心的管控规则在于对"农转用"的限定，其中"占补平衡"、城乡建设用地增减挂钩等手段，在实现耕地总量动态平衡和保障国家粮食安全等方面发挥了重要作用，却也暴露了"占优补劣""占多补少"等问题。

耕地占用主要有建设用地占用和生态工程占用两方面。关于建设用地占用，一些地区建设用地占用耕地时，采用交纳耕地复垦费的方式，规避直接承担耕地补充任务，或只保障耕地的数量，却忽略其质量。关于生态工程占用，地方政府在近年来大力推进景观工程、绿化工程、河道整治工程的过程中，出现大量占用耕地甚至基本农田的现象。优质耕地大量减少，耕地保有量不实，不少补充耕地被迫"上山下海"，占补平衡制度的效用大打折扣。

6.3.2.2　基本农田的发展

基本农田的概念，始于1988年湖北省荆州市试点建立的第一块基本农田保护区，而永久基本农田则直到2008年才在十七届三中全会上被第一次正式提出。2017年全国基本完成了永久基本农田调整划定工作[①]，2019年进一步提出"加强耕地数量、质量、生态

---

① 黄征学，宋建军，滕飞. 加快推进"三线"划定和管理的建议 [J]. 宏观经济管理，2018（04）：48-53.

'三位一体'保护"。

基本农田是指直接影响粮食安全的耕地，是保证粮食安全、维护社会稳定必须确保的耕地。永久基本农田则是为保障国家粮食安全，落实"藏粮于地、藏粮于技"战略，按照一定时期人口和经济社会发展对农产品的需求，依法确定不得占用的耕地，基本农田保护的关键是基本农田保护红线的划定与管控（表6-2）。

表6-2　我国永久基本农田的历版相关规定一览表

相关文件	发文时间/机关	主要内容
《关于划定基本农田实行永久保护的通知》	2009年12月/原国土资源部、原农业部	明确基本农田划定、信息化建设、占用审批与督查考核等相关工作要求
《基本农田划定技术规程》	2011年6月/原国土资源部	规范永久基本农田划定的技术方法和成果要求
《关于强化管控落实最严格耕地保护制度的通知》	2014年2月/原国土资源部	对落实耕地数量和质量保护、加强土地执法督察和建立耕地保护长效机制等方面提出了更高要求
《关于进一步做好永久基本农田划定工作的通知》	2014年11月/原国土资源部	要求结合城市开发边界、生态保护红线划定，将城镇周边、交通沿线易被占用的优质耕地优先划为永久基本农田
《关于全面划定永久基本农田实行特殊保护的通知》	2016年8月/原国土资源部、原农业部	要求统筹做好永久基本农田划定与土地利用总体规划调整完善，以全面落实规划调整完善后的永久基本农田保护目标任务
《关于加强和改进永久基本农田保护工作的通知》	2019年1月/自然资源部、农业农村部	在加强永久基本农田建设和健全其保护监管机制的基础上，强调生态建设与永久基本农田保护统筹进行

6.3.2.3　永久基本永田的保护

一是建立耕地保护激励机制。省级政府等完善新增建设用地土地有偿使用费分配方法，将耕地保有量、基本农田保护面积等作为省分配市、县新增建设用地土地有偿使用费的重要因素，调动各市、县保护耕地和基本农田的积极性。

二是健全耕地保护监管体系。加强公众参与力度，将群众监督与行政执法监管、舆论监督和社会监督相结合，充分利用媒体，加强耕地保护规划舆论宣传。加快完善土地规划、基本农田保护、土地整治、占补平衡、耕地质量等级成果等数据库，建立数据实时更新机制，及时开展新增耕地质量等级评定和耕地质量等年度更新评价工作，强化耕地保护全流程动态监管。

三是强化保护考核机制。一方面，落实地方各级政府保护耕地的主体责任，将永久基本农田保护情况作为省级政府耕地保护责任目标考核、领导干部自然资源资产离任审计的重要内容，及时公开通报考核中发现的突出问题，并要求限期整改。另一方面，可将永久基本农田特殊保护落实情况与安排年度土地利用计划、土地整治工作专项资金相挂钩。

此外，耕地与永久基本农田的保护措施需要进一步创新。永久基本农田的管控，可从数量管控与质量管控两方面展开。

1）数量管控：从严管控，防止永久基本农田"非农化"

永久基本农田应与国家下达的保有量指标做好衔接，一经划定，任何单位和个人不得擅自占用或者擅自改变用途，基本农田补划应遵循"数量不减、质量不降、布局稳定"的原则。同时，合理引导利用永久基本农田进行农业结构调整过程中，不得对耕作层造成破坏。

通过建立补划储备区为永久基本农田布局正向优化创造条件。将土地整治补充的优质耕地和新建成的高标准农田优先纳入永久基本农田补划储备区，整备区内的耕地优先开展高标准农田建设和耕地提质改造，积极实施零星耕地的整合归并与统一整治，改善生产条件，提高耕地质量。

比如北京市按照"场地平整、适宜耕种"的划定要求严格划定永久基本农田储备区及耕地保有量储备区，并统一划入"永久基本农田保护区"，同时，另行划定耕地保有量储备区，用于及时对永久基本农田储备区进行等量等质补划[1]。

2）质量管控：全面开展高标准永久基本农田建设

（1）永久基本农田高标准建设

高标准农田建设是落实质量兴农战略的重要抓手。通过技术手段提高永久基本农田质量等级，运用客土、换土、去表土和深耕翻土法等手段[2]，全面推行耕作层土壤剥离再利用，将剥离土壤用于新开垦耕地、劣质地或者其他耕地的土壤改良。推广保护性耕作和合理的耕作制度，避免不合理的耕作方法引起的土壤沙化、土地盐碱化和耕地退化；加强耕地质量监测与预警机制研究，跟踪耕地质量变化，以及时采取有效手段[3]。

围绕农田的沟、路、渠、站、林网等基础设施配套，对基本农田进行改造升级，建设旱能灌、涝能排的高标准农田。加快提高主要农作物生产机械化水平，优化农机装备结构，积极研发推广适应高效农业发展需要的农机装备和技术，加快开发和推广多功能、智能化、经济型农业装备设施。

① 陈景，寇宗森，马福光，等. 自然资源全要素管控背景下北京永久基本农田规划引导探索 [J]. 北京规划建设，2019（04）：43-45.
② 吴滨，张立. 基于循环经济理念的耕地土壤修复 [J]. 现代农业科技，2017（09）：210-213.
③ 钟毅，陈超，蒋凤慧. 高标准基本农田建设的几点思考 [J]. 国土资源导刊，2012，9（06）：86-87.

（2）通过生态修复提高耕地质量

耕地土壤的重金属污染等问题，不仅对农产品安全造成影响，也造成耕地质量的退化，因此应重视退化耕地综合治理、污染耕地阻控修复。通过综合采取工程、生物、农艺等措施，组织涉农部门加大土壤改良、地力培肥与治理修复力度，集中开展高标准农田建设。山地丘陵地区，加强小流域综合治理，积极开展堤岸防护、坡面防护和沟道治理等水土保持工程建设；沿海地区，开展防护林建设，增强农田对台风、风暴潮等自然灾害的抵御能力，保障农田生态环境安全；其他环境污染地区，积极开展土壤污染防护。

6.3.3　农业空间与乡村生活

2017年，中共十九大提出实施乡村振兴战略，对农业空间的建设提出新的要求，强调城乡融合发展，农业空间与乡村生活的关系被进一步链接，被赋予激发乡村内生动力的要求。然而，乡村规划作为引导农业空间发展的重要工具，需要强化乡村地区振兴路径和策略的探索，在激活乡村内生动力、推动乡村治理水平等方面进一步加强。

以广州为例，广州市乡村地区地域广阔，总面积5827km²，占广州市域面积的78.4%，包括34个建制镇、1144个行政村。自1996年始，广州市先后编制了三轮村庄规划，意图在不同时期的城乡关系基础上，对乡村地区的发展进行引导。然而，不论是1996—2006年的意图协调城乡矛盾、限制城中村发展的中心村规划，还是2007—2010年的意图实现城乡统筹、自上而下控制乡村建设总量的新农村规划全覆盖，都未能解决乡村生活空间中存在的公服设施供给不足、用地零散低效、风貌有待提升等问题。这种情况到2012年后悄然改变，村庄规划一方面向全域宏观管控的发展战略规划转变；另一方面下沉到每一个行政村，形成面向实施的美丽乡村规划。2016年出台美丽乡村建设三年行动计划，将村庄规划从自上而下的传统规划转变为以村民意愿为主导、政府服务、技术支持的规划，部分解决村庄规划落地难等问题，在乡村美化和公服提升方面起到一定的作用。2018年，广州编制乡村地区战略规划优化，对乡村振兴背景下的乡村地区分类管控，尝试的方面不再局限于设施或风貌改善，而是深入到了乡村内生活力激发、农业产业提升的方方面面[①]。

6.3.3.1　高效节约的土地利用格局

以乡村振兴和城乡融合为目标，充分尊重农民意愿，改善农民生产生活条件，合理

---

① 部分整理自：邱杰华，何冬华，赵颖. 广州乡村地区发展的土地依赖与模式转型 [J]. 规划师，2018，34（10）：106–112.

优化生产、生活、生态空间布局，统筹安排城乡建设、基本农田、产业集聚、生活居住、生态保护等空间布局。在乡镇引导"土地向规模经营集中、人口向城镇和社区集中、工业向园区集中"，促进土地节约集约利用，实现城乡一体化发展。

1) 保障乡村振兴用地

乡村振兴需要用地的支持，通过农村土地"三权分置"，优化乡村土地资源配置，激活乡村的内生活力。在城市增长边界以内，符合规划和用途管制的农村集体经营性建设用地入市。鼓励村集体进行联合开发，农村集体经营性建设用地将成为新的投资领域。此外，结合传统农业向现代农业的转化，农业生产经营规模扩大，农业设施不断增加，在农用地上也应相应地提供土地合并经营的模式。

2) 推进国土综合整治

推进国土综合整治，要优化农村地区工业发展布局、加强农业面源污染防治、全面推进农村垃圾治理，将农村分布零散、废弃低效闲置的农村存量建设用地连片整治复垦成耕地，复垦形成的规划流量指标和用地指标优先用于安置区建设外，用于城镇发展。

3) 探索村庄的土地转移机制

调整优化村庄用地布局，有效整合农村零星分散的存量建设用地，建立低效农用地、宅基地的退出机制，在依法保护集体土地所有权和农户承包权前提下，平等保护土地经营权。完善农民闲置宅基地和闲置农房政策，探索宅基地所有权、资格权、使用权"三权分置"，落实宅基地集体所有权，保障宅基地农户资格权和农民房屋财产权，适度放活宅基地和农民房屋使用权。探索建立土地指标转移，收储农村闲置建设用地，探索发展农村新产业新业态。预留部分乡村振兴用地的建设用地指标，采用点状供地的方式，在生态保护区外用于休闲旅游、配套服务等乡村振兴项目建设（图6-9）。

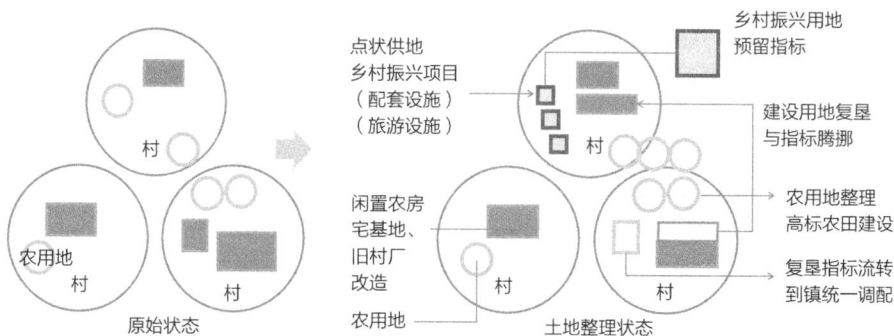

图6-9 全域土地综合整治与指标流转

6.3.3.2 城乡一体化的设施建设

补齐农村人居环境和公共服务短板，推动城乡基础设施一体化发展。统筹规划城乡的道路、供水、供电、信息基础设施、广播电视、防洪、垃圾污水等基础设施的建设，推动城乡道路网络一体化建设，打通城乡交通运输连接。统筹规划重要的市政公用设施，推动向城市郊区的乡村和规模比较大的中心镇延伸。深入研究城乡基本公共服务设施均等化发展的配置标准，提出适应不同类型乡村的配置标准和建设要求。

1）构筑分层配套的基本公服体系

结合"主城区—外围城区—新型城镇—乡村"及重要功能区"多点支撑"的新型城乡空间网络体系，在乡村基本公共服务均等化中考虑构建分层配套体系。主城区和副中心区域的乡村逐步纳入城市一体化管理，外围地区的乡村选择需要配套的设施类型，以分层配套为主。首先，依托外围城区和新型城镇的公共服务设施网络的建设，作为乡村基本公共服务配套的第一层级，满足片区或镇域乡村的服务需求；其次，在若干乡村组成的乡村群中，选择区位便捷的地区，打造乡村基本公共服务配套的第二层级，布局服务乡村群落的设施；最后，在乡村中，根据村民日常生活的需要，布局服务乡村的基本公共服务设施。

2）创新乡村基本公共服务设施供给模式

乡村的公共服务设施和市政基础设施原来均由村集体经济来承担其建设和运营的费用，在一定程度上造成了乡村公共服务水平的低下。因此，未来城市政府需要加大相关的投入，吸引多元社会资金参与建设，通过传统村落中原有设施的活化利用实现公共服务资源在城乡之间的均衡配置，实现政府对乡村基本公共服务的"纳管纳建"（表6-3）。

表6-3 传统村落中公共服务设施的活化利用表

设施类别	设施名称	布局特征	传统功能	活化功能
文化设施	祠堂	单姓村落往往每村1个，多姓村落往往每村多个，常设置于村庄的中心	祭祖、议事、私塾、聚餐等功能	1. 服务设施 村委会、村民议事厅、养老服务站、卫生服务站、农家书屋、体育活动室、健身场所、户外休闲广场、公共停车场等 2. 旅游设施 游客服务中心，旅游集散点、旅游停车场；手工作坊、星级民宿、农家书屋、大学生艺术旅馆、创客中心、创意文化街、休闲中心等
	庙宇社坛	每个村落大多有一处庙宇，其他社坛则有多处；常设置于村落边缘	传统信仰活动场所，兼具聚餐、做戏、割火等功能	
	牌坊	每个村落多设1个标志坊，获得表彰的村落可有多个功德坊，常位于村主要入口处或主要广场前	可分为标志坊、功德坊、贞节牌坊等；用于标志村落名称、表彰功勋、表彰忠孝节义等	
	塔	南方地区滨水村落往往每村一处，常设置于水口处	村落地标，承载祈求中举、风调雨顺等功能	
教育设施	书房	经济富裕的村庄常有多个私塾，可与祠堂合设	教育设施	
防御设施	碉楼更楼	具有较强的地域性，最具特色的碉楼为藏区高碉和广东开平碉楼	防御外敌	

6.3.3.3　乡村产业的一二三产融合

乡村振兴必须加快构建现代农业产业体系，突破"乡村的产业就是农业""农业的功能就是提供农产品"的传统思维模式，推进农村一二三产业融合发展。通过产业链条延伸、产业融合、技术渗透、体制创新等方式，将资本、技术及资源要素进行跨界集约化配置，使农业生产、农产品加工和销售、工业、餐饮、休闲及其他服务业有机整合在一起，形成新技术、新业态、新商业模式，拓宽农民增收渠道、构建现代产业体系。

1）面向都市休闲的本土化文旅开发

旅游引导的消费带动融合模式，对远郊村持久活力的激发有重要意义。远郊村地区发展方向重点在于整合全域自然生态、地域文化等资源，结合绿道、古驿道的网络，利用各类特色资源，打造不同主题的乡村旅游集群，引导乡村旅游点、线、面式发展。建设具有高水平服务的乡村旅游咨询和集散中心。推动乡村旅游目的地周边环境治理，推进登山步道、骑行线路和景观廊道建设。完善乡村旅游服务点评定标准和服务监管。逐步开通旅游公交专线，支持乡村旅游点互联互通。

2）立足互联网的乡土产业创新

立足互联网的乡土创新包括两种模式。一种是以电商物流为引领的服务带动模式，是通过人才、信息、资本等服务要素集聚，建立综合信息服务平台、产销一体化平台、商务智能商务平台、高效物流配送和农产品批发市场等。充分利用现有空心村闲置土地资源，探索灵活的土地利用机制，多渠道为乡村旅游提供发展用地。另一种是以文化创意为引领的模式，依托岭南乡土资源，培育特色乡土创意产品，打造乡土原生态文化创意产业，助力乡土创意"走出来"。实施乡土创意人才培养计划，形成良好的乡土创意发展机制。

比如广州的增城区，乡村旅游的发展就从最简陋的农家乐做起，其后升级到"星级民宿"打造亮点品牌。通过推进闲置农房的产业功能植入，统筹发挥本地特色产业、生态环境、乡土民俗等资源要素优势，吸引社会资本发展民宿、康养、旅游、文创等农村新业态，促进一二三产融合发展。不断扩大关联产业的影响力和美誉度，进而形成持续的稳定客流，带动了村民就业和增收。

3）面向历史保护的传统村落复兴

乡村文化复兴和建设，除了保护和开发利用好历史文化村落和非物质文化遗产，深入发掘乡村背后的故事和文化基因外，还应将财政资金用于加强农村文化教育，完善乡村文化基础设施，推进乡村文化站、农家书屋、农民体育健身工程等惠民工程建设，丰富农民的精神生活。

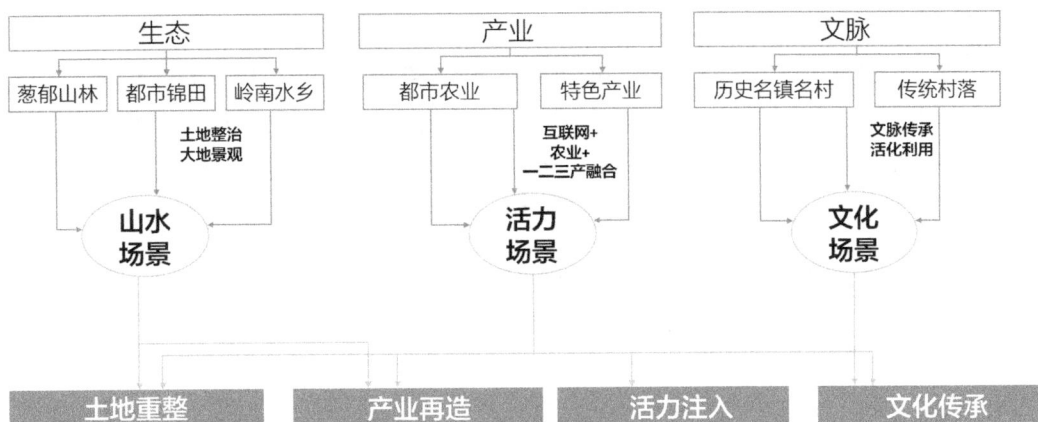

图6-10 乡村差异化振兴路径

6.3.3.4 因地制宜的乡村差异化振兴路径

根据村庄的主导类型，区分农业型村落、生态型村落、一般村落与搬迁型村落等，分类施策，明确不同类型村落空间融合发展模式（图6-10）。

生态型村落以生态保护为主要任务，重点落实生态控制线划定后的管理规定制订和监管工作，针对生态控制线内的村庄特点，制订分时序的疏散和退出计划。同时针对该类村庄，加大生态转移支付力度，建立健全生态保护与补偿资金挂钩的激励机制。对生态环境脆弱的"空心村"，探索合理的生态移民搬迁方式。

农业型村落以大力发展都市型农业为主要任务，通过"农业+"等理念的引入推动农业"接二连三"。此外结合国家对休闲农业和乡村旅游发展用地的扶持政策，以乡村群的模式发展乡村旅游。

一般根据区位的差异，在未来将城中村、城边村纳入城市一体化管理，实现基础设施互通和公共服务对接。

此外，对于空心化与土地闲置现象严重的地区，统筹运用土地整治、城乡建设用地增减挂钩等政策手段，开展生态搬迁、撤并改造等整治行动，缩减废弃、低效乡村居民点用地规模，释放存量建设用地空间。根据有偿退出类、集中盘活类、单点盘活类、优化提升类等分类方式，对闲置农房进行分类处理。

6.3.4 现代田园农业空间规划：南溪案例

2014年8月26日，国家发展改革委、原国土资源部、原环保部和住建部联合下发《关于开展市县"多规合一"试点工作的通知》，选取28个市县开展空间规划改革试点，推动经济社会发展规划、城乡规划、土地利用规划、生态环境保护规划"多规合一"。

南溪区被列为原国土资源部的试点市县之一，2015年1月9日，《原国土资源部关于同意嘉兴市等"多规合一"试点工作方案的批复》（国土资函〔2015〕14号）批复了南溪区的试点工作方案，组织编制《宜宾市南溪区"多规合一"规划》，由广州市城市规划勘测设计研究院负责编制。2011年南溪撤县设区，纳入宜宾中心城区，面积704km²。规划重点探讨了通过现代田园和低丘缓坡综合利用，推动农业空间的高效发展。

6.3.4.1 "现代田园+城乡置换"的农业空间模式

结合南溪丘陵地区小型农业、乡村建设分散低效的特征，规划提出"适度规模的现代田园农业"和"城乡建设用地置换"双驱动的集约用地模式，推动农业用地和城乡建设用地的集约化。

1）推行园区化的现代田园农业模式

规划提出由传统农业向现代田园农业转型，结合川南丘陵特色，建设"小集中、大分散"的复合型田园农业园区，规划打造一条田园农业休闲链和城郊生态农业体验区、特色水产养殖区、生态养殖区、绿色瓜果蔬菜种植示范区四大现代农业示范区，推行"专业合作社/家庭农场+标准化生产基地"模式。建立"确权—赋能—整合—收益"的农地流转机制，允许农民以租赁、入股、转让等方式流转农用地承包经营权，由区政府或镇街政府成立农地流转交易平台，将零散的农用地承包经营权整合流转给农业开发公司，发展现代田园农业。

2）推行双渠道、流程简化的城乡用地置换模式

促进城乡建设空间集聚化，建立"建新—置换—复垦—收储"的农村宅基地流转机制，政府在城镇周边或中心村统筹规划建设新型社区或新村，农民可自愿将宅基地使用权和住宅所有权置换城镇住房或新村住房，并颁发房屋产权证，原有宅基地复垦为耕地或者复绿，节约的建设用地指标进入区政府土地收储机构。此外，规划提出简化现有城乡建设用地增减挂钩流程，在不改变原有各个环节的基础上，与"安置区建设"同步开展城镇建新区的用地批复和土地出让工作，通过土地出让金来弥补安置区建设和旧村复垦的资金缺口，安置区建设验收后，同时开展旧村复垦和城镇建新区实施。

3）结合低丘缓坡开展城乡置换"先行先试"

结合南溪区丘陵和低山占76%的地形地貌特征，依据综合评价的结论，规划提出将罗龙街道、大观镇、长兴镇等成片分布的宜建低丘缓坡用地作为有条件建设区，纳入城镇开发边界，作为"城乡用地置换"的政策试点区，如优先开展宅基地置换、允许通过集体建设用地流转的方式供地等，置换出来的土地优先发展1.5次产业[①]，制定鼓励"乡镇工业上坡"的土地政策，如执行差别化的开发强度政策、出让价格，加大财政支持，

---

① 1.5次产业，即农产品加工业。

鼓励利用低丘缓坡发展农产品加工业。

6.3.4.2　促进低丘缓坡资源综合利用

结合南溪森林覆盖率较低、建设用地紧缺的特征，低丘缓坡开发在满足评价条件的基础上，优先开发林地和建设用地，适度开发耕地。

根据南溪区第二次全国土地调查成果和2013年土地利用变更调查，2013年南溪区低丘缓坡面积约480km²，占全区面积的约68%。低丘缓坡中未利用地（裸地、灌木林地、其他林地、其他园地、其他草地五类）总面积约33.8km²，占全区面积的4.8%，占低丘缓坡面积的7%。未利用地主要以低效林地、低效草地和低效园地为主，面积分别为23km²、4.9km²、3.8km²，主要分布在北部的大观镇、黄沙镇，东北部的长兴镇、仙临镇、留宾乡等地区，北部地区以低效林地为主，东北部地区的低效园地相对较多。

1）开发利用适宜性评价

以第二次全国土地调查成果和2013年土地利用变更调查为底图，结合《南溪区土地利用总体规划（2006—2020年）》，应用GIS技术，通过对土地利用现状图、地形图、坡度图、耕地分等定级图、林地等级图的叠加，通过多种因子的评价分析，进行综合评价，包括宜林低丘缓坡资源评价、宜耕低丘缓坡资源评价和宜建低丘缓坡资源评价。

根据专题研究结论，适宜农用地开发面积约8.5km²，主要分布在北部的黄沙镇，中部的石鼓乡、刘家镇、仙临镇、长兴镇、留宾乡；适宜林地开发面积约15.2km²，主要分布在大观镇、黄沙镇、林丰乡、仙临镇、长兴镇、裴石乡、江南镇；适宜建设开发面积约10.1km²，主要分布在罗龙镇、裴石乡、长兴镇和大观镇。

2）集中成片的综合利用布局

根据综合评价的结论，结合南溪自然生态格局、城镇建设现状和规划、耕地和基本农田分布，按照集中成片的原则，适宜开发用途包括林地、建设用地和耕地三种类型（图6-11）。

林地。根据综合评价的结论，结合南溪生态安全格局构建、生态廊道

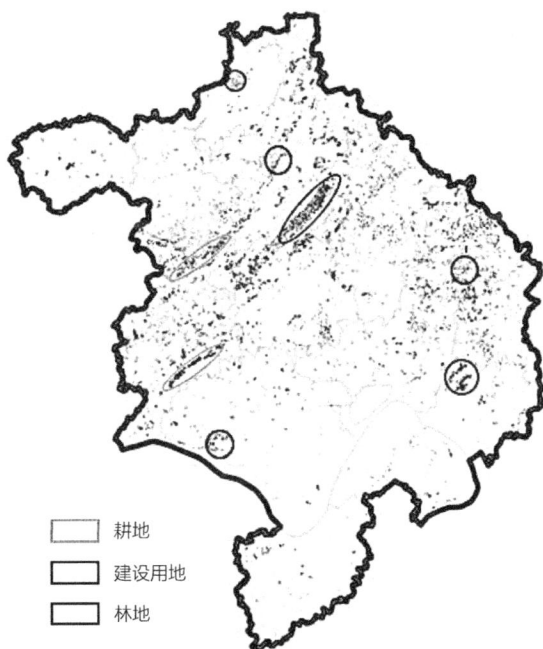

图6-11　南溪区低丘缓坡区块开发总体布局图
资料来源：《宜宾市南溪区"多规合一"规划》

体系、生态公益林等重要生态要素分布，根据成片开发的原则，重点利用林丰乡、大观镇和裴石乡的宜林低丘缓坡用地，开展生态建设。

建设用地。根据综合评价的结论，结合南溪城镇布局现状和规划、交通基础设施布局等条件，根据成片开发的原则，重点利用罗龙街道、大观镇、长兴镇的宜建低丘缓坡用地，在满足一定条件下开展城乡建设。为鼓励利用宜建低丘缓坡土地开发城镇、产业或农村居民点，减少建设占用耕地，建议通过本次"多规合一"工作和土地利用规划调整完善工作，在有条件建设区基础上，将宜建低丘缓坡土地作为有条件建设区，纳入城镇开发边界，并划入预留功能单元，按照有条件建设区政策进行管理。

耕地。根据综合评价的结论，结合耕地和基本农田分布，根据成片开发的原则，重点利用黄沙镇、石鼓乡的宜耕低丘缓坡用地，开展农田开垦和整治。

6.4　生态空间与优质资源利用

6.4.1　生态空间规划管控与国内实践

6.4.1.1　生态空间概念及特征

2005年首次提出了"绿水青山就是金山银山"的科学论断，2017年十九大报告中重申"两山"理念。新时期国土空间开发与保护的协调也应成为空间管制的重要准则，让最该保护和最该发展的地方"各得其所"，让人民群众美好生活需求得到充分满足。

2017年，原国土资源部发布《自然生态空间用途管制办法（试行）》，明确了自然生态空间的内涵，是指具有自然属性、以提供生态产品或服务为主导功能的国土空间，涵盖需要保护和合理利用的森林、草原、湿地、河流、湖泊、滩涂、岸线、海洋、荒地、荒漠、戈壁、冰川、高山冻原、无居民海岛等。生态空间涵盖除农业空间、城镇空间之外的所有国土空间，因此，生态空间的利用，不仅与自然生态保护有关，同时也和优质生态资源的充分利用有关。

6.4.1.2　生态空间管控规划的实践

第一类以深圳、长沙、东莞、嘉兴等城市为代表，通过对生态要素的叠加，划定生态控制线，重点关注城市增长控制，但对如何发挥生态控制线的生态功能研究不足。如深圳市通过六大类生态要素的叠加划定基本生态控制线，将其作为一个相对"均质"的区域实施刚性管控，禁止建设。但其在生态控制线划定时已覆盖了相当规模的旧村、旧厂等现状建设用地，引发了对基本生态控制线生态保育功能和结构科学性的质疑，线内社区也表现出比较强烈的抵触情绪[①]。第二类以上海、武汉、重庆等城市为代表，基于生态格局优先视角，开展城市整体生态网络规划，划分各类生态空间，并划定生态控制线，但对城乡空间增长限定的关注不足。如上海市开展基本生态网络规划，构建市域"环、廊、区、园"的生态空间体系，划分中心城绿地、市域绿环、生态间隔带、生态廊道、生态保育区等生态空间类型，在此基础上划定生态底线，提出生态空间控制导则[②]；成都市通过选取对全域生态空间格局具有重要影响的关键控制要素划定生态控制线，实施综合管理，制定分区分要素管控措施[③]；武汉市编制全市生态框架控制规划，确定市域和都市发展区合理的生态用地总量，提出各类生态框架要素的管控要点，并划定基本生态控制线，基本集中于生态要素空间的研究。第三类以江苏省、湖南省等开展的生态保护红线划定为代表，基于生态服务功能划定生态底线空间，重点关注生态功能分区管理与数量指标，对整体生态网络和城乡空间统筹发展考虑不足。如江苏省根据生态系统服务功能重要性评价，在省级层面确定不同区域的主导生态功能，划定了占省域面积约24.75%的生态红线。

1）生态功能区类规划

生态功能区类规划侧重采用划定各层级生态功能区，重点控制非城市建设区的方法来引导城市发展，保护城市周边自然生态环境。根据划定的生态功能区制定相应的生态空间控制导引，倡导循环经济、生态农业、生态旅游等，在保护中寻求城市的合理生态化发展。

2）生态格局类规划

生态格局类规划注重战略性、系统性的结合，从城市发展的宏观层面对城市各类生态空间作出总体规划布局，具有战略性、系统性的特征，需要对影响、制约城市长远发展的资源、环境、土地空间、人等各种要素的相互关系进行统筹调控。国外比较典型的有伦敦的环城绿带规划，国内的如《杭州生态带概念规划》《武汉生态框架控制规划》等，规划重点解决如何通过科学合理的城市生态空间体系规划来构建特大城市的发展格局，在此基础上，通过编制重点地区控制规划或相对应的保护规划来落实城市生态框架体系，从而达到生态空间管控的效果。

3）生态控制线类规划

生态控制线类规划往往从城市生态本底入手，通过划定具体的边界来进行空间管控，因此常采用基于遥感（RS）、GIS等先进技术手段和相关定量分析手段，注重物质空间规划与生态系统研究的结合，分析城市生态用地的总量与城市生态环境质量之间的

---

① 孙瑶，马航，邵亦文. 走出社区对基本生态控制线的"邻避"困局：以深圳市基本生态控制线实施为例 [J]. 城市发展研究，2014（11）：11-15.
② 詹运洲，李艳. 特大城市城乡生态空间规划方法及实施机制思考 [J]. 城市规划学刊，2011（2）：49-57.
③ 杜震，张刚，沈莉芳. 成都市生态空间管控研究 [J]. 城市规划，2013（8）：84-88.

关系，并将其作为支撑生态空间结构布局、形态、功能等问题的重要依据。

6.4.2　国内外生态空间管制经验[①]

6.4.2.1　英国：划分三类政策区，主要通过立法实施刚性管制

英国通过划定绿带、国家公园和法定特殊自然美景区，实现对生态空间的保护。①绿带。1955年颁布的《城乡规划法》明确了将城市周边的农业用地和农村土地划为绿带，以控制城市蔓延，绿带内严格控制新的开发建设，新建项目需确保不会对现有乡村特征、景观和环境造成负面影响。②国家公园。英国颁布了《国家公园和乡村土地使用法案》，严格控制开发和土地性质变更，只有满足当地居民生活必需并对周围环境影响较小，或具有重要公益性的项目才被允许建设。③法定特殊自然美景区。这是指极特殊的、具有特色的、国家级的自然美景地区，有重要的保护价值，管理主体通过景观策略指南、保护建筑名录制度及开发许可申请制度对区域进行管制。

6.4.2.2　香港：划分两类生态空间，通过立法和法定图则进行管制

香港的生态空间被划分为两类：一类是由渔农自然护理署依据《郊野公园条例》等法律直接划定和管理的空间（如郊野公园、特别地区及限制地区等），由法律规章直接约定其利用要求，生态保护最为严格；另一类是由规划署管理的空间（如绿化地带），主要通过法定图则、《香港规划相关标准与准则》等明确规划控制要求。具体的控制要求包括：一是限制建设范围，如在绿化地带法定图则中划定乡村式发展地带，明确房屋建设限于该范围内；二是限制土地用途，绿化地带允许的建设用途主要包括生态管理设施、旅游休憩设施、城市基础设施、私人土地及已批租土地的改扩建；三是限制开发强度，如私人土地及已批租土地的改扩建容积率不得超过法定图则公示之日的现状容积率；四是部分项目被要求开展生态环境影响评估，确定生态保护的要求。

6.4.2.3　北京：划分三类生态空间，实施限定和激励型管控政策

《北京城市总体规划（2016—2035年）》构建了"两线三区"的空间管控体系，通过生态控制线、城镇开发边界将市域划分为生态控制区、限制建设区和集中建设区，构建生态控制区、绿化隔离地区（郊野公园环和城市公园环）、楔形绿色廊道3类生态空间。其中，生态控制区包括山区和浅山区，严格控制与生态保护无关的建设活动，保障生态空间只增不减、土地开发强度只降不升，建立生态保护导向的考核机制和横向跨

---

① 部分整理自：何冬华，姚江春，袁媛. 广州生态空间用途管制方法探讨 [J]. 规划师，2019，35（05）：32-37.

区的生态补偿机制，激励生态保育和生态修复；绿化隔离地区按照限制建设区来管控，推动减量增绿，严格控制开发强度和大型建设项目，鼓励实施集体建设用地集约集中利用和腾退减量，推动郊野公园和城市公园建设；楔形绿色廊道联系山区和平原地区，综合实施生态控制区和限制建设区管控政策，控制廊道的宽度、建筑高度和建筑密度。北京生态空间管控的特点是实施"限定+激励"的综合管控政策，一方面限定开发强度和项目准入，另一方面通过政策激励集约用地、腾退减量和公园建设，实现生态保护和绿色发展。

6.4.2.4 上海：划分四类生态空间，实施分区差异化管控

2014年以来，上海进一步深化生态空间的分类分级管控，《上海市城市总体规划（2017—2035年）》将生态空间划分为4类：一类生态空间包括国家级自然保护区的核心范围；二类生态空间包括国家级自然保护区非核心范围、市级自然保护区、饮用水水源一级保护区、森林公园和地质公园核心区等，一类和二类生态空间为禁止建设区，禁止影响生态功能的开发建设活动；三类生态空间为城市开发边界外的城乡结构性生态空间，包括永久基本农田、近郊绿环、生态间隔带和生态走廊等，划入限制建设区，禁止对主导生态功能产生影响的开发建设活动；四类生态空间为城市开发边界内的公园绿地、水系和楔形绿地等，需严格保护并提升生态功能。上海重点针对城乡结构性生态空间，编制生态图则，明确功能定位、鼓励和禁止的用地性质、用地比例、生态控制指标及建设控制指标等要求。

6.4.2.5 深圳：建立基本生态控制线的刚性和弹性管理制度

深圳在2005年划定的基本生态控制线基础上，2016年以来启动了分级分类管理优化工作，将生态空间划分为三级管制分区，对生态控制线的边界和建设活动实施严格的刚性管控。其中，一级管制区按生态保护红线要求划定和管理，二级管制区为评估认定的生态环境敏感区和脆弱区，均实施严格的生态保护和建设管控，制定《关于进一步规范基本生态控制线内新增建设活动规划选址工作的通知》《线内基础设施建设生态建设技术规范》等；同时，建立弹性管理规则，制定《基本生态控制线优化调整工作指引》，允许适当的调整。此外，引导生态空间的绿色发展，针对三级管制区，制定《生态线内社区规划编制指引》，编制协商式、精细化的生态社区规划，提升生态品质，引导发展生态型产业。

6.4.3 生态空间用途管制思路

6.4.3.1 失效的区域绿地管制

2003年，为了减缓广东省尤其是珠三角地区快速蔓延的城镇建设态势，通过对关键性的区域非建设用地保护，为可建设用地开发框定生态环境和空间框架的底线，实现对

生态资源的多方统筹，广东省建设厅颁布《广东省区域绿地规划指引》和《环城绿带规划指引》；2008年，下发《广东省建设厅关于印发珠江三角洲区域绿地划定技术要点的通知》，尝试通过区域绿地的划定，将各地市重要的生态保护区、海岸绿地、河川绿地、风景绿地、缓冲绿地以及特殊绿地等纳入保护范围。然而，这种以保护为单一目的的方式难以达成切实的成效，无论是参考"基本农田"的管制思路提出"划线定桩"，通过空间上的落位来严格管控，还是试图通过立法等手段来强化管制的强制性，都未能更好地让管制落地。尤其是城乡接合部的边界地带以及不同行政区的交界地带，由于受到各自城市发展用地扩张的压力，同时在用地权属混杂的情况下，行政上的"死保"也往往难以收到良好效果。

6.4.3.2　屡屡失守的基本生态控制线

2005年，深圳市借鉴香港的经验，在国内率先推出了"基本生态控制线"制度。但基本生态控制线管理面临众多现实矛盾；2006年，深圳市对基本生态控制线内现状进行全面摸查，发现线内仍存在的大量现状建筑对生态环境影响较大，违法建筑仍在无序蔓延，占线内建筑的70%，而且线内工业企业较为低端，产值仅占全市工业产值的3.1%，工业排污也对城市生态安全构成了威胁。

针对上述问题，2008年8月至9月，深圳市人大组成调研组调研和实地走访，形成《关于基本生态控制线管理工作的专项报告》，总结调研过程中收集的意见和问题，并提出有针对性的解决对策。2013年7月和2016年3月，深圳市人民政府先后发布了两份《关于进一步规范基本生态控制线管理的实施意见》。

两份《关于进一步规范基本生态控制线管理的实施意见》出台的背后，是看似严肃的红线，仍然避免不了频繁调整的冲动。以2017年为例，深圳市关于调整基本生态控制线的公示就达到174项之多，调整的原因包括重大道路交通设施、市政公用设施等项目的实施。基本生态控制线的管控，成了困扰深圳的难题。

6.4.3.3　生态空间用途管制要点

1）"管得住"为关键目标

从国内外实践经验看，对生态空间实施用途管制，划分生态空间用途分区，明确各类用途的保护要求和开发条件，并通过立法、开发许可等手段，控制开发建设和用途转换，是生态空间"管得住"的关键。

2）以生态功能分区为前期

生态空间功能分区是案例地区的共同做法，如英国划分绿带、国家公园和法定特殊自然美景区，香港划分郊野公园、特别地区、限制地区和绿化地带，北京划分生态控制区、绿化隔离地区和楔形绿色廊道，上海划分4类生态空间，深圳划定三级生态控制线，都是基于生态功能划定分区，主要包括自然保育、城乡结构引导及休闲游憩等功能，同时针对各功能分区采取差异化的管制策略。

3）建立限定和激励规则

对生态空间的用途管制，一是限定开发建设行为，建立一套项目准入和使用规则，如英国和中国香港明确提出绿带内新建项目的准入条件及生态保护要求、严格控制开发强度，北京严格控制生态控制区和限制建设区的开发强度，上海和深圳制定生态空间分级分类的项目准入制度；二是激励提升生态功能的行为，如北京推动限制建设区减量增绿，深圳编制生态社区规划以提升生态品质、发展生态产业。

4）刚性和弹性管制结合

生态空间用途管制的手段与生态功能存在一定的关系，一般而言，以自然保育为主的底线生态地区更侧重刚性管控，更多使用立法、技术标准等手段，如英国和中国香港通过立法管理国家公园、郊野公园，深圳制定生态线内的基础设施建设技术规范等；同时，具有城乡结构引导、休闲游憩等复合功能的生态地区要体现适度的弹性引导，可使用指标控制、结构引导和规划图则等手段，如北京对限制建设区采取指标控制和结构引导、深圳对三级管制区编制生态社区规划等。

6.4.4　生态空间的功能区划

2016年，广州市为了进一步落实国家生态文明建设要求，在划定全市生态控制线的工作基础上，结合资源调查和自然资源确权登记等工作，开展《广州市生态空间功能单元综合规划》，由广州市城市规划勘测设计研究院负责编制，规划范围为广州市域11区，面积约7 434.4km^2。

《广州市生态空间功能单元综合规划》，在"山、水、田、林、湖"整体生态格局保护之下，将广州市生态空间细分为4大类、28小类的生态功能单元，因地制宜提出各类生态功能单元的管控原则与政策指引，针对不同类型的生态空间功能单元提出差异化的生态建设管控模式与策略，提出正负面清单，更有效地保护广州市城乡生态格局，指导下层次生态控规编制，为广州实现生态监管与生态绩效考核提供工具，为广州市民提供更多休闲游憩场所，推动绿色生活方式。

6.4.4.1　广州市生态空间管制的历程

2000年以来，广州市积极开展了大量生态保护规划的研究与实践工作，可分为四个阶段。第一阶段以明确生态空间结构为主，重点提出"三纵四横"的生态廊道体系；第二阶段以构建生态网络为主，明确重要生态空间的管控；第三阶段划定生态空间的管控边界，同步推进生态保护红线、生态控制线工作；第四阶段以强化优质资源利用为主，开展生态功能单元细化管控，启动国土空间综合整治与生态修复（表6-4）。

　　由结构到划线，广州探索生态空间的综合治理，构建连续、完整的生物栖息地网络，到优质资源的高效利用，并通过山水林田湖草一体化的国土空间综合整治和生态修复实现受损生态系统的康复。广州生态空间管控的路径就是选取对全域生态空间格局具有重要影响的关键性控制要素进行分析研究，提炼生态空间功能单元的空间控制，制定针对性的管控措施来确保规划格局的形成和满足规划管理的需要。

表6-4　广州市生态规划工作回顾

阶段	工作概述	生态规划相关工作	内容
第一阶段（2000—2006年）	明确都会区生态廊道	《广州城市建设总体战略概念规划纲要》	明确了"山、城、田、海"的山水城市格局，构筑"三纵四横"的7大生态廊道
		《番禺片区生态廊道控制性规划》	建立了分级控制体系
第二阶段（2007—2012年）	提出市域生态空间结构	《广州城市总体发展战略规划（2010—2020）》	明确了山、水、城、田、海的自然格局，生态架构拓展到"区域绿地—三级廊道-三级公园"
		《广州市城市总体规划（2011—2020）》	明确了市域"七核九片、六廊多带"的生态绿地系统结构
		广州市城市绿地系统规划（2010—2020年）	规划保留2个自然保护区、4个风景名胜区、49个森林公园、14个湿地公园、25处永久性保护绿地
		《广州市生态专项规划》	规划构建生态片区（斑块）-廊道-节点构成的网络型生态空间体系，划分三类生态管理分区
		《广州市城市功能布局规划》	提出了"生态保育、集约建设"的发展战略，强调构建生态廊道体系，限定城市功能片区和功能组团的增长边界
第三阶段（2013—2016年）	划定城市生态控制线	广州市"三规合一""一张图"工作	通过详细核对图斑和建设项目、与土规等规划协调、核查用地权属，划定基本生态控制线，并准确落到坐标
		《广州市生态控制线管理规定》制定	明确生态控制线的划定、管理、生态补偿等机制
		相关部门规划	市环保、园林、水务等部门正在推进专项生态要素的规划
		生态控制线划定工作	市规划部门牵头开展，划定生态控制线，建立数据库，明确管理要求
第四阶段（2016至今）	生态单元规划与生态修复	生态单元规划	将生态空间细分为4大类、28小类的生态功能单元，实现生态空间的精细化管控
		国土空间综合整治和生态修复	启动国土空间综合整治和生态修复总体规划，探索与自然资产管理结合的生态补偿机制，开展山水林田湖草修复试点

6.4.4.2 广州市生态格局的构建

基于广州市生态环境承载力评估、生态服务功能评估和生态敏感性评估，以生态廊道和生态基础设施理论为指导，按照生态隔离、组团发展的理念，明确都会区生态空间结构。以现状和规划的水系、山林、各类城市绿地等生态用地为基础，以连通为目标，综合山水格局、热岛效应、生态斑块分布与连接度、水系分布、道路与绿化隔离带、文体服务等分析，规划都会区生态廊道体系，串联各类生态与开敞空间，构建集生态保育、休闲游憩、安全防护、垦殖生产等功能于一体的生态基础设施网络，破解都会区因高度人口集聚与城市建设所带来的人居环境问题。以广州市"山、水、城、田、海"格局为依托，充分利用市域北部向南部延伸的指状山体绿地、市域南部向北部指状渗透的河流水系以及市域中部地区缓丘、河涌、城镇组团相间的水网，形成从"云山珠水"到背山面海、山水交融延续的市域山水生态格局，营造北部、东部地区秀峰衬城和南部、中部地区碧水映城的两种特色鲜明城市山水风貌。

在市域山水生态格局基础上，以景观生态安全格局原理为指导，结合城市功能布局，按照生态保育、组团发展、网络互联的原则，严格保护市域山、水、林、田、海等生态空间资源，形成以自然生态资源为基础的生态功能片区和生态功能节点，同时构建生态廊道和组团隔离带，形成生态片区（斑块）—廊道—节点构成的网络型生态空间格局，构筑生态空间与城市空间布局相协调的空间结构。

6.4.4.3 广州市生态空间的分区分级管制思路[①]

1）形成4大类、28小类生态功能分区

在广州市域生态空间结构"七核九片，六廊多带"基础上，规划通过系统分析影响广州生态空间的关键性要素，识别主要生态功能类型，划分生态保育区、休闲游憩区、安全防护区和垦殖生产区共4大类、28小类生态功能区；整合梳理规划、环保、国土、林业和水务等多部门的生态要素，通过遥感数据解译、部门联动反馈和实地勘测定界等方法，识别各类要素边界，建立全域全类型、"多规融合"的生态要素数据库；开展资源环境承载力与生态服务功能重要性和敏感性评价，模拟评估广州不同区域、流域及水体的环境承载情况，开展水源涵养、土壤保持、生物多样性保护重要性评价和水土流失敏感性评价，识别生态系统重要区域；通过生态要素叠加和生态功能评估的相互校核，划定生态控制管制区约4100km²，占市域总面积的55%。

[①] 整理自：何冬华. 生态空间的"多规融合"思维：邻避、博弈与共赢：对广州生态控制线"图"与"则"的思考 [J]. 规划师，2017，33（08）：57-63. 何冬华，姚江春，袁媛. 广州生态空间用途管制方法探讨 [J]. 规划师，2019，35（05）：32-37.

2）实现生态空间"多规融合"

规划坚持生态空间的"多规融合"，与原环保部门的生态保护红线、林业部门的林业生态红线衔接互动，形成"多线融合"的规划技术。在4大类、28小类的生态功能区中，生态保护红线包括10类生态要素，林业生态红线包括18类生态要素，规划通过对接各类生态要素的空间范围和管控要求，将生态保护红线、林业生态红线的一级保护区和部分二级保护区纳入生态控制线一级管制区，林业生态红线其余部分经评估纳入生态控制线二级管制区（图6-12）。

3）强调分级、分类的差异化管制

广州通过生态控制线规划建立全域生态空间管控"一张图"，划分两级管制区，制定项目准入正面清单。其中，一级管制区的总面积约为1800km²，禁止从事与生态保护无关或影响生态环境的建设活动；二级管制区面积约2300km²，不得从事影响主导生态

生态控制线	生态保护红线	林业生态红线
一级：限定为主 — 生态保育区：自然保护区、水源保护区、主干河流及堤围、生态公益林、岛屿及群岛、大型湖泊及沼泽、水库及水源林、重要湿地保护范围、生态滨海岸线及防护区、其他生态保护区；休闲游憩区：风景名胜区、森林公园、地质公园、湿地公园、郊野公园等、生态旅游度假区 **二级：限定和激励** — 安全防护区：基础设施隔离带、环城绿带、自然灾害防护绿地、公害防护绿地；垦殖生产区：基本农田、水产养殖场及围垦区、基塘系统、生产绿地、林业生产基地	重要土壤保持区、重要水源涵养区、生物多样性保护地区、水土流失敏感区、自然保护区核心区、一级水源保护区、风景名胜区核心景区、森林公园生态保育区、湿地保育区、地质公园	**一级保护区域**：自然保护区核心区和缓冲区、世界自然遗产地、国家一二级动植物集中分布地、重要水源涵养林、饮用水源一二级保护区、国际重要湿地和湿地公园、国家级生态公益林、国家级森林公园 **二级保护区域**：沿海防护基干林带、自然保护区实验区、重要交通干线、河流周边林地、坡度25°以上林地 **三级保护区域**：一般生态公益林、一般国有林场林地、省级以下森林公园、天然阔叶林、优质用材林、其他林地、湿地

图6-12 广州生态控制线、生态保护红线和林业生态红线的衔接关系示意图

资料来源：《广州市生态空间功能单元综合规划》

功能的建设活动，鼓励开展生态修复、建设清退及生态型旅游休闲设施建设等。在生态控制线以外，规划将近期实施难度大的生态廊道划入生态修复区，控制开发建设活动，保障城市生态网络体系的完整性。

通过梳理、归纳广州生态控制线、生态保护红线及林业生态红线的生态功能类型，将生态空间划分为自然保育区、城乡生态区和农业生产区3类。

（1）自然保育区

自然保育区是以自然生态保育为主导功能的生态空间，是保障和维护生态安全的底线，一般包括森林公园、自然保护区和野郊公园等法定保护区，以及森林、草原、高山冻原和无居民海岛等自然地带。自然保育区一般通过生态敏感性、重要性评估方法来划定，将具有重要生态价值和特殊自然文化价值的区域纳入其中，用途管制以限定为主，体现最严格的刚性要求。

（2）城乡生态区

城乡生态区位于城乡接合地带，是以城乡结构引导、安全防护和生态游憩功能为主的生态空间，对于优化城市空间结构、控制城市蔓延和改善城市生态环境具有重要意义，一般包括环城绿带、城市绿楔、生态廊道、景观林带和防护绿带等。城乡生态区一般通过规划方法来划定，用途管制以限定为主，并结合激励措施，体现较强的刚性要求。

（3）农业生产区

农业生产区是以农业生产、农业生态游憩为主导功能的生态空间，是关系粮食安全和城乡安全格局的重要空间，具有农业和生态双重属性，主要包括农田、村庄、果园和农业旅游区等。农业生产区主要通过要素识别方法来划定，用途管制一般采取限定和激励相结合的措施，体现刚性和弹性结合的要求。

4）建立限定和激励规则

生态空间用途管制应当由单一的刚性管控走向综合管理，形成限定和激励两方面的管制措施。其中，限定主要针对开发建设活动，以不影响生态功能为前提，包括用途转换、项目准入和布局结构等；激励主要针对生态功能提升活动，鼓励开展建设清退、生态修复和休闲景观设计等。各类生态空间管制的侧重点有所不同，自然保育区关注原生态自然环境保护和生态功能的自我恢复，以限定为主，以激励为辅，重点限定项目准入、用途转换等开发建设行为，激励建设清退和生态修复活动；城乡生态区和农业生产区关注生态保护与绿色发展的结合，适当引导绿色产业发展，一般采取限定和激励相结合的方式，重点限定项目准入、用途转换和开发建设方式等，激励建设清退、生态修复、集约用地、生态产业和景观提升等。

因此，规划可根据各类生态空间功能的不同，建立差异化的用途管制规则，形成"自然—城乡—农业"梯度演变、可识别度高的美丽生态空间格局。

（1）自然保育区

自然保育区以保护自然生态和严格控制项目准入为主，维育原生态自然环境，严格控制准入项目的生态影响。限定性内容主要包括：①土地用途上，以林地、草地、湿地和水域等生态用途为主，严格控制城乡建设用地、矿产开发用地与农用地。②用途转换上，禁止自然保育区转为城乡建设用途，严禁自然保育区转为城乡生态区和农业生产区。③项目准入上，限制国家重大基础设施、必要的旅游交通通信设施、军事与安全保密设施等项目建设，允许生态保护与修复工程、文化自然遗产保护工程等项目建设。④开发建设方式上，自然保育区内的原有村庄用地和其他建设用地不得随意扩建与改建；制定线性基础设施生态建设技术规范，规定开发强度、生态保护要求和景观设计要求等，促进线性工程融入自然生态环境。激励性内容主要包括制定已有建设管控和退出机制，激励农业用地、城乡建设用地、矿产资源开发用地逐步退出，推进矿山复绿、防沙治沙和水土保持等生态修复工程。

（2）城乡生态区

城乡生态区以保护城乡结构性生态用地的连续性和完整性为主，制定集约紧凑、绿色低碳的开发建设准则。限定性内容主要包括：①土地用途，以林地、湿地、水域和耕地等生态用地为主，兼容一定比例的旅游设施、公共设施、基础设施和村庄建设等开发用地；②布局结构，建设用地空间布局集约紧凑，不破坏区域生态系统的完整性；③用途转换，鼓励城乡生态区转为自然保育区，在不降低生态功能的前提下允许城乡生态区转为农业生产区，严禁城乡生态区转为城乡建设用途；④项目准入，禁止大规模城镇化或污染型工业项目建设，限制生态旅游项目、旅游服务设施等项目，允许建设生态保护与修复工程、文化自然遗产保护、军事与安全保密设施等项目；⑤开发建设方式，明确生态型、低冲击的开发控制要求，包括容积率、高度、建筑密度和生态控制指标等，促进开发建设与生态环境融为一体。激励性内容主要包括建设清退复绿、复合化利用土地和发展绿色产业，鼓励建设郊野公园、湿地公园和景观林带等景观工程。

（3）农业生产区

农业生产区以保护连绵成片的耕地、基本农田为主，维育特色乡村景观风貌。限定性内容主要包括：①土地用途，以耕地、草地和水域等生态用地为主，兼容一定比例的村庄建设、农业生产设施、公共设施、基础设施及旅游设施等开发用地；②用途转换，允许符合国家生态退耕、生态工程建设等政策要求的农业生产区转为自然保育区和城乡生态区，严禁农业生产区转为城乡建设用途；③项目准入，禁止大规模城镇化或污染型工业项目建设，限制农业生产设施、村庄生活设施等项目建设，允许生态保护与修复工程、文化自然遗产保护、国家重大基础设施及军事与安全保密设施等项目建设；④开发建设方式，规定村庄建设、农业设施建设的要求，限定建设布局、建筑材料和建筑风格等，维护乡村空间风貌特色。激励性内容主要包括鼓励土地整治、低效用地复垦、发展休闲农业、田园综合体等绿色产业及塑造乡土景观等。

5）刚弹结合的管制手段

规划根据主导生态功能的差异，选取不同的生态空间用途管制工具并进行组合，兼顾刚性和弹性。

自然保育区更加注重刚性管制，一般以立法为主，如我国均对自然保护区、森林公园等建立了保护法，但对于法定保护区以外的自然保育区缺乏管制手段，故可通过技术标准、项目准入等手段加强管理，如制定自然保育区准入项目清单和生态控制指标、重大基础设施生态建设技术标准等，明确生态环境保护要求，约束重大基础设施建设。

城乡生态区处于城乡发展的直接接触面，保护和建设的矛盾较大，需要进行较强的刚性管制，一般以规划图则为主，严格控制城乡结构性生态空间范围，明确区内开发建设活动的布局范围、建设规模和指标控制要求；同时，为生态产业发展和配套设施建设预留空间，如可通过编制生态社区规划、指标控制和结构引导等方式，预留一定的弹性开发建设空间。

农业生产区要落实乡村振兴战略，在保护耕地和基本农田的基础上，为村庄建设、农业设施和乡村旅游设施留有余地，但这些设施难以精准落地，应在总量控制的基础上体现弹性引导，一般以指标控制为主，如规定村庄建设和各类设施用地的规模指标与比例，不具体落到图上，并结合技术标准进行管制，规定村庄和各类设施建设的开发强度、高度等要求。

6.4.4.4　生态功能单元的延展

1）单元划分原则

本次生态功能单元划分，是基于生态学，从土地管理角度划分的生态空间内行为活动管控单元，其划分遵循生态功能与规划管理两方面原则。基于生态功能划分，主要是基于广州市域生态系统结构、过程及生态服务功能空间分异规律，选取生态结构相对完整，或具有一定自然生态价值的生态区域划分生态单元（表6-5）。基于规划管理需求划分，则以管理边界清晰，实施主体明确为划分原则，如已划定的规划管理单元、行政村边界、自然保护地边界。

表6-5　基于生态功能划分的生态空间单元

生态单元	类型	控制标准
斑块状生态单元类型及其控制标准	山林地	最小面积为能够保证现有动植物种群自我维持的面积，一般为1~3km²
	陆域湿地	最小面积为能够保证现有动植物种群自我维持，同时能够为鸟类迁徙提供足够的栖息地和食物面积，一般为2~3km²
	湖泊	防洪线以内应保留
	滩涂湿地	河口汇水区与海岸区
	法定保护性用地体系	核心保护区、缓冲区等

续表

生态单元	类型	控制标准
带状生态单元及其控制标准	雨洪控制廊道	河流、潜在径流等主要功能为行洪、滞水的生态廊道，宽度大于5m以上
	水质净化廊道	植被缓冲带等主要功能为净化水质的生态廊道，宽度大于10m
	生物迁徙廊道	主要功能为保障生物栖息与迁徙安全的生态廊道，宽度大于10m
	游憩廊道	主要功能为休闲游憩的生态廊道，宽度大于7m

资料来源：《广州市生态空间功能单元综合规划》

2）生态功能区划

（1）分析框架与方法

生态功能区划以实施管控为导引，注重空间视角，引入生态系统服务功能评估研究，强调空间结构、功能载体、网络格局的关系与过程，对现有生态空间的关键核心和关键区域展开管控，实现生态空间"功能—服务—收益"的级联作用，并发挥最大效用。从以下四方面开展分析评估：

一是生态要素分布特征评价，从现状生态资源分布、自然保护地（自然保护区、森林公园等）、生态系统重要片区等分析。

二是生态服务功能评估，应用生态系统服务领域质量、价值量及能值量等理论，根据各指标自身特征与评价需求选取与之匹配的方法展开。

三是游憩服务功能评价，生态要素保护重要性、集聚度、要素可达性、服务需求等重点研究。

四是生态空间功效评价，在生态服务功能、游憩服务功能评估的基础上，结合系统保护规划方法（SCP）、不可替代性评析、分析其对保护目标的贡献度与优先性。

（2）生态要素分布特征评价

根据各类生态要素分布特征评价，广州市在"山"要素特征上，约80%自然保护地（自然保护区、森林公园、水源保护区等）、生态公益林主要集中于北部片区，成连片分布特征；在"水"要素特征上，全域贯穿，主干河流主要集中于中部、南部片区，成廊道串联特征；在"田"要素特征上，基本农田保护区集中于北部与南部片区；在"岛"要素特征上，重要保护岛屿、城市公园主要集中于中部片区，形成岛链特色。

基于"保护优先、控融结合"的原则，以生态资源刚性管控、生态功能合理注入为目标，以核心生态资源"应保尽保"为前提，综合各功能片区生态空间结构特征、生态资源构成特征、生态服务功能特征，将生态空间细分为生态保育、旅游休闲、安全防护功能区块，以利于分类管控与引导。

3）生态功能单元划分

基于生态空间功能区划，衔接自然保护地与各类生态要素，划分生态功能单元，从而为实现自然生态空间的差异化管理、协调各类生态空间保护利用的主导用途分区、建立"约束指标+分区准入"的管控制度提供支撑。

从生态功能、规划管理两个角度出发，对接国家关于生态空间管控的各类要求，结合各类自然保护地设置、生态要素分布、生态敏感性评估、生态功能重要性评估，将生态功能单元分为两大类、六小类。两大类为自然保护地系列、其他系列。六小类根据各自系列功能进一步细分。

（1）自然保护地系列

衔接现有的自然保护区、水源保护区、风景名胜区、森林公园、湿地公园等等自然保护地，结合部门职能，进一步细分至小类，划分生态功能单元，以整合和衔接现有制度，对各类生态空间的保护和开发利用进行有效管控。

国家公园：建议划定2个，总面积137.2km^2；自然保护区：共划定2个，总面积56.02km^2；自然公园：共划定74个，总面积约395km^2。

（2）其他系列

自然保护地以外的生态单元，从功能角度，基于生态功能区划方案，划分为生态保育类、休闲游憩类、安全防护类生态单元。

生态保育类单元：以生态保护和维育为主，共划定194个，总面积约1803km^2。

生态休闲类单元：在生态保护基础上，允许少量的旅游、休闲配套设施，共划定159个，总面积约1070km^2。

安全防护类单元（生态廊道）：共划定205个，总面积约663km^2。

6.4.4.5 单元管控指引

1）管控规则

单元管控在生态空间分级分类的基础上，采取环境叠加分区管控，分区设定准入门槛和正负面清单，并落实到生态功能单元中，整体规划管控（图6-13）。

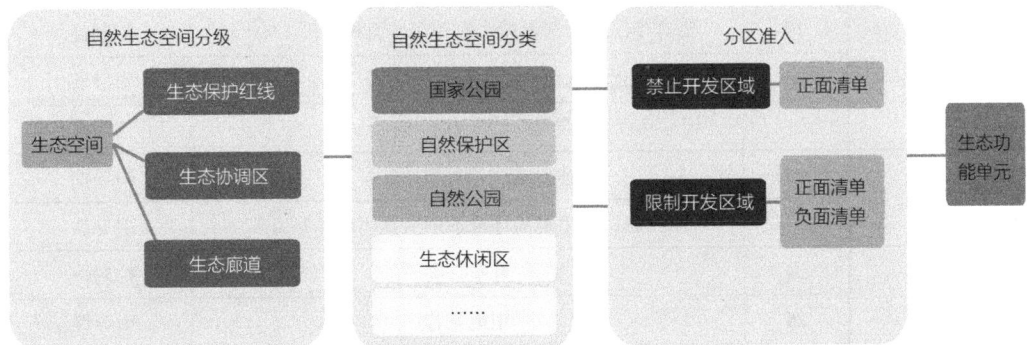

图6-13 生态功能单元分级分类分区管控规则
资料来源：《广州市生态空间功能单元综合规划》

2）管控指标体系

结合生态空间功效评价，以生态功能保护与提升、生态修复为目标和指导，分为"植被与生物多样性、河湖水系、湿地、海洋、土壤与矿产资源、用地"六大类，形成六大类26个管控指标体系（表6-6）。

表6-6　生态功能单元控制引导指标体系表

类别	序号	名称	备注
植被与生物多样性	1	生态保护红线面积（万公顷）	控制性
	2	生态控制区面积（万公顷）	控制性
	3	林地保有量（公顷）	引导性
	4	本地植物比例（%）	引导性
	5	自然保护区面积（万公顷）	控制性
	6	生态公益林面积（公顷）	控制性
	7	山体禁建线	引导性
河湖水系	8	岸线自然化率（%）	引导性
	9	水域面积率（%）	控制性
	10	集中式饮用水源地水质达标率（%）	引导性
	11	生态岸线恢复率（%）	引导性
	12	城市地表水功能区水质达标率（%）	控制性
	13	水岸植被缓冲带平均宽度（米）	引导性
湿地	14	湿地保有量（万亩）	控制性
	15	湿地恢复治理面积（万亩）	引导性
	16	自然湿地保护率（%）	引导性
	17	重要湿地及其防护区面积（万亩）	控制性
	18	湿地保有量（万亩）	控制性
海洋	19	海洋生态红线区面积占管理海域面积比例（%）	控制性
	20	近海水域水质优良面积比例（%）	引导性
	21	自然岸线保有率（%）	控制性
土壤与矿产资源	22	水土流失治理率（%）	引导性
	23	历史遗留矿山地质环境治理恢复面积（万亩）	引导性
用地	24	开发强度	控制性
	25	用地兼容	引导性
	26	建筑限高	控制性

资料来源：《广州市生态空间功能单元综合规划》

3）准入要求

（1）自然保护地类生态功能单元

对于自然保护地类生态单元，采取"约束指标+分区准入"的方式进行管控。准入规则参照现行各类自然保护地法规、部门规章。

（2）自然保护地外的生态功能单元

自然保护地外的生态单元，根据功能特点采取差异化的管控策略，提出"控引结合"的规划管控要求。提出主导功能、量控、线控、项目准入、景观指引等规划管控要求。其中：量控主要控制建设规模、开发强度，线控主要控制绿线、建筑高度、景观廊道、村庄导引，项目准入主要引导文化、展览、体育等产业发展，景观指引主要控制景观、历史文化资源。并进一步明确其项目准入正负面清单。

6.4.5　国土空间综合整治与生态修复规划

2020年，为了落实国家和省的要求，实现山水林田湖草整体保护、系统修复、综合治理，明确广州生态保护修复的目标、任务、重点区域和重大工程，制定具体行动计划和进度安排，广州市拟开展《广州市国土空间生态修复总体规划》，推进一批生态修复工程项目。现结合投标文件对广州市国土空间生态修复总体规划的技术理解，把技术阶段内容作为我们的国土综合整治和生态修复的雏形，希望抛砖引玉，从地方视角探寻生态修复总体规划的方法。

6.4.5.1　生态修复规划的内涵

国际生态修复学会（SER）自20世纪90年代起至2004年曾就生态修复定义展开过几次大讨论，对生态修复的概念从最初强调修复为主，到强调生境的改变甚至创造，并增加了系统性思维。目前广泛接受的是2004年国际生态修复学会给出的定义，即生态修复是协助已遭受退化、损伤或破坏的生态系统恢复的过程（表6-7）。

表6-7　生态修复的概念内涵变迁表

年份	定义	特点
1980年Bradshaw	企图提高被损伤土地质量或等级的行动，或恢复被破坏的土地，使其重新有利使用，处于生物潜势被恢复的状态	强调恢复
1990年SER	生态修复是一个有意于改变一个生境而建立一个定义明确的、本土生长的、有历史的生态系统的过程。这一过程的目的是要仿效一个特定生态系统的结构、功能、多样性和动态	强调对生境的改变甚至创造

年份	定义	特点
1996年SER	生态修复是一个协助生态整体性的恢复与管理的过程，生态整体性包括一个在生物多样性、生态过程和结构、地区和历史范围与可持续化时间等变异性的严格范围	增加了整体性、系统性的思维
2004年SER	生态修复是协助已遭受退化、损伤或破坏的生态系统恢复的过程	明确了生态修复是对生态的整体性、系统性的恢复（而非改变）

简而言之，生态修复就是对受损的生态系统"治病吃药"的过程。什么样的生态系统才是健康的生态系统呢？这里我们要对一些概念予以甄别，一是健康的生态系统不等于是绿色的生态系统，也不等于人工绿化，好的生态系统关键是生态修复区域的正确甄别和修复手段的有效利用，错误的生态修复工程甚至对自然环境造成二次破坏，带来生态系统恶化、植被单一化的问题；二是健康的生态系统不等于生物数量多的生态系统，好的生态系统关键需要保障本土物种的生物多样性，数量多不等于生物多样性丰富，生态修复中如果一味引入外来物种只会导致本地特有种的生存受到威胁，带来生态系统的失衡；三是健康的生态系统不等于单一生态功能的生态系统，好的生态系统需要充分发挥多元服务功能，除了具备较高的生态系统服务能力之外，还可兼具有一定的科普教育、观光游憩、文化服务等功能。

国土空间生态修复规划定位于对国土空间生态修复活动的统筹谋划和总体设计，是在一定时间周期、一定国土空间范围内开展生态保护修复活动的指导性、纲领性文件。其核心是通过研究编制规划，统筹设计国土空间生态修复活动的实施范围、预期目标、工程内容、技术要求、投资计划和实施路径，以有效保障和综合提升国土空间生态修复活动的生态效益、社会效益、经济效益[①]。

6.4.5.2　工作目标与意义

随着自然资源部的成立，科学编制国土空间生态修复规划，成为推进山水林田湖草生命共同体的系统综合治理、系统实施国土空间生态修复重大工程的优先任务。2019年1月，《自然资源部关于做好市县国土空间总体规划编制工作的指导意见》将国土综合整治和生态修复作为国土空间规划编制的重点内容，并要求要明确生态保护修复的目标、任务、重点区域和重大工程，制定具体行动计划和进度安排。按照广东省自然资源厅要求，在2020年生态修复工作在全省各市、县全面推开，制定并实施生态修复总体规划，推进一批生态修复工程项目。

---

① 王夏晖，张箫. 科学编制国土空间生态修复规划［N］. 中国环境报，2019-03-21（003）.

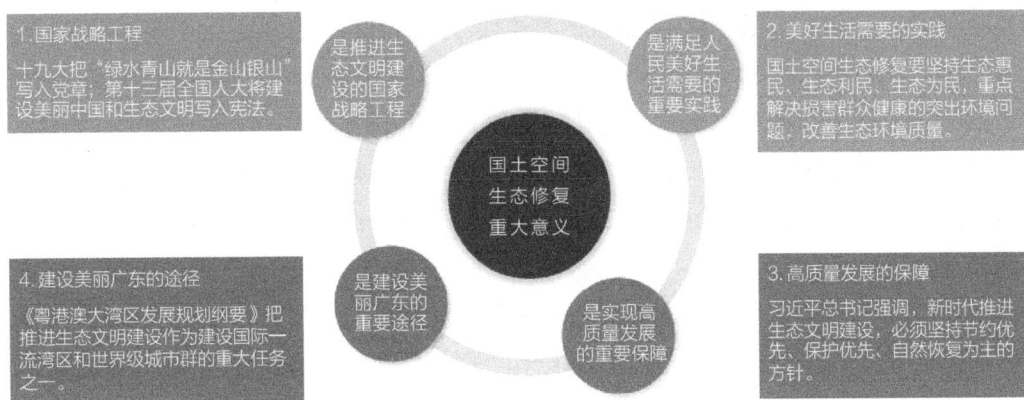

图6-14　广州开展生态修复工作意义分析图

广州市开展国土空间综合整治与生态修复工作的目标，是按照山水林田湖草整体保护和绿色发展的理念，在进行生态本底质量评估的基础上，合理确定生态修复目标、划定生态修复各类功能区、识别生态修复重点地域、明确生态修复重点任务；统筹广州市生态修复工作全局，建立广州市生态修复框架体系；力争成为全国生态文明建设和生态修复示范市，为实现美丽广州高质量发展，推进粤港澳大湾区建设贡献力量（图6-14）。

1）形成整体保护和综合治理的良性格局

按照山水林田湖草整体保护和绿色发展的理念，在进行生态本底质量评估的基础上，合理确定生态修复目标、划定生态修复各类功能区、识别生态修复重点地域、明确生态修复重点任务。

2）推进生态系统保护和修复

建立以生态功能提升为目的的生态保护修复模式，对生态功能重要和脆弱地区进行保护保育和修复治理，以自然恢复为主，人工治理措施为辅，构建人与自然和谐格局，推进生态系统的保护和修复。

3）建设生态修复框架体系

统筹广州市生态修复工作全局，建立广州市生态修复框架体系；力争成为全国生态文明建设和生态修复示范市，为实现美丽广州高质量发展，推进粤港澳大湾区国家战略贡献力量。

6.4.5.3　现实问题

1）侧重单一要素的修复，缺乏系统性的"山水林田湖草"整体统筹

广州市已经先后开展了土地整治规划、矿产资源规划、海岸带保护与利用规划，已开展部分专项工作如矿山修复、海岸带修复、土地整治等，但部分区域国土整治与生态

修复中对国土空间的关联性和生态系统的整体性考虑不足，生态修复与区域联系也不够紧密。

2）侧重于物质环境的修复，缺乏对物种多样性的保护

现有的许多生态修复工程，更多侧重于对空间的修复与保护，侧重于环境层面，选取的指标也多为环境物理化学指标，缺乏生物指标，或者选取的生物指标缺乏系统性，不能够代表当地的生物多样性。

3）缺乏修复重点区域的选择未体现生态系统整体性

部分生态修复工程的选取未能与生态结构、廊道等建立密切联系，不属于生态修复优先级较高的区域，从生态系统完整性来说难以取得较为明显的效果。

4）缺乏后期的长期维护与监管机制

生态修复应当是一个长时期的过程，然而目前广州的许多生态修复工程多注重短时间内的效果，制定的各类验收标准通常也是针对短期效果，缺乏后期管护和长期监管。

6.4.5.4　总体框架

1）工作框架

广州开展生态修复工作总体分为三步走。

（1）规划统领：编制《国土空间综合整治与生态修复总体规划》

《国土空间综合整治与生态修复总体规划》的编制是对国土空间生态修复工作的统筹谋划和总体设计，是广州市开展生态保护修复活动的指导性、纲领性文件，是构筑美丽国土空间的重要环节。其核心是通过研究编制规划，提升国土空间生态资源的综合价值，有效保障生态空间的生态效益、社会效益、经济效益的最大化。

（2）试点探索：开展1~2处山水林田湖草一体化修复试点

在《国土空间综合整治与生态修复总体规划》的引领下，需要对典型区域甄别，并在此基础上以保护和修复国土空间生态系统为主线，开展山水林田湖草（海）各要素典型区域的试点规划，以起到试点示范的作用，带动各区开展相应生态修复试点。以行政村为基本单元，结合高标农田建设、矿山修复等工作，选取1~2个涉及2~3个生态修复要素、基础较好的村庄，针对试点村提出山水林田湖等关键要素的修复目标，识别生态修复的关键区域，明确试点在水源涵养与生物多样性保护、矿山及土壤修复、环境综合整治、生态发展等方面的重点工程，明确工程任务清单、费用和相关部门责任等。

（3）政策保障：探索与自然资源资产化管理匹配的生态补偿机制

旨在通过国土空间生态修复综合政策研究，指导广州市及各区开展生态修复工作，理顺体制机制，提出系统工作指引、编制方法、审查要求等，并且与自然资源资产化管理相匹配，建立生态补偿机制，从而提高生态修复总体规划的可实施性，提升生态修复

管理能力。梳理国家、省、市与生态修复相关的现行政策，结合广州生态修复规划管理实际，形成生态修复的"综合政策包"，打通原有专项修复的资金统筹渠道，实现山水林田湖草"一体修"；生态修复工作指引和政策保障：落实国家、省、市的相关要求，进一步结合广州市开展生态修复的需要，提出相应的工作指引、配套政策或相关技术指南，提出山水林田湖草各要素生态修复的生态补偿机制等。

2）工作内容

（1）生态修复基础分析

充分利用第三次全国土地调查成果，结合国土空间"双评价"、森林资源二类调查、矿山地质勘探、环境调查等专项调查评价成果，采取定性和定量相结合的方式，分析广州市自然生态状况、经济社会概况、重大工程实施情况等生态修复基础，分析自然资源、耕地质量、生态环境、矿山问题、污染状况等国土空间生态修复领域的现状情况，明确广州市生态空间、生态安全、生态修复等方面存在的突出问题，以及未来开展国土空间生态保护修复所面临的形势与挑战。

（2）生态修复目标

依据国土空间总体规划对区域生态修复的总体要求，从构建国土空间生态安全格局、建设生态系统基础网络、统筹生态各要素治理活动、改善国土空间生态景观等方面，明确广州市国土空间生态修复的总体目标和阶段目标，从国土空间开发格局优化成效、生态环境质量改善效率、工程项目任务完成量等方面，综合制定生态修复工程实施评价指标体系。

（3）生态修复空间识别与分类

全面研究国土空间规划、土地整治规划、矿产资源规划、海岸带保护与利用规划等基础规划，整合其他相关专项规划内容，如高标准农田建设潜力、土地复垦潜力等分区域分类别摸查潜力，形成生态修复潜力数据库。根据生态修复潜力特点，开展生态敏感性和生态服务功能重要性评价，精准识别生态功能区、生态脆弱区和生态敏感区情况，将生态修复空间划分为山地森林生态系统修复区、湿地与河湖生态系统修复区、农田生态系统修复区、海岸带和近岸海洋生态系统修复区、矿山地质环境保护与修复区、区域生态系统保护与修复区、城乡生态系统保护与修复区等七大分区，形成生态修复"一张图"。

（4）生态空间分类修复策略

分析国内外在山林修复、水系修复、海岸带修复、矿山修复等方面生态修复的典型案例，研究不同类型的修复策略，对广州市国土空间生态修复提出建议，针对七大分区制定分类修复工作指引。

（5）生态修复重点任务

依据划分的生态修复分区，明确各分区修复方向和重点任务；统筹安排国土空间生态修复重点区域，梳理整合各区上报的生态修复项目清单，形成全市生态修复项目"一本账"，并明确各项生态修复工程的验收标准，制定指标考核机制和实施保障措施。

（6）区级生态空间修复分区指引

结合广东省国土空间规划生态修复规划和广州市国土空间总体规划的要求，对广州市11个区提出生态修复规划目标和重点修复区域，指导各区开展生态修复。

（7）实施保障

加强实施保障，完善政策机制，提出生态修复考核机制，完善规划实施的激励措施和创新探索。

6.4.5.5 总体思路

1）格局修复

根据景观生态学家理查德·T. T.福尔曼（Richard T. T. Forman）20世纪80年代提出的"斑块—廊道—基质"理论，梳理广州市生态环境特点，从广州市生态格局的完整性出发，利用生态修复工作对生态格局存在的空缺重点补足，提出修补方式和策略。

2）系统甄别

依托"三调"契机，通过收集遥感与部门统计数据，结合国土空间"双评价"、森林资源二类调查、矿山地质勘探、环境调查等专项调查评价成果，对广州市的气候、土壤等自然条件和山水林田湖草（海）现状进行调查和评价，全面掌握国土空间生态资源的分布、规模和质量情况，摸查生态修复潜力，精准识别广州市生态系统存在的问题。

3）规划整合

本轮生态修复规划需将国土空间作为完整的生态系统来考虑，需要统筹原国土、海洋、林业、环保等部门的专项修复工作（表6-8），实现真正意义上的"整体保护、系统修复、综合治理"。

原国土部门主要从耕地保护、建设用地整理及土地复垦的角度出发，开展土地整治，涉及的规划包括土地整治规划、矿产资源总体规划、地质灾害防治规划等。主要内容包括地质灾害治理、农用地整治、建设用地整理和土地复垦、矿山地质环境恢复治理等。

住建部门主要从改善城市生态功能、提升城市环境品质的角度出发，开展城市双修，涉及的规划包括城市双修的总体规划与专项规划。主要内容包括生态修复和城市修补两大部分，生态修复包括山体修复、水体治理和修复、利用废弃地修复、绿地系统完善，城市修补包括填补基础设施欠账、增加公共空间、改善出行条件、改造老旧小区、保护历史文化、塑造城市时代风貌等。然而，从实施情况来看，城市双修虽然号称包括了生态修复的工作内容，但从实际修复项目来看，仍然是偏重于城市修补，以环境品质提升为主。以广州市为例,2018至2020年,广州市将储备建设项目146项,其中生态修复涉及12项,城市修补涉及134项,占工程数量的92.78%。

原环保部门主要从大气污染管理、土壤污染治理和水环境污染防治等角度出发,开展多个专项规划,涉及的规划包括城市环境总体规划、土壤污染治理与修复规划、水环境污染防治计划等。主要内容包括大气环境治理(实施绿色交通等移动源管控;工业污染源等面源管控等)、水环境治理(工业污染防治、城镇生活污染治理、农业农村污染防治、船舶港口污染控制)、土壤环境治理(污染地块名录、关闭搬迁企业地块)等。

原海洋部门主要开展海岸带整治专项规划,主要内容包括推进海岸线生态修复、编制海岸线整治规划5年规划及年度计划,明确项目清单、开展海洋生态系统恢复工程、开展海岸修复养护工程;结合生态岛礁工程,开展海岛岸线综合治理工程。

表6-8 各部门涉及国土空间综合整治和生态修复的专项板块

主管部门	规划名称	启动时间	主要内容	特点
原国土部门	地质灾害防治规划	2007年3月	明确需采取工程治理、生物治理、搬迁避让等措施的地质灾害点;建立地质灾害监测预报及防治示范区	侧重于地灾治理
	土地整治规划	2015年5月	土地整治分区;农用地整理(含高标准农田、垦造水田);建设用地整理(含农村建设用地整理、城镇低效用地再开发);土地复垦和土地生态整治等;确定土地整治重点区域和重点项目	侧重于农用地和建设用地整理
	矿产资源总体规划	2017年11月	划定矿山环境重点保护区、重点治理区和一般治理区;落实矿山地质环境恢复治理重点工程	侧重于矿山环境治理
住建部门	城市双修	2015年12月	①生态修复:山体修复、水治理和修复、修复利用废弃地、完善绿地系统;②城市修补:完善基础设施、增加公共空间、改善出行条件、改造老旧小区、保护历史文化、塑造城市时代风貌	侧重于城市修补
原环保部门	土壤污染治理与修复规划	2016年5月	①农用地土壤质量分类;②实施建设用地准入制度;③强化未污染土壤保护;④明确治理与修复主体、开展污染治理与修复	侧重于土壤保护和修复的区域
	水环境污染防治计划	2016年5月	工业污染防治、城镇生活污染治理、农业农村污染防治、船舶港口污染控制	侧重于水环境污染源控制与治理
	城市环境总体规划	2017年2月	移动源和面源污染管理、重污染水体治理、土壤环境维护、固废资源利用和安全处置	侧重于城市内部各类环境污染的治理

续表

主管部门	规划名称	启动时间	主要内容	特点
海洋局	海岸带综合保护与利用规划	2017年10月	①编制海岸线整治规划5年规划及年度计划,明确项目清单,纳入全国海岸线整治修复项目库;②建立自然岸线占补平衡制度	侧重于海岸线整治区域,安排具体修复项目

4)区域划分

根据广州市存在的生态问题,结合住建、环保、海洋等相关部门划定的边界,对广州市生态系统进行分区,包括山地森林生态系统修复区、湿地与河湖生态系统修复区、农田生态系统修复区、海岸带和近岸海洋生态系统修复区、矿山地质环境保护与修复区、区域生态系统保护与修复区、城乡生态系统保护与修复区等七大分区。

5)分区施策

(1)山地森林生态系统修复区

重点开展珠江水系等主要水源地森林和沿海防护林的生态保护工作,构建全市森林生态体系。加快对珍稀濒危动植物栖息地的生态保护和修复,并对已经破坏的跨区域生态廊道进行恢复,确保连通性和完整性,构建生物多样性保护网络,带动生态空间整体修复,促进生态系统功能提升。

(2)湿地与河湖生态系统修复区

选择珠江、流溪河、增江等重要的江河源头及水源涵养区、滨海湿地,以重点流域、重要自然保护地为单元,采取工程与生物措施相结合、人工治理与自然修复相结合的方式,进行生态保护和修复。

(3)农田生态系统修复区

着眼于集中连片、规模较大、优质的基本农田集中区、土地整治潜力较大且与国土空间总体规划和生态保护要求相协调的区域。

(4)海岸带和近岸海洋生态系统修复区

着眼陆海统筹,推进海岛、海岸带及海洋生态系统治理,促进海洋生态文明建设和海域的合理开发、可持续利用。建设以沿海红树林、珊瑚礁、海草床、滨海湿地等为主体的沿海生态带,保护海洋生物多样性,提升珍稀、濒危海洋生物和特色生态系统的保护水平。

(5)矿山地质环境保护与修复区

开展历史遗留和责任人灭失的废弃工业土地和矿山废弃地整治,加快解决历史遗留重点矿山地质环境恢复治理问题。

(6)区域生态系统保护与修复区

贯彻"山水林田湖草是一个生命共同体"的重要理念,选择影响广州市生态安全格局的核心区域、关系广州市可持续发展的重点区域及生态系统受损严重、开展治理修复最迫切的关键区域，开展山水林田湖草（海）系统生态保护修复工程。

（7）城乡生态系统保护与修复区

以建设美丽城乡为目标，把脉城乡生态问题，补齐城乡生态质量短板，实现城市公园等点状供地的政策创新，推动生态修复、环境治理从点到面，塑造生态良好、美丽宜居、特色鲜明的城乡人居环境。

第 7 章

管制与规则

在2019年4月22日——第50个"世界地球日",一场题为"公园城市·未来之城"的高端论坛在成都举办,来自各个行业的全球大咖汇聚蓉城,发布了《公园城市成都共识2019》,成都市委书记亲自汇报,他的PPT一经网上发布,就引来了规划师们争相学习。这是继国家领导人2018年2月视察成都天府新区时首次提出"公园城市"理念之后,对新的城市发展模式的探讨。

"公园城市"的建设并不是一蹴而就的,得益于成都自2003年开始的"198地区"的管控。成都将绕城高速两侧500m、共计198km²的生态隔离带及楔形绿地,作为永久保留的生态用途,奠定了城市开敞空间的雏形。其后,成都分别于2008年与2010年编制了《"198地区"控制规划》与《成都市"198区域"环城湿地公园总体规划》,不断细化对"198地区"的管控,包括建设用地比例、强度、产业门类与风貌特征等管控要求。成都将公园形态和城市空间进行了有机融合,构建由天府绿道串联生态区、公园、小游园、微绿地的五级绿化体系,同时,政府预控公园周边3万亩(20km²)待出让地块,规定每亩开发需缴纳30万元公共建设费用,实现"涨价归公",保障公共空间的维护与可持续发展。成功的生态空间用途管控,使"公园城市"理念成了成都"点绿成金"的"金手指"。

无独有偶,广州2000年版概念规划中提出的"三纵四横"结构让广州的生态空间更加出彩,使城市的山水结构从原本聚焦中心城区的"青山半入城,六脉皆通渠"到放眼大广州的"山水城田海",构筑"区域生态环廊",建立"三纵四横"的"生态廊道"。

其中,在"潭洲水道—洪奇沥水道生态廊道"和"钟村—莲花山生态廊道"的"一纵一横"的交点上,原本规划的是可以媲美杭州西溪湿地的岭南"西部湿地"。规划拟将与珠江陈村水道相通的数千亩鱼塘和低洼地打造成广佛都市圈最大的人工湿地和城市生态公园,以水上游乐运动、花卉植物观赏、候鸟过冬栖息为主题,将"山、湖、河、岛"融为一体,将生态、居住、城市服务和旅游休闲有机结合起来,为广佛都市圈居民提供生态休闲之地。然而,2003年广州南站的选址经过多轮比较,最后圈定在"一纵一横"的交点钟村石壁,主要考虑到与珠江西岸城市联通的便利性、交通接驳的便利性,同时由于此前的生态空间的控制反而让后续的建设大大减少了拆迁的负担。最终,生态空间的管控让位于区域重大交通设施的建设,规划设想中的广佛都市圈最大湿地公园,变成了如今华南地区最大最繁忙的高铁站。如果放在20年后的今天,故事结局很可能会改写。

两个不同时代背景下结局各异的故事,从侧面反映了国土空间的用途管制,不仅仅涉及如何使用某一空间的问题,更涉及规定用途和使用规则的背后,不同国土空间价值观下的利益博弈和对综合社会经济影响的统筹考虑,是"看不见的风景,决定了看得见的风景"[1]。

---

① 卡尔维诺. 看不见的城市 [M]. 张密,译. 南京:译林出版社,2006.

7.1　用途管制的缘起与内涵

土地用途管制制度的核心是对用途的管制，而用途管制的本质与运行机制是土地所有权与发展权的剥离。土地发展权可分离于土地所有权，是土地用途或利用强度变更的权力[①]，也正是基于土地发展权这一可分离于土地所有权的特质，国内外有效开展了土地用途管制。1949年以来，我国国土空间用途管制制度从无到有，先后经历基本空白、建设用地规划许可出现、土地用途管制确立、多部门参与、统一用途管制探索和实现等五个阶段[②]。从1997年中共中央、国务院联合下发《关于进一步加强土地管理切实保护耕地的通知》，首次提出"用途管制"，到1998年修订的《土地管理法》，将这一概念上升为基本制度，再到现如今自然资源部统一行使所有国土空间用途管制职责，我国的国土空间用途管制迈向了新的探索阶段，这也是国家治理能力现代化对国土空间资源优化配置的新要求。

7.1.1　土地开发权与用途管制

如果说用途管制是对国土空间如何使用的问题予以监管和约束的话，那就涉及国土空间是否可建、建什么、如何建等一系列的问题。而要回答这些问题，需要首先对用途管制背后的土地发展权逻辑进行梳理。

土地发展权最早起源于英国1947年《城乡规划法》[③]，英国的土地虽名义上归女王所有，但实际属于私人。为了解决私有土地和市场失灵所带来的公共卫生、住房等一系列问题，英国政府出于公共利益持续加大对私人土地开发行为的干预。1940—1942年，英国先后出台了《巴罗报告》（*Barlow Report*）、《斯科特报告》（*Scott Report*）和《厄斯瓦特报告》（*Uthwatt Report*），提出限制私人土地的开发权。其中，《厄斯瓦特报告》认为规划控制会造成土地价值的转移，因此，提出"土地开发权国有化"，建议由国家统一买断未开发土地的发展权，并通过补偿金制度予以一次性补偿，对后续的土地开发要求必须申请规划许可和缴纳土地开发金。在三份报告的影响下，1947年《城乡规划法》出台，以规划许可制度将土地开发权从土地所有权中剥离开来，从而实现土地开发权的国有化。通过对土地开发权转移背后造成的收益增值进行公共还原，支撑了用途管制制度的实施。

而在中国，土地开发权隐含在国家对地方保护开发行为的许可，以及地方政府对市

---

① 胡兰玲. 土地发展权论 [J]. 河北法学，2002（02）：143-146.
② 林坚，武婷，张叶笑，等. 统一国土空间用途管制制度的思考 [J]. 自然资源学报，2019，34（10）：2200-2208.
③ 汪越，谭纵波. 英国近现代规划体系发展历程回顾及启示：基于土地开发权视角 [J]. 国际城市规划，2019，2：94-135.

场主体保护开发行为的许可之中。从学界的讨论来看，林坚等学者将国家对地方保护开发行为的许可制度视为一级土地发展权的赋予，将地方政府对市场主体保护开发行为的许可制度视为二级土地发展权的赋予，从而将土地的所有权与开发权进行剥离。对应而言，在空间规划领域，土规侧重于以一级土地发展权管控为核心的土地用途管制，通过层层下发的各类指标，实现国家对地方、上级政府对下级政府的开发保护行为的管控；而城规则侧重于以二级发展权管控为核心的土地用途管制，通过"一书三证"等制度，重点实现政府对市场主体建设开发行为的管控；而其他的专项规划，如林业规划、海洋规划，往往侧重于对某单一要素的使用行为进行管控。

7.1.2 用途管制的多种模式

国际上，存在若干种不同类型的用途管制模式，如以土地开发强度控制为主的德国、美国模式，以限制农地转用为主的日本、荷兰模式，以功能区与密度区结合的新加坡、德国、美国模式。

7.1.2.1 土地开发强度为主的用途管制模式

美国的用途管制最初源于保障公共福利和社会利益的"警察权"的实施，早在19世纪，美国就通过一系列案例赋予地方政府权力，通过行使"警察权"来管制私人土地[①]。为了保障居住空间有充足的阳光、空气和良好的卫生条件，美国用途管制主要包括对开发强度指标如容积率、密度、最小空地率的控制，也包括对建筑体量的管制如高度、层数、退线等。

英国于1944年出台白皮书《土地利用控制》（*The Control of Land Use*），从维护公共利益的角度提出各种土地开发行为的限制，包括土地利用性质、强度和布局等方面，从而规范私用土地的开发行为。

7.1.2.2 限制农地转用的用途管制模式

日本在《土地利用法》中将国土空间区分为城市、农业、森林、自然公园、自然保护等5个分区，并根据分区设定相应的分区管制法规，如1952年颁布《农地法》，设定了严格的农地购买和转用管制制度，通过制定农业振兴区域、限定农业用地区域内的土地用途、限制农业用地区域内的开发行为许可制等，对农地加以特殊的管制。

荷兰将土地用途分为"红区"与"绿区"，其中绿区包括农业地、自然保护区、林地等，"红区"包括工业、城市住宅等城市建设用地，并通过立法、土地整理和填海造田等方式，保证农用地农用。

---

① 陈利根. 土地用途管制制度研究［D］. 南京：南京农业大学，2000：106-107.

7.1.3　国内用途管制的发展历程

我国用途管制制度始于20世纪90年代末的耕地保护，早期土地用途管制以耕地保护为核心目标，严格限制农用地转为建设用地，对耕地进行特殊保护并控制建设用地总量，后来逐渐扩大到林地、草地、水域和城乡建设用地的管制。1997年，中共中央、国务院联合下发《关于进一步加强土地管理切实保护耕地的通知》，首次提出"用途管制"，强调"对农地和非农地实行严格的用途管制"。1998年修订的《土地管理法》，将这一概念上升为基本制度，管制对象主要涉及耕地利用管制、农用地转用管制、非农存量土地用途管制和未利用地管制等，用途管制实施过程中实行土地用途变更规划许可制度、土地用途管制制度和土地用途管制的动态调整。总体而言，土地用途管制是对建设和非建设两类活动的差别化管理[①]，管制主要内容可大致分为确定土地用途与规模、依据土地使用条件确定土地空间布局、土地用途变更许可管理等三个类型[②][③]。

用途管制本质上是对土地发展权的规制。土地用途管制是按照土地利用总体规划确定的土地用途和土地利用限制条件，实施土地用途许变更许可的强制性制度，是合理利用土地资源的保证[④]。国土空间用途管制则强调协同自然资源、经济社会发展以及生态环境之间在不同时空尺度上的相互作用关系[⑤]。

土地用途管制的目标大致包括土地利用整体效益最大化、协调保护与发展的矛盾、消除土地利用负外部性影响，具有促进土地资源合理利用、切实保护耕地、推进生态环境保护、促进社会经济可持续发展的意义[⑥]。国土空间用途管制通过合理利用土地资源促进社会经济的可持续发展，是优化空间资源配置，实现经济高质量发展的必要手段。传统土地用途管制目标单一、部分割裂，随着在城市化不断发展，人地矛盾问题日益突出，耕地总量减少，生态资源破坏……覆盖全域、全类型的国土空间用途管制势在必行。

我国土地用途管制大致经历了土地用途管制阶段、生态要素用途管制阶段、自然生态空间用途管制阶段和国土空间用途管制阶段四个发展阶段[⑦]，管制对象也从以耕地为主扩展至全域、全类型的管制（表7–1）。

① 林坚，武婷，张叶笑，等. 统一国土空间用途管制制度的思考［J］. 自然资源学报，2019，34（10）：2200–2208.
② 郭川. 论经济转型中的土地用途管制［D］. 南京：南京农业大学，2001.
③ 朱道林. 土地管理学［M］. 北京：中国农业大学出版社，2007.
④ 陈铁雄. 国土资源管理［M］. 杭州：浙江大学出版社，2017.
⑤ 黄贤金. 自然资源统一管理：新时代、新特征、新趋向［J］. 资源科学，2019，41（01）：1–8.
⑥ 卢新海，黄善林. 土地管理学概论［M］. 上海：复旦大学出版社，2014.
⑦ 黄征学，蒋仁开，吴九兴. 国土空间用途管制的演进历程、发展趋势与政策创新［J］. 中国土地科学，2019，33（6）：1–9.

表7-1　国内空间管制相关文件与要求一览表

阶段	相关文件	管制内容与特征
土地用途管制阶段	1997年《关于进一步加强土地管理切实保护耕地的通知》，第一次提出用途管制	农用地与建设用地的转换管制，管制要素单一，从数量管制到数量与空间管制并重
	1998年《土地管理法》，数量管制	
	2009年《市县乡级土地利用总体规划编制指导意见》，数量与空间管制并重	
生态要素用途管制阶段	1985年《草原法》	农用地与建设用地的转换，与农用地内部转换并存。扩大至对生态要素的用途管制，涵盖耕地、林地、草原、水体、湿地等，按要素分门别类实行用途管制，各部门分散管理
	1998年《森林法》、2015年《建设项目使用林地审核审批管理办法》	
	2005年《水法》2017年《湿地保护管理规定》	
自然生态空间用途管制阶段	2017年《自然生态空间用途管制办法（试行）》，开展福建、江西、河南、海南、贵州、青海等6省试点工作	对生态空间实施统一管制，构建以功能分类、用途分区、管控分级为导向的自然生态空间用途管制体系
国土空间用途管制阶段	2017年《党的十九大报告》明确要求对全部国土空间进行用途管制	由新成立的自然资源部统一行使所有国土空间用途管制职责，"山水林田湖草"综合管制

7.1.3.1　土地用途管制的提出

20世纪90年代，我国先后颁布和修订了《土地管理法》等法令法规，提出土地"用途管制"，明确土地利用总体规划是基于耕地特殊保护的用途管制规划。早期土地用途管制要素为单一的耕地和建设用地间的平衡，以指标调整为主要模式[①]，管制手段以耕地占补平衡、农用地转用审批、城乡建设用地增减挂钩等为主。

7.1.3.2　生态要素用途管制的探索

2013年《中共中央关于全面深化改革若干重大问题的决定》提出"建立空间规划体系，划定生产、生活、生态空间开发管制界限，落实用途管制"。这一阶段农用地与建设用地的转换和农用地内部转换并存，管制范围扩大至对生态要素的用途管制，涵盖耕地、林地、草原、水体、湿地等。这一阶段按要素分门别类实行用途管制，各部门分散管理。

7.1.3.3　自然生态空间用途管制的展开

2017年，七个部门联合印发实施《自然生态空间用途管制办法（试行）》进一步强

---

① 林坚，周琳，张叶笑，等. 土地利用规划学30年发展综述［J］. 中国土地科学，2017，31（09）：24-33.

调了用途管制的全域全要素，提出加强"山水林田湖草"整体保护、系统修复、综合治理，标志着空间用途管制进入自然生态空间用途管制的阶段。福建、江西、河南、海南、贵州、青海等6省的自然生态空间用途管制试点工作也相继展开。

这一阶段对生态空间实施统一管制，构建以功能分类、用途分区、管控分级为导向的自然生态空间用途管制体系。

7.1.3.4　国土空间用途管制的建立

2018年政府工作报告提出"加强自然生态空间用途管制"，党的十九大报告明确指出"统一行使所有国土空间用途管制"，标志着用途管制从割裂的单要素管制迈向"山水林田湖草"综合管制。由新成立的自然资源部统一行使所有国土空间用途管制职责。2019年5月中央印发《关于建立国土空间规划体系并监督实施的若干意见》，进一步指出要以"空间规划体系为基础，国土空间用途管制为手段，实现国土空间治理体系与治理能力的现代化"。至此，国土空间用途管制的机构、依据、权责等内容基本明确。

7.2　当前土地用途管制的特征与问题

7.2.1　规划赋能与土地用途的"分离"

我国用途管制行使两级土地发展权，一级土地发展权隐含在上级政府对下级区域的建设许可中，二级土地发展权隐含在政府对建设项目、用地的规划许可之中[①]。而土地发展权的转换与规划编制、实施及用途管控息息相关，土规可视为一级土地发展权配置的具体实现方式，城规可视为二级土地发展权配置的具体实现方式。在这两级发展权的配置过程中，完成对土地用途的策划与确定，实际上是两级规划赋能的过程。

这两级规划赋能的过程，本该环环相扣，然而由于"多规并行"时期的规划冲突，使得一级、二级的规划赋能过程出现了"分离"。一级规划赋能确定了上级政府给予下级政府开发的权限，下级政府本该在确定的范围内行使相应的职能，来实现地方政府对市场的开发权限赋予，但是分属不同部门的规划赋能，使得二级规划赋能突破了一级规划赋能的限制。"多规并行"时期，城规与土规的不协同，是一二级土地发展权断链与一二级规划赋能分离的重要原因。由于两规编制体系与理念的不一致，城规与土规的土地用途分类及其管控难以对接，二级规划赋能不知不觉中突破了上级政府限定的"圈圈"，使得在土规的限制建设区内出现了城规的建设用地，"红杏出了墙"。

---

① 林坚，许超诣. 土地发展权、空间管制与规划协同 [J]. 城市规划，2014，38（01）：26-34.

7.2.2 资源与资产的"断链"

实质上，国土资源向资产的转换，隐含于从一级土地发展权到二级土地发展权的过渡与转换中，而土地发展权的转换，实际上是规划赋能的过程。用途管制与空间规划相辅相成，土地用途管制离不开规划的实施和管理，国土空间规划是实施国土空间用途管制的基础。

然而，"分离"的规划赋能必然导致资源和资产的"断链"。资产转化为资源，需要产权法定性、价值可测性、资源珍稀性、边界确定性的四重保障。而规划赋能过程中的混乱现象，将造成了资源边界的法定性、价值可测性、边界确定性的丧失。"出了墙"的土地资源，得不到法律的保障，从而造成资源与资产的"断链"。在"多规矛盾"时期，很多土地因为符合城规却不符合土规，或者是符合土规却不符合城规等种种原因，无法办理后续的"一书三证"，这就意味着，没有得到两级规划赋能的土地实际上并不具有资产的属性（图7-1）。

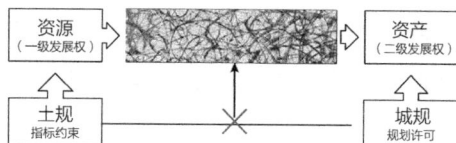

图7-1 用途管制失效机制

7.2.3 计划与市场的"失调"

一级土地发展权到二级土地发展权的传导，需要在保持计划的刚性同时，兼顾市场的柔性，这就要求在具体的规划传导和落实过程中，充分发挥智慧来建构"刚柔并济"的用途管制方式。然而在实际操作中，往往出现两级发展权的赋予过程的"刚柔失调"。如果将土地资源视作资产的话，土地的价值将随需求变化而变化，一味强调宏观指令下达的刚性，可能会错失了市场需求变化的信息。地方政府作为面临市场的一线，具有高度的市场敏感性，更了解市场的需求，需要有向上反馈的途径。

现有从中央政府到区县政府的"逐层到底"传导模式很大程度上限制了地方的灵活性[①]，从国家、区域指标管控到市县项目落实的过程中，上下级管理目标不一致、诉求不一致，导致在规划体系传导过程中的失控。

7.3 国土空间用途管制的新逻辑

2009年，广东率先开展绿道规划工作，计划在珠三角九个地市形成贯通城乡的区域

---

① 何子张，吴宇翔，李佩娟. 厦门城市空间管控体系与"一张蓝图"建构 [J]. 规划师，2019，35（05）：20-26.

绿道。这项后来在全国掀起绿道建设高潮的工作，在一开始就遇到不少问题，让各个地市困惑的焦点集中在：绿道的路径本身以及绿道两边的功能区域和缓冲区域，是否与当时的用途管制制度相吻合，是否需要先将土地从农民手里征收过来，然后将农用地转化成公园绿地，再行启动建设。这就是典型的土地用途管制与发展需求相适应问题。那么，在当前生态文明建设和治理能力现代化成为当前国土空间规划的主旋律，国土空间的用途管制也应与之相适应。

7.3.1　管制对象：从建设管控到全域管理

7.3.1.1　与空间治理能力相适应

空间管制的对象与管制治理能力是对应的，随着治理能力现代化，所能掌控的空间资源必然会随之扩展。用途管制并不意味着对空间中的所有要素进行管制，而需要甄别各层面需要真正进行管控的优质空间和资源。

比如目前中国已发现矿产共173种，但在《全国矿产资源规划（2016—2020年）》中，仅将石油、天然气、稀土等24种矿产列入战略性矿产目录，作为矿产资源宏观调控和管理的重点对象。这些战略性矿产的筛选，是建立在中国制定全球性关键矿产安全战略的基础上，为确保我国战略性新兴产业和经济社会可持续发展所选择的矿产资源。

优质空间和资源的筛选过程，往大了说，是对影响国家社会经济发展战略安全的空间和资源进行筛选，往小了说，是对影响地方百姓美好生活的空间和资源筛选过程。

而国土空间规划的编制，也正是在空间治理能力不断提升的当下，空间管制政策措施从"各自为政"向"全域统筹"的过程。未来的管制核心要由耕地资源单要素保护向"山、水、林、田、湖、草"全要素保护转变。现有的空间政策体系奠定了国土空间用途管制制度的基础，未来要以政策和战略的实施为抓手，结合国土空间规划划分的空间类型，统筹利用好各类空间管理政策，创新构建国土空间用途管制制度。

7.3.1.2　与"三调"的精确度相适应

空间管制的对象与管制治理能力是对应的，而我们所管制的国土空间和资源，取决于通过调查所能掌握的资源精确度，我们能否查清全国每一片空间的用途、面积、权属等信息，关系到我们能否对每一片空间的使用进行精准管控。

比如2009年开展的第二次全国土地调查，采用县—市—省—国家逐级汇总的模式来开展，就耕地调查一项，调查所得的耕地比之前统计的耕地数增加了2亿亩，然而实有耕地的面积仍然保持不变。这说明，受限于当时调查的技术和监控方式，所掌握的资源还是在一定程度上存在调查不实的情况。

而10年后开展的第三次全国土地调查，调查的图斑采取国家统一下发底图，然后经过地方实地举证后，再次上交国家在线核实并最终审核确认的模式，极大地避免了二调中自下而上上报造成的调查不实的问题。调查的精度，也随着高分卫星、无人机等遥感测绘技术和大数据、云计算的成熟应用，提升到农村地区不低于1∶5000比例尺，城镇村内部1∶2000比例尺。三调的调查对象也从主要关心耕地，向更全面全要素的资源调查转变。

两次调查的精度和对象改变，背后折射的是空间治理能力提升背后对治理对象的扩大。有些经济发达的城市，比如广州，甚至将图斑的面积从200m²调整到80m²，这是因为广州规定宅基地以80m²为基准，调研精度的提升，预示着对将来管控对象的深入掌控，不仅局限于城市建设用地，还深入到乡村空间。只有摸清了960万平方千米陆域、300万平方千米海域上所掌握的空间和资源，才谈得上真正意义上的国土空间用途管制。

7.3.1.3　与国土空间规划相适应

长期以来，我国土地用途管制均体现了以"耕地保护"为中心的基本价值选择[①]，这种价值定位深刻映射于我国土地用途管制制度演变历程中。近年来，随着对山水林田湖草生命共同体的认知不断加深，价值选择也逐渐从单一保护向多重目标转变，不再仅仅将耕地保护作为土地用途管制唯一价值追求，也出现了自然资源部统一行使全域、全要素的国土空间用途管制这一重要举措。规划本身就是一种管制手段，同时也为管制提供了依据，未来应通过国土空间规划引导全域、全类型国土空间用途管制。

如果说，过去的土规侧重于以一级土地发展权管控为核心的土地用途管制，核心在于解决"可建""不可建"的问题，而城规则侧重于解决以二级发展权管控为核心的土地用途管制，核心在于解决"可建什么""建成什么样"的问题，那么，国土空间规划则需要包含以上两个层次，在一二级土地发展权的约束下，对全域国土空间的各类要素、各类使用主体的行为加以约束和管控。并且，国土空间规划要将管控的眼光从聚焦建设行为，到全域全要素自然资源的管控，这就要求不仅对包括"是否可建""可建什么""建成什么样"等建设行为的约束，同时也要对自然资源的使用行为加以约束，包括"保护还是开发""可开发什么""开发成什么样"等。

7.3.1.4　与资产属性相适应

国土空间的用途管制，需要对自然资源的资产属性加以厘定，并非所有的自然资源都可以转换为自然资产。产权法定性、价值可测性、资源珍稀性、边界确定性是自然资产所具备的四大核心属性。

---

① 张群，吴次芳. 我国土地用途管制的制度演变与优化路径 [J]. 中国土地，2019（03）：23-26.

产权法定性，意味着所赋予的产权需要有相应法规的确定，只有相关法律的严格保护，才是资源成为资产的关键所在。比如在宪法和物权法中所强调的自然资源包含了土地、矿产、水、森林、草原、海洋、滩涂、野生（珍贵）动植物，但并未包含大气资源和渔业资源。

价值可测性，意味着资源在经济、生态或是社会等方面的多元价值具有可测度的标准，价值可测是资产可供交易的基本原则。

资源稀缺性，意味着对国家发展起关键作用的稀缺资源，需要被纳入用途管制。比如生态保护红线，就明确要求生态空间范围内具有特殊重要生态功能的区域才必须强制性严格保护。这些，都是保障和维护国家生态安全的底线和生命线。

边界确定性，意味着权属的界定可清晰化。自然资产与生态空间不完全等同，同一块土地上，也许地面有肥沃土地可供耕作，地下有珍稀矿藏可供开采，而资产的确定就不能仅仅依靠单一的边界，而需要细分立体化的边界，并确定好管制的清晰路径。

7.3.1.5　与地方特色相适应

空间对地形地貌、水文气候等自然特点的反映是城市和地区独特而重要的自然特色空间。国土空间用途管制应当从当地自然生态资源禀赋出发，结合和利用自然条件，进一步思考试点特色和差异性，聚焦管制目标。

7.3.2　管制重点：从资源到资产的"链接"

7.3.2.1　与资产价值属性的链接

从资源到资产的"链接"，需要对资产价值属性进行链接。只有可以测度价值的资源，才能称之为资产。而价值的测定是建构在规划赋能的基础上，国土空间规划确定某一特定空间或资源的使用方式，决定了空间和资源的资产价值，这意味着，国土空间用途管制是价值可测性的重要前提。建设空间的价值测量相对容易实现，土地的分等定级、城市基准地价的厘定都有成熟的做法，而非建设空间和自然资源的价值测量则相对难以精确化，虽然已经有碳排放量等测定方式，但是对于基于生态价值或者社会价值的评价仍属于有待进一步研究的领域。这也反过来，制约着用途管制的方法。

7.3.2.2　与资产管理手段的链接

从资源到资产的"链接"，需要与资产的管理手段对接，而自然资产的管理由技术和行政手段共同组成，因此，也需要取得技术和行政的协同。国土空间规划从空间区划到以产权地块为基础的详细规划的过渡，是实现从国土资源到资产的重要环节，而土地所有权到发展权的有效传导，是解决市县国土空间规划项目落地困难的必要路径。尽管当前国土空间规划职责已由自然资源部统一行使，然而以往相关部门分管的各项规划，均有其自成一套、各不相同的编制要求，如何真正统筹传统各类规划形成最终的"一张图"，仍然是规划编制者面临的重大难题。以国土空间综合规划为基准，明确各类规划与之对接的数据标准，真正形成一套面向"多规合一"的管理平台，是新时代用途管制的迫切需求。

规划技术与制度的协同的前提，是"多规"的融合。融合的关键，一是吸取"多规"关于用途管制的技术方法，比如将土规长于指标管控的特点，与城规长于用地功能与空间形态管控的特点充分融合，使土规与城规的用地分类与用途管控有效对接。二是探索"多部"融合的管理体制，将原国土资源部擅长耕地保护的特点和住房城乡建设部擅长建设管控的特点结合，在真正统筹与提升规划技术的基础上，探索因地制宜、刚弹结合的用途管制制度，从而最终实现一级与二级土地发展权的重新链接。

7.3.2.3　与资产规划性质的链接

资产的价值由规划赋能而产生，而根据规划中赋予的不同分区，制定不同的规则，是土地用途管制的重要内容。要依据分区管制规则制定土地利用详细规划，对各类用地实施具体编定，以指导各分区的土地利用[1][2]：

非建设用地的分区管制规定应包括土地用途、用途变更、非主导用途使用等规定，也应包括地块面积规模、设施水平限制和土地利用中禁止行为。农用地管制实际上是农用地转移的管制，可分为限制转移管制和许可转移管制[3]。限制转移管制主要是针对永久基本农田等保护区的管制，这类特殊保护区域不得非法进行任何形式的转用；许可证转移管制则是在一定条件限制下，允许一部分农用地进行规定用途的转用，涉及农用地内部转移管制、农用地向非农用地的转移管制、耕地后备资源的开发转移管制等。

建设用地的分区管制规则应包括土地用途的规定、地块规模限制、土地利用强度的限制、环境条件限制、安全间距限制、相邻关系限制、红线限制等。增量非农业建设用地的用途管制与农用许可转移管制密不可分。

7.3.3　管控手段：分级与分类并行

7.3.3.1　纵向中央地方协调下的分级管控

长期严格耕地保护制度下，耕地面积仍逐年减少，根源之一是中央与地方政府目标

① 朱道林. 土地管理学［M］. 北京：中国农业大学出版社，2007.
② 王万茂. 土地资源管理学［M］. 北京：高等教育出版社，2010.
③ 陈利根. 土地用途管制制度研究［D］. 南京：南京农业大学，2000.

的不完全一致，中央政府强调耕地保护这一具备长远利益的政策目标，而地方政府更多强调地方局部和当前利益，这也使得现行土地管理制度出现种种弊端。因此，未来各层级政府的相互协调不可或缺。国家、省级用途管制侧重战略性与引导性，主要通过战略布局、功能定位、指标分配和名录清单对空间进行管理；市、县级用途管制则更强调实施性，以指标、边界为重点。

建立健全以"三区"管控为一级、以"三区三线"分类分区管控为二级、以土地用途管控为三级的管控体系，一级强化开发强度管控、二级强化负面清单控制、三级强化空间用途管制[①]。

7.3.3.2　横向规划管制协调下的分类管控

当前我国规划编制过程中，规划编制技术与用途管制要求缺乏协同的问题仍然严峻。用途管制依托于空间规划，国土空间用途管制离不开规划的实施和管理，反之，国土空间规划也是实施国土空间用途管制的基础。以往"多规并行"体制下，不同规划采用不同的技术标准，尽管当前已由自然资源部统一行使国土空间规划职责，然而，当前仍处于起步探索时期，与规划许可要求相协调的国土空间规划的技术标准尚未出台。未来可通过融合土规与城规的规划编制思路，在二者原有用地分类体系的基础上，通过诸如南海实践中的四级分类体系，将国土层层剥开，从而实现从国土资源到项目落地，真正做到规划编制技术与用途管制制度的协同，从而实现"资源变现"（图7-2）。

1）生态空间分类管控

自然生态空间管控可分为生态保护红线和一般生态空间的管制两大类：

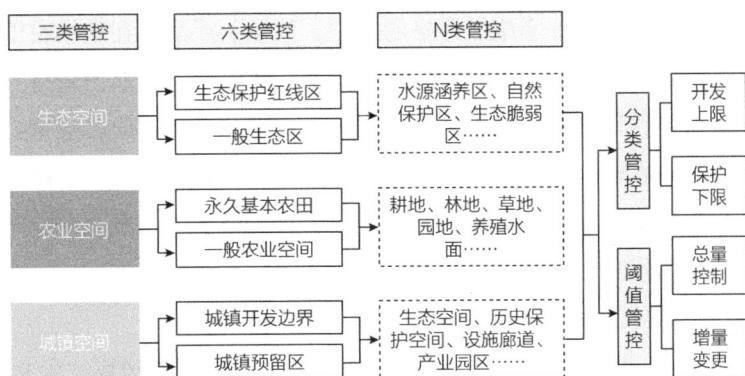

图7-2　"3+6+N"空间分类管制体系示意图
资料来源：结合文献梳理

---

① 黄征学，宋建军，滕飞. 加快推进"三线"划定和管理的建议［J］. 宏观经济管理，2018（04）：48-53.

生态保护红线范围内，坚持自然修复为主，工程修复为辅，加强生态修复提升。一是要跨区域统一监管，应考虑打破分割化、破碎化的管控模式，实施跨区域生态保护红线统一监管。二是根据生态类型差别化管制，水源涵养生态保护红线内管制关键是保护重要的水源地、自然保护区红线内保护重点则是保持区域生态物种稳定、生态环境敏感脆弱区生态保护红线则要强化生态环境保护与修复从而改善提升其生态功能[①]。

一般生态空间范围内，实施负面清单制度，依据国土空间适宜性确定准入正面、负面清单，按依法依规、限制开发的要求进行管理。一方面，在不降低生态功能、不破坏生态系统的前提下，可进行土地利用结构和布局的调整，鼓励因地制宜探索土地复合利用。另一方面，引导与生态保护有冲突的现状开发建设活动逐步退出，逐步恢复原有生态功能。

近岸海域生态空间的管控，禁止性生态保护红线区内，禁止一切开发活动，限制性生态保护红线区内，严格限制围填海，限制污染物排放，禁止破坏珊瑚礁、红树林、海草床等重要海洋生态区域功能的开发活动，严格管控开发建设活动，提升优化渔业生产。

2）农业空间分类管控

农业用地是指直接用于农业生产的土地，包括耕地、林地、草地、农田水利用地、养殖水面等。一般对于农业用地的管制，数量上，一是应按规划确定的耕地保有量不得随意减少，二是严禁各类建设用地擅自占用农业空间；质量上，一是积极引导对耕地的改良与治理，改善生产条件、提高耕地质量；二是禁止闲置和荒芜耕地[②③]。

永久基本农田指能保障一定时期人口及社会经济稳定发展的农产品需求，是土地利用总体规划中确定的，优质、连片、稳定、永久的耕地。对于永久基本农田，应强化对各类建设布局的约束和引导，实施最严格的保护。数量上，禁止在基本农田内建窑、建房、建厂、建坟，或擅自取土、采矿、堆放废弃物；区域内基本农田坚持"占一补一"的原则；国家重点项目选址确实无法避开永久基本农田的，必须依法报相关权限部门允许[④]。质量上，应根据国土空间适宜性科学引导农业结构调整；因地制宜明确准入条件和负面清单，制定禁止和限制产业发展名录；完善永久基本农田农业设施建设、增肥地力；积极开展土地退化防治工作。

3）城镇空间分类管控

城镇发展边界内，实行城镇开发边界分级审批，城镇开发边界一经批准不得擅自修改，详细规划和分区规划不得突破城镇开发边界进行空间布局。严控开发强度和用

---

① 何雄伟. 区域生态保护红线管控体系框架设计与政策建议 [J]. 企业经济, 2019, 38（11）: 142-148.
② 朱道林. 土地管理学 [M]. 北京: 中国农业大学出版社, 2007: 245-246.
③ 刘卫东, 彭俊. 土地资源管理学 [M]. 上海: 复旦大学出版社. 2005: 137-141.
④ 陈铁雄. 国土资源管理 [M]. 杭州: 浙江大学出版社, 2017: 126-128.

地效率，实施存量用地更新、改造、用途变更规划许可[①]，严格执行闲置土地处置。严格执行规划用地标准和相关规范要求，统筹布局交通、能源、水利、通信等基础设施廊道和生态廊道。保护和营造绿色开敞空间，注重城市特色塑造和历史文化空间保护。按照人口规模配置城镇生产和生活用地，优先保障教育、医疗、文体、养老等公共设施用地需求。

城镇空间预留区内，原则上按照现状用地类型进行管控，不得新建、扩建城乡居民点。新增城镇和产业园区用地须在符合开发强度总量约束前提下，根据实际需要合理选址，重点用于战略性、前沿性产业发展。规划期内确需将城镇预留区调入城镇开发边界，须在生态环境影响评价与论证的基础上，制定调入规划和实施方案[②]。

7.3.4 管制传导：用途单元与土地用途

7.3.4.1 用途单元

在"五级三类四体系"的国土空间规划中，总体规划与详细规划的用途管制传导，是需要重点考虑的环节。2018年8月，自然资源部召开"三区三线"专题工作会议，明确提出"三线"是统一实施国土空间用途管制的重要基础，但在大城市、特大城市，很难直接将"三区三线"刚性管控要求，自上而下直接传导至详细规划，需要增加中间层次的指引，我们称之为用途单元。

用途单元，顾名思义是以主要功能用途来确定的分区。这种分区可以有几种不同的考虑，一是分区的边界可以与详细规划的编制范围对接，作为下层次编制控规、郊野单元规划、农业单元规划的功能单元；二是分区的边界可以与镇（乡）、村的行政边界对接，采取主体功能区的传导路径，便于将来与考核监督体系挂钩；三是考虑与各类有特殊管理意图的管制分区的对接关系，如国家公园、国家级自然保护区、风景名胜区、历史文化名城名镇名村的管理边界范围。

从主要功能导向出发，可以考虑将相同规划管制意图的关键要素集聚的区域，划为一类用途单元的话，从城镇空间、生态空间、农业空间分别展开，如广州在编制新一轮国土空间总体规划时，就曾针对分区的类型和数量展开了反复的讨论，分区的数量不断从8类增加到13类、18类，考虑的重点从原来的陆域为主拓展到陆海统筹考虑，从地上为主延伸到地下空间，从刚性考虑为主到刚弹兼顾，增加留白待定的分区。

城镇空间层面，可以考虑与城镇开发边界的衔接关系，分为城镇集中建设区、城镇有条件建设区，并考虑叠加特殊管制功能的分区。在城镇集中建设区，可细分为居

① 刘冬荣，麻战洪."三区三线"关系及其空间管控 [J]. 中国土地，2019（07）：22-24.
② 周侃，樊杰，盛科荣. 国土空间管控的方法与途径 [J]. 地理研究，2019，38（10）：2527-2540.

住区、工业区、商业商务区、综合服务区、交通枢纽区、战略留白区等，不同的功能分区应设定功能准入清单与大致比例要求，并且规定相应的规划指引。同时，考虑地下空间的开发，可叠加设置地下交通区、地下公服区、地下经营性区、地下矿藏区等分区。

生态空间层面，可以考虑与生态保护红线的衔接关系，分为生态保护红线区、一般生态空间地区。还可进一步考虑与自然保护地、国家公园等的关系，参照《建立以国家公园为主体的自然保护地体系指导意见》，按生态价值和保护强度高低，分为国家公园、自然保护地、自然公园等。同时，可以统筹考虑海域的管控，将其细分为海洋特殊保护区、海洋渔业资源养护区等。

农业空间层面，可以考虑与永久基本农田的衔接关系，分为永久基本农田区、农业生产区、农村生活区等。其中，农业生产区可以细分为一般农业区、牧业区、林业区等。

7.3.4.2　土地用途

土地用途管制是国土空间用途管制的核心，也是未来引导城市高质量发展的关键。因此，用途管制不仅要保护耕地尤其是永久基本农田，还要引导山水林田湖草各类自然资源更好地保护和利用，同时，优化城镇建设用地格局，提升用地效能，合理引导增存并重的利用。

用途分类上，可以将城规、土规的用途分类相链接，一方面，以土规对农用地、建设用地、其他用地的大分类作为细分基础。农业用地可采纳土规的分类，可细分为耕地、种植园用地、林地、牧草地、其他农地；建设用地，可细分为城镇建设用地与村庄建设用地，也可分为城乡建设用地和其他建设用地，城镇建设用地结合城规的分类标准展开，可分为公用设施用地、公共管理与公共服务用地、商业服务业设施用地、工业用地、物流仓储用地、道路与交通设施用地、居住用地、特殊用地等，同时将采矿用地、区域公共设施用地、区域交通设施用地等与土规的交通用地、水利水工用地对应作为其他建设用地；其他用地，可以考虑"三调"中增加的湿地类型，以及海洋用地等，海洋用地可细分为工业用海、交通设施用海、矿产用海、渔业用海、娱乐休闲用海、特殊用海、无居民海岛等不同类型。

具体的管制方法上，可以将城规、土规的管制相结合。土规的用途管制以指标管控+转用管理+名录管理为主，在这样的前提下，可以将转用管理拓展到全域全资源的要素，规定对细分的用地类型的转用规则，比如农用地转建设用地，需要从严按照农用地转用的规则使用，而农用地内部转用，在不破坏耕作层的前提下，可适当放宽转用规则。比如，湿地、森林等其他自然资源，也可参考农用地的转用管理，视管控严格程度的需要分别对待。城规的用途管制以建设用地的开发强度控制+形态控制为主，可进一步将这套理念扩展到非建设区域，应用到郊野单元、农业单元的规划管控之中，让非建设区域不仅仅承载生态和农业的价值，也能赋予全域空间新的美学价值。

7.4　国土空间用途管制的规划方法

7.4.1　国土空间用途管制的思路

7.4.1.1　管控边界的内外有别

管控边界内外的差异化管控，重点是针对边界的调整和转化、边界内外事权的分割设定来做的。以美国波特兰城镇开发边界的管制来看，就通过边界的划定与行政区划的划定区分了城市与乡村的明确边界，也由此确定了边界内外的差异化管控。一般来说，由城市政府管辖开发边界内部的用途管制，由县级政府管辖开发边界外的乡村用途管制。相应的规划也有所侧重：城市总体规划侧重开发边界内的城市空间利用和形态，并与经济发展建立匹配关系，而县级总体规划则更关注乡村的空间管控，如非建设用地的用途管制、自然资源的开发利用，历史文化资源的保护等。

7.4.1.2　激励与约束的奖惩并重

管制手段的实施，关乎国土空间规划的实施。过于刚性的规则不能适应发展的不确定性和地方的多样性特征，用途管制并不是为了让地方发展一筹莫展，但也不能放任让地方政府追求"任期增长主义"，而应该让地方在战略框架下有序发展，为美好生活的营造保驾护航。因此，用途管制的手段相当重要，不限于结构、指标、布局、用地的约束性管理，也包括了生态补偿、奖励指标、权限下放等激励手段，应该针对每个地方在国家战略中的使命，结合不同的资源禀赋和发展阶段，分别细化确定。

7.4.1.3　一级与二级的上下协同

在单一制国家中，以土地这一核心资源所形成的一二级土地发展权，是中国用途管制的独有特征。未来，一级、二级土地发展权之间不会断链，必然会从上到下，一脉相承，不再有层层突破，"红杏出墙"的情况。空间用途管制将从上而下的传递，借助分区、分类、分属性的层层剥开来实现上下协同。因此，各级的管控内容和深度应有所差异。原则上，根据权力的层级高低，权力层级越高，对应的管辖事项越少，但管辖的重要性和刚性应该越强，以体现宏观治理的意图；权力层级越低，对应的管辖事项越多，但管辖的弹性越强，以应对地方发展的不确定性。但是，下层级的空间管制，不得突破上层级空间管制中设定的约束边界和条件。

落实到"五级三类"的国土空间
体系中，从空间区划到以产权地块为
基础的详细规划的过渡，是实现从国
土资源到资产的重要环节，而土地所
有权到发展权的有效传导，是解决建
设项目落地困难的必要路径。

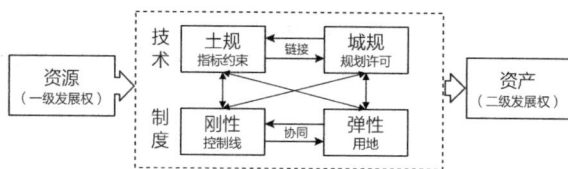

图7-3　用途管制的一二级的协同

　　规划技术与制度的协同的前提，是"多规"内部的协同，应在"多规"协同的基础
上，进一步探索技术与制度的协同。空间规划直接作用于国土空间，与土地发展权息息
相关，当前各地的国土空间规划逐渐全面铺开的情形下，针对各类规划，统筹各类规划
数据标准的研究与探索极为重要，尤其是在城规与土规的对接上。在城规与土规用地分
类与用途管控有效对接、真正统筹与提升规划技术的基础上，探索因地制宜、刚弹结合
的用途管制制度，使之与规划技术相协同，从而最终实现一级与二级土地发展权的重新
链接（图7-3）。

7.4.1.4　用途管制的"留白"

　　随着经济发展进入新常态，"黑天鹅""灰犀牛"事件的频发，让城市的发展过程充
满了不确定性，这就需要我们为应对不确定性，给未来城市发展在用途管制上预留一定
的弹性空间。过去的用途管制"留白"，主要是服务于重大事件、重大基础设施、战略
型产业落地，为城市发展在时空上预留各种的余地，而应对风险和安全的"留白"，还
处于相对薄弱的环节。在城市风险防范上，恰当的用途"留白"，可以为城市应对风险
和不确定性提供"缓冲区"和"安全岛"。

　　2020年1月新型冠状病毒暴发，武汉迅速开展"火神山""雷神山"两所医院的建
设，这类应急公共卫生设施的落地，正是对特殊时期在用途管制方面需要应对不确定性
的体现。2020年2月11日，《自然资源部办公厅关于做好疫情防控建设项目用地保障工作
的通知》（自然资办函〔2020〕215号），规定"对于疫情防控急需使用的土地，可根据
需要先行使用"，"对选址有特殊要求，确需占用永久基本农田和生态保护红线的，视
作重大项目允许占用"，"严禁与防控疫情无关的项目搭便车违规用地"，可视为对这类
土地的用地管制应急"留白"。

　　随后，各地为了应对修建传染病医院和隔离用房的新增建设用地需求，纷纷出台了
支持疫情防控项目建设先行用地的相关设施，其中广东、浙江、河南等省份及广州、上
海、深圳等城市，都纷纷创新地运用"紧急用地""先行用地""临时用地"的用途管制
"留白"，搭配"容缺审批""优先审批""信任审批""绿色通道"等各项特殊政策，保
障项目顺利落地的用地（表7-2）。

表7-2　疫情期间各地出台的用途管制"留白"政策

发布部门	发布时间	政策文件	用途管制"留白"政策
广东省自然资源厅	2020年2月8日	《广东省自然资源厅关于做好疫情防控期间自然资源保障服务工作的通知》	①在省政府公告疫情突发公共卫生事件一级应急响应期间，疫情防控相关的医疗卫生设施和药品、医疗器械生产等急需使用土地的，可以先行使用土地。其中，属于永久性建设用地的，可同步办理规划、用地等手续，并在疫情结束后6个月内完善相关手续；属于临时用地的，要督促有关单位在疫情结束后恢复原状并交还原土地使用者。②优先保障疫情防控、能源供应、交通物流、医疗资源、生态环境等在建和新建项目所需用地计划指标。其中，新建非营利性医疗卫生设施所需用地计划指标由省统筹解决；其他项目所需用地计划指标由市、县统筹优先安排，确有困难的，省将给予支持。③对疫情防控急需的医疗卫生设施项目，在不占用永久基本农田和生态保护红线，不占用土地利用总体规划和城市（镇）总体规划禁止建设区的前提下，可视作对选址有特殊要求的建设项目，按符合规划先行办理相关手续，在疫情结束后6个月内完善土地利用总体规划和城乡规划修改手续
浙江省自然资源厅	2020年2月12日	《浙江省自然资源厅关于全力做好疫情防控和企业复工复产资源要素保障服务的通知》	允许先行用地。全省新冠肺炎疫情应急"一级响应"期间，对疫情防控和治疗急需的医疗卫生设施建设和药品、医疗器械生产等用地，可先行使用。疫情解除后，需要永久性用地的，6个月内补办有关手续；属于临时用地的，当地政府和土地使用单位要恢复土地原状，交还原土地使用者。对选址有特殊要求，确需占用永久基本农田和生态保护红线的，视作国家重大项目允许占用。暂时取消永久基本农田占用和补划实地踏勘等户外要求，可采取影像比对等方式进行论证，疫情解除后6个月内补办和完善有关手续。严禁与疫情防控无关的项目搭便车违规用地
河南省自然资源厅	2020年2月14日	《关于做好疫情防控期间自然资源保障服务工作的紧急通知》（豫自然资办发〔2020〕2号）	①科学保证疫情防控相关的医疗卫生设施和药品、医疗器械生产用地需求。对于疫情防控相关的医疗卫生设施和药品、医疗器械或抢险救灾等急需使用土地的，可以先行使用土地。②优先保障疫情防控、能源供应、交通物流、医疗资源等在建和新建项目所需用地计划指标。优先保障疫情防控、能源供应、交通物流、医疗资源、生态环境等在建和新建项目所需用地计划指标。其中，新建非营利性医疗卫生设施所需用地计划指标，可以由省辖市按预支计划提前进行安排，疫情结束后由省统筹解决；其他项目所需用地计划指标，由市、县根据往年省厅下达计划指标盘子情况，提前统筹使用。确有困难的，省级可统筹给予支持

续表

发布部门	发布时间	政策文件	用途管制"留白"政策
广州市规划和自然资源局	2020年2月8日	《广州市规划和自然资源局关于做好疫情防控支持企业稳定发展的通知》	①全力支持疫情防控项目"先行用地"。 ②采取信任审批机制，重大基础设施、民生设施和区级以上重点项目，因复工复产需要临时使用土地的，不涉及占用三区四线、林地或基本农田的，用地单位与原土地使用者达成借用意向且出具临时用地审批材料的承诺，可采取信任审批方式，先行批复。 ③对疫情防控急需的医疗卫生设施项目，在不占用永久基本农田和生态保护红线，不占用土地利用总体规划和城市（镇）总体规划禁止建设区的前提下，可视作对选址有特殊要求的建设项目，按符合规划先行办理相关手续，在省疫情突发公共卫生事件一级响应解除之日起6个月内完善土地利用总体规划和城乡规划修改手续
深圳市规划和自然资源局	2020年2月12日	《深圳市规划和自然资源局关于做好疫情防控期间相关保障服务工作的通知》	①疫情防控建设项目可先行使用土地 疫情防控相关的医疗卫生设施和药品、医疗器械生产等急需使用土地的，可按照抢险救灾工程先行使用土地。使用单位应及时向辖区临时用地管理部门备案，疫情结束后恢复原状并交还原土地管理单位，不再办理临时用地审批手续、无需缴纳临时用地使用费。抢险救灾临时占用林地的，疫情结束后应当恢复林业生产条件，并交还原林地使用者，不再办理用林审批手续。以上按临时用地先行使用的土地确需转为建设用地以划拨或协议方式供应的，须在工程建设期间或疫情结束后申请完善规划、用地等手续。 ②对疫情防控相关的能源供应、交通物流、医疗资源、生态环境等建设项目，需开展土地整备工作但尚未纳入土地整备年度计划的，可先行实施土地整备工作，并给予整备资金保障。在疫情结束后再完善相应土地整备计划申报手续。 ③对疫情防控相关的能源供应、交通物流、医疗资源、生态环境等建设项目办理规划、用地手续的，提高审批效率，按照"深圳90"时限要求，确保在最短时间内办结

7.4.2　分区用途管制方法：顺德案例

2009年8月，顺德被省委省政府批复同意开展以落实科学发展观为核心的综合改革试验工作，要求建设"科学发展的示范区、体制改革的试验区、自主创新的领先区、新型区域合作的模范区、城乡发展一体的先行区"五大定位目标，并赋予顺德地级市的经济社会文化管理权。顺德再一次被推到了发展改革示范的前沿，提出了"规划引领发展"的思路，开展《佛山市顺德区分区控制大纲》的编制，由广州市城市规划勘测设计研究院负责，并获得2013年度全国优秀城乡规划设计三等奖。规划范围为顺德区行政范围，面积806km²。

顺德在中国改革开放历程中曾领风骚，1980年代创造的"顺德模式"、20世纪90年代进行的"产权制度改革"运动，都是中国经济发展史上不可或缺的一笔。然而，长期的自下而上发展模式，制约了顺德转型升级的步伐。镇街村自成体系、全区统筹发展不足，使得顺德虽然在经济上具有城市的实力和规模，但空间上却仍保留镇街的发展格局、组织方式和整体形象，整体呈现"半城半乡"空间形态。因此，有必要通过规划引导全区资源的整合，构建承上启下的单元规划层级，将《佛山市顺德区分区控制大纲》作为落实空间蓝图和公共政策的规划管理和实施工具，诱发全区体制的创新和新体制的建立，推动改革发展，最终实现规划引领发展的目标。分区大纲构筑了一个以单元为核心的管控体系，在同一个发展单元内，保持建设总量、公共服务承载力、交通承载力、市政承载力、广场承载力的恒定，而设施的位置则可以在单元内实现灵活调配。

7.4.2.1　分区大纲的内涵与意义

结合国内外规划体系分层与分区用途管控的比较分析（表7-3），规划提出分区控制大纲是在顺德区城市总体规划的指导下，结合顺德发展现状，介于总体规划和详细规划之间，衔接宏观各层次规划，整合相关规划的控制要求，以单元控制为对象，通则管理为手段，对全区提出原则性的分区控制，并对各分区提出发展规模、建设容量、配套设施等控制标准，为下一层次开展片区规划、控制性详细规划提供规划依据和管理条件（图7-4）。

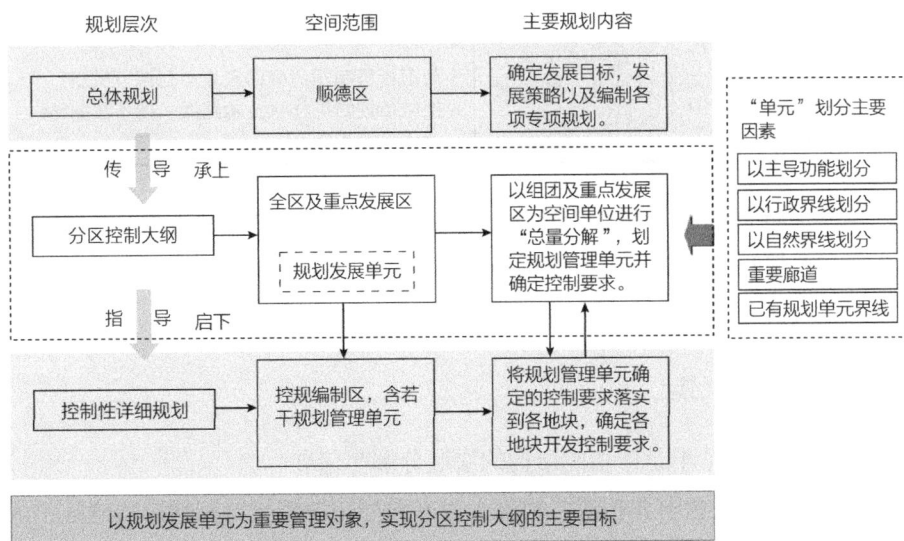

图7-4　顺德分区大纲的层级与作用示意图
资料来源：《佛山市顺德区分区控制大纲》

表7-3 国内外规划体系层级对比表

城市	规划体系	空间层次	经验借鉴
纽约	两个层次：综合规划—区划	全市—35个片区—126分区—地块	·"地块"是土地利用控制的核心； ·对地块实施"标准化"控制； ·设置特别目的区来解决地区特殊性的问题； ·利用市场机制以及制度化、法律化手段来解决土地利用控制的刚性问题
新加坡	两个层次：概念规划—开发指导规划	全国—55个规划分区—若干细分区域	·开发控制部门可以对开发指导规划附加其他条件，具有较强的适应性和针对性； ·规划职能归属中央政府，把效率作为公共管理的主要目标
香港	三个层次：全港发展战略—次区域发展战略—地区图则	全港—5个次区域—地区	·物质空间规划与社会经济发展相结合； ·长远规划和近期规划结合较好； ·注意简化管理程序； ·与土地制度相衔接
上海	五个层次：总体规划—分区规划—控制性编制单元规划—控制性详细规划—建设项目管理	市域—中心城区范围、6个分区—242个控制性编制单元—地块—建设项目用地范围	·横向到底，纵向到边，实现网格化管理； ·将法定规划编制全集中进行编制，提高规划编制综合调控
广州	四个层次：总体规划—分区规划—控制性详细规划—修建性详细规划	市域—8个分区—规划管理单元—地块	·以规划发展单元控制内容为核心的总规"一张图"； ·由相应的规划编制主体组织开展控规阶段的规划编制工作； ·以规划发展单元为平台，建立总规—控规联动机制
武汉	五个层次：总体规划—分区规划—控规编制单元—控规管理单元—地块	市域—19个综合分区—88个控规编制单元—控规管理单元	·形成"控规导则+控规细则"两个阶段的控规编制体系； ·提出实线控制、虚线控制、指标控制和点位控制四种控制方式
深圳	五个层次：总体规划—次区域规划—分区规划—法定图则—详细蓝图	市域—地区性规划层次—地方性规划层次	·与市场机制相适应的规划运行调节机制； ·把城市规划工作从技术路线引向了法制路线

分区控制大纲是政府、市场、公众等各种社会主体进行矛盾调和、利益博弈的平台，是总规与控规联动的衔接点和空间平台，需要实现总规与控规、整体与局部、市、区两级政府在城市发展意向上的协调平衡（图7-5）。

7.4.2.2 发展单元的划定

1）划分思路——基于总体功能结构的层层分解与传导

针对总规战略发展意图和功能结构落实等方面存在的传导机制缺失的问题，大纲构筑片区—组团—规划发展单元—规划管理单元逐层分解的功能传导体系，以各级要素的控制传导实现建立宏观到微观协调落实的技术平台。其划分的思路重点考虑总体规划的

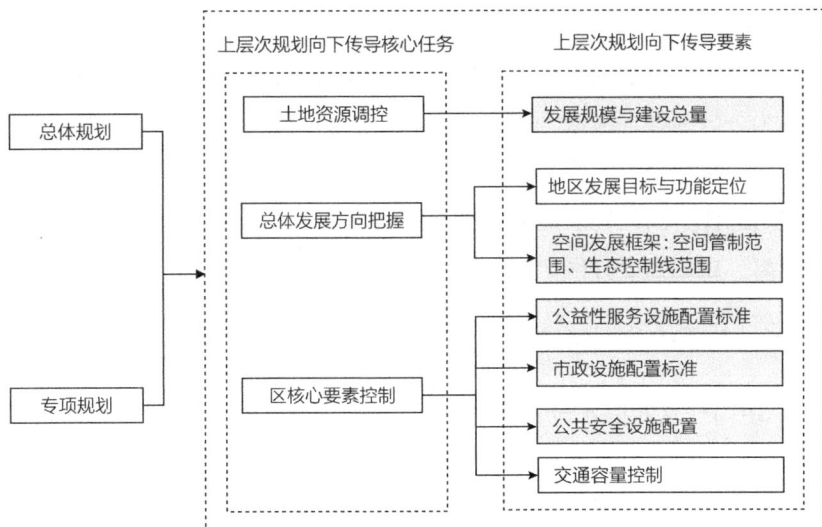

图7-5　顺德分区控制大纲对上层次规划的整合
资料来源：《佛山市顺德区分区控制大纲》

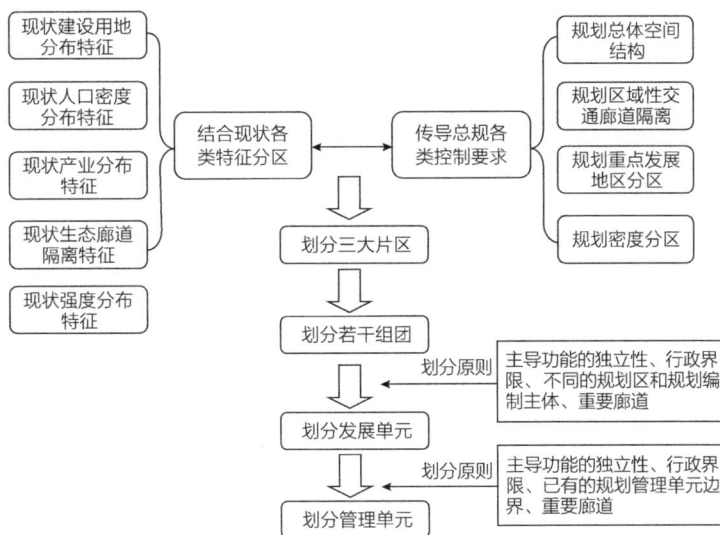

图7-6　各层次单元划分思路图
资料来源：《佛山市顺德区分区控制大纲》

战略意图的分解与传导，在尊重城市地区的自然与社会环境特征差异、现状强度分布特征和发展潜力差异的基础上，从有利于促进未来重点发展地区的建设和利于生态、绿地、历史文化保护区及风景区保护的角度出发，进行分层划定（图7-6）。

其中，发展单元将作为大纲的空间单元基础，每个单元10~20km²，体现地区的战略发展意图；管理单元作为未来控制性详细规划编制的基本单元，与未来控规编制的边界吻合，平均每个管理单元面积约在1~3km²。

2）划分方法—多因子叠加法

规划将采用多因子叠加的方法进行各层次分区的划分，分别抽取现状特征因素与规划特征因素作为分区的叠加因素，其中，现状提取的因素里面包括现状建成区分布、现状生态廊道隔离、现状建设强度分布、现状产业分布、现状人口密度分布等因素，规划提取的因素包括总体空间结构、规划空间管制分区、规划政策分区、规划功能分区、规划交通干道隔离、规划强度分区。

7.4.2.3　刚弹性并重的分层管控

1）建立"组团—发展单元—管理单元"的分层传导

组团是整合各上位规划、落实宏观战略的关键，以弹性控制为主，重点配置关键性公共资源和重要区域公共工程；规划发展单元是实施刚性控制的基本单元，主要落实对发展单元的发展目标与规模、"五线"控制、公共服务设施与市政基础设施的整体控制；规划管理单元则对发展单元的控制要求进一步细分，对用地、开发强度和人口规模的控制以弹性控制为主。

2）保持"建设总量、公共服务承载力、交通承载力、市政承载力、广场承载力"的单元内恒定

对于涉及城市公共利益的要素应加以刚性控制。而管控的方式，建立在单元内建设总量平衡的基础上，以密度分区和开发强度分区为基础，结合"五线（绿线、紫线、蓝线、黄线、红线、黑线）"控制，进一步提出涉及公共利益的"公共服务承载力、交通承载力、市政承载力、广场承载力"的"四力平衡"。在发展单元的层面，要明确公共服务、道路、市政、绿地广场等设施的承载极限和配置要求，但具体的位置选择，可以采取点位控制的方式实现在单元内的调整，从而为地块的个性开发和动态控制预留一定的空间和余地。

7.4.2.4　功能集聚的分类管控

1）以功能分区实行整体控制

根据主导功能属性的不同，可在管理单元的层面划分为七类用地功能区，分别是：城镇居住区、公共综合服务区、工业聚集区、综合产业区、生态景观区、农业农村区、发展战略储备区，以便对管理单元的土地利用提出宏观层面的控制要求（表7-4）。

功能分区分类可根据需要分为大类和中类。其中，大类起到对空间结构性要素的宏观控制作用，主要控制中观层面的功能结构、生态体系、开放休憩空间以及公共服务中心布局；中类在于控制中微观层面城乡建设空间中产业区类型、生活区类型以及公共服务设施网络等关键空间要素（图7-7）。

表7-4　土地用途分区指引表

大类	中类	规划指引
城镇居住区	城镇生活区	该区以居住区为主，服务居住区的商业、公共设施等其他用途，在不影响区内居住功能的前提下，允许适当发展。而对于已经建成的生活空间而言，应通过各项政策引导鼓励现有居住区及其配套商业、公共设施等功能的集中管理，明确居住区对应设施的服务范围，以有针对性地进行综合管理和设施改造
	村属生活区	该区主要指现有与城镇生活区连片发展，但土地权属性质仍属于集体用地的城镇化生活区，规划将对其作统一规划和管理，并逐渐向城镇生活区改造，以提升该区内的居住、商业、公共设施、基础设施等质量。该区原则上不鼓励建成面积的增量，区内所有开发建设须获得规划管理部门的许可
公共综合服务区		该区是公共综合服务设施集中的区域，侧重发展服务于全区或镇街的生活服务功能。可发展功能包括行政办公、商业、服务业、文化娱乐、餐饮、各类市政设施的大中型服务网点以及与这些功能混合发展的居住、商住等功能，以满足顺德全区对于生活性公共设施、服务设施等的需求
	经营性设施集中区	此区是经营性设施集中区，主要是引导市场的投资，促进城市公共服务中心的形成
	公益性设施集中区	此区是公益性基础性公共服务设施的集中区，包括市政设施、交通设施、公共服务设施等，主要是引导政府的投资，保障基础性公共服务设施的提供
工业集聚区	重点工业园区	此区将集中、大规模的镇级以上工业集聚区及其配套生产服务设施、员工住宅、公共设施、基础设施等一并划入园区统一规划管理，以方便规划管理工作，并确保工业区功能结构上的合理性
	其他工业集聚区	此区主要针对现有与城镇建成区连片发展，但土地权属性质仍属于集体用地，或土地权属性质虽为国有，但集聚区规模相对较小、布局零散、生产力水平不高的工业企业集聚区。原则上不鼓励建成空间的拓展，同时，须逐步淘汰现有低等级工业，改造并提升部分具备一定规模或有发展潜力的村属工业，完成区内工业企业产权的转变
综合产业区		该区属于顺德未来新兴产业发展的战略性承载空间，区内所有开发建设须获得规划管理部门的许可
	科技研发产业区	该区主要指佛山高新技术产业开发、容桂高新技术开发区等国家、市、区级高新技术园区及其配套研发功能、生产服务设施、员工住宅、公共设施、基础设施等。在互相不影响的前提下，鼓励"产学研"为导向的大型研究机构、教育机构及其配套居住、商业、公共设施等其他设施在区域内发展
	物流园区	该区是物流企业的集中区，主要是鼓励综合大型物流企业的进驻，以及顺德区内现有物流企业的空间集聚
	创意产业园区	该区主要指各级创意产业园区及其配套研发功能、生产服务设施、员工住宅、公共设施、基础设施等
	商贸集聚区	该区主要是具一定规模、集中分布的专业化交易市场集聚区，以便将目前顺德区内专业市场统一管理，引导其集中布局，更好地发挥其区域辐射力。服务专业市场的小规模生产、物流等其他用途，在不影响区内主导功能的前提下，允许适当发展
	商务办公园区	该区是作为企业管理机构、企业总部、科研机构以及商业机构的办公聚集区，以便把对应区域发展为顺德全区的研发、商贸、生产性服务业、金融、办公中心。可发展的功能包括商业办公、商业、服务业、文化娱乐、餐饮、酒店等，以及配套居住、研发等功能

续表

大类	中类	规划指引
生态景观区		保护和保存区内现有的城乡生态系统、自然景观，以达到环境保育、环境教育研究等目的，以免城乡建设对该区域内自然环境所造成的不良影响。除以保护区域内自然资源为目的的必要建设，或基于公众利益而必须进行的基础设施项目外，此区不宜进行开发建设
	开放空间及休憩区	该区主要是城镇化地区内部的自然生态景观区及休闲区。规划将保育城镇化地区边缘或内部现有水系、山体等自然环境，防止城市开发对该地区的侵蚀，同时利用城镇建成区内部街道、水系、山体等营造绿化空间，为城镇居民提供休憩场所，构建城乡绿化生态网络。因此，该区应重点处理绿化用地和其他生产、生活性用地的关系，区内绿化用地不宜进行开发建设
	区域性生态廊道	该区主要是利用自然地理环境作为城镇建成区和非建成区的界限，以抑制建成区范围的扩展，并为居民提供休憩场所。或是利用自然地理环境将具有一定污染或危险地功能与一般城镇建成区相隔离，以保护城镇安全。一般地，此区不宜进行开发建设
	河涌水系保育区	该区的规划意向，是保育、保护和保留天然河涌水道以及自然河岸环境，包括地质特色、地形地貌，或在景观、风景或生态方面价值高的地方。此区有可能与自然资源保育区相交叠。 一般地，除以保护区域内自然资源为目的的必要建设，或基于公众利益而必须进行的基础设施项目外，此政策区不宜进行开发建设。现有建筑也基本维持现状，并逐步改造或予以拆除
	旅游休闲区	该区是推进以保护风景优美、自然资源良好地区为前提的，允许适度的旅游开发的地区。与旅游开发相关的配套服务设施、基础设施等，在不影响区内主导功能的前提下，允许适当发展
农业农村区		该区是保存和保护良好的农田、鱼塘和花卉等其他经济作物农地，重点是基本农田保护区，以便延续其目前的农业用途；保存复耕或作其他农业用途，但具良好潜力的休耕农地，以便留存其作为农业生产用地的潜力；保存和保护与农业生产密切相关的村落人文生态环境
	农村集中区	该区是就现有农村和适宜作农村建设用地扩展的区域划定界线。区内土地，主要用于农业人口居住。设立此区的目的在于引导独立建设的农村地区集中化发展，使功能结构合理化，并提升其土地使用绩效以及公共设施和基础设施的服务质量
	桑基鱼塘型农业保育区	此政策区的规划意向，是保存和保护顺德区桑基鱼塘的农业生产特点，包括具有该生产特征的农业用地以及依赖此种生产方式为主的村庄用地
	花卉生产用地	此区的规划意向，是保存和保护顺德区以花卉生产为主的农业用地
发展战略储备区	发展战略储备区	此区的规划意向，是为本次规划期外城镇建设空间拓展预留的用地，对远景顺德城镇空间格局具有关键性的影响力。一般地，这一区域规划期内不适宜进行开发建设。现存建成空间应基本保留现状，或逐步拆除。但对于一些基于公众利益而必须进行的基础设施项目，在申请到土地指标后，如申请规划许可，可获得批准

资料来源：《佛山市顺德区分区控制大纲》

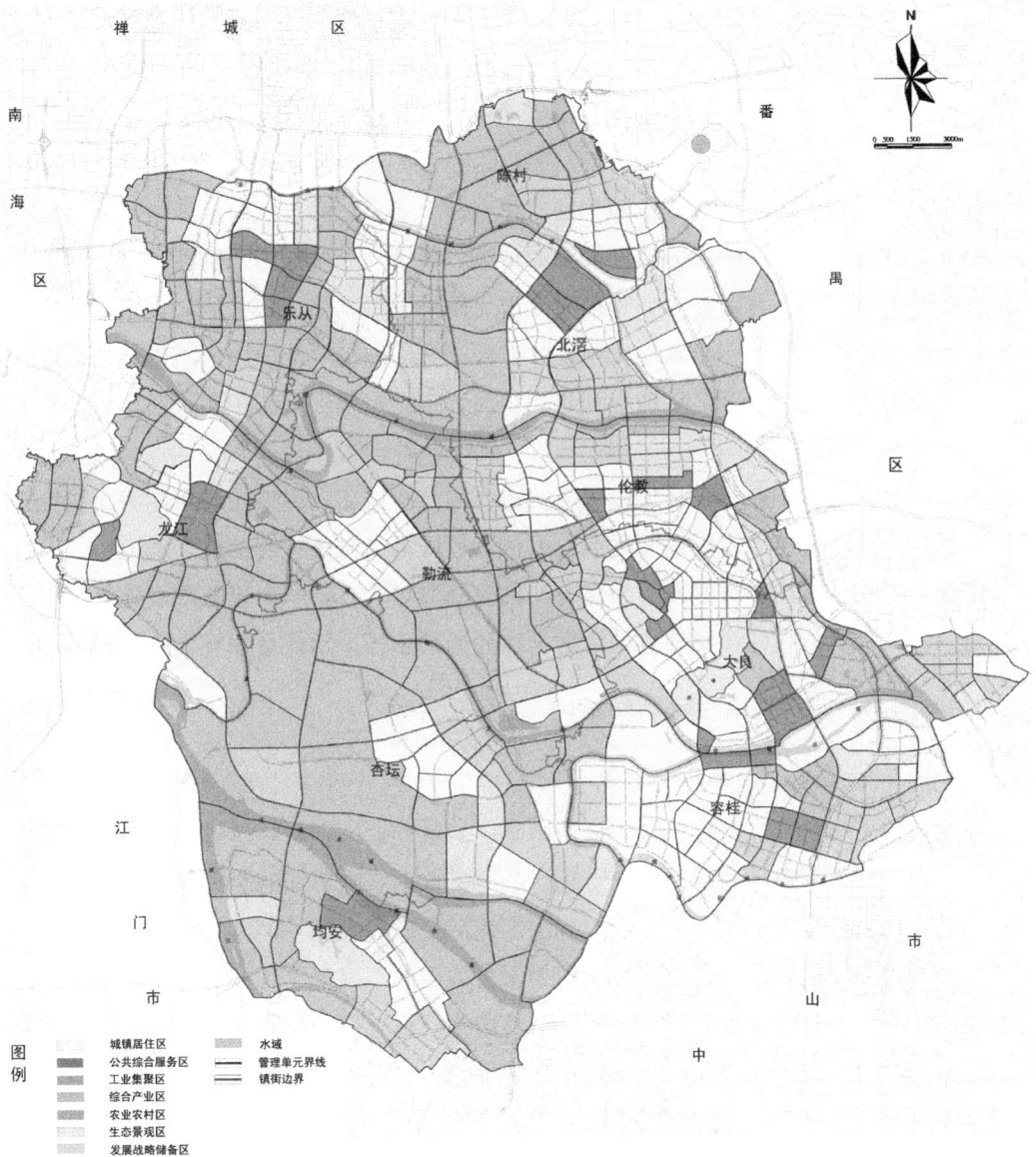

图7-7　顺德区功能分区图
资料来源:《佛山市顺德区分区控制大纲》

2)提出不同功能分区的比例控制要求和准入要求

(1)城镇居住区内应保证居住用地占总建设用地比例的60%以上,商住用地等混合用地应按居住用地所占比例进行计算,禁止二、三类工业用地进入。

(2)工业集聚区内应保证工业用地或仓储用地占建设总用地比例的60%以上,同时限制房地产开发项目进入。二、三类工业用地应单独布置,不应与居住、公共设施及其他功能区相混合;并与其他非工业用地之间保持一定的卫生距离,符合相关工业门类的防护距离规定。工业区配套设施的设置应满足规划、国土、消防、安监等要求。

（3）商业区中应保证商业用地占总建设用地比例的60%以上，商住用地等混合用地应按商业用地所占比例进行计算。

（4）物流园区内所需管理或办公用地不得超过项目总用地面积的3%，计容建筑面积不得超过总计容建筑面积的7%（独立占地的两个指标要同时满足，非独立占地的按计容建筑面积不得超过总计容建筑面积的7%控制）。

（5）公共综合服务区中的公益性设施的种类、数量与规模作为强制性控制，设施的布局作为指导性控制，允许在规划管理单元内无条件进行调整。其中，文化娱乐用地、体育用地、医疗卫生用地、市政设施用地、教育设施用地按照《佛山市城市规划技术管理规定》要求控制建筑密度、绿地率和建设规模，对容积率不进行控制，但须符合相关行业标准要求。

（6）农业农村区中应划定村建设用地的边界，涉及村建设用地控制指标为自我更新控制指标，村庄改造控制指标按照批准的旧村改造规划或村庄规划的成果确定。

（7）生态景观区内应对建设行为实行严格控制，对非必要的市政基础设施等项目应禁止进入，对现状的村建设用地应设定增长边界，禁止违章建设行为发生。

7.4.2.5　增设"留白"待定的分区管控

1）分区"留白"的管控

针对城市发展的不确定性，将未来城市发展的重点地区、两规矛盾用地、存量提升地区及储备发展区等地区划定成待定管理区，对其分别实施不同的管理模式。

一是控规未稳定区，这类地区待控规法定化后按控规管理。

二是两规矛盾地区，符合城乡总体规划增长边界而不符合土地利用总体规划增长边界的用地，原则上只安排重大项目，通过核准用地规模进行独立报批，或通过土规扩展边界位置的调整提供用地指标。对符合土规增长边界而不符合城规增长边界的用地，一般是与城市空间结构有一定矛盾的区域，规划期内应限制开发或作为临时开敞空间建设，在下轮土地利用规划调整时逐步把用地指标往适宜建设的区域转移。

三是存量提升地区，如涉及《佛山市顺德区"三旧"改造专项规划（2009—2020）》的用地划为待定区，其具体规划控制要求以三旧规划审批成果为准。非三旧用地，如未经营较好的产业用地，且复垦难度较大的，可作为发展待定区，暂不复垦，待条件允许再实施；如属于已经衰落破败的产业用地，按照复垦用地处理；如属于村镇生活用地，复垦为基本农田的，逐步推进复垦；复垦为一般耕地的，可按照增减挂钩相关政策处理。

四是储备发展区，将区位条件优越、城市基础设施完善，周边环境发展成熟，发展潜力巨大，但目前由于土地指标限制暂时未能开发的地块规定为战略储备区。

2）项目"留白"机制

特殊项目是指不在规划区范围内又缺乏用地指标但对顺德发展有较大影响的建设项

目。如属于省级以上重大建设项目，可通过核准用地规模进行独立报批，或通过土规扩展边界位置的调整提供用地指标。如不属于省级以上重大建设项目，且规划选址的用地性质与图则不符的，需进行专项论证，论证通过的，调整图则的用地性质。

7.4.3　土地用途管制方法：南海案例

2014年，国家发展改革委、原国土资源部、住建部、原环保部四部委联合发文《关于开展市县"多规合一"试点工作的通知》，选择28个试点开展"多规合一"的探索，其中，南海区是原国土资源部的试点。按照原国土资源部的要求，组织编制《佛山市南海区国土空间综合规划（2014—2030）》，由广州市城市规划勘测设计研究院承担。

规划结合南海实际，整合土规和城规的用地分类标准，衔接分区管控和用地管控，提出"四级地类"的用途管制思路。用途管制思路的重点，是通过试点工作，探讨国土空间中基于一级发展权和二级发展权的链接，形成层层打开的用地地类管控，规划提出的分级地类管控方式，提供了用途管制方面不断链的技术基础。

7.4.3.1　基本情况

南海区一直以来是我国改革开放的前沿地区。多年来，"六个轮子一起转"的自下而上发展的工业化和城镇化模式，为南海带来了改革开放初期的经济迅速发展，一直位于全国百强县前列，但同时也带来了南海城镇空间的破碎，集体土地与城镇土地的犬牙交错，被戏称为"集体土地上建设的城市"。

为了实现从"工业南海"向"品质南海"的转型，南海区承担了多项全国试点工作，包括全国农村改革试验区、中央农办农村改革试验联系点、全国社区治理和服务创新试验区、国务院农村综合改革示范试点单位、全国农村土地制度改革试点、全国"多规合一"试点等。

7.4.3.2　链接一二级土地发展权，衔接土规和城规的用地分类标准

林坚教授认为，我国隐含两级土地发展权，一级土地发展权隐含在上级政府对下级区域的建设许可中，二级土地发展权隐含在政府对建设项目、用地的规划许可中[①]。

而与之对应的，土规和城规的用地分类特征与各自重点管控的用途有关，土规通过自上而下的基本农田和耕地保护约束以及城乡建设用地规模和指标约束，实现国家对地方的一级发展权的赋予，因此侧重于非建设用地的地类尤其是农用地的细分；城规通过规划区内"一书三证"的规划许可制度，实现地方政府对市场主体的二级发展权的分

---

① 林坚，许超诣. 土地发展权、空间管制与规划协同 [J]. 城市规划，2014，38（01）：26-34.

配，因此，城规的用地分类侧重于建设用地内部的地类细分。但从城乡用地分类和土地规划分类比较来看，城规用地分类与土规用地分类中的大部分地类都可以较好地对应。

因此，南海的用途管制思路是以一二级发展权的对接为基础，通过自上而下梳理一二级发展权与用途管制的关系，提出以土规的用地分类作为基础，将存在一对多、多对一或者交叉对应关系的部分地类，提出甄别处理和对应关系。具体而言，保留土规对农用地、其他用地的分类，打开土规用地分类中建设用地的分类。

针对建设与非建设两类活动，结合南海实际用地管控特征，"多规合一"用地分类标准侧重对土地的用途管理，搭接既有规划数据基础（尤其是土规数据库基础），对既有规划用地分类进行协调与延续。

建设类活动涉及"多规合一"用地分类中的建设用地，《城乡规划》中的公用设施用地、公共管理与公共服务用地、商业服务业设施用地、工业用地、物流仓储用地、道路与交通设施用地、居住用地、特殊用地，与《土地利用总体规划》中的城镇建设用地、独立工矿及其他建设用地相对应；《城乡规划》中的农村建设用地与《土地利用总体规划》中的农村居民点用地相对应；而《城乡规划》中采矿用地、区域公共设施用地、区域交通设施用地、绿地与广场用地、特殊用地等，与《土地利用总体规划》中的交通用地和水利水工用地相对应。

非建设活动涉及"多规合一"用地分类中的城市生态绿地、生态用地和其他用地。非建设活动对应了《土地利用总体规划》中的耕地、园地、林地、草地、水面和未利用地，而其中的城市生态绿地，对应《城乡规划》中的绿地与广场用地，而生态用地则对应《城乡规划》中的农林用地和水域，其他则对应《城乡规划》中的其他非建设用地（图7-8）。

7.4.3.3 明确控制线的刚性管控，将用地的分级用途管制与控制线衔接

1）设定严格控制的土地用途一级类，并与三生空间结合

土地用途一级类用地之间的用途调整应采用最严格的控制，坚持农用地转用这一土地管理核心，严格区分建设用地和非建设用地，突出生态保护和城镇建设用地有序利用。

2）土地用途二级类用地的管理与控制线的衔接

严格控制影响控制线边界的土地用途之间的调整，适当允许同类控制线内的土地用途之间的调整。其中，在农用地中必须坚守基本农田保护红线，适当允许对农业配套用地和一般农用地之间的用途调整；在建设用地中必须坚守城镇开发边界，适当允许对区域基础设施用地、其他建设用地之间的用途调整；在自然生态用地中，坚守生态保护红线，适当允许各类生态用地之间的用途调整。

3）土地用途三级类用地的管理应凸显对土地用途的弹性

三类用地可与土地用途的兼容性管控相结合，并可结合实际情况对土地使用过程中地上、地下空间的建筑用途进行综合规定。

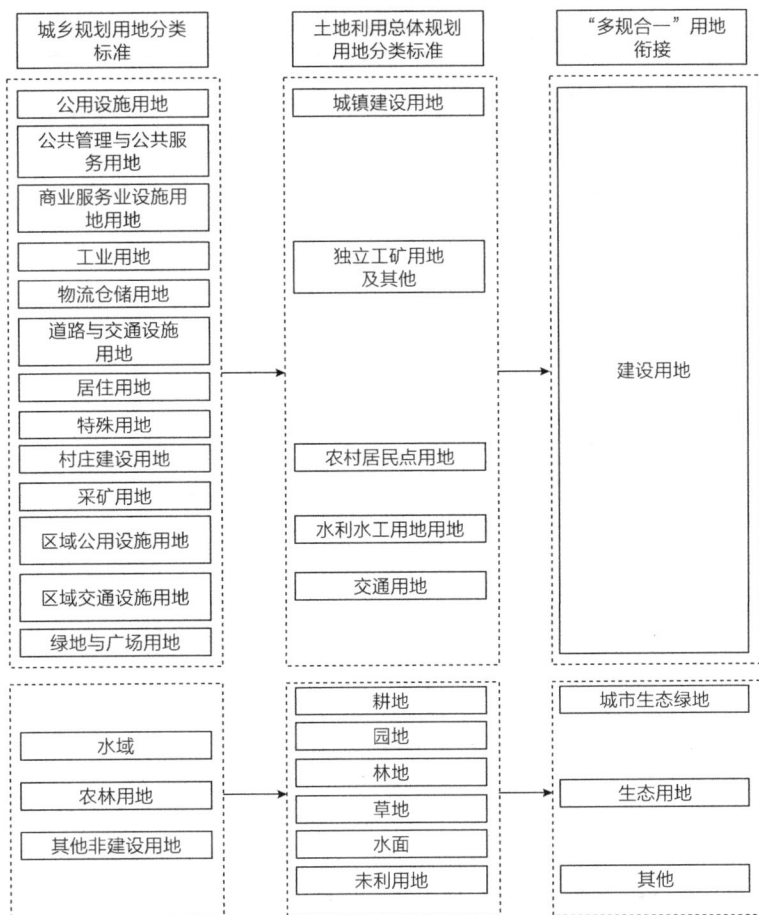

图7-8 多规用地分类衔接
资料来源：《佛山市南海区国土空间综合规划（2014—2030）》

　　农用地的三级类应在保障优质农用地前提下，适当允许园地、林地和耕地之间用途调整，为农业结构调整预留弹性；建设用地三级类应在充分保障公共管理与公共服务设施、道路与交通设施、公用设施、绿地与广场等涉及城市公共利益土地用途的前提下，适当允许属于营利性的、适宜市场化开发的土地用途之间进行用途调整。

　　对同类土地应综合考虑地块所处区域、交通、生态环境等条件差异，限定建筑用途与土地兼容性，使其成为土地用途许可管理的决策依据。

7.4.3.4　层层剥开细分地类

1）农用地的细分剥离建议

　　可参考土规的管控方式，考虑与控制线的对接，结合基本农田的划定，细分为基本农田区和一般农业区，然后再进一步划分耕地、园地、林地等类型（表7-5）。

表7-5　用地分类对照表

一级类	二级类	三级类	四级类	与《城市用地分类与规划建设用地标准》对接
1 农用地	11 基本农田保护区	111 耕地	1111 水田	E2 农林用地
			1112 水浇地	
			1113 旱地	
		112 可调整农用地	1121 可调整园地	
			1122 可调整坑塘水面	
		113 其他附属用地	1130 其他附属用地	
	12 一般农用地	121 耕地	1211 水田	
			1212 水浇地	
			1213 旱地	
		122 园地	1221 园地	
			1222 可调整园地	
		123 林地	1230 林地	
		124 牧草地	1240 牧草地	
		125 坑塘水面	1251 坑塘水面	E13 坑塘沟渠
			1252 可调整坑塘水面	E13 坑塘沟渠
	13 农业配套用地	131 设施农用地	1310 设施农用地	E2 农林用地
		132 农村道路	1320 农村道路	
		133 农田水利用地	1330 农田水利用地	
		134 田坎	1340 田坎	
		135 沟渠	1350 沟渠	E13 坑塘沟渠
2 建设用地	21 城乡建设用地	211 城镇建设用地	2111 居住用地	R 居住用地
			2112 公共管理与公共服务设施用地	A 公共管理与公共服务设施用地
			2113 商业服务业设施用地	B 商业服务业设施用地
			2114 工业用地	M 工业用地
			2115 物流仓储用地	W 物流仓储用地
			2116 城镇道路与交通设施用地	S 道路与交通设施用地
			2117 公用设施用地	U 公用设施用地
			2118 小型绿地与广场用地	G 绿地与广场用地

续表

一级类	二级类	三级类	四级类	与《城市用地分类与规划 建设用地标准》对接
2 建设 用地	21 城乡 建设用地	212 村镇建设用地	2121 村镇生活用地	H14 村庄建设用地
			2122 村镇工业用地	M 工业用地
		213 采矿用地	2130 采矿用地	H5 采矿用地
	22 区域 基础设施 建设用地	221 铁路用地	2210 铁路用地	H21 铁路用地
		222 公路用地	2220 公路用地	H22 公路用地
		223 民用机场用地	2230 民用机场用地	H24 机场用地
		224 港口码头用地	2240 港口码头用地	H23 港口用地
	23 其他 建设用地	231 风景名胜设施用地	2310 风景名胜设施用地	H9 其他建设用地
		232 特殊用地	2321 军事用地	H41 军事用地
			2322 安保用地	H42 安保用地
			2323 殡葬用地	H3 区域公用设施用地
			2324 宗教用地	A9 宗教用地
			2325 特殊绿地	G 绿地与广场用地
		233 管道运输用地	2330 管道运输用地	H25 管道运输用地
		234 水利设施用地	2340 水利设施用地	H3 区域公用设施用地
		235 盐田	2350 盐田	E9 其他非建设用地
3 其他 土地	31 水域	311 河流水面	3110 河流水面	E11 自然水域
		312 水库水面	3120 水库水面	E12 水库
		313 滩涂	3130 滩涂	E9 其他非建设用地
	32 生态 绿地	321 大型公园绿地	3210 大型公园绿地	G 绿地与广场用地
		322 生态防护绿地	3220 生态防护绿地	
	33 未利 用地	331 未利用地	3310 未利用地	E9 其他非建设用地

资料来源:《佛山市南海区国土空间综合规划（2014—2030）》

2）城镇开发边界内外的细分剥离建议

城规中的区域公用设施用地指为区域服务的公用设施用地，包括区域性能源设施、水工设施、通信设施、殡葬设施、环卫设施和排水设施等用地，不计入城市建设用地的统计范畴。其概念主要从用地功能的服务范围大小来进行定义，在土地规划分类中可以对应多个地类，需根据具体情况进行甄别。

区域性能源设施、通信设施、环卫设施和排水设施等用地如位于城镇建设用地规模边界之外，应对应其他独立建设用地，这种情况对规划指标统计和用地管理也没有影响，可不作处理。

区域性能源设施、通信设施、环卫设施和排水设施等用地如位于城镇建设用地规模边界内，在土地规划分类中应对应城镇建设用地，这种情况会导致"两规"在城镇建设用地统计方面的不一致。为保证"两规"城镇建设用地的一致，在土地规划中，将城镇建设用地规模边界内的区域性能源设施、通信设施、环卫设施和排水设施等用地归入其他独立建设用地，不计入城镇建设用地。

3）特殊用地的细分剥离建议

两个分类标准对于特殊用地的定义不一致，统计范围也不一致，对接的焦点问题是城镇建设用地指标的统计。建议对两个分类标准中特殊用地的定义进行整合，统一为城乡建设用地范围之外的军事、安保、宗教、外事和殡葬用地。"两规"编制过程中，建议采用相同标准进行指标统计。

4）生态用地的细分剥离建议

对于非建设用地的分类，城乡用地分类相对粗略，土地规划分类相对细致，可采用土地规划分类进行细分。最大的差别在于"水库"在城乡用地分类中为非建设用地，而在土地规划分类中则为建设用地。因此，为保证建设用地规模的一致性，建议将水库水面从土地规划分类的交通水利用地中分离出来，按水域进行统计。

此外，需要对城规的城市建设用地分类中的"绿地"予以细分和归并，城规的绿地包括公园绿地和防护绿地，其中，公园绿地指向公众开放，以游憩为主要功能，兼具生态、美化和防灾等作用的绿地；防护绿地指城市中具有卫生、隔离和安全防护功能的绿地，包括卫生隔离带、道路防护绿地和城市高压走廊绿带等。其概念主要根据用地功能进行定义，其实际用途包括了耕地、园地、林地和荒草地等。在土地规划中，根据其功能进行归类，可以对应城镇用地，而按照实际用途划分，又可归入农用地等非建设用地。

因此，建议从规划与土地管理实际要求出发进行归类，如需征用并转为建设用地，城乡规划中可归入绿地，土地规划中可归入城镇用地；如不需转为建设用地，城乡规划中可归入农林用地，土地规划中可归入农用地或者生态类用地。

5）刚弹结合的全域管控体系

在四级分类体系的基础上，南海空间控制线体系采取刚性管控与弹性引导两类控制线，通过一定约束指标和政策措施引导空间优化：

国土空间刚性管控针对一、二级土地分类，与三生空间结合，通过划定控制线体系实现。刚性管控的控制线强调严格的空间管控，包括基本农田控制线、生态控制线、建设用地开发边界等。坚持农用地转用这一土地管理核心，严格区分建设用地和非建设用地，突出生态保护和城镇建设用地有序利用，实际操作中，须在明确空间坐标的基础上划桩定界，并配套严格的管控措施与法律保障。

弹性引导控制线针对三、四级用地分类，强调空间单元的政策引导。如农用地的三级类应在保障优质农用地前提下，适当允许园地、林地和耕地之间用途调整，为农业结构调整预留弹性，适当允许对农业配套用地和一般农用地之间的用途调整；生态用地上，适当允许各类生态用地之间的用途调整；建设用地三级类应在充分保障城市公共利益土地用途的前提下，适当允许属于营利性的、适宜市场化开发的土地用途之间进行用途调整（图7-9）。

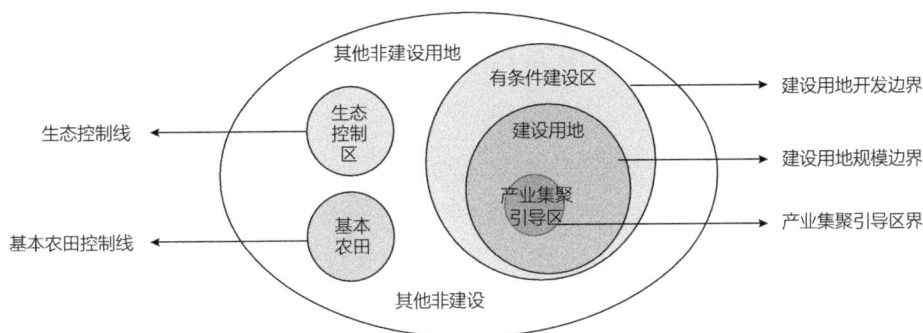

图7-9　南海用途管制控制线体系示意图
资料来源：《佛山市南海区国土空间综合规划（2014—2030）》

第 8 章

启程与实践

2018年3月14日，中国的好朋友霍金带着14亿人的关注与世长辞。时代最终将所有人物和事件碾压为文字，人们不断回味他像艺术品般美妙的理论。霍金的《时间简史》，不仅用生动的语言为我们描绘了浩瀚宇宙和四维空间中最难理解的时间维度，还让我们明白了人类自身认知的限制。人类的认知进化是极其缓慢和艰苦的，从亚里士多德—托勒密的地心说到哥白尼—伽利略的日心说的演化就花了2000年时间，直到20世纪20年代因哈勃发现了红移定律，宇宙的演化才进入人类的意识。人们从来没想过宇宙还会演化，不管是牛顿力学还是相对论，都不能完全概括时空的规律。对人类而言，未来始终是犹抱琵琶半遮面的，唯一可以确定的是它的不确定性。

2020年，我们步入了新的时代，正探索不确定的未来。这是个不寻常的年份，昼夜奔腾下的世界激流，病毒疫情后的城市失序，我们身处于百年未有之大变局。这又是个令城市规划从业者备感亲切的年份，是一个规划期末，也是新的规划基期。在世界仿佛正进入"无锚之境"的大背景下，如何寻找治理空间的确实规则是规划从业者需要回答的问题。漫长的探索过程告诉我们，要把规则放到地方的实践中去检验。"郡县治，天下安"，县（区）是我国现代化治理的基层单元，县（区）经济是国民经济的重要组成部分和支撑点。以县（区）为实践，探寻治理空间的确实规则，才能拥有旺盛的生命力，并广泛影响城市的经济社会发展与空间建设。

增城区，曾经的县级市，作为现在广州的一个市辖区，因其与地方治理的紧密关系，在规划编制和管理等方面进行了积极创新和实践。通过主体功能区规划探索以生态补偿协调区域的发展差异，到多规合一试图解决事权矛盾的问题，增城区一直在空间治理的路途上不断前行。在新一轮国土空间规划中，以增城为代表的县区模式，似乎有了自己的规划宝典。然而，主体功能区一味"输血"解决不了北部山区的发展和优质资源短缺的问题，"三规合一"也因无法解决的顶层问题让规划束之高阁。在过往的增量时代，我们用空间思维，预设空间建设内容，并控制实施。在未来的存量时代，我们应采用时间思维，以实践为试金石去检验，应对各类不确定性，不断完善制度与手段，看资源是否发挥最大价值，看规则是否塑造美好生活。时间之沙会只往一个方向流动，很多问题需要留给时间去解答，我们要做的是探索和实践，把城市带到从未到过的地方。我们也相信，资源与空间能够友好地交往，这种友好会给我们带来美好的生活场景。

8.1　市县国土空间总体规划的编制

《若干意见》的发布标志着国土空间规划体系顶层设计和"四梁八柱"基本成形。建立一个全国统一、责权清晰、科学高效的国土空间规划体系是一项系统性工程，应立足于中央与地方的有效协同。地方政府负责的市县、镇级国土空间总体规划，需要按照党中央、国务院的战略部署，明确目标要求，落实主体责任，上下联动，形成合力，一张蓝图干到底。作为国土空间规划体系中承上启下的重要一环，市县国土空间总体规划关键是落实宏观治理意图，并结合地方发展的实际需求，提出市县发展的战略纲领，并指导专项规划、详细规划的开展。

市县国土空间总体规划是纵向事权改革的重要抓手，是制度化分权模式的改革前沿。笔者结合参与过的规划编制实践，针对编制要求、组织模式、迭代比较、工作方案、编制内容等方面，探究市县国土空间总体规划的编制方向。

8.1.1 编制要求

8.1.1.1 体现生态文明与高质量发展

十八大以来，生态文明建设被纳入中国特色社会主义事业的总体框架。作为政府管治空间资源的主要手段，国土空间规划是探索以生态优先、绿色为导向的高质量发展新路的重要举措。市县处于执行落实国家政策的关键位置，是开展生态文明建设的基层单位，也是推动高质量发展贴近民生和基层落实的重要环节。市县国土空间总体规划要体现生态文明和高质量发展，一方面是界定中央政府引导宏观发展与地方政府土地发展权关系，以及中央地方协同对话机制的规划事权关系，另一方面要做好全域全类型空间资源管控，将自然资源分配给最有效的使用者。

8.1.1.2 以人民为中心

市县政府是面向人民群众进行现代化治理的具体主体。市（县）级国土空间总体规划需要发挥地方在治理上的灵活性与创新性。在规划编制中，要顺应时代变化，满足人民日益增长的美好生活需求，以人的需要、人的感受、人的全面发展来安排空间资源。关键是要以人地关系为导向、按照人类活动与国土空间之间关系的强弱将全域空间分为城镇、农业、生态空间，并根据实地情况进行二级分类。要将落实国家战略与满足人民群众对美好生活的向往融为一体。

8.1.1.3 充分挖掘地方特色

在空间治理层级体系中，市县应根据地域功能特色，不断细化编制深度、实现高品质生活，建设美丽中国和以人民为中心的美好家园。地方政府作为土地分配权的实施主体[①]，关键是进行权益协调，协调上下左右事权关系，落实上级规划并指导下级规划；以建设美

---

① 林坚，赵晔. 国家治理、国土空间规划与"央地"协同：兼论国土空间规划体系演变中的央地关系发展及趋向 [J]. 城市规划，2019，43（9）：20-23.

好家园的高度认识国土空间，考虑需求变化与环境变化，充分挖掘地方特色，立足资源禀赋特点，注重历史文化传承、保留城乡肌理。在落实国家、省发展引导的基础之上，以体现地方特色为目标，灵活制定符合自身特色的评价指标体系，衔接划定"三区三线"。

8.1.1.4　可实施可考核

对规划过程中涉及的数据进行统一定义、统一管理，并落实到信息平台上，是市县级国土空间规划的一个重要环节。基于国土空间基础信息平台，开发市县级国土空间规划监测评估预警管理系统，并按照统一的系统接口规范与上级系统进行对接，实现国土空间规划在地方层面的可实施与可考核目标。

8.1.2　组织模式

8.1.2.1　从部门牵头到地方政府主导

以往，分部门主导规划受到条块管理模式的限制，尽管具有一定的专业技术优势，但是难以跳出各个部门自身的局限性，且跨部门的内容在统筹协调方面存在一定难度。因此，治理现代化对新时代国土空间规划的管理机制提出了更高的要求。2018年，随着自然资源部的成立，形成了由自然资源主管部门牵头并统筹协调，各部门联动的国土空间规划机制。党的十九大提出：通过机构改革，赋予省级以下政府更多自主权。十九届三中全会明确表示，应理顺中央和地方职责关系，更好发挥中央和地方两个积极性。国土空间规划实现了从分部门主导到地方政府主导的转变。

市县国土空间规划的责任主体、治理主体和实施主体都是地方政府。由于市（县）级国土空间总体规划的组织编制也是由地方政府主导，因此地方政府是进行资源管控，保护环境底盘的主要角色。市县国土空间规划编制主体为市县人民政府。地方政府发挥主体责任，书记市长（县长）挂帅，发挥高位统筹作用并成立领导小组和工作小组，由市县主要领导亲自负责。工作小组下设办公室、专责小组和县区/镇小组，指导具体的区/镇事权（图8-1）。

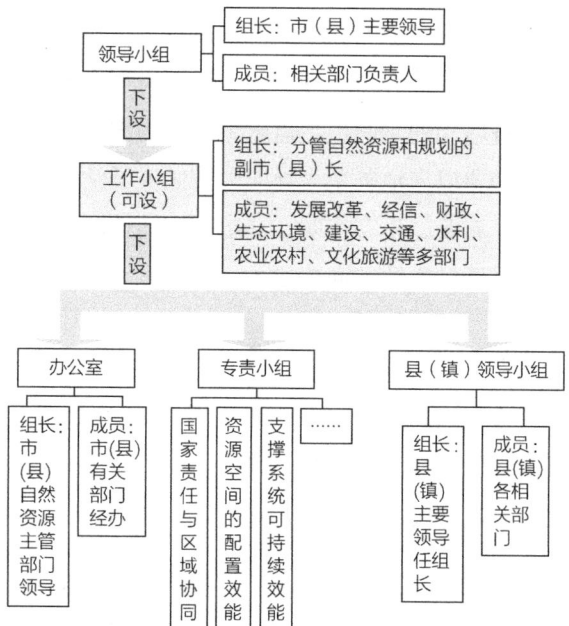

图8-1　市（县）国土空间总体规划行政组织示意图

8.1.2.2　从小众规划到开门规划

以往的规划公众缺乏参与渠道，是少数人进行的规划。在现代化高水平治理的要求下，市县应统筹政府、市场、社会的多方诉求和多元化目标导向，向包容多元的开门规划转变。建立多元多样化的形式，充分引导公众广泛参与。

向综合领域共谋转变。由自然资源部统筹各部门的新规划体系，涵盖了不同的专业领域，不同部门之间存在一定的技术壁垒。因此，在市县国土空间规划编制时，应组建不同专业背景的技术单位合作，满足各个部门的技术需求。建立由专家领衔，多领域多学科人员配合的编制团队，从而充分实现众筹智慧和技术创新。

8.1.3　迭代比较

按照"五级三类"的体系划分，市县国土空间规划属于地方性规划，为了更好地营造美好生活的地方场景，需要以地方的视角从深度上和内容上进行创新。为了更准确地把握市县国土空间规划的要点，有必要对市县土地利用总体规划（以下简称土总规）和城市总体规划（以下简称城总规）的内容进行梳理，研究需纳入市县国土空间总体规划的重点与内容。笔者通过对土总规、城总规和市县国土空间规划编制指南的梳理比较，研究市县国土空间总体规划对土总规和城总规的继承与迭代。

8.1.3.1　与土地利用总体规划的继承与迭代

结合地方开展的空间规划实践，可以看出，市县国土空间规划对土总规的很多内容进行了继承和迭代，主要包括用途管制、指标控制和土地整治三大核心内容。

1）用途管制

市县国土空间总体规划实现了土总规用途管制的进一步"打开"，并结合城镇开发边界划定，明确了界内和界外的不同管制方式和要求。

市县国土空间总体规划吸收融合了土总规的"三界四区"（城乡建设用地规模边界、城乡建设用地扩展边界和禁止建设用地边界；允许建设区、有条件建设区、限制建设区和禁止建设区）和城总规的"三区四线"（禁建区、限建区、适建区，绿线、蓝线、紫线、黄线），形成了新的"三线"（生态保护红线、永久基本农田、城镇开发边界）。

市县国土空间总体规划继承并创新了土总规的用途分区。土总规的土地用途分区包括基本农田保护区、一般农地区、城镇村建设用地区、村镇建设用地区、独立工矿区、风景旅游用地区、生态环境安全控制区、自然与文化遗产保护区、林业用地区和牧业用地区等。根据《市县国土空间规划分区与用途分类指南》（试行，征求意见稿，2019年7月），市县域国土空间规划的基本分区分为6类，结合生态修复、建立自然保护地体系等相关要求，对土总规的部分用途分区进行了调整，例如将土总规的生态环境安全控制区调整为生态保护区和自然保留区；将土总规的城镇村建设用地区分为城镇发展区和农业农村发展区；结合用海要求，增加了海洋发展区等。

市县国土空间总体规划在土总规用地分类的基础上，结合城总规的用地分类、现行土地利用现状分类及"三调"工作方案，对用地分类形成了适用于空间规划改革的用地分类。土总规的用地分类体系包括了现状、规划两套分类系统。用地规划分类采用了三级分类体系，其中，一级分3类，分别为农用地、建设用地和其他土地；二级分10类，分别为耕地、园地、林地、牧草地、其他农用地、城乡建设用地、交通水利用地、其他建设用地、水域和自然保留地；三级分为25类。《国土空间规划用地用海分类指南》（试行，送审稿，2019年12月）中，用地用海分类采用三级分类体系，共设置25种一级类、104种二级类及23种三级类。

2）指标控制

市县国土空间总体规划继承了土总规的部分约束性指标。土总规的规划控制指标共有15项，其中有6项是约束性指标，其他9项为预期性指标，约束性指标是为保护资源和推进节约集约用地因而规划期内不得突破或必须实现的指标，如耕地保有量、城乡建设用地总规模等。《市县国土空间规划编制指南》（2019年6月）提出："将耕地保有量、城镇建设用地规模、用水总量和强度控制指标等约束性指标分解至下层次国土空间规划"。由此可知，市县国土空间规划将继续沿用耕地保有量、城乡建设用地规模等约束性指标，并在此基础上结合城总规的内容，将用水总量、强度控制等指标补充纳入约束性指标。

3）土地整治

市县国土空间总体规划在土总规的土地整治工作要求基础上，整合纳入生态修复的整体工作框架。土总规需要统筹安排、推进土地综合整治，包括农村土地整治、城乡建设用地增减挂钩等内容。《市县国土空间规划编制指南》（2019年6月）提出的国土空间生态修复，很多内容继承了原有土总规土地整治的相关内容，如提出高标准农田建设和土地整治工程指引，提高耕地和永久基本农田质量等。

8.1.3.2　与城市总体规划的继承与迭代

另一方面，市县国土空间总体规划是对传统城市总体规划的重构与迭代。一是战略统筹上，延续城总规对于城市发展目标、指标与空间战略的引领，增加了战略目标的分解、传导与多维度的指标控制；二是支撑系统上，延续城总规的交通、公服、市政等的支撑体系的主干内容，完善了支撑体系的评价方法，增加海岸线、地质灾害防灾减灾以及自然资源保护与利用的相关内容；三是详细规划上，延续城总规的详细规划层面的单元划定与管控，进一步强化了上位规划对下位规划传导的同时，完善差异性政策分区与预留发展弹性。

1）战略统筹

城市总体规划的战略重点体现战略指导作用和刚性控制作用，但在目标制定选择的指标上国土空间维度考虑较少，且在目标—指标—实施层面缺乏有效衔接，导致各层级发挥余地过大，目标难落实。而新一轮市县国土空间规划编制，则要求在传承城总规的战略引领作用的同时，进一步加强落实中央战略部署与凝聚地方发展共识，促进多维度目标实现。一是完善指标的制定维度，在延续关于社会经济发展等方面的基础上，进一步引入国土开发强度、永久基本农田保护面积、生态红线控制面积等国土空间的刚性指标控制；二是加强了战略定位在规划体系中的传导，将战略落实为目标，目标层层拆解为分项目标，再将分项目标细化为核心指标，由各类指标共同对接空间策略与实施机制，最终形成"目标—指标—策略—机制"的框架逻辑。

2）支撑体系

城市总体规划侧重于资源环境综合承载力"单约束"，对用地价值的分析确定用地类型，以城市提质扩容为发展导向，重点聚焦在城镇可开发资源的利用上，主要涉及交通、市政、公共服务等城市的配套设施及相关重大基础设施。新一轮的市县国土空间总体规划，则拓展到面向全域的国土空间开发保护，不只包括支撑城乡建设活动的基础设施、防灾减灾等内容，还包括山水林田湖草系统、历史资源等各类资源要素保护与利用。市县国土空间规划的支撑系统，规划分析评价由资源环境综合承载力"单约束"转向资源环境承载力和国土空间适宜性"双评价"，支撑体系也在优化开发城乡建设活动的基础上，强化对自然资源的管控。

3）单元规划

城市总体规划的单元规划，主要是基于详细规划层面，在规划区或中心城区层面，划定规划管理单元，在协同城总规"三区四线"等的刚性空间管制下，对单元及内部的地块进行主导功能、开发强度等的规划控制。新一轮的市县国土空间总体规划，一方面基于全域资源特征实现单元规划的全域覆盖，从全域层面，对接三线管控，探索生态单元、城镇单元与农业单元的划定与管控；二是基于不同单元实施差异化空间用途和开发强度管控，如城镇边界内实行"详细规划+用途许可"的管制方式、城镇边界外则按照主导用途分区，实行"详细规划+规划许可"和"约束指标+分区准入"；三是应对未来发展的不确定性预留弹性空间；市县国土空间总体规划中在划定"区""线"的同时也保证弹性预留，结合未来发展情况完成功能转换。

8.1.4　工作方案与编制内容

8.1.4.1　工作方案的要点

市县国土空间总体规划是一项庞杂的工作，特别是在项目开展之初，千头万绪的事务需要逐一安排，通过工作方案的制定，明确市县国土空间规划规划编制过程中各方的职责分工、工作内容、进度安排，以保障规划编制的顺利推进。

1）项目前期策划及准备阶段

前期的工作内容包括项目策划、招投标、合同签订等内容，合同签订之后开展组织准备、技术准备和现状调研工作，制定工作方案和编制主要内容。列出基础资料清单，开展行政区划、地质地理、自然资源、生态环境、土地利用、城乡建设、基础设施、经济人口、人文历史、社会民生等方面的基础资料收集和调查评价。收集各行业、各部门的专项规划、行政审批等数据。协助开展动员会并开展实地调研。实地调研市县行政辖区内的重点地区和重点部门，通过现场踏勘、座谈交流等方式，深入了解地区发展实际与合理诉求，掌握各部门管理职能及其空间性规划、各行业发展区域与目标等。

2）专题研究阶段

围绕国土空间现状与形势、资源环境承载能力及国土空间适宜性评价、战略目标和总体格局、空间控制线与规划分区、自然资源保护与利用、基础设施支撑体系、国土空间用途管制、国土综合整治与生态修复、规划实施保障措施等重大问题，开展专题研究，结合各市县的具体情况，开展特定专题的研究。

3）方案编制与论证阶段

以专题研究结论为基础，编制规划成果，确定市县国土空间开发保护战略目标和总体格局，划定规划分区，统筹各类空间控制线划定，细化管控措施，明确各类自然要素配置、生态保护修复工程，提出规划实施保障措施。开展公众参与和专家论证，从组织、经济、技术、公众接收程度等方面，对成果进行评估，优化规划成果。

4）成果审查上报阶段

开展规划公示，通过本级人大审议后报上级政府审批，或按各地区的具体程序规定开展上报审批工作。

5）工作方案案例

以萍乡市国土空间总体规划和增城区国土空间总体规划为例，整理市县国土空间总体规划工作方案的相关要点。

萍乡市国土空间总体规划在市委市政府的领导下，构建上下联合、部门协作、多方参与的工作机制。一是建立高位统筹组织架构。构建"规划领导小组—小组办公室—专责小组"高位统筹组织架构，推进萍乡市国土空间规划编制工作。二是组建"多专业联合"的技术骨干团队。组建多学科、专业化、综合性相结合的规划编制技术团队，加强技术保障。三是建立"行政+技术"联动协同机制。建立"国土空间规划领导小组—小组办公室—技术骨干团队"三级联动架构，做好市、县两级规划的"行政+技术"协同传递。四是加强宣传引导。加大宣传力度，主动解读规划，推动公众参与。

增城区国土空间总体规划搭建了"政府主导—部门协同—专家领衔—公众参与"的工作机制。一是政府主导，主要领导亲自负责，组建空间规划编制领导小组，切实加强组织领导，按时依规有序抓好各项任务落实。二是部门协同，各街镇、有关部门要加强协作与联动，尤其配合底图底数、发展需求摸查工作，切实配合做好国土空间总体规划的编制报批工作。三是专家领衔，建立专家咨询制度，成立不同领域专家组成的咨询委员会就规划编制的重大事项进行咨询、论证，充分发挥各行业各领域专家作用。四是公众参与，坚持开门编规划，建立广泛的公众参与机制，调动社会力量参与规划编制，扩大公众和社会各界参与程度。

8.1.4.2　编制内容的重点

建立"基础工作—战略目标—国土空间开发格局—资源要素配置—实施保障"的整体框架，明确各层级的规划重点内容（图8-2）。

市县国土空间总体规划应开展基础研究，主要包括形成基期用地底数底图，开展资源环境承载能力和国土空间开发适宜性评价，进行规划实施评估和国土空间风险评估，开展重大问题研究等。

市县国土空间总体规划应制定面向2035年的战略目标，包括总体定位、国土空间开发保护目标、国土空间开发保护战略、城市性质、指标体系等。

市县国土空间总体规划应明确国土空间格局，包括区域协同发展、三线的两落实一优化、国土空间格局优化、城镇功能结构优化、乡村振兴发展、国土空间用途管制等

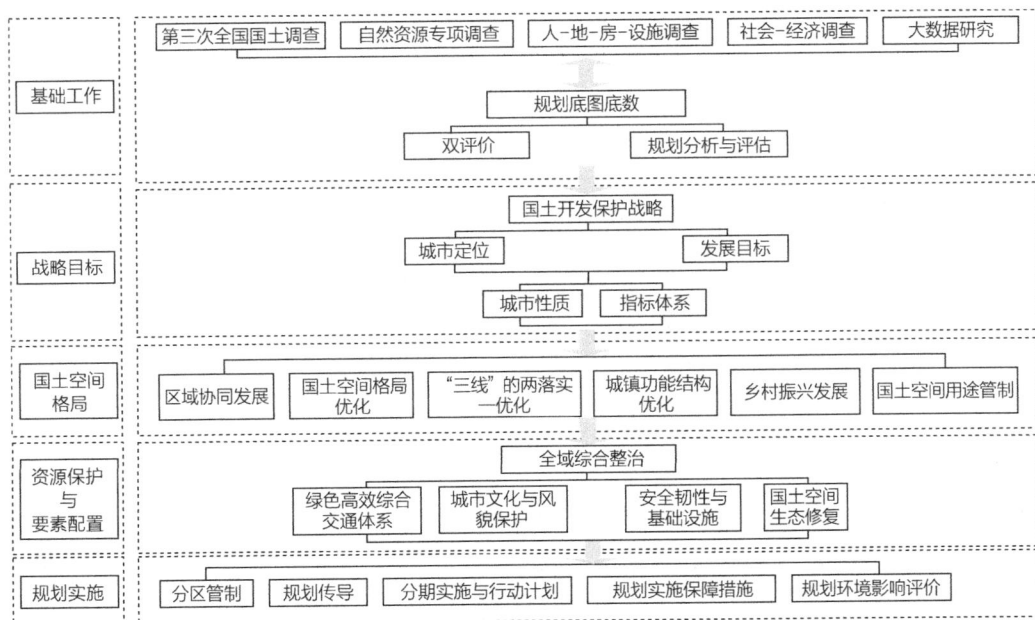

图8-2　市（县）级国土空间总体规划总体框架

相关内容。

市县国土空间总体规划应完善资源要素配置和支撑体系。包括绿色高效交通体系、城市文化与风貌保护、安全韧性与基础设施等。

市县国土空间总体规划要提出完善的规划实施建议。包括分区管制、规划传导、分期实施与行动计划、规划实施保障、环境影响评价等内容。

市级和县级国土空间总体规划，在内容深度上存在一定区别，例如市级层面的空间规划明确生态保护红线、永久基本农田的规模和边界，城镇开发边界市级定总量，县级优布局；市级规划明确下达的规模，县级规划制定具体的用途管制要求（表8-1）。

表8-1　市级、县级国土空间规划编制内容深度区别

主要内容		市级	县级
基础分析		规划承接、现状分析 双评价/双评估，风险分析预判	规划承接、现状分析 双评估，风险分析预判
战略目标		战略定位、发展战略、开发保护目标、指标体系	指标体系
空间格局		区域协同、陆海统筹	空间结构
		生态/农业农村/城镇格局（城镇体系）	生态/农业农村/城镇格局（镇村体系）
		市级以上区域交通等重要基础设施廊道及设施布点	县级以上区域交通等重要基础设施廊道及设施布点
空间管控		底线管控（"三线"划示）	底线管控（"三线"划定）
		规划分区与管制规则 （基本分区为基础，海洋发展功能规划分区应展开，其他功能分区可按需展开）	规划分区与管制规则 （市域规划分区为基础，城镇发展区应展开，其他分区按需展开和细化）
空间支撑系统	综合交通网络	本级及以上航空、铁路、高速公路等布局与控制要求；预控线型走向，大型设施用地	本级及以上航空、铁路、高速公路等布局与控制要求；明确线型走向，大型设施用地范围
	能源等市政基础设施网络	预控本级以上能源等区域性市政基础设施廊道、明确控制要求；明确基础设施配置标准	明确本级以上能源等市政基础设施廊道走向及控制范围、设施布局；细化配置标准
	历史文化保护	古迹遗址核心区及控制要求；市级以上历史文化遗产保护名录、保护要求	古迹遗址核心区及建设控制地带、县级以上历史文化保护名录、四至边界、建设控制地带
	住房与公共服务设施	城乡住房配置目标、导向、标准；公共服务设施城乡均等化原则；市级以上（含跨区县）重点设施布点；社区生活圈的构建标准	城乡住房配置标准及空间格局；公共服务设施城乡均等化标准；县级各类重点设施布点；（县域）社区生活圈的构建标准

主要内容		市级	县级
空间支撑系统	综合防灾	重要趋势分析判断、防灾标准制定	防灾标准落实，设施布点
	风貌管控	城乡风貌原则要求	城乡风貌管控要求
自然资源保护与利用		保护目标、空间布局，用途转用要求与目标	用途分区，保护具体措施
国土空间整治、生态修复、城市更新		市级土地整治原则、要求、重点工程名录、指标分解；生态修复要求、重点区域及重点工程名录、指标分解；城市更新导向与原则要求	县级土地整治、生态修复、城市更新指标与要求落实、计划安排；重点区域划定
规划实施保障		区/县专项指引；配套政策制定要求；明确实施机制	近期规划指引；政策落实

8.1.4.3　专题研究的类型

市县国土空间规划的专题研究类型需要结合相关层级、地区的特征做具体安排，《市县国土空间总体规划编制指南》（2019年6月）要求对国土空间开发保护、产业布局、公共服务保障、自然资源保护利用、土地资源节约利用和水资源合理利用与配置等六个方面作为重点专题进行研究。结合萍乡市和增城区的案例，对专题研究的特点进行比较分析（表8-2）。

表8-2　市县国土空间规划专题研究类型

	《市县国土空间总体规划编制指南》		萍乡市国土空间总体规划的专题研究	增城区国土空间总体规划的专题研究
	重点专题	特色专题		
基础内容	—	—	《萍乡市市域资源承载力和国土空间开发适宜性评价》《萍乡市开发保护现状评估》《萍乡市风险评估》	—
国家责任与区域使命	《国土空间开发保护研究》	—	《萍乡市区域协调发展下的空间发展战略研究》	《城市发展战略及发展目标研究》
资源空间的配置效能	《面向绿色发展的自然资源保护利用研究》	《土地资源节约集约利用研究》《水资源合理利用与配置研究》	《萍乡市生态保护红线评估》《萍乡市耕地与永久基本农田控制线评估》	《国土空间开发保护格局研究》《耕地与基本农田保护研究》
支持系统的可持续发展	《适应高品质生活的公共服务保障研究》《面向高质量发展的产业布局研究》	—	《萍乡市人口和用地发展专题研究》	《城市发展支撑保障体系》

8.2　增城区国土空间总体规划的初探①

2020年，增城区国土空间总体规划编制工作开展公开招投标，由广州市城市规划勘测设计研究院联合体中标，现结合投标文件对增城区国土空间总体规划的技术理解，把技术阶段内容作为我们的国土空间总体规划（区级）的雏形，希望从地方视角探寻增城区国土空间总体规划的方法。

增城位于广东省广州市东部，地处粤港澳大湾区重要发展轴上。现辖7个镇、4个街道办事处和一个国家级经济开发区，总面积1616.47km²。截至2018年，增城区常住人口121万，GDP 1124亿元，地区定位为广州东部综合门户、现代化产业集聚区、城乡融合生态宜居示范区与现代化中等规模生态之城，2019年被评为"五个百强区"，即全国综合实力百强区、全国绿色发展百强区、全国投资潜力百强区、全国科技创新百强区、全国新型城镇化质量百强区等。而通过回看增城的发展历史脉络与规划实践创新，我们发现，增城正是充分结合自身资源特色进行发展与创新，除了保持强劲发展综合实力的同时，也发挥着"先行先试的规划创新先锋"的角色，积极开展着全域的空间治理探索与不断迭代升级。其中，最具代表性的地方规划编制与创新经验，也是为众多大咖点赞、政治家认可的包括有两大创新实践：2003年的主体功能区划定探索（国内首批探索主体功能区划定地区）及2008年广东省绿道首条示范段规划与建成（国内绿道的发源地）。

过去规划实践经验启示之一：绩效考核型规划，破解发展不平衡的主体功能区规划探索。增城不仅是全国最早实施主体功能区规划的地区之一，也是为数不多在县级层面实施主体功能区规划的地区。增城主体功能区规划的主要创新在于创建了全新可控的政府绩效考核机制，打破了"唯GDP论"的"垄断"，带动地方可持续发展。2000年以前，增城与珠三角大多数地区一样，依赖于乡镇经济、马路经济，快速起步的同时造成了生态环境的严重破坏。为应对日益严重的生态环境问题，增城政府明确了以"不平衡发展"破解"发展不平衡"的整体思路。在这一思路指导下，2003年，增城启动主体功能区规划编制，将全区九个镇街划分为"南中北"三大主体功能区：南部，工业优势突出，定位为先进制造业集聚区；中部，生活设施齐全，定位为国际化生活与文化产业区；北部，游山玩水看园，定位为限制工业开发的都市农业与生态旅游区。如何保证发展受限的北部城镇干部在干得好的情况下也能脱颖而出？增城主体功能区规划创新性地建立了一套"双考核"绩效评价标准。第一套指标为"镇街全面工作"，更多注重民生和生态建设。第二套指标为"镇街经济社会发展"，即按主体功能区分区考评，南部重点考核先进制造业发展；中部重点考核文化产业、城市管理；北部则放弃工业发展考

① 相关材料整理自《增城区国土空间总体规划2020—2035》投标文件。

评，重点考核生态旅游和都市农业。此外，增城还根据不同主体功能区的定位区别化进行干部配备：在中部、南部镇街班子中，经济管理、工商管理和城市规划等专业干部占比较高，达55人，占干部总人数的61.8%；而在北部镇班子中，则主要配备具有旅游、农学专业背景的干部12名，占干部总人数的30%。增城这场被誉为"土地价值新革命"的试验历时多年实践取得显著成果，并且仍然在持续优化调整中，时至今日形成北部生态化、中南部一体化的总体发展格局。

过去规划实践经验启示之二：地方场景营造型规划，经营绿色品牌的增城绿道建设规划探索；由于单纯依靠生态补偿机制①"输血"，不足以完成增城北部山区的永续"增值"。增城绿道建设通过塑造地方场景的创新方式，探索性地对北部山区的丰富自然资源和多样化的乡村资源进行挖掘，尝试构建北部山区"造血"机制。2007年，增城率先在全省开展绿道网建设工作，通过将自行车健身径引入山区生态景观林，拓展林地、园地的方式，带动乡村休闲旅游，成就了全国最早的绿道雏形。此后，增城提出打造全域绿道网络结构，用绿道网络串联全区公园、河湖等生态空间，逐步构建覆盖城乡的网络化格局。2009年，增城绿道建设全面成网，增城绿道模式得到了中央以及广东省领导的高度赞赏，并作为示范在广东省至全国范围内进行推广。增城以绿道网络建设的方式塑造地方场景，成功盘活了北部山区的自然生态资源。目前增城全区已形成"自驾车游""休闲健身""增江水上画廊"三类主题绿道，带动了白水寨、正果、小楼等一系列热门旅游点的兴起，不仅打响了增城"游山玩水看园"的旅游名片，更带动了北部山区的全面振兴，构建美丽增城、美丽乡村等地方场景。

综上所述，一直以来，增城基于自身的资源特色与发展条件，主动探索地方治理新规则并持续开展相关实践，取得了一定的成效。其中，主体功能区的规划探索，解决了差异化发展与治理的现实问题，并通过限定与激励两类方式，调动了不同地区政府能动性；绿道网的规划与建设，则促进了北部山区从"输血"到"造血"的机制转型，实现城乡人居环境的全面提升。而在新一轮的国土空间规划的全面开展，对地方的发展提出新的发展要求，如何在"五级三类"体系下，实现省—市—县的上下联动，建立鲜活的地方场景，需要增城在延续绩效考核机制与空间场景创新的基础上，进一步开展地方治理创新与规划探索，以此实现地区高质量的发展。

---

① 从2003年开始，增城政府加大了财政转移支付力度，每年从南部工业镇税收超收返还额中提取10%给北部农业镇，每个镇年补贴不少于300万元，2006年这一数字增加到1000万元，2008年给北部镇转移支付达到4520万元；同时设立了北部专项发展资金，从2006年开始，市财政每年拿出3000万元反哺北部镇；此外政府还对发展生态公益林进行补偿，并逐年提高补贴标准；最后，北部镇税收市级留成部分可全部返还镇街。生态发展补偿机制可谓一箭双雕之举，南部工业区反哺北部生态区，保障了北部干群安心做好生态保护、农村发展等工作，北部生态环境也使得南部地区发展更具竞争力。

8.2.1　新时代的规划理念

8.2.1.1　"一优三高"的新时代国家要求

构建国土空间规划体系是文明演替和时代变迁背景下的重大变革，国土空间规划体系构建的核心要义可以简要概括为"一优三高"，既要坚守生态文明建设优先，又要保障高水平治理、高质量发展和高品质生活。

在中共中央国务院《生态文明体制改革总体方案》中将生态文明建设作为国土空间规划的制度性内容予以明确，国土空间规划就是为践行生态文明建设提供空间保障，生态文明建设优先理应成为国土空间规划工作的核心价值观[①]。在生态文明时代，国土空间规划要树立"山水林田湖草"生命共同体的新理念，创新绿色发展机制，统筹协调国土空间开发和保护的关系。在《若干意见》中指出国土空间规划体系是促进国家治理体系和治理能力现代化的必然要求，那么其体系构建的本质就是推动治理能力现代化，通过全面的高水平空间治理，实现高质量发展和高品质生活。

增城具有优越的生态环境，承担着区域中生态文明发展的天然使命，在本轮规划中，围绕生态文明理念和空间治理能力建设要求，提出了国土空间开发保护的主要目标和总体战略，明确能支撑城镇、农业、生态三大空间持续优化的格局，并进一步探索以交通体系网络化、生态空间复合化、生产空间集约化、生活空间品质化，实现国土空间的开放紧凑发展；以流域统筹山水林田湖草系统保护治理，以生态廊道串联山体共同形成区域山体生态屏障；以对骨干河道的整治与修复，共同完善珠江水系流域的保护。

8.2.1.2　"增量变流量"的新时代地区发展诉求

目前，中国经济正处在引擎迭代、动能转换的关键时期，城市经营的目的也由对土地财政依赖逐渐转变为资源保值增值，自然资源的出让从追求一次性资本收入转向持续现金流收入，规划也由原来的增长型规划向流量型规划转变。作为一切社会经济活动的物质载体，国土空间的高效治理是培育新动能、促进经济可持续发展的重要抓手。

在"一优三高"的国家要求下，增城国土空间总体规划需要摒弃大规模增量规划的理念，在摸清资源家底、保障生态底线的基础上，要做好自然资源带来的资本增值运营，通过资源的使用创造收入流，以价格信号和竞争性市场将自然资源分配给最有效（现金流最大化）的使用者，实现资产向现金流的最大化转变[②]；营造高品质空间与生活、工作环境，吸引高素质人口，在人口增长放缓的时代从人口流量中获利。在从扩张型规划向调整型、重构型规划转型的过程中，增城国土空间总体规划应面向未来用地

---

① 杨保军，陈鹏，董珂，等. 生态文明背景下的国土空间规划体系构建 [J]. 城市规划学刊，2019（04）：16–23.
② 赵燕菁. 论国土空间规划的基本架构 [J]. 城市规划，2019，43（12）：17–26+36.

精细管理、资源要素统筹配置的需求，更加精准地摸清存量空间和整治潜力，将有限的资源投放到更有潜力的发展内容上。

8.2.1.3 "营造地方场景"的新时代生活要求

新时代，国土空间规划"是坚持以人民为中心、实现高质量发展和高品质生活、建设美好家园的重要手段"。在城市发展与资源配置要坚持以人为本，通过鲜活场景的塑造让人民群众中收获幸福感、温暖感、获得感，是国土空间的应有之义。随着人民生活水平不断提高，新时代对美好生活的向往更多体现在多样生活场景的需求上，在"五级三类四体系"的框架之下，以提升品质为中心营造美好生活空间，是引导新时代高质量发展的主要动力。

针对增城的实际，本轮规划重点考量不同人群的需要，如面向居住人群，构建15分钟优质生活圈；面向产业人群，配置15分钟创新服务圈。不断提升文化、体育、医疗、教育设施质量，针对职住平衡布局公共交通与轨道站点，在场景营造的同时，更要突出地方特色，注重人居环境改善，采用微改造这种"绣花"功夫，传承文明、延续文化，留下记忆，让人们记住乡愁，为居民提供更优质、更便利、更有文化记忆的品质空间，从而实现增城全域空间的高质量发展。

8.2.2 绩效型的发展战略

2009年，广东省政府发布《珠江三角洲地区改革发展规划纲要（2008—2020年）》，十年后，中共中央、国务院印发实施《粤港澳大湾区发展规划纲要》，把以"合伙人圈子"著称的珠三角正式引入大湾区时代。在这个有海关，有制度差异，有物质流动管制的区域，广州、深圳、香港三个一线城市鼎足而立。而增城作为大湾区东岸主轴上的重要节点，正位于城市能量流动的动脉之上。2000年广州"东进"战略曾激发了增城作为"远方亲戚"融入广州的信心，然而，黄埔在广州东进的过程中更多的抢得了先机，增城如何在广州东进与湾区融合的大背景下，发挥后发地区优势，成为东岸城市与广州协同合作的时代联络人，成为广州向大湾区发声的东门户是本轮国土空间总体规划在谋划地区发展战略时重点思考的内容。

在感性思考的同时，本轮规划探索以大数据为基础，依托矩阵、模型、场景模拟等技术方法，制定更为科学的战略用以指导地方发展。如采用多源大数据的方式，从区域经济、产业发展、交通联系、人流迁徙等多角度判读城市与区域之间网络结构与竞合关系；采用外部因素评价矩阵与内部因素评价矩阵工具，从机会、威胁、优势、劣势四个角度判断对城市发展的关键影响要素；采用竞争态势评价矩阵方法分析与寻找城市的突破口；采用多场景模拟的方法中，找寻城市不同发展动力驱动背景下的场景模拟（图8-3、图8-4，表8-3~表8-5）。

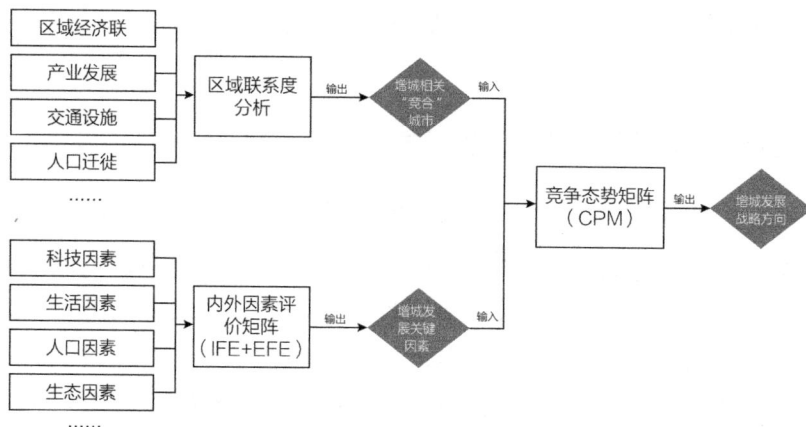

图8-3　增城发展战略研究思路分析图

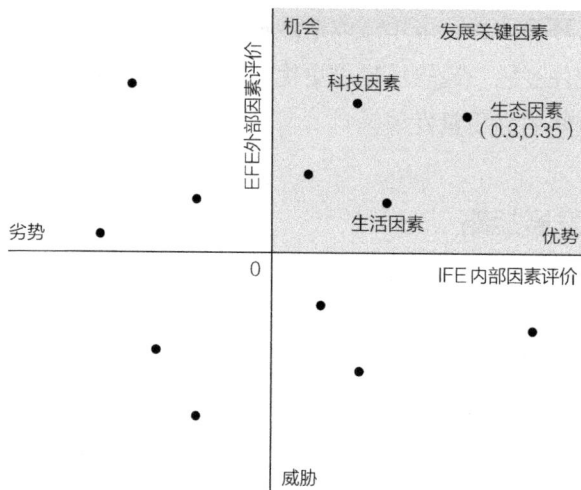

图8-4　增城内外因素评价矩阵（IFE+EFE）

表8-3　增城生态因素外部评价

生态因素外部评价（EFE）	权重	评分（-5~5）	加权分数
机会			
1. 生态补偿机制的制定	0.10	3	0.30
2. 绿道网系统的建设	0.10	4	0.40
3. 生态保护红线的划定	0.15	2	0.30
4. 主体功能分区划定	0.05	2	0.10
5. 自然保护地体系	0.05	2	0.10

生态因素外部评价（EFE）	权重	评分（-5~5）	加权分数
威胁			
1. 游客的大规模涌入	0.20	-2	-0.40
2. 城市的开发拓张	0.05	-3	-0.15
3. 化学工业污染	0.15	-1	-0.15
4. 淡水资源的开发利用	0.10	-1	-0.10
5. 气候环境恶化	0.05	-1	-0.05
总计	1.00		0.35

表8-4　增城生态因素内部评价

生态因素内部评价（IFE）	权重	评分（-5~5）	加权分数
优势			
1. 森林覆盖率高	0.10	3	0.30
2. 物种丰富度高	0.05	4	0.20
3. 生态敏感性低	0.10	2	0.20
4. 土壤营养成分丰富	0.10	1	0.05
5. 水环境纳污能力强	0.10	2	0.20
劣势			
1. 水环境退化	0.20	-1	-0.20
2. 生态要素破碎	0.05	-1	-0.05
3. 植被单一人工化	0.15	-1	-0.15
4. 石漠化威胁	0.10	-2	-0.20
5. 地表温度过高	0.05	-1	-0.05
总计	1.00		0.30

表8-5　增城竞争态势矩阵（CPM）级战略研判

关键因素	权重	增城		竞合城市1		竞合城市2		……	战略研判
		评分（0~5）	加权分数	评分（0~5）	加权分数	评分（0~5）	加权分数		
生态因素A	0.3	3	0.9	2	0.6	1	0.3		√
科技因素B	0.4	2	0.8	1	0.4	2	0.8		√

关键因素	权重	增城		竞合城市1		竞合城市2		……	战略研判
		评分（0~5）	加权分数	评分（0~5）	加权分数	评分（0~5）	加权分数		
生活因素C	0.1	4	0.4	5	0.5	3	0.3		√
其他因素D	0.3	1	0.3	3	0.9	2	0.6		×
……									
总计	1.0								

8.2.2.1 建设大湾区的都市锦田创新高地

增城的发展战略要基于宏观治理的区域发展框架。增城处于大湾区主轴的黄金位置，是广州向湾区东岸扩大影响力的窗口，通过枢纽链接和产业合作，能够丰富大湾区东岸的产业能级与交流频次，进而扩大广州在大湾区的话语权（图8-5）。

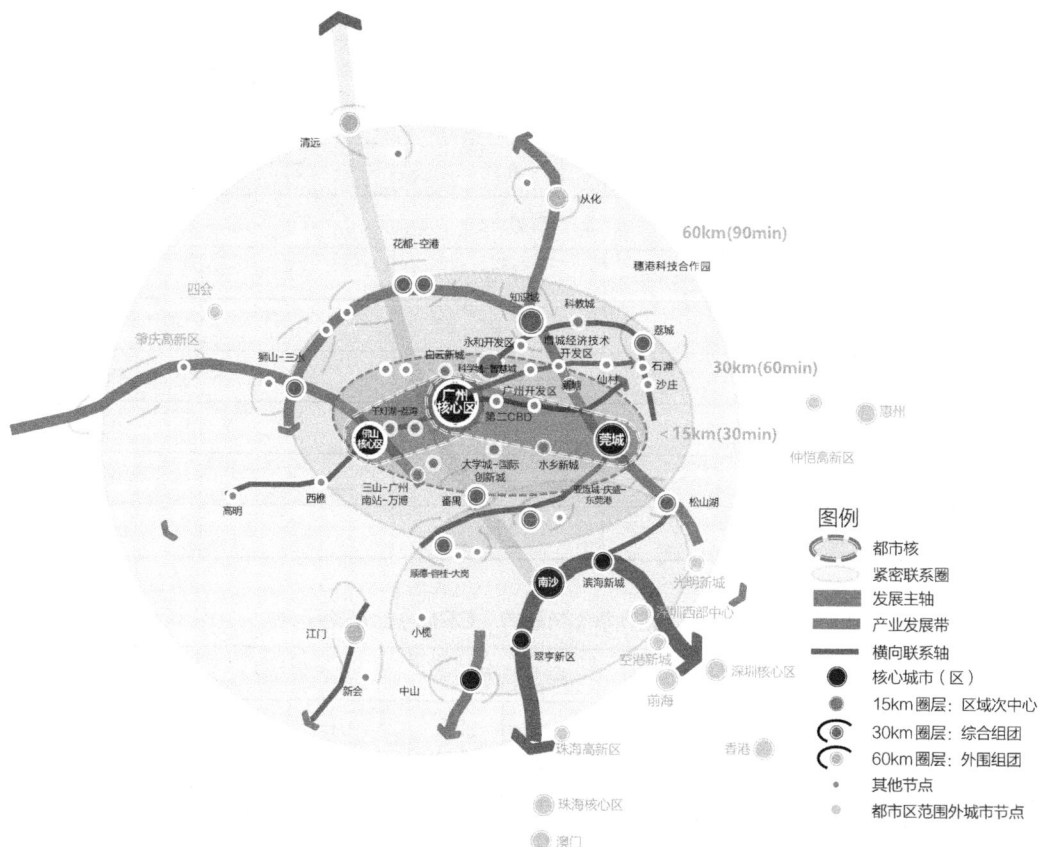

图8-5 增城在珠三角区域发展结构示意图

在本轮国土空间规划，增城需要主动谋划打造第二条广深科创走廊的桥头堡，以生态型聚落空间的天然优势打造大湾区的都市锦田创新高地。在粤港澳大湾区的框架下，依托穗莞深科技创新走廊，增城应当依托珠三环，从东往西，着重发展团结—镇龙创新枢纽、中新创新商务区、科教城新型创新聚落、大荔城创新地区、挂绿湖创新总部区、石滩特色创新节点、沙庄创新园区等多个新型创新聚落。在沿江高速沿线、广深高速沿线外，形成第三条发展带，是一个具有都市锦田的创新聚落的发展带，从而丰满穗莞深科技创新走廊的空间层次，体现低丘场景的都市锦田创新聚落特质，并与湖面场景的东莞松山湖片区创新聚落南北呼应。

8.2.2.2　实现资源增值的广州东生态门户

增城作为广州面向大湾区的发声门户，有必要衔接广州的城市发展方向和空间格局，逐渐构筑了三条不断升级的产城融合发展带。第一条是自2000年开始，在"南拓北优，东进西联"的八字方针下，从黄埔港到黄埔经开区再到新塘，广州沿着广园快速路一路向东，由制造业向东率先前行构建广州与增城联系的制造发展带。第二条，随着整体空间格局的不断完善和明晰，广州探索由科学城到永和开发区再到增城开发区，广州一路向东融合创新产业与城市发展，构建了广州与增城联系的科创发展带。第三条，迈入粤港澳大湾区时代伊始，从天河智慧城的铺垫，到中新知识城逐步成型，最后到广州科教城积极推进实施，广州积极参与全球竞争，在东进道路上积极响应生态文明理念，探索在生态地区的创新聚落发展，实现一个又一个价值单元的落地，这是通过创智发展构建广州与增城联系的生态创智带（图8-6）。

增城优越的生态环境，承担着生态文明发展的天然使命。以流域统筹山水林田湖草系统保护治理，规划需要做好增江、西福河、东江沿岸和各大湖泊书库等水系保护，将境内九连山脉生态廊道与大湾区东部、北部山体沟通联系共同形成区域山体生态屏障，通过对骨干河道的整治与修复，共同完善珠江水系流域保护。同时对增城北部的大封门森林公园进行优化提升，与从化、惠州等森林公园连绵成片保护，构建一体的生态系统。沿增江两岸打造北部自然保护地和南部自然保护地。而同时，结合增城"千园计划"，建设多个自然公园，由北向南，形成以国家森林公园—自然保护地—自然公园的自然保护地体系。

8.2.2.3　满足人民需求的高品质宜居之城

美好生活场景的构建，是本轮规划的初心，发展的本质就是为人民塑造未来栖居的美好增城。因此，国土空间要从切实满足人均生态、公共绿地、公共服务设施的需求出发，为居民提供良好的社会生活空间环境，结合新兴技术提升空间治理的科学化、智慧化。通过建立规划实施的考核反馈机制，不仅可以提高规划面对不确定性的应变能力，

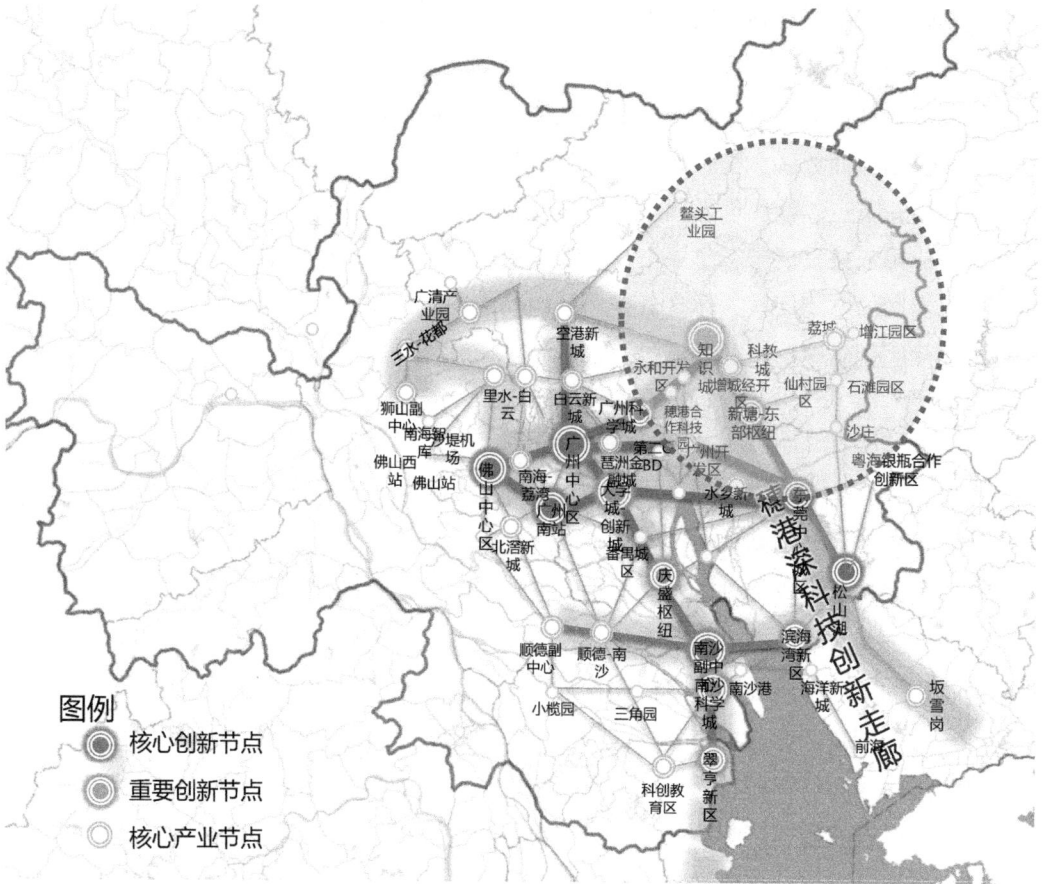

图8-6　增城在广州市域产城融合发展带示意图

还可以结合人民需求提出相应的目标指标，通过梳理广州市对增城区的要求与期许以及自身发展诉求，建立起增城未来发展的指标体系。

这个可测度与可考核的指标体系，是建设高品质宜居之城的指导，是在多系统复合、全过程设计、可持续发展的基本准则之下形成的结果，基于"目标—系统—因素"的三级层次框架，构建"创新发展、协调发展、绿色发展、开放发展、共享发展"5个系统层、17个因素层和41个指标层（表8-6）。

表8-6　增城区国土空间规划指标体系表

目标	系统分类	序号	指标	2016年现状值	2020年目标值	2025年目标值	2035年目标值
坚持创新发展	创新人才	1	省级和国家级的研发机构数（个）	32	62	112	212
	创新企业	2	高新企业数量及总产值	139家，产值226亿元	400家，500亿元	700家，800亿	1300家，1500亿元

续表

目标	系统分类	序号	指标	2016年现状值	2020年目标值	2025年目标值	2035年目标值
坚持创新发展	创新企业	3	行政许可事项0次到场办理率（%）	30.05	45	55	70
		4	年度科技企业孵化器毕业企业总数	2	20	50	140
	创新投入	5	全社会研发与试验发展（R&D）经费支出占地区生产总值的比重（%）	1.71	2.5	3.0	4.0
	创新产出	6	地区生产总值	1046	1300	1800	3500
		7	战略性新兴产业增加值占地区生产总值的比重				
		8	每十万人专利授权数（个）	39	57	92	239
		9	工业用地地均产值（亿元/平方公里）	缺数据	25	30	50
		10	年存量用地改造和新增用地比例（%）				
坚持协调发展	人口资源环境协调	11	农业空间				35.53%
		12	区常住人口规模（万人）	144.09（来穗人员55）	200（来穗人员67.17）	来穗人员73.89	来穗人员84.59
		13	城镇开发边界（平方公里）	393.77	393.77	393.77	393.77
		14	开发边界内建设用地总规模（平方公里）	240.06	256.13	259	330
		15	耕地保有量（万亩）	58.098	52.5	——	——
		16	基本农田保护面积（平方公里）	322.91	322.42	300.42	300.42
		17	社会事业支出占公共财政支出比例（%）	85%	85%	85%	85%

续表

目标	系统分类	序号	指标	2016年现状值	2020年目标值	2025年目标值	2035年目标值
坚持协调发展	城乡协调	18	非宅集体建设用地规模（平方公里）				
		19	集体建设用地比重（%）				
		20	农村人均建设用地（平方米）				
		21	农村卫生厕所普及率（%）				
		22	农村生活垃圾集中处理率（%）	87.98%	100%	100%	100%
坚持绿色发展	生态环境	23	生态空间（%）				42.77%
		24	生态保护红线		205.88	205.88	205.88
		25	林地保有量	221.08	350.00	219.80	218.80
		26	森林覆盖率（%）	52.52	52.56	52.61	52.71
		27	湿地面积（平方公里）			>200	>200
		28	重要水功能区达标率（%）	40%	75%	76.5%（最后以市政府下达考核指标为准）	90%（最后以市政府下达考核指标为准）
	资源节约和循环利用	29	单位地区生产总值水耗（立方米/万元）	65.12	54.84	52.93（最后以市政府下达考核指标为准）	42.9（最后以市政府下达考核指标为准）
		30	单位地区生产总值能耗（吨标煤/万元）	同比下降5.74%	同比下降20%	——	——
	绿色交通	31	道路网密度（公里/平方公里）	1.42	3-4	5-6	大于8
	绿色建筑	32	新建公共建筑的绿色建筑达标率（%）	缺数据	100%	100%	100%
坚持开放发展	人才	33	引进海外高层次人才来穗创新创业人数（人）	26	每年15人	每年15人	每年15人
	经济	34	年实际利用外资规模（亿美元）	1.4498亿美元（折人民币9.57亿元）	3亿美元（折人民币19.81亿元）	10亿美元（折人民币66.03亿元）	25亿美元（折人民币165.08亿元）

续表

目标	系统分类	序号	指标	2016年现状值	2020年目标值	2025年目标值	2035年目标值
坚持共享发展	公共服务	35	当年招生来穗人员子女入读公办学校的比例（%）	74.22	70%	70%	70%
	社区服务	36	社区公共服务设施步行15分钟覆盖率（%）	缺数据	60	70	90
		37	公共开放空间（400平方米以上的绿地、广场等）步行5分钟覆盖率（%）	53.53	60	65	75
	社会包容	38	公共服务设施无障碍普及率（%）	30	40	60	1
	安全便捷	39	人均紧急避难场所面积（平方米）	大于1.5	大于1.5	大于1.5	大于1.5
		40	公共交通站点步行15分钟覆盖率（%）	0.3	0.4	0.5	0.6
	生活质量	41	新增住房中租赁性住房比例（%）	2016年无新增公租房	20	20	20

8.2.3 高水平的资源管控

8.2.3.1 优质资源的保护利用

增城构建国土空间开发保护格局，实现高效的资源管控，首先是识别"最应该保护"的重要、优质资源，并重点管理。增城，在广州以秀美的山水资源而著称，为被围困在周边城市的人们提供了亲近自然的"游山玩水看园"的多种选择。这种优质的山水资源成了城乡之间增城南北不同组团之间的共享资源，本次规划一方面通过划定保护界限来框定其空间范畴，一方面提出针对性的生态帮扶政策与特色发展策略，以利用促保护。

在增城的空间规划中探索了包括生态转移支付、土地流转、只征不转等政策创新，借乡村振兴的发展理念，重点将地处北部的派潭、小楼和正果三镇，划入了生态保护的主体功能地区，保护其内的山水资源，并在此基础上进行了资源价值的挖掘，引导地区逐步向品质化旅游、高质量保护的路径转变。比如在派潭镇，做好增城名片白水寨创意山水文旅的文章，将高山瀑布、原始森林、浅滩湿地、峡谷天池等特色景区景点，浓浓粤味的古街巷、古村落，田塘园林等文化自然景观串珠成链，吸引人、留住人，通过旅游创造价值，使当地获得可观的收益，推动了以利用促保护理念的落地。

8.2.3.2 "双评价"的发展识别

在空间规划的探索中也包含了对"双评价"技术方法与指标的探索，在《资源环境承载能力和国土空间开发适宜性评价指南（试行）》的指导下，结合行政管理，抓要害问题，从行政逻辑和技术逻辑两个角度探索了"双评价"工作。

在评价过程中，针对增城"南城北山"的资源环境本底特征，结合市级双评价结果，形成了初步结论。首先在生态上，增城约17%的面积属于市级生态保护极重要区；在农业生产方面，农业不适宜生产区占全区面积的30%，且土地后备资源十分有限，坡度小于25度的荒山分布零散，而全区现状纯耕地的85%已划为了基本农田，下一阶段补划空间很小、难度很大；在城镇建设适宜性方面，不适宜建设区约占全区的40%，未来在承担湾区联络的区域责任时，土地供给的保障将是重要挑战。

根据评价工作，制约增城国土空间布局的主要短板是耕地与建设用地资源，未来在空间规划中，应结合国土综合整治加强耕地资源的储备，同时对早期退耕还林资源进行调整。同时应进一步加强资源的集约利用，结合区域协调与空间发展战略，将资源投放到重点地区，同时加大资源增存结合的力度。

8.2.3.3 自然资源保护和利用格局的构建

春江水暖鸭先知，鸟类是我们环境的晴雨表，是对自然资源保护与利用是否合格的主要检测手段，在对资源格局的构建中，需把包括鸟在内的动植物生存需求纳入到整体考量中。本轮规划通过"生态评估—生态保护和修复—资源保护利用框架体系"层层递进的方法构建了资源保护与利用的框架。首先，依据"双评价"结果，从城市社会环境—水体生态系统—大气环境系统—陆地生态系统构成的资源共同体角度提取各类自然资源要素，综合地形、坡度、起伏度、气候灾害、土壤类型、地形起伏度、景观连通度、人口分布密度、夜间灯光、地表温度、植被系数、土地利用现状、地质灾害点等多个因子叠加分析对生态源地（包含源地、缓冲区、廊道、可能的扩散路径以及战略点5个部分进行判断）和最小累积阻力模型（Minimum Cumulative Resistance Model，简称MCR）进行识别，识别有机体与生态空间的互动特征，针对性地划定生态空间的保护与利用范围。其次，通过收集遥感与部门统计数据，对气候、土壤等自然条件和山水林田湖草等生态本底质量进行评估，摸查生态修复潜力，合理确定生态修复目标、划定生态修复各类功能区、识别生态修复重点地域、明确生态修复重点任务；最后，建立以生态功能提升为目的的生态保护修复模式，对生态功能重要和脆弱地区进行保护保育和修复治理，以自然恢复为主，人工治理措施为辅，构建人与自然和谐格局（图8-7）。

通过评估、修复与框架的基础工作，建立增城区生态修复框架体系，力争成为全国生态文明建设和生态修复示范地区。在资源保护利用框架体系构建中，充分衔接广州市生态廊道总体规划的"区域生态廊道—组团隔离带—社区生态廊道"三级生态廊道体系，按照城市多目标协调和生态控制需求对增城区进行生态源地与阻力模型推拉的场景模拟，初步构建"屏障、带、核"生态网络结构。广汕公路以北的生态保护区和水源涵养地，是"屏障、带、核"网络结构中的北部屏障；增江河、西福河、东江三条线性滨水景观带，串联以点线方式布置的公园绿地，并与高快速公路系统的绿色隔离带共同形成绿岛网络；以城镇间重要生态空间为核心构建陆域生态绿核，发挥区域绿地的景观隔离作用，促进城镇空间结构优化，形成多层次、多功能、立体化的生态网络结构（图8-8）。

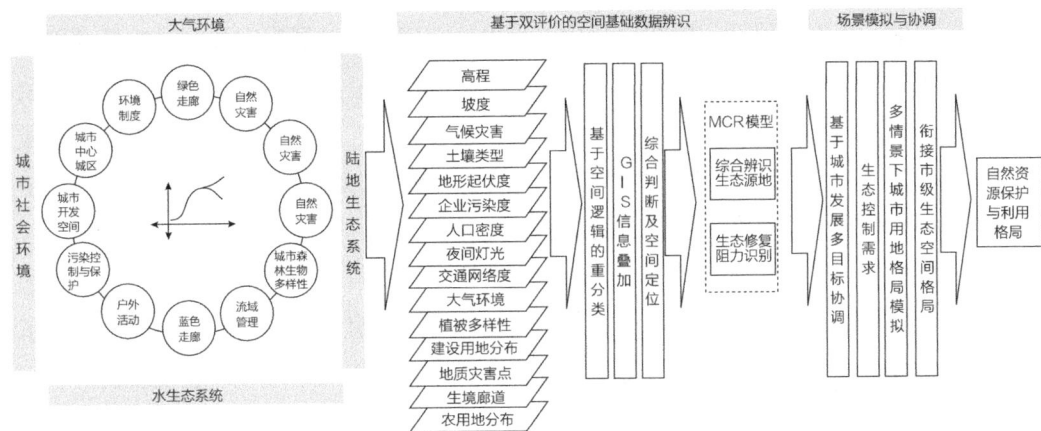

图8-7 生态源地识别技术方法

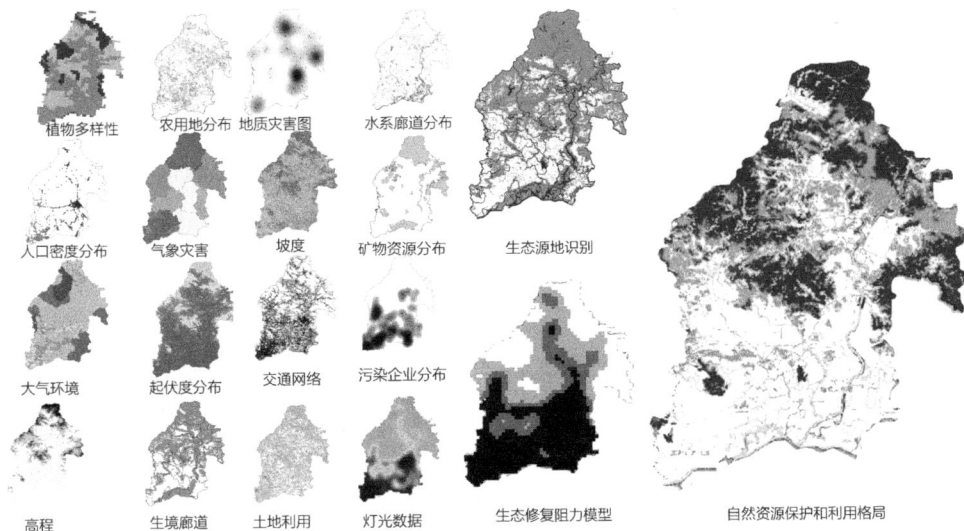

图8-8 增城区生态源地识别分析图

8.2.3.4 "三线"的两落实一优化

1）生态保护红线、生态控制线

早在2014年开展的多规合一规划工作中,增城地区即划定了生态保育控制线,通过与城乡规划、土地利用总体规划、林业发展规划、环境功能区划等相关规划协调,将自然保护区、水源保护区、自然公园（风景名胜区、森林公园、地质公园、湿地公园等）、主干河流及堤围、大型湖泊、水库及水源林、生态公益林区等具有生态保护价值、维护生态系统完整性的区域边界划为了生态保育控制线,划定面积为803.16km²,约占全区总面积的50%。

落实生态保护红线。2016年广州地区开展市、区两级联动编制《广州市城市生态控制线规划》的工作,协同划定生态控制线与生态保护红线。规划对全域进行生态系统服务重要性评估、生态敏感性与脆弱性评估,为本轮空间规划开展生态控制线边界的划定奠定了扎实的基础。将牯樟、尖峰山、凤凰山、大鹧鸪山、马鼻岭、邓山、蕉石岭以及增江、增塘水库等具有重要生态功能与价值的山地、森林、水系等统一纳入生态控制线内,划定一级生态控制线内面积约为454.5km²,二级236.7km²,合计691.2km²,其中生态控制线一级管制区与生态保护红线的规模、边界一致。

加强生态保护红线分级分类管理,建立完善生态保护红线补偿机制,完善生态保护红线动态管理机制,建立生态保护红线"一张图"管理信息系统。空间上划定增江、东江等水系和城市生态廊道,明确开敞空间要素构成及总体空间布局,并通过鼓励拆违复绿等方式补充公园绿地。

2）永久基本农田保护线

根据双评价的结论,增城地区一半以上的用地属于农业生产不适宜地区,且现状耕地及基本农田不少位于生态保护极重要区,而农业生产适宜区内分布着少量工矿仓储用地、城镇村建设用地。

在本轮空间规划中,一方面要夯实保护任务,高标准建设永久基本农田,另一方面也积极探索碎片化基本农田正向优化途径。结合永久基本农田储备区划定,正向优化永久基本农田,促使基本农田集中化和规模化。如分布在农业不适宜区中的永久基本农田大部分具有地块规模小且细长的特征,是农业地块连片度较低的区域,难以满足现代机械化规模化农业生产方式。因此,规划建议除位于粮食生产功能区以内的,将这部分永久基本农田作为未来的农用地优先调整地,如进行退耕还林、还草、还湿等。而将增江、东江沿岸等具有良好水利设施、稳产、优质耕地划定为永久基本农田。

3）城镇开发边界

城镇开发边界是约束城市无序蔓延和低效扩张的空间边界,范围包含城市建设用地与拓展区域,在其区域内的建设布局与管理规则制定是地方空间规划的重点。

增城地区在"十二五"与"十三五"期间，正值新型城镇化快速发展时期，增城区国家级开发区、挂绿新城、工信部电子五所等重点平台工程相继落地，建设用地需求强烈，年均国土开发强度增长速度较快。在本轮规划中，结合增城重大战略布局，引导零散建设用地集中布局，引导三旧、批而未用等存量土地释放潜能，合理配置弹性发展空间。做实底盘底数，激活土地存量变流量，优化碎片化空间，强化零散用地规整与建设用地集中布局，划定集中连片的城镇开发边界，如将广州科教城、东部交通枢纽、广州第二机场等重要平台和重大交通枢纽建设纳入增城城镇开发边界内，保障其落地实施（图8-9）。

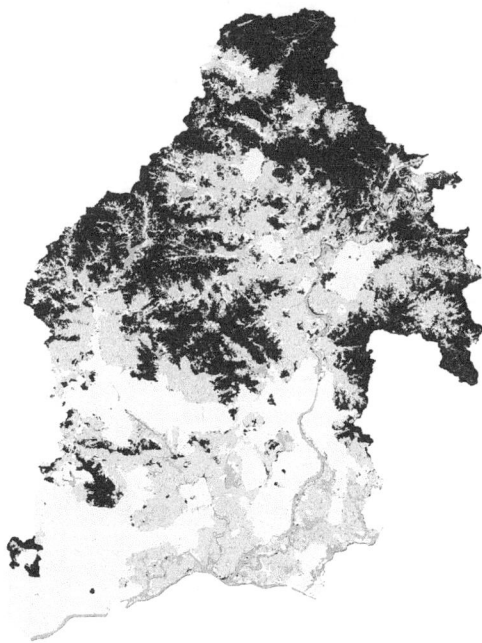

图8-9 增城区生态保护红线、永久基本农田、城镇开发边界划定图

8.2.4 高品质的空间场景

城与乡，由二元割裂逐渐走向对话共荣，不再是两种对立空间或者是两种生活状态，而是未来破解社会主要矛盾的关键抓手，是拓展增城发展空间的动力，也是乡村振兴的真正意义所在。而这需要基于对"人"的关注以及对"空间场景"的营造来展开。

在分析"人"的过程中，将增城人口分为常住人口与活力人口两类，其中活力人口由旅游人口、第二住所人口、创新型技术人员以及务工人员构成。规划中借助手机信令、垃圾清运量、食盐消耗量、用电量等动态分析方法，尽量精准地摸清实有人口与空间分布。通过综合增长率、趋势外推、时间序列等机械人口的预测方式，结合经济发展模、产业发展、小学生比例、手机移动数据等方法对城市人口规模进行多方案、多场景的综合预测。最后基于水资源承载力、土地资源承载力、基础设施成本约束承载力对城市人口发展规模上限进行校核（图8-10）。

同时，人的需求是多元的，本轮规划探索在人本需求导向下营造高品质的空间场景，提供不同业态混合的可体验式情境空间，提供公平、共享、平衡的城市空间资源，提供为未来留有余地的弹性空间。根据人在一年四季、每时每刻、每分每秒的轨迹与感受，规划不同尺度下的六种空间场景。通过获取区域各城市间的交通、经济、人口数据的联系强弱程度对区域联系度进行测度，从而协调区域城市间的功能和布局；运用微博

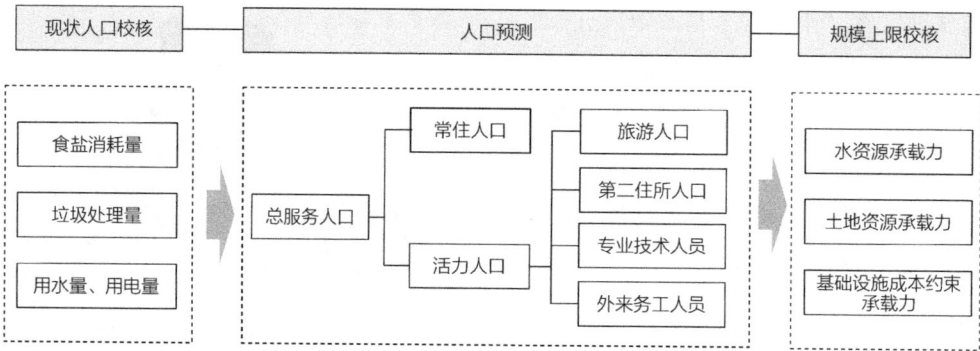

图8-10　增城区人口承载与校核分析图

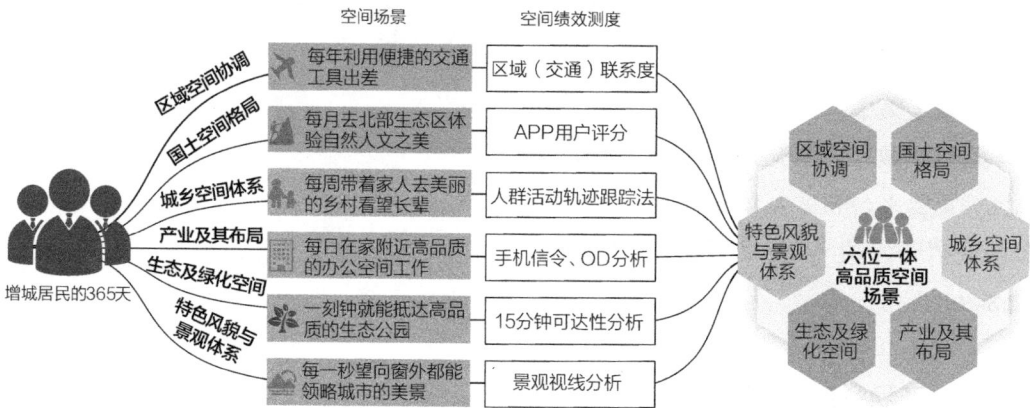

图8-11　空间场景构建与分析方法图

打卡、大众点评的评分数据等APP用户数据对空间的品质进行评价，划定南北主体功能片区，构建北部派潭、小楼、正果三镇与南部产业聚落之间的资源通道，从而确定全域城乡建设结构；利用GPS轨迹数据对人群活动进行跟踪，分析城乡之间的交往关系，以集中建设地区为据点发展城乡交融的新型城乡体系；通过手机信令数据的OD分析判断职住平衡，谋划重点功能区和产业集聚区的空间布局；通过道路路网数据结合GIS分析判断15分钟生活圈，合理进行设施布局与管控，构建绿色宜人、安全便利的公共空间；通过GIS可视域分析对城市景观视线进行分析，建立眺望体系与视廊通道，构建山水特色的城市风貌（图8-11）。

8.2.4.1　区域空间协调

为了形成区域间高效的分工协作，提升区域整体发展的效率，在空间规划前期研究阶段，应把重新审视自身发展条件作为工作的重心，积极做好保护与发展两方面的区域空间协调。

保护方面，主动对接广东省自然保护地评估调整，开展自然保护地与生态保护红线的校核，将调整完善的自然资源保护地全部纳入生态保护红线。从区域山地、流域生态系统保护出发，将维护区域生态安全的重要生态斑块、生态廊道纳入生态保护空间。

　　在发展方面，主动融入粤港澳大湾区发展。按照粤港澳大湾区"极点带动、轴带支撑、辐射周边"的空间发展格局要求，依托高等级公路、城际轨道、高速铁路等为主体的快速交通网络，构建黄埔—增城—东莞—深圳发展轴带，积极参与广州—深圳—香港—澳门科技创新走廊建设，并结合北部生态优势，打造都市锦田创新高地，形成粤港澳大湾区生态型科创走廊，形成与周边地区和主要城市高效连接的网络化、开放化空间格局。

8.2.4.2　国土空间格局

　　国土空间格局是增城地区开发和保护的框架，是城乡建设的总体结构。结合增城地区资源禀赋特征，推进"中南部一体化、北部生态化"主体功能区战略，通过搭建南北之间物质要素流动的通道，预留弹性开发边界，控制合理的城乡建设规模，最终形成"南聚北优"的全域空间发展格局（图8-12）。

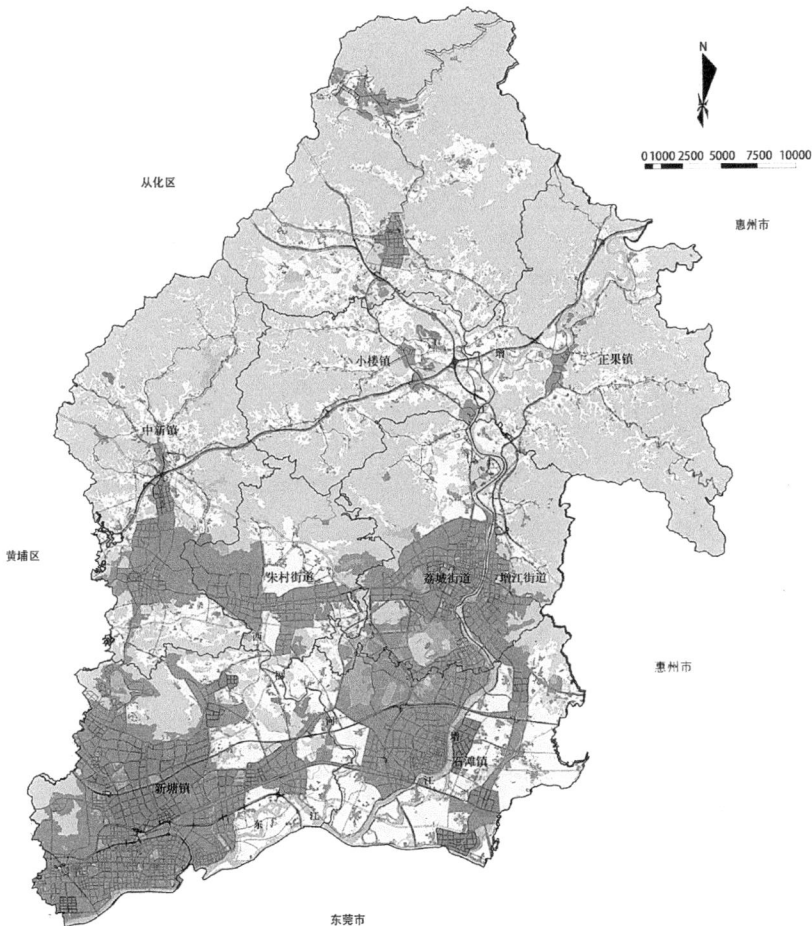

图8-12　增城区城镇建设用地集中分布图

　　"南聚"是指推动中南部一体化，以空间整合为手段，推动中南部街镇在产业、交通和公共服务等方面一体化组团发展，建立互通互联的交通网络，系统谋划公共服务配套，保持组团之间的生态隔离。

　　"北优"是指北部生态化，巩固提升北部生态区，在生态保护优先基础之上进一步挖掘、整合生态资源和自然人文旅游资源，持续完善基础设施和公共服务，依托重大旅游项目建设，实现北部生产发展、生态保护与生活休闲功能有机统一。

8.2.4.3　城乡空间体系

　　增城地区城乡之间的关系可以用"空间重叠"一词来形容，而未来引导的方向则是在这个基础上走向品质与形象的城乡"一体化"。本轮规划从增城各镇村发展的现实以及生态型聚落的空间特征出发，以合理布局社会生产力与安排人口为目标，构建了"中心城区—新型城镇—乡村"的三级新型城乡体系，以此为指导进行经济战略部署（图8-13）。

图8-13　增城区城乡空间结构图

8.2.4.4　产业及其布局

增城产业发展，第一是实施先进制造和现代服务业"双轮驱动"战略，建设若干重点功能区和产业集聚区，拓展产业集群、创新要素和生产生活服务要素承载空间；第二是构建产业"创新驱动、智能驱动、服务驱动、生态驱动"的新型动力体系。

其中，创新、智能驱动是顺应工业4.0时代的新趋势，推进工业化和信息化深度融合，加快推动数字化、智能化技术在制造业各领域的融合渗透。加速业态创新，推动传统产业的融合化、服务化、智能化、社交化，运用大数据、云计算、物联网、云制造、3D打印、工业机器人等新业态、新技术改造提升纺织服装、食品饮料、汽车摩托车等传统和优势产业。

服务驱动是从人本的角度出发，培育一体化集成服务企业，为制造业随时提供贴身周到的服务，大力发展服务外包产业，重点支持发展金融、现代物流、信息服务、文化创意等生产性服务业。生态驱动，则是打好增城优势资源牌，大力发展生态旅游、休闲度假和健康养生等产业，推动商业服务、旅游文化、生态休闲农业相结合。

增城经济开发区可充分利用国家级开发区的政策优势，扩大开发区的品牌效应，以"核心区+特色园区"的模式建立"一区多园"的品牌战略。即构建各园区共建共享机制，进一步发挥开发区招商引资的品牌和园区高端定位，吸引更多优质产业和新业态，提高各园区开发建设水平和发展承载力，促进产业不断积聚和优化布局。

8.2.4.5　生态及开敞空间

本轮规划中，重点关注对生态系统的修复，通过物种评估、栖息地辨识和网络分析构建，形成动物迁徙的生态网络，维护增城生态安全格局；结合增城区"千园计划"完善郊野生态公园—城市公园—社区公园公园体系，修复增城生态系统。实施环境空间分类分级管控，分别建立大气环境、水环境、生态环境空间管控区管理机制，研究制定管控区生产活动管理指引，研究相关产业准入与引导策略；明确环境监测与评估及执法监督，以及目标考核等管理要求。

规划中，强化对生活舒适度的打造，倡导在低碳出行的形式下，能享受到多样的服务，构建以人为本、舒适宜人的步行体系，为生活提供类型丰富步行体验。通过规划的管控，构建层级合理、类型丰富的城市公共空间，塑造绿色宜人、安全便利、又富有文化魅力的公共环境。

8.2.4.6　特色风貌与景观体系

国土空间规划划定的是空间格局，管控的是城市风貌，规划充分利用增城既有"山、水、田、园、城"的资源特色与历史文化底蕴，建设成为自然景观与人文景观和谐统一，体现历史文化名城特色与富有人情味的特色景观。

在自然风貌方面，以三条城市生态廊道将北部生态资源和滨水资源引入城市内部，同时作为各组团的天然生态隔离带，控制各组团的无序扩展。以三条滨水景观带组织收放有序的城市活动空间，使城市景观与自然景观得以呼应和延续。

在城市景观风貌方面，通过整体城市设计的手法划定不同的城市景观风貌区，打造体现不同功能与地区特色的城市形象；结合轨道站点、区镇重点地区划定重点城市设计区，通过开发强度管控、城市设计导则等，指导"差异化"的片区景观空间建设，营造特色空间风貌区。

8.2.5 有韧性的支撑体系

8.2.5.1 综合交通规划体系

落实市级规划的交通路网结构，构建与自身城镇空间格局相一致的交通体系。城镇开发边界内，按照相关道路交通规范，设置密度合理的主次干道，明确控制要求。城镇开发边界外，应充分尊重现状地形地貌、传统村落肌理，避免城市道路盲目切割生态、农业空间。

面向国际与国内，强化增城的交通枢纽地位，落实广州第二机场、广州东部交通枢纽等航空、高铁重大交通枢纽的用地预留，以融入广州半小时生活圈、珠三角1小时生活圈为目标，完善区域—城市—地区—组团多层次的现代化立体交通体系。面向珠三角，打通与周边城市的交通痛点，完善高速路网和城际交通，通过交通一体化推动区域发展一体化。面向广州中心城区，建立与中心城区便捷高效的交通联系，加快城市轨道交通建设，构建增城城区与广州中心城区的快速直达通道，加快人才、信息与物质的流通。

8.2.5.2 公共服务体系与"15分钟社区生活圈"

本轮规划，结合增城的聚落型空间形态，规划形成"区级—片区—地方"三个层级的公共服务中心体系，到2035年，基本实现卫生、教育、文化、体育、养老等社区公共服务设施在15分钟步行范围内覆盖率达到90%，实现"公园就在家门口"的生活品质，提升生活的幸福感以及对城市的认同感。

将"15分钟社区生活圈"概念引入传统规划中关于公共服务体系的编制内容中。社区生活圈从以人为本的视角出发，在步行15分钟的范围内，布局解决不同群体日常生活需要，满足交往、生活、就学、就医等服务要求的设施。

8.2.5.3 防控危机"留白"用途

新型冠状病毒疫情暴发，武汉在危急关头采用了"堵路""封城"非常规措施，敲响了城市建设与管理的警钟，也为规划工作者布置了关于如何保障城市公共卫生、减少突发危机事件伤害的新功课。

1）空间上构筑责任单元，通道上建设韧性体系

本次规划考虑为应对公共安全危机，在空间规划中划定防控预留空间。增城在广州一路东进的过程中，结合自然生态与地区环境，已逐步构筑了多个创新型价值单元，这种创新型的聚落空间天然形成了一个个的防疫责任单元。在这些责任单元中，既可以控制人口的集聚度与密度，又可以结合公共服务设施、居民步行能力，划定下一层级的社区生活圈，其所覆盖的范围就是未来应对防灾防疫的第一阵地。

在防疫责任单元内，可以完成初步分诊、治疗后的护理疗愈两个前后端的医疗服务内容，可以减少病人在城区穿梭的交叉感染风险。而且在危急关头，社区医院、社区活动中心、服务综合体、党建中心等空间资源都可以重新赋予新的职能，发挥它的潜力和作用，这就是责任单元的设施创新利用。

对于城市通道则要求能实现"人的隔离与物的畅通"，加强易于防控的客运体系和物流畅通的通道建设与管理。在应对不确定性的危机时，规划编制考虑在危机前、危机中以及危机后等不同阶段，应对城市的不同需求，制定不同的交通体系保障模式，既保障医疗物资、防御物资的运输以及专业工作人员的正常通勤，又保障疫情不扩散的隔离需求。

2）布局"扁平化""强中枢""平疫转换"的公共设施

健康是人的基本诉求，空间规划可作为地方政府为确保城市公共健康、减少传染性疾病的政策工具。本次规划重新梳理公共空间系统，多部门联合制定全新的城市公共空间使用导则，调整平日与非常时期中各级各类公共空间在不同场景下的使用规则。以社区公共空间为最小单元进行规划与设计优化，增加公共卫生监测与应急用途的临时或永久设施，形成去中心化的公共设施网络。

面向未来城市的不确定性事件，需要强化城市的应急响应能力与体系，规划中结合城镇体系规划，分级设立综合性重大突发公共卫生事件应急响应中心，同时在全域统筹布局应急基地，形成强中心加扁平化的设施体系。

"平疫转换"与"平战结合"一样，是应对危机事件的远虑，规划中提前布局临时应急卫生设施，将旧厂房、空置养老院、大型酒店、大型体育场及其他封闭应急中心等场所纳入传染疾病应急隔离场所储备库中，加强城市应急功能韧性，避免在疫情下被动选址造成周边地区的负面影响。

3）加强弹性管理与风险预判能力，建设健康城市

城市健康是城市规划的底线，本次规划中增加应急能力评估，在国土空间"双评价"中增加城市公共安全评价，将城市健康纳入城市发展底线评价因素，强化国土空间规划中城市健康的研究。同时，尝试划定战略"留白"用地，既可以为优化提升城市重要功能预留战略空间，为城市未来发展预留弹性，又可应对不时之需，为城市安排应急避灾设施。

中国各地在SARS期间兴建了许多传染病专科医院，但最后很多都空置了。四川省

第六人民医院为收治SARS患者兴建，建成后未收治过一名SARS患者。如果结合未来突发疫情的常态化考虑，大型医疗卫生设施的选址设置应该更加主动和灵活。本次空间规划尝试前瞻性地布局防疫设施，并为其在空间上预留交通、基础设施的接入廊道。从建设的角度来看，各种医疗设施规划与建筑设计应尽可能预留改扩建空间（例如备用诊区）、功能置换（平战结合、病房改科研用房）的可能性。如上海市公共卫生中心设置了一片5hm^{2}的巨大草坪作为"备用诊区"预留，草坪下留有管线，可以紧急扩充600个临时床位，为应对危机做好了准备。

8.2.6　可考核的规划实施

规划的实施与考核，需要采用"战略定位—发展指标—功能分区—用途管制—实施考核"+"财税调控"的逐层传导体系，明确统筹部门和配合部门，将空间绩效指标、功能分区及其用途管制规则，落实到部门五年规划和年度计划中，并对其实施进行动态监测评估，将监测评估结果及时反馈，合理调整规划相关指标与功能分区，并将检测评估结果与部门绩效挂钩，对发展差异地区进行差异化财税调控，给出差异化的城市资源增值保值的激励措施。

8.2.6.1　可测度的指标实施

我国城市发展已经进入从土地城镇化到"以人为本"的城镇化新阶段，政府在城镇发展过程中起到了关键的资源管理和配置作用。但政府及其部门管理的效用如何，是否落实了上级赋予地方的责任，是否推动了地方"以人为本"的城镇化进程，即其管理实施的绩效如何，目前国家已经要求对其建立监督考核问责机制。

本轮国土空间规划已经明确要求包含编制审批、实施监督、法规政策和技术标准体系四大核心板块，其中实施监督将通过明晰政府权责、部门职能、面向社会开放等方法，构筑一个各级政府、市场及各类社会主体的协同对话平台与监督考核平台。增城在编制规划时，尝试建立实施中的日常监测、实时预警、前中后多轮评估、差异化考核等系列监督考核机制，未来将对相关部门的工作实施采取绩效考核，采用"约束+激励"的考核机制，结合信息平台的"智慧监控"，将部分指标的执行落实情况，与干部考核及其人事安排挂钩，促进规划的有效、有序实施。

实施监督，首先需要选择实现增城发展目标的关键指标，同时应是可测度、可考核的。增城一方面要积极融入区域一体化发展，同时要针对内部资源禀赋存在差异的不同地方，建立差异化发展、利益共享的正向反馈机制。规划基于增城南、北差异化的资源环境承载力和产业基础，划定北部生态化发展地区与中南部一体化地区，对以上两大地区的部门和镇街提出共同的空间管制与刚性边界管控、公众满意度，以及差异化的城乡建设规模、生态保育成效、产业门类、公服及基础设施配置等作为考核指标，希望通过其实施情况及早发现问题，并督促政府与相关部门及时纠正。

8.2.6.2　增存挂钩的激励机制

改革开放四十年来，广州奠定了良好的经济基础，但也面临早期粗放型发展带来的一系列资源、环境、土地、产业结构等方面的问题，转型发展已是必然的趋势，存量空间的再利用成为其集约利用土地、保障发展用地的重要途径。增城地区作为广州的边缘地区，长期以来工业化超前于城市化，几乎已无新增空间，如何激励存量土地挖潜，成为资源优化配置、土地精准投放、供需动态平衡的重要途径，增存挂钩成为未来增城空间发展的供给方式，成为未来国土空间总体规划必须重点考虑的机制设计。

虽说盘活存量可以化解土地供需矛盾，但因涉及的资金庞大，往往难以执行，那么在地方规划中，就要研究经济运行的规律，设置符合经济规律的政策与标准，将增量与存量的转换，将增量的投放以及存量的挖潜纳入统一的激励体系之下，价值相互转化，通过规划这个动态博弈的平台实现价值变现。

以增城中新镇中新村为例，在改造过程中，增城规划资源主管部门执行了强统筹，明确各项确权标准与执行补偿的基准，促成市场主体与村集体、村民达成"一致意见"。国土空间总体规划框架下的改造实施方案则是把这三方主体意愿整合到一个集成规划平台当中。在这个平台上厘清政府与市场主体的事权边界，处理长期积累的复杂利益关系以及兑现历史欠账，分配利益方案、资金投入计划，考核与激励等一系列实施路径。

8.2.6.3　单元规划的传导与管控

传导是保障规划管控落地的关键过程，创新规划的传导机制，做实规划落地，成为国土空间规划在编制与实施过程中的关键环节。地方规划中"弹性"与"刚性"的管控结合是保障未来规划落地的智慧，一方面为了未来可持续发展而必须严守刚性的底线，同时为了适应未来不确定性需要留有一些弹性空间。目前增城区控规覆盖面积为204.4km²，全区覆盖率为12.6%，在市级国土空间总体规划向下传导要求中，需要对接市区一张图管理平台，划定管控单元。增城地区被城镇、山水、村庄、道路自然分隔成了多个城市组团，自然地貌分界清晰，为单元划分提供了良好的基础。

在增城的规划探索中，根据市级规划要求，将单元划分为农村农业单元、生态单元和城镇单元，探索差异化的管控内容与方式。城镇单元更多侧重于对公共服务配套、用地结构比例、存量更新、空间形态的引导与管控；农村农业单元侧重于对基本农田正向优化、村庄综合整治、乡村振兴项目、点状供地等内容的管控；生态单元则对生态保育与生态修复、土地整治、游憩功能等内容进行管控。同时，对于城镇单元，要求全覆盖编制控规，实施精细化管理。农村农业单元、生态单元也可组织编制特色控规，农村农业单元明确村庄建设与农地边界，提出空间腾挪与农地发展权补偿的实施机制；生态单元落实生态保护红线，提出准入项目与规模要求，设计管控指标以便于未来进行监测与评估。通过划定管控单元，为市级规划的向下传导，区级规划的指标考核提供抓手（图8-14）。

对于重点平台项目，可划定重点管控单元，在做好上位规划传导的同时，保障项目落地的灵活度。以广州科教城项目为例，自2012年广州市委市政府决定建设广州教育城开始，经历了几轮规划编制与调整，由于多年来外部环境不断变化，城市开发需求与政府开发意图变化，科教城经历教育城—科教城—富士康科技小镇等多个阶段，用地红线由一期的10km²拓展至15km²。为应对外部不确定性，在科教城的规划中采用了"留白"手法守住"底线边界"，规划中沿着空间和时间的双坐标寻找"底线边界"容易出问题的薄弱点，对薄弱点做好底线防控。国土空间总体规划就是通过正向的政绩考核与"留白"的规划传导，谨慎守住底线边界，同时灵活应对政治和开发主体变化带来的项目建设投资的变化，留有规划弹性。

图8-14　增城区主导用途分区规划图

8.3　城市的未来与规划的期许

数千年来，我们的祖先穿梭于不同形态的地理环境①，对地球上不同形态的地域进行了不懈的探索，翻过高山，穿过大海，仰望星空，对周围空间的感知经历了不同的阶段，开展了无止境的以探索空间边界为目的的探险。

正如艾萨克·阿西莫夫所说，人类总相信对于宇宙的探索已经穷尽，然而无论在哪个时代，人类总能证明自己错了。正因如此，人类从未停下对未来的探索。在空间规划领域亦如是，理想的未来是否存在，合理的城乡结构能否被定义，未来地区的规模如何预测，新技术的进步是否导向新的文明进程，抑或是一个病毒的进化，都带给我们对规划工作的无限思考。但终究，对美好生活的期盼才是我们对未来规划真正的期许。

8.3.1　无法预测的明天

在对过往成千上万年，人类从游牧生活向农业生活逐渐过渡。根据现在的各种遗存，我们可以想象出10 000年前人们生活与生产的场景。但对于即使只是200年后的未来，都可能超出最疯狂的小说与剧本的情节。就像10 000年前住在森林里的人类同样无法想象现在的世界有60%的人会生活在一系列大大小小的叫作"城市"的地方。正如史蒂芬·霍金所说的，在遥远的未来，我们的新技术可能已经把我们远远地推离了地球。

8.3.1.1　无何有之乡

在欧洲文艺复兴时期，地理大发现把新的航线、新的财富、新的陆地一齐展现在人类面前，使得人类对未来充满了无限憧憬。英国人文主义学者托马斯·莫尔给我们描绘了物资极其富足，几乎人人平等的世界。在那个岛上，有54座城市，无不巨大壮丽，有共同的语言、传统、风俗和法律②。这个被称为乌托邦的"无何有之乡"，会根据粮食生产与供给能力划定有效的保障范围与略大的接济范围，会对城市人口进行严格限制，会对城市空间进行功能分区，生活在那里的人们健康状况良好，人人崇尚知识，优越的制度与先进的规划保障着社会的有序运行（图8-15）。而早在我国东晋，一位身处江湖的诗人，借《桃花源记》也给世人留下了一个安宁和乐的"无何有之乡"，令人心向往之却"不复得路"。

过去，人类发展的足迹与对未来的畅想都描绘出了对物质的追逐，而在未来，通

---

① 马卡卡罗，达达里. 空间简史［M］. 尹松苑，译. 成都：四川文艺出版社，2019.
② 莫尔. 乌托邦［M］. 戴镏龄，译. 北京：商务印书馆，2019.

过技术创造的财富和工具，能够把人类从疾病、饥饿、不公中解放出来，朝着"地球系统科学""生命共同体"的广阔图景进化。我们对世界进行的每一次探索，都是一次对未来极致的感性审美。物质通过美学、生态学、功能学等多学科转变，将展现更高质量、更美的状态，来满足人民对于文化与精神的需要。

芒福德曾经说过，因为城市应当是一个爱的器官，而城市的最好的经济模式应是关心人、陶冶人①。每个个体通过各自的努力在城市中追求着属于自己内心的情感，同时也共同使全民幸福最大化。我们作为独立个体，在城乡之间，在现在与未来之间传承与发扬文明，在物质生产中承载智慧，在对自然资源的开发与保护中拓展更广阔的未来。

图8-15　乌托邦岛图

图片来源自1518年巴塞尔版《乌托邦》

8.3.1.2　科学的乌托邦

文艺复兴带来的社会转型，激发人们在理性中抱着超现实的态度去建造心中完美的乐园，以达·芬奇、柯布西耶分别对米兰和巴黎提出的改造计划为代表。这些计划均以符合美学标准的几何构图来打造都市的乌托邦，但因缺乏对时间维度的考量而未能获得成功。随着技术进步与工业革命的到来，"三大幻想家"②之一的傅立叶尝试建立的乌托邦合作社，霍华德构建的心中的花园都市，都是不同阶段对明日乌托邦的不懈追求。20世纪初，法国现代主义建筑师东尼·甘尼尔提出了"工业都市"的计划，该计划被视为现代都市计划的萌芽。这个计划用现代形态与机械理想装载19世纪社会主义乌托邦的内涵，描绘了一个充满了乐观情绪与情怀的乌托邦。同时期出现的系列现代都市计划，包括柯布西耶的300万人居住计划，莱特的"无垠城市"与朗·赫伦的"行走城市"等，都试图通过对高科技的幻想来实现对乌托邦理想的寄托。19世纪后期，乌托邦更多地出现在科幻小说中，小说对未来都市的交通工具、建构筑技术、城市形态甚至是交流模式都有各种各样的描

---

① 芒福德. 城市发展史：起源、演变和前景［M］. 宋俊岭，倪文彦，译. 北京：中国建筑工业出版社，2014.

② 指活跃于19世纪的罗伯特·欧文、圣西蒙与傅立叶。

述，也影响了一批批建筑师与规划师①。未来乌托邦的形态是岛屿式、移动式、空中式抑或是宇宙漂浮式，都未可知，但我们也看到人工海岛、无人飞机、海底隧道、空中的士等科幻元素已经开始在我们的身边出现，乌托邦还遥远吗？科学将给我们以答案。

回归理性的思考，雅各布斯认为城市是自下而上构建起来的，充满了多样性，而未来的城市更是一个多领域交织、多个体链接的大规模复杂系统。作为指导未来地方发展的国土空间规划，并不是企图预测未来，而是通过对资源要素、地区结构、发展时序进行新的空间安排，从而引导形成未来新的地方发展场景。未来对城乡规划工作提出的新要求，除了要以人为核心，尊重城市发展、经济发展以及科学发展规律外，从关注空间谋划的蓝图到经济社会可持续发展，从强化发展的速度到关注发展的品质以外，未来国土空间规划还应关注新的技术机遇，以变革的思维描绘未来的发展图景。

8.3.2　面向未来的规划

从柏拉图的《理想国》到维特鲁威的《建筑十书》，从莫尔的《乌托邦》到霍华德的《明日的田园城市》，规划先驱们已经在不同的历史高点上畅想了未来。无论何时的规划都是假定在未来某个时间点上达到一个确定的目标，围绕这个确定的目标，制定一系列实施路径。但不可否认，未来越来越难以预测。未来的国土空间规划作为现代化决策过程，通过运用政策原理、政策工具及体制机制对资源进行管控，从而实现一个地区包括经济、社会、文化和环境在内的综合目标。那么，在不确定的未来，国土空间规划只有先明确自己新的思维逻辑、编制内容与技术方法，从范式上进行转变才能适应我们对资源、空间和生活的想象。

8.3.2.1　治理高效的共识性规划

共识是在面对危机时对生命的尊重，共识是在面对自然时对天地的敬畏，共识是在面对发展时对永续发展的态度。在国土空间规划中，下沉到县区的规划，即达成共识、提高空间治理效能的核心部分。庄少勤指出，国土空间规划关注的空间治理问题不仅是环境问题，也是经济、社会乃至文化和政治问题，因此，空间发展需要同时遵循经济规律、社会规律和自然规律②。地方政府作为国土空间规划的关键实施者和践行者，需要对资源的价值增长、环境保护、要素支撑与差异化实施监督等关键内容达成共识。

合理的规划是各项资源要素能够高效组合并持续增长的催化剂，可引导地区产生新的经济机会、更多的就业岗位、更美好的居住环境，并促进地区与各层面的地域进行物

---

① 五十岚太郎，矶达雄. 我们梦想的未来都市［M］. 穆德甜，译. 南京：江苏科学技术出版社，2019.
② 庄少勤. 新时代的空间规划逻辑［J］. 中国土地，2019（01）：4-8.

质交换与链接。具体规划内容可以包括：在规划前期，通过在规划过程中分析研究各种资源的合理配置与最优使用，并与人口、交通、生态保护等相协调，共同为未来的可持续发展做好资源的识别。在规划过程中，引导资源的空间布局，通过适当设施的规模集聚，如产业设施、教育与医疗服务设施、商业设施以及养老设施等，都能带动城市活力点的产生与空间发展，并以此为原点，链接毗邻的其他城区与乡村地区，促进具有专业性、互补性与集聚性的城市节点产生。地方政府通过空间规划确保公共交通与货物运输系统的布局合理高效，减少个人交通工具的使用的同时加速资源要素的流动。为保障未来信息流的传输，空间规划需为经济主体与居民提供更高科技、更多且更均衡的数字基础设施，促进创新技术与知识的生产。未来的空间规划还应以经营城市的理念调动金融、财政的力量进一步激发土地资源的经济价值。

国土空间规划不仅是一张空间蓝图，它的实施离不开对多要素进行配置与管控，并让各相关利益主体能够理解和遵照执行。因此，空间规划需对要素种类与管制内容提出更多针对地方的差异化要求，如对于生态主导功能地区，可参考耕地计划指标制定生态用地指标，对生态用地保有量、生态用地补充量和生态用地转用量提出年度管控计划。对于集中建设地区尤其是存量建设较多的地区，在总量核定的基础上，对因存量用地更新和对农村建设用地复垦整治等工作产生的建设指标，可考虑作为奖励性指标重新进入新一轮的建设指标中，通过对地方综合要素使用的评估结果给予指标奖励。当然即存在奖励，也会存在因使用效率低，评估结果差的地方进行指标核减或者是指标的地区转移。

治理的关键是保障规划的落地，在《中共中央国务院关于建立国土空间规划体系并监督实施的若干意见》中，明确提出在强化规划权威的前提下，将国土空间规划执行情况纳入自然资源执法督察内容，并通过建立资源环境承载能力检测预警长效机制，建立国土空间规划定期评估制度，与其他部门的评估结果结合，从而对国土空间规划进行动态调整完善，甚至规划成果也是以动态的形式存在的，动态即是应对不确定性未来治理要求的重要原则。

8.3.2.2　文化自信的定制式规划

10年前上海世博会的中国馆，借"古"意"新"风的手法将五千年中华文明浓缩在"斗栱"这一形象上呈现给世界，借"中国红"彰显我国坚持改革开放的精神，借移植于圆明园的"九州清宴"景观，传达在城市发展进程中中国敬畏天地的生态文明智慧。这是一种文化自信，来源于我们对中华优秀传统文化的继承和发展的文化自信，正如130年前巴黎世博会上的埃菲尔铁塔，作为当时世界最高的人工建造物，彻底地向世界展示了法国的工业实力，从材料到技艺，从理念到形象，重新构建了人们对工业艺术品的认知。这跨越东西百年的两处场馆，已然从城市地标上升为时代的文化地标。

英国思想家马修·阿诺德强调"文化即对完美的追寻"，"文化即探讨、追寻完美"。在未来，不仅仅追求高质量发展，更是追求完美、追求精神层面的感知时代。文化作为理解城市的重要维度，终究要由物理空间来承载成为未来城市空间的重要组成部分。华人著名学者杜维明指出"在社会系统中，如果说经济的作用是动力性的，那么文化的作用却是方向性的"。未来，地区之间的竞争是魅力与创新驱动的竞争，提高地区竞争力，就要求对外积极提升地区文化形象，增加对高端产业和人才的吸引；对内从居民生活需求出发，创造有认同感的美好宜居环境。真正围绕"以人为本"，谋求永续发展，让社会发展的成果回馈人们的生活。

面对全新的规划任务，在新规则的硬约束下，需要从地方发展的实际出发，抛弃以往传统规划中的断链问题，链接资源价值与审批价值，编制适应地方发展的定制式规划。国土空间规划虽然不能直接对空气质量或者作物产量产生直接的影响，也无法左右个人、整个社会对价值观的选择，但是如同在过往岁月中，城市规划所扮演的角色那样，对城乡活动空间、生活品质起到了重要作用甚至是决定性作用。在未来，国土空间规划一方面将继续扮演技术集成与应用、价值观统一平台、地区发展共识的作用，另一方面，也将对未来的生产生活方式的选择起到一定的引导作用，将各种对资源的管控落到实处。并结合动态大数据以及相应的空间分析支撑方法，运用多学科交叉挖掘地区文化的精神，从而识别与构筑空间分布特征，塑造城市魅力，彰显文化自信。

8.3.2.3　面向技术的运算型规划

专门研究蚂蚁习性的生物学家弗兰克斯（Nigel Franks）写道，"单只行军蚁是已知的行为最简单的生物"，"如果将100只行军蚁放在一个平面上，它们会不断往外绕圈直到体力耗尽死去"。然而，如果将上百万只放到一起，群体就会组成一个整体，形成具有所谓"集体智能（collective intelligence）"的"超生物（superorganism）"[①]。这就是"复杂"的自然和社会系统的小小缩影。人类与行军蚁一样，聚集在一定区域形成城市，形成更庞大、更复杂的社会结构。只有通过复杂的运算，才能真正了解复杂的系统。

古希腊人在数学、逻辑和哲学领域的贡献，奠定了其作为现代西方文明的来源的地位，数学成为解释世界的工具，当代以及未来对世界的解读，将更加依靠数学模型和模拟工具。阿里研究院是一家依托阿里巴巴集团海量数据的新知识平台，一贯倡导数据将成为新的生产要素并诞生全新的生产关系，倡导数字时代的到来，依托于云计算的崛起，诞生了新的算力和算法。可预见，数字平台、密算体系、决策模型等将催生出会运算的城市，空间规划将可以给出更精准的运算，明确城市发展与运营的精准路径。

未来作为混合技术集成的时代，技术的发展将影响空间规划的未来。2019年，《福布斯》认为，未来有五个分组领域将对城市起到重要的作用，它们是智能城市和物联网（IoT）；人工智能（AI）、机器学习（ML）、量子和超级计算，机器人技术；增强现

---

① 米歇尔. 复杂 [M]. 唐璐，译. 长沙：湖南科学技术出版社，2011.

实（AR）和虚拟现实技术（VR）；健康、医学和生命科学技术；以及高级成像科学。中国工程院曾开展了系统的"中国工程科技2035发展战略研究"，提出面向2035年的25项重要技术方向，主要包括信息技术、新材料新能源、污染防治与城市建设、海洋和生物技术等领域，其中信息技术和人工智能（AI）排在第一位。如果说现在国土空间规划更多的是面对物联网+，那么未来可能更多的是面对AI+。可见，在不远的将来，计算机化、机器人技术、生物学、运输和时空探测等技术都将改变我们生活的世界。国土空间规划的职业人员，不仅将面对更多新工具的开发，更多的是面对技术迭代对社会产生的深层次影响，比如人口、隐私、教育、医疗等方面，以及他们对国土空间格局进行的重塑。

在空间规划中，需要预测城市这座复杂系统，其准确性主要依靠掌握的细节水平。以往，做预测的普通方法是根据目前的趋势进行延伸[1]，在惯常的规划中，技术人员也依据"惯性"预测城市未来人口的变化、国民生产总值和个人收入，而我们试图预测的未来城市是一个集合体，包括了时空活动中的多种元素，且蕴含了人口增长、气候变化、技术迭代等难以掌握的多种趋势叠加。单个城市与区域的交互连接也将以超出我们理解能力的速度变得越来越复杂，可预测的部分正在逐渐消失。而随着人工智能运用、机器学习和高级计算将更为科学地应对地方出现的各种挑战。AI可以从大量非结构化数据中分析和诊断，并为城乡地区，尤其是数据量大的城市地区提供解决问题的方案。机器人技术的应用在未来也将越来越广，京东无人机、无人驾驶等新事物已对产业人口、商业模式以及城市管理模式产生重大影响。AI和ML与量子计算和超级计算能力的神经交互，在未来将实现前所未有的能力，包括对数据的深度挖掘，其自主学习的能力将催化各领域的技术创新，并为人类的技术飞跃提供机会。也许未来，技术真正实现深刻融合的领域将是健康、医学和生命科学领域，人类的预期寿命将大大延长，对于老年设施以及空间的需求、规模预测的方法都将受到新技术的冲击。未来一定是技术的未来，但也需要我们从地球生命共同体的角度去统筹资源环境的开发利用与保护，从智能城市，创新未来的视角来考虑国土空间规划编制与实施。

8.3.3　我们的资源、空间、生活

马克思在《资本论》中说："劳动和土地，是财富两个原始的形成要素。"恩格斯的定义为："其实，劳动和自然界在一起它才是一切财富的源泉，自然界为劳动提供材料，劳动把材料转变为财富[2]。"可见，资源包括自然资源和社会资源，是人类用以创造

---

① 布罗克曼. 未来50年［M］. 李泳，译. 长沙：湖南科学技术出版社，2007.
② 中共中央马克思恩格斯列宁斯大林著作编译局. 马克思格斯选集（第四卷）［M］. 北京：人民出版社，2012.

物质财富和精神财富的一切客观存在。城市是聚集资源，讲述故事的空间，是在时空变幻中缓缓展现生活的不连续片段，装载我们记忆场景的梦境。未来，连续的循环的技术创新，对未来的经济、社会、文化、人口增速，对固有的生产生活模式以及传统城市形态都将产生正负反馈，但我们仍想将目光拉回"资源、空间与生活"，回归城市的本源。

8.3.3.1　拥抱资源

雷克雅未克，一个最靠近北极的首都，一个看上去清冷的北欧名城，也可能是我们看到的最接近未来都市的样子，使用清洁的地热资源，具有卓越的数字基础设施和领先全球的科技创新能力，有世界上一群最喜欢思考的居民，没有争议地在世界占据了一席之地。佛罗伦萨也不仅仅只有艺术，还有服装与金融，是资源与创新人才的汇聚，才成为了我们心目中的理想城市。

成都，是中国西部地区重要的中心城市，达成了建设"公园城市"这种共识，作为生态文明理念下城市发展的新模式，在成都的资源转化过程中发挥了巨大的绿色资源的组合价值，为其未来指明了方向。以绿道体系串联的高品质生活场景，在公园城市里体现得淋漓尽致，面向人民、面向地方的资源实现了高效的资产转变。这是一种人与自然资源关系重构的探索，也是人与资源关系在空间上的映射。

在未来我们谈到资源，已不仅仅是指脚踏的土地，而是随着现代化治理能力的不断提升而逐步延展和深化到耕地、林地、草地、水资源、海洋和地底的馈赠等各类要素，以及最可贵的人力资源，大家讨论1950年与2008年的底特律到底有什么不同，以至人口已不到从前的一半并且还在持续地减少，有人说是失去了与世界资源要素的联系，失去了创新的能力。所以，在未来，资源要素将成为决定一座城市兴衰的关键。

在未来我们谈到资产，即那些能带来经济利益的资源，似乎如何能发挥最大的经济效益是经济学家的工作，但经济学家会认为如何组合好资源，如何激发创新才是资源利用的最优模式。然而未来，规划的视角已经投向全域资源全要素的治理之上，尝试着推进资源有偿使用，逐步打通生态价值、文化价值向经济价值转变的通道，针对资源的思考将不再局限于空间分配的单一层面。

规划是一项计划，是组织各项资源要素爆发出新能量的计划，是为保障资产收益的持续增长的计划。每一个出色的城市，不仅有着丰富的资源，同时也需要依靠合理的治理。规划就是治理的计划。新加坡单从自然资源的角度，并没有被厚待，但通过科学治理给城市提供了高质量的空间与生活，吸引世界高精尖人才汇聚，在创新的加持下，实现了资源的最大化价值。未来，资源会被热情地拥抱，而精心地识别资源、规划资源、管控资源，实现资源资产化，协调跨区域之间的资源共享，让生态资源变成流动的"金山银山"，这些新的命题规划才是未来规划中对待资源的基本态度。

8.3.3.2　美好空间

空间，尤其是城市空间是一个伟大的创造，当柏拉图和苏格拉底选择在雅典的集会场所展开一场辩论，意味着城市已经成为思想与物质流动的空间，成了让人便于观察、学习与交流的集聚空间。在这个空间里，人类的力量被放大，提供了各种人与人进行社会交往的可能。交往并不仅仅是出于对经济回报的追求，而或是出于同行之间的惺惺相惜，就像莫奈和塞尚在巴黎的相遇，而或是出于我们孩童时代对亲密关系与交往空间的眷恋。芒福德在《什么是城市》中说道："城市在其完整意义上就是一种地理丛、一种经济组织、一种体制过程、一个社会行为的场所和一种集体统一的审美符号。城市孕育艺术，它本身也是艺术；城市创造剧院，它本身也是剧院。"

空间也有情绪；它积淀着地区的文化与记忆，也不断满足我们对它的期盼。位于加利福尼亚州的好莱坞星光大道（Walk of Fame），有超过2500枚水磨石及黄铜的"星星"镶嵌在绵延约20个街区的人行道上。1958年兴建之初，目的仅仅是为了提升好莱坞"形象"，但60年过去了，却成了洛杉矶著名的文化历史地标，记录的是一代人对影像、对时代的共同记忆。《看不见的城市》里描述了一处虚无的木兰花园，既能装下忽必烈的雄心壮志，任思绪在"在花园里散步"或"浑身染着血汗，砍向包围着城市并爬上城墙的敌人"，也能盛满马可·波罗的"思考见闻与生活"[1]。或许不用到木兰花园，只需在某个深夜，沿着塞纳河漫步，融入两岸别样的空间，加入一场"流动的盛宴"，随着路边停下的马车进入下一场旧时光。

而在未来，空间的价值将被拓展，前沿技术、文化经济、用户体验甚至是虚拟社交等各种新事物都将对空间进行重新定义。万物连接，智慧城市让人们可以享受足不出户的工作与生活，但是只有真正走进空间，才能感受到城市为我们提供的一顿美食、一场邂逅或一次面对面的交流。这些细碎的场景，编织成了我们对一座城市的喜爱。在未来的规划中，我们应该为营造城与乡不同的幸福场景提供更美好的生活环境，我们应该为秀美河山能永续长存提供更好的保护，我们更应该为和我们共同生活在这个世界的自然生灵筑起家园。规划可以营造美好空间，创造幸福场景。

8.3.3.3　回归生活

人对生活的体验和感知构成了自己的一部分。空间是美好生活的容器，承载着对生活的各式追求与祈盼，并传递着一个个鲜活的温情瞬间。"我们两人每天在起居室静静地各据一书桌，静静地读书工作。我们工作之余，就在附近各处'探险'，或在院子里来回散步。阿瑗回家，我们大家掏出一把又一把的石头把玩欣赏。"[2]杨绛先生"生活"

---

① 卡尔维诺. 看不见的城市 [M]. 张密, 译. 南京：译林出版社, 2006.
② 杨绛. 我们仨 [M]. 上海：三联书店, 2003.

的容器是他们仨的家，装载了相聚相失的思念。而川西某个乡村是李子柒"生活"的容器，装载的是中国传统田园情节，秋收冬藏的四季轮换，同样的画面传递给不同场景中的你我他，但并不妨碍我们一起感受生活的美好。

人是属于社会的，城市代表着人类可以达到的高度，其未来是光明的，城市这种绵延不绝的生命力反映了人类强大的社会属性[1]。我们可以从贫民窟和硅谷找到答案。《落脚城市》里描绘了洛杉矶的西亚当斯、里约热内卢的圣玛尔塔甚至是鹿特丹、孟买的贫民窟倔强的勃勃生机，为什么即使寒酸的生活也让人们选择城市，即使是暂时落脚的城市？这恰恰证明了城市的魅力，不是城市造成了人们的贫困，反而是城市给贫困的人们提供了对美好生活的憧憬，为了追求心中向往的生活，离开故乡来到城市，思念并供养故乡。在硅谷和班加罗尔地区，工作、购物与娱乐都不需要线下操作，但人们还是选择来到城市，参与更多的面对面交流与碰撞。这是因为城市为人们扫除了生活上的障碍，让人们有创造另一种生活的可能，而不是让思想家、艺术家、科学家将才华都奉献给印度某个小村庄的农业生产。

未来，人们借助新技术、新工具，能提高物质流动的效率，也能降低流动的成本，但是一个突发的创意，穿越硅谷的小巷还是会比通过光纤更容易变成真正的创新与价值，成就感与获得感会让生活更加美好。为了追求理想的生活，感受不同的文化，追寻不同的品质与自由而在城市之间、城乡之间穿梭。新的国土空间规划，正是以美好生活为导向，带着饱满的情感，去雕琢我们的场景，营造满足安全需求、精神与文化追求、全面的生活与生产服务、健康以及智慧的生活场所。在未来的地区发展中，城与乡不再是生活品质的界限，地区区位不再是"流量"的桎梏，互联互通的技术手段，在平面上可以延展生活的时空界面，但只对万物生命的包容，对生态进程的敬畏，才是我们真正改善家园，创造繁荣与文化的根基。

> 我花在旅程上的时间很长，旅途很漫长。
> 曙光初现时，我就驱车前行，穿越广漠的世界，留下道道辙痕于众多星球。
> 离你最近的地方，路途最远；最简单的音调，需要最复杂的训练。
> 旅人得叩击每个生人的门，才得以敲响自己的家门；
> 一个人得在外面世界四处流浪，才得以最终抵达内心深处的神殿。
> 我举目四望，才得以合上眼说："你也在这儿呀！"
> "哦，你在哪儿呢？"这句问话和呼唤融化成上千条泪河，"我在这里！"
> 这句令人心安的回答汇成一股洪流，两者一起泛滥了全世界。
>
> ——泰戈尔《回家的旅程》

---

[1]　格莱泽. 城市的胜利 [M]. 刘润泉，译. 上海：上海社会科学院出版社，2012.

第 9 章

思考与出发

写给2035年。

2020年，是规划工作者期待已久的规划期末，也是国土空间规划的开篇之年。

2020年，是全面建成小康社会之年，也是"十四五"的开局之年。

2020年，是新中国成立刚满70周年，也是新中国第一部宪法颁布诞生65周年，《中共中央关于经济体制改革的决定》发布35周年，是土地承包到期后再延长的又一个30年。

风云激荡的70年，中国960万平方公里土地发生了众多翻天覆地的变化，跨越了世界上规模最大、速度最快的城镇化进程，我们提出了一个又一个城镇化的"中国方案"。城市数量从1949年的132个、1978年的193个，迅速增长到672个，其中，地级以上城市297个，县级市375个，建制镇21 297个；地级以上城市户籍人口达到48 356万人，户籍人口超过500万的城市有14个；城市建成面积从81年的7 438km^{2}增加到56 225km^2，增长了6.6倍。迅速扩展的城镇空间，都市圈、城镇群的出现，带动了区域的连片发展，有力地展示了中国经济建设的成就。2017年地级以上城市地区生产总值达52.1万亿元，占全国的63.0%，北上广深四个一线城市的地区生产总值超过2万亿元。大大小小的城市，极具活力的地方发展所形成的合力，正渐入佳境。

毫无疑问，我们正身处一个物质丰富、国力强大的时代，中国正以一种蓬勃发展态势发展。然而，高速增长的背后，仍然存在隐忧，以土地财政和GDP竞标赛为内核的地方增长主义，正让我们的国土空间受到损害，快速消退的生态空间和农业空间，交替频发的传染病和环境污染事件，"九龙治水"各行其是的空间治理模式，始终困扰着广袤国土空间中的人民。党的十九大报告对当前我国社会主要矛盾作出与时俱进的表述，强调我国社会主要矛盾已经转化为人民日益增长的美好生活需要和不平衡不充分的发展的矛盾，指出了当前发展的关键，在于从高速增长迈向高质量发展。如何让我们的国土空间治理，在治理能力现代化的框架下，迈向高质量发展，是当前亟待解决的问题。

2019年，有一条群像剪辑视频在网络上得到了广泛的传播，视频里一洗过去"笑脸式"营销的城市宣传片模式，取而代之的，是凌晨路边菜市场摊档里给孩子喂饭的母亲，是台风中艰难地推着电动车逆风行走的快递小哥，是慢悠悠骑着载满盛放鲜花的三轮车的老伯，是高空中清洗高层玻璃幕墙的工人，是地铁里排着长龙缓缓向前的上班族……片子的最后，打出一行字"看见每一种生活"。

这不禁让人思考，我们的国土空间，实际上要承载的是什么样的一种生活场景？我们的国土空间，不仅仅是超过60%城镇化率的冰冷统计数据，不仅仅是密密麻麻的高楼大厦和宏伟广场，不仅仅是震惊世界的建设和发展成就，同时还是承载人民美好生活和延续中华文明的容器。

"五级三类四体系"的国土空间规划体系，除了要维护自上而下治理的高效性和严肃性，更要关注的是赋予地方发展的活力，让每个生活在我们广袤国土空间上的人民，有真正的获得感和温暖感。这关乎城镇空间、农业空间、生态空间中的美好场景塑造，这不仅仅是规划工作者的图面工作。一张"蓝图"的绘就，不能离开对未来美好城市场景的塑造。

放眼全球，那些屹立在城市丛林中的名城，有的凭借悠久的历史文化吸引海内外游客，有的依托独特的城市特色风貌景观给人留下深刻印象，有的……不一而足，但大多都是在时间长河中有序生长而形成。约束城市生长的，未必是我们现在看到的一张张图纸，可能是约定俗成的营城法则，可能是山水形胜的塑造，也可能是历代设计大师的手笔，但都通过有序的空间环境、整体空间的架构、历史文脉的延续，让人们能够在其中感知城市的美好生活，获得真正的归属感和幸福感。

120年前，现代城市规划的先驱霍华德先生曾说，"把一切最生动活泼的城市生活的优点和美丽、愉快的乡村环境和谐地组合在一起。这种生活的现实性将是一种'磁铁'，它将产生我们大家梦寐以求的效果——人民自发地从拥挤的城市投入大地母亲的仁慈怀抱，这个生命、快乐、财富和力量的源泉。"2015年中央城市工作会议提出，"坚持以人民为中心，加强城市设计，增强对城市的空间立体性、平面协调性、风貌整体性、文脉延续性等方面的规划和管控，留住城市特有的地域环境、文化特色、建筑风格等'基因'，将城市建设成为人与人、人与自然和谐共处的美丽家园"。国土空间所赋予的美好生活属性，再次通过官方文件被强调，而如何塑造国土空间的美好生活场景，不能单靠"三生空间""三线"的划定。今天看来，实现这种理想"田园城市"的关键，仍然在于地方的创造。在我国单一制国家的治理之下，中央通过宏观发展方向的把握，对地方发展起指导和约束作用，而地方根据老百姓的需求和城市的特殊禀赋，发挥各自的积极性和创造力，才能在国土空间治理中，实现与治理能力现代化、自然资源保护利用、人民高品质生活的结合。

然而，要实现国土空间治理能力的现代化、真正激发地方的活力并不容易，改革开放40年以来，伴随市场经济、地方分权、全球化的不断深入，空间规划体系的改革逐渐走入了深水区。近年日益加深的多规冲突矛盾、"九龙治水"等问题的背后，折射的是中央与地方之间、各部门之间、条块之间的博弈互动。地方在长期财政分权、GDP竞赛下形成的路径依赖，使得空间规划一度偏离其市场行为约束者和公共利益维护者的定位，不可避免地成为服务地方经济增长的工具，并产生市场负外部性等问题。而中央与地方之间的关系也在集权—分权—集权中呈现螺旋式上升趋势，从计划经济时代的高度中央集权，到改革开放后20世纪90年代为适应市场经济的财税分成、土地拍卖后的央地分权化，到加入WTO后中央为强化宏观统筹的再次集权，再到金融危机后的国家治理能力现代化后的中央地方关系再调整，每一次的变革都在深刻地影响我们的国土空间。

根据道格拉斯·C.诺斯的制度变迁理论，制度变迁是渐进的过程，重大的制度变迁往往是通过无数次具体而且微小的变化累积而成。空间规划的变革，经历了改革开放前的"生产计划驱动型"、改革开放后到十八大前的"增长竞争驱动型"、十八大以来的"美好生活驱动型"的演变[①]，到了近十年，从地方自上而下的"三规合一"实践开始，到中央四部委联手开展"多规合一"试点工作，再到自然资源部成立，标志着从"多规合一"向空间规划的全面转型，实现由非正式的制度变迁向正式的制度变迁的转变。

与最初上海、武汉、广州等特大城市因受困于土地资源紧缺而启动"两规合一""三规合一"的初衷不同，也与部门色彩浓重的国家四部委"多规合一"试点的探索不同，这轮以机构改革为标志的国家空间规划体系变革，不仅仅局限于多规矛盾的简单消除和审批流程优化，而是剑指现代治理能力的提升与构建。随着全面深化改革的序幕拉开，空间规划作为宏观治理的重要抓手，成为体现国家意志的治理手段。在"推进国家治理体系和治理能力现代化"的语境下，如何促进宏观治理与地方发展之间对话，使空间规划体系更好地适应社会矛盾的根本转变，成为上下协调的主旋律。地方视角下的国土空间规划，也不再仅仅追求目标、坐标、指标的精准，而追求更好地服务于以生态文明建设为中心、以人民为中心的目标。

我们的实践，正是伴随着治理能力现代化进程中地方视角的转向，从广州出发，走过太原、长沙、宜宾南溪、湖南临湘……从"三规合一""多规合一"走向正在前行的广州增城区、广州黄埔区、黔南州及12个县市、韶关市、北海市等新一轮国土空间规划。这10年来，我们尝试着从空间治理背后的权力、边界与规则着手，探寻地方治理下在国土空间规划中实现治理能力现代化的路径。我们尝试着通过丰富鲜活的空间规划实践案例，见证地方发展中资源、空间、规则之间的辩证关系，尝试着深入探讨资源利用与资产变现的关系、国土空间与美好生活场景营造的关系、发展权与规则构建的关系。

我们的实践，正是伴随着"以人民为中心"的国土空间视角的转向，尝试着以人民为主角谋划城市的鲜活场景，尝试着结合地方特色，在城镇空间、农业空间、生态空间之中创造美好生活场景和秀美河山场景，尝试着在自上而下确定的保护—发展空间框架之下，通过增量高效、存量增值、流量变现等方式，探索地方高质量发展的路径。我们尝试着，在以行政区为基本单元的责任型规划的框架之上，依托一、二级发展权，实现从用地到"一张图"的层层打开，向上叠加"发展规则"，向下叠加"公平规则"，形成"发展规则—空间规则—公平规则"构成的共治规则，实现资源与资产的链接、技术与制度的协同。

---

① 杨开忠. 新中国成立70年来城市规划理论 [J/OL]. 2019第一届"空间规划与治理北京论坛"论点摘编. 2019-09-25.

我们的实践，正是伴随着新一轮国土空间规划的编制徐徐展开。我们的探索还很稚嫩，受限于我们规划师的视角，受限于我们所掌握的有限技术水平，受限于我们对地方发展的粗浅认知，受限于我们对治理能力现代化的微薄理解，仍很不成熟。本书中提及的案例，大部分都是基于我们团队在这十余年间实践中积累的一点感悟，还需要经过更长时间来检验。

但是，我们不会就此停住脚步。《中共中央　国务院关于建立国土空间规划体系并监督实施的若干意见》的颁布，《自然资源部关于全面开展国土空间规划工作的通知》的下发，我们仿佛听到了一声声催促前行的号角，我们比任何时候都更接近"规划师"这一职业的理想。我们收拾行囊，从广州整装出发，跨越高山和大海，去往北方的飘雪，去往南国的暖阳，去往人民需要的地方。我们期望，用善意去营造美好生活，用我们一点点微不足道的努力，适应性地运用国土空间规划这一工具，让地方在既有框架内交出让人民满意的温暖答卷。

从世外桃源的诗篇，到田园城市的城市理想，人们从未放弃对诗意地栖居的追求。人类文明与自然和谐共生的国土空间，不仅仅是人居环境演化的高级阶段，也是生态文明建设的理想。

当前，我国面临百年未有之变局，一方面，2008年全球金融危机以来，国际上的冲突和摩擦频发，另一方面，不平衡不充分发展、贫富差距悬殊成为国内的主要矛盾转向的具体表现。在这样的内外部环境之下，中央提出生态文明建设，推动国家现代治理能力的建设，有更深刻的含义。而作为现代治理能力建设的重要组成部分，空间规划体系改革，不再仅仅是技术工具、公共政策，而成为生态文明建设的八大基本制度之一[①]。国土空间格局的建立，不仅仅关系到如何促使保护与发展之间的平衡，也关系到如何使人民有充分的获得感和幸福感。

"郡县治，天下安"。目前，机构改革已尘埃落定，但国家治理体系的构建才刚刚起步，国家空间规划体系的构建，仍需要通过中央与地方的上下对话，通过面向事权、上下通达的通道机制，面向资源、流量变现的下沉机制，面向规则、上下链接的容错机制，实现新一轮现代化治理能力的升级。同时，需要容许地方试错创新、务实探索，在上下左右的互动中，在政府与市场、社会主体的互动中，逐步实现治理能力现代化。五级三类四体系的国土空间规划体系之下，涉及的是纵向、横向之间的博弈互动，从中央到地方、从多部门到单一部门，协同和融合仍是未来的主旋律。我们期待，经过5~10年的全新探索时期，通过大量的实践检验和政策创新，建设真正具有中国社会主义特色的国土空间规划体系。

在治理能力现代化和现代治理体系构建的道路上，我们行进，也在遥望。

---

① 石楠. 超越 [J]. 城市规划，2018，42（12）：1.

　　站在2020年的门槛上，这个新一轮国土空间规划编制的起始年，我们遥望2035年，另一个规划期末。中华民族伟大复兴的步伐，将始于每一个人、每一座城市的脚下。每一个人平凡而真实的美好生活场景，将站立于每一寸坚实的国土空间之上。在宏观治理的引领之下，由地方治理智慧燃起的星星之火，就像一束光簇拥着另一束光，将绽放万丈光芒，照耀着"中国梦"的征程。

参考文献

［1］ 格莱泽. 城市的胜利［M］. 刘润泉，译. 上海：上海社会科学院出版社，2012.

［2］ 布罗克曼. 未来50年［M］. 李泳，译. 长沙：湖南科学技术出版社，2007.

［3］ 蔡玉梅，高延利，张丽佳. 荷兰空间规划体系的演变及启示［J］. 资源导刊，2017（09）：54–55.

［4］ 陈冰红，熊国平. 国外城市开发边界划定研究［J］. 城乡规划，2019（03）：8–12.

［5］ 陈建华. 中国三大都市圈城市蔓延研究［M］. 上海：上海社会科学院出版社，2017.

［6］ 陈景，寇宗森，马福光，等. 自然资源全要素管控背景下北京永久基本农田规划引导探索［J］. 北京规划建设，2019（04）：43–45.

［7］ 陈利根. 土地用途管制制度研究［D］. 南京：南京农业大学，2000：106–107.

［8］ 陈晓东. 新加坡设计控制研究：市场、政府与空间发展逻辑［M］. 南京：东南大学出版社，2016.

［9］ 陈占祥. 忆梁思成教授［M］//梁思成先生诞辰八十五周年纪念文集编辑会. 梁思成先生诞辰八十五周年纪念文集. 北京：清华大学出版社，1986：19–21.

［10］ 程遥，赵民. 从"用地规划"到"空间规划导向"：英国空间规划改革及其对我国空间规划体系建构的启示［J］. 北京规划建设，2019（01）：69–73.

［11］ 迟福林. 改变"增长主义"政府倾向［J］. 行政管理改革，2012（08）：25–29.

［12］ 崔云政. 健全我国事权与支出责任相适应的制度研究［M］. 北京：中国财政经济出版社. 2008.

［13］ 伯纳姆. 芝加哥规划［M］. 王红扬，译. 南京：译林出版社，2017.

［14］ 邓伟骥，何子张，旺姆. 面向城市治理的美丽厦门战略规划实践与思考［J］. 城市规划学刊，2018（S1）：8–15.

［15］ 邓兴栋，何冬华，朱江. 空间规划实践的重心转移：从用地协调到共治规则的建立［J］. 规划师，2017，33（07）：55–60.

［16］ 董禹，陈晓超，董慰. 英国国家公园保护与游憩协调机制和对策［J］. 规划师，2019（17）：29–35，43.

［17］ 杜海娥，李正，郑煜. 资源环境承载能力评价和国土空间开发适宜性评价研究进展［J］. 中国矿业，2019，28（S2）：159–165.

［18］ 杜震，张刚，沈莉芳. 成都市生态空间管控研究［J］. 城市规划，2013（8）：84-88.

［19］ 樊杰. 国土空间规划的双评价：理论与方法［EB/OL］. 中国城市规划，2019. https://mp.weixin.qq.com/s/7TiCA3106cRtpDkS8GgQcQ.

［20］ 奉婷，张凤荣，李灿，等. 基于耕地质量综合评价的县域基本农田空间布局［J］. 农业工程学报，2014，30（1）：200-210.

［21］ 傅崇兰，白晨曦，曹文明，等. 中国城市发展史［M］. 北京：社会科学文献出版社，2009.

［22］ 龚蔚霞，张虹鸥. 基于全域规划视角的市县规划变革思考：以广东增城规划实践为例［J］. 南方建筑，2016（06）：50-55.

［23］ 顾朝林，姚鑫，张京祥，等. 概念规划：理论·方法·实例［M］. 北京：中国建筑工业出版社，2003.

［24］ 顾朝林. 多规融合的空间规划［M］. 北京：清华大学出版社，2015.

［25］ 广州规划自资局. 新时代广州国土空间规划探索实践［EB/OL］.（2019-03-18）[2020-02-06]. https://mp.weixin.qq.com/s?__biz=MzA3NTE1MjI5MA==&mid=2650774290&idx=1&sn=97d97a721b936f7145d4034ea25fe356&chksm=877fd5dfb0085cc9e3198ad87b62c030c7fefc3e50543ba3abcfad13f4fcade3f8051a0ff63e&scene=27#wechat_redirect.

［26］ 郭川. 论经济转型中的土地用途管制［D］. 南京：南京农业大学，2001.

［27］ 郝庆，邓玲，封志明. 国土空间规划中的承载力反思：概念、理论与实践［J］. 自然资源报，2019，34（10）：2073-2086.

［28］ 何爱，曹凯滨，周婷婷. 2008—2018：广州增城区绿道规划建设实践与探索［J］. 小城镇建设，2019，37（10）：112-118.

［29］ 何冬华. 空间规划体系中的宏观治理与地方发展的对话：来自国家四部委"多规合一"试点的案例启示［J］. 规划师，2017（02）：12-18.

［30］ 何冬华. 生态空间的"多规融合"思维：邻避、博弈与共赢：对广州生态控制线"图"与"则"的思考［J］. 规划师，2017，33（08）：57-63.

［31］ 何雄伟. 区域生态保护红线管控体系框架设计与政策建议［J］. 企业经济，2019，38（11）：142-148.

［32］ 何子张，吴宇翔，李佩娟. 厦门城市空间管控体系与"一张蓝图"建构［J］. 规划师，2019，35（05）：20-26.

［33］ 洪亮平. 城市设计历程［M］. 北京：中国建筑工业出版社，2002.

［34］ 胡江伟. 中国近代城市规划中的传统思想研究［D］. 武汉：武汉理工大学，2010.

［35］ 胡兰玲. 土地发展权论［J］. 河北法学，2002（02）：143-146.

［36］黄贤金. 自然资源统一管理：新时代、新特征、新趋向［J］. 资源科学，2019，
　　　41（01）：1-8.

［37］黄征学，蒋仁开，吴九兴. 国土空间用途管制的演进历程、发展趋势与政策创新
　　　［J］. 中国土地科学，2019，33（6）：1-9.

［38］黄征学，祁帆. 从土地用途管制到空间用途管制：问题与对策［J］. 中国土地，
　　　2018（06）：22-24.

［39］黄征学，宋建军，滕飞. 加快推进"三线"划定和管理的建议［J］. 宏观经济管
　　　理，2018（04）：48-53.

［40］纪学朋，黄贤金，陈逸，等. 基于陆海统筹视角的国土空间开发建设适宜性评
　　　价：以辽宁省为例［J］. 自然资源学报，2019，34（03）：451-463.

［41］姜紫莹. OneNYC："一个纽约"规划概要［J］. 上海经济，2015（09）：57-62.

［42］焦思颖. 国土空间规划体系"四梁八柱"基本形成：中共中央　国务院关于建
　　　立国土空间规划体系并监督实施的若干意见解读［J］. 资源导刊，2019（06）：
　　　12-17.

［43］里夫金，第三次工业革命［M］. 张体伟，孙豫宁，译. 北京：中信出版社，
　　　2012.

［44］空间规划的"未来观"：展望2050国土空间发展战略研讨会侧记［J］. 国土资源，
　　　2019（02）：24-25.

［45］BOURNE L S，严宁. 多伦多规划所面临的挑战：过去，现在和将来［J］. 国外
　　　城市规划，2005（02）：62-65，1.

［46］卡逊. 寂静的春天［M］. 吴国盛，评点. 北京：科学出版社，2012.

［47］李国红，李晋，倪崇侠，等. 减量与高质量发展：特大城市中心城区规划转型探
　　　索：以朝阳分区规划（国土空间规划）（2017年-2035年）为例［J］. 北京规划建
　　　设，2019（06）：4-8.

［48］李浩. 八大重点城市规划：新中国城市初期的城市规划历史研究［M］. 北京：
　　　中国建筑工业出版社，2019.

［49］李浩. 中国规划机构70年演变：兼论国家空间规划体系［M］. 北京：中国建筑
　　　工业出版社，2019.

［50］李洪兴，石水莲，王思琢. 辽宁省国土空间规划编制回顾及未来规划编制的思考
　　　［J］. 国土资源，2018（05）：44-46.

［51］廖文根，徐隽. 政治建设，蹄疾步稳迈入新境界：党的十八届三中全会五周年述
　　　评［N］. 人民日报，2019-01-02.

［52］林坚，陈诗弘，许超诣，等. 空间规划的博弈分析［J］. 城市规划学刊，2015
　　　（01）：10-14.

［53］ 林坚，乔治洋，叶子君. 城市开发边界的"划"与"用"：我国14个大城市开发边界划定试点进展分析与思考［J］. 城市规划学刊，2017（02）：37-43.

［54］ 林坚，武婷，张叶笑，等. 统一国土空间用途管制制度的思考［J］. 自然资源学报，2019，34（10）：2200-2208.

［55］ 林坚，许超诣. 土地发展权、空间管制与规划协同［J］. 城市规划，2014，38（01）：26-34.

［56］ 林坚，赵冰，刘诗毅. 土地管理制度视角下现代中国城乡土地利用的规划演进［J］. 国际城市规划，2019，34（04）：23-30.

［57］ 林坚，赵晔. 国家治理、国土空间规划与"央地"协同：兼论国土空间规划体系演变中的央地关系发展及趋向［J］. 城市规划，2019，43（9）：20-23.

［58］ 林坚，周琳，张叶笑，等. 土地利用规划学30年发展综述［J］. 中国土地科学，2017，31（09）：24-33.

［59］ 刘冬荣，麻战洪. "三区三线"关系及其空间管控［J］. 中国土地，2019（07）：22-24.

［60］ 刘国洪. 严格划定永久基本农田　扎紧耕地保护的"篱笆"［J］. 国土资源通讯，2015，（7）：27-30.

［61］ 刘丽莎. 中国聚落的历史发展探微［J］. 大观，2017，（4）：95.

［62］ 刘尚希，马洪范，景婉博，等. 国外支出责任的理论考察与实践经验［J］. 财政科学，2017（09）：62-67.

［63］ 刘卫东，彭俊. 土地资源管理学［M］. 上海：复旦大学出版社，2005：137-141.

［64］ 芒福德. 城市发展史：起源、演变和前景［M］. 宋俊岭，倪文彦，译. 北京：中国建筑工业出版社，2005.

［65］ 卢风. 绿色发展与生态文明建设的关键和根本［J］. 中国地质大学学报（社会科学版），2017，17（01）：1-9.

［66］ 卢新海，黄善林. 土地管理学概论［M］. 上海：复旦大学出版社，2014：144-145.

［67］ 特兰西克. 寻找失落的空间：城市设计的理论［M］. 朱子瑜，等，译. 北京：中国建筑工业出版社，2008.

［68］ 罗震东，赵民. 试论城市发展的战略研究及战略规划的形成［J］. 城市规划，2003（01）：19-23.

［69］ 吕国辉. 资源观：从传统走向现代：思考人类前途命运的一个角度［J］. 消费导刊，2007（13）：123-124.

［70］ 吕红亮，韩青. 双评价，新时期国土空间规划的前提和基础［EB/OL］. 中国城市规划学会，2019. http://www.planning.org.cn/news/view?cid=13&id=9655.

［71］ 马凯. 用新的发展观指导"十一五"规划的编制［J］. 宏观经济研究，2003（11）：3-7，12.

［72］ 米歇尔. 复杂［M］. 唐璐，译. 长沙：湖南科学技术出版社，2011.

［73］ 聂庆华，包浩生. 中国基本农田保护的回顾与展望［J］. 中国人口·资源与环境，1999（02）：33-37.

［74］ 潘安，吴超，朱江. 规模、边界与秩序："三规合一"的探索与实践［M］. 北京：中国建筑工业出版社，2014.

［75］ 潘竟虎. 中国地级及以上城市GDP含金量时空分异格局［J］. 地理科学，2015，35（12）：1502-1510.

［76］ 钱凤魁，王秋兵，边振兴，等. 永久基本农田划定和保护理论探讨［J］. 中国农业资源与区划，2013，34（03）：22-27.

［77］ 邱杰华，何冬华，赵颖. 广州乡村地区发展的土地依赖与模式转型［J］. 规划师，2018，34（10）：106-112.

［78］ 饶会林. 现代城市发展战略研究［M］. 大连：东北财经大学出版社，1987.

［79］ 桑劲，柳朴. 城市开发边界的治理制度探索：基于省—县两级事权主体的设计［J］. 规划师，2019，35（02）：26-31.

［80］ 柯克. 巴黎的重生［M］. 郑娜，译. 北京：社会科学文献出版社，2014.

［81］ 宋红团. 建设服务型政府的几个着力点［J］. 人民论坛，2017（31）：62-63.

［82］ 宋凌，殷玮，吴沅箐. 上海郊野地区规划的创新探索［J］. 上海城市规划，2014（01）：61-65.

［83］ 宋卫刚. 政府间事权划分的概念辨析及其理论分析［J］. 经济研究参考，2003（27）：44-48.

［84］ 孙鹏，曾刚. 基于新区域主义视角的我国地域主体功能区规划解读［J］. 改革与战略，2009，25（11）：95-98.

［85］ 孙瑶，马航，邵亦文. 走出社区对基本生态控制线的"邻避"困局：以深圳市基本生态控制线实施为例［J］. 城市发展研究，2014（11）：11-15.

［86］ 孙要良. 如何理解"人与自然是生命共同体"［N］. 学习时报，2018-04-09（001）.

［87］ 谭丽萍，徐小黎，李勇，等. 自然资源资产管理视角下的生态补偿机制思考［J］. 中国国土资源经济，2019，32（11）：36-40.

［88］ 田莉，李经纬. 高密度地区解决土地问题的启示：纽约城市规划中的土地开发与利用［J］. 北京规划建设，2019（01）：88-96.

［89］ 田银生. 原始聚落与初始城市：结构、形态及其内制因素［J］. 城市规划汇刊，2001（02）：44-46，52-80.

［90］ 弗里德曼. 世界是平的［M］. 何帆，肖莹莹，郝正非，译. 北京：东方出版社，2006.

［91］玛卡卡罗，达达里. 空间简史［M］. 尹松苑，译. 成都：四川文艺出版社，2019.

［92］托马斯·莫尔. 乌托邦［M］. 戴镏龄，译. 北京：商务印书馆，2019.

［93］汪越，谭纵波. 英国近现代规划体系发展历程回顾及启示：基于土地开发权视角［J］. 国际城市规划，2019，34（2）：94-135.

［94］王军. 城记［M］. 北京：生活·读书·新知三联书店，2003.

［95］王蒙徽，段险峰，田莉，等. 广州城市总体发展概念规划的探索与实践［J］. 城市规划，2001（03）：5-10.

［96］王蒙徽. 推动政府职能转变，实现城乡区域资源环境统筹发展：厦门市开展"多规合一"改革的思考与实践［J］. 城市规划，2015，39（06）：9-13，42.

［97］王世福，沈爽婷. 从"三旧改造"到城市更新：广州市成立城市更新局之思考［J］. 城市规划学刊，2015（03）：22-27.

［98］王万茂. 土地资源管理学［M］. 北京：高等教育出版社，2010.

［99］王夏晖，张箫. 科学编制国土空间生态修复规划［N］. 中国环境报，2019-03-21（003）.

［100］文传浩. 生态文明建设理论需不断深化［N］. 中国环境报，2012-11-13（002）.

［101］郑德高，孙娟，马璇，等. 竞争力与可持续发展导向下的城市远景战略规划探索：以武汉2049远景发展战略研究为例［J］. 城乡规划，2017（04）：101-109.

［102］吴滨，张立. 基于循环经济理念的耕地土壤修复［J］. 现代农业科技，2017（09）：210-213.

［103］吴传毅. 推进国家治理体系和治理能力现代化战略举措的基本构架［J］. 行政论坛，2020，27（01）：12-16.

［104］吴志强，于泓，姜楠. 论城市发展战略规划研究的整体方法：沈阳实例中的理性思维的导入［J］. 城市规划，2003（01）：38-42，99.

［105］吴志强. 论空间规划的内核逻辑［EB/OL］. 中国城市规划网，2019. http://www.planning.org.cn/news/view?id=10199.

［106］五十岚太郎，矶达雄. 我们梦想的未来都市［M］. 穆德甜，译. 南京：江苏科学技术出版社，2019

［107］武廷海，周文生，卢庆强，等. 国土空间规划体系下的"双评价"研究［J］. 城市与区域规划研究，2019，11（2）：5-15.

［108］习近平. 摆脱贫困［M］. 福州：福建人民出版社，1992.

［109］徐阳光. 论建立事权与支出责任相适应的法律制度：理论基础与立法路径［J］. 清华法学，2014，8（05）：88-102.

［110］许皓，李百浩. 从欧美到苏联的范式转换：关于中国现代城市规划源头的考察与启示［J］. 国际城市规划，2019，34（05）：1-8.

［111］闫士忠. 空间规划改革视角下的传导管控体系研究：以长春市为例［C］//中国城市规划学会、杭州市人民政府. 共享与品质：2018中国城市规划年会论文集（12城乡治理与政策研究）. 中国城市规划学会、杭州市人民政府：中国城市规划学会，2018：12.

［112］杨保军，陈鹏，董珂，等. 生态文明背景下的国土空间规划体系构建［J］. 城市规划学刊，2019（04）：16-23.

［113］杨绛. 我们仨［M］. 上海：三联书店，2003.

［114］杨开忠. 以品质为核心打造新时代中国都市圈［EB/OL］.（2018-02-01）［2020-02-28］. http://www.xinhuanet.com/info/2018-02/01/c_136941397.htm.

［115］杨箐丛，何冬华，霍子文. 地方政府规划的行动取向与政策把持：黄石市2049战略规划与总体规划的比较观察［J］. 规划师，2017，33（12）：18-23.

［116］杨秋惠. 镇村域国土空间规划的单元式编制与管理：上海市郊野单元规划的发展与探索［J］. 上海城市规划，2019（04）：24-31.

［117］杨绪红，金晓斌，贾培宏，等. 多规合一视角下县域永久基本农田划定方法与实证研究［J］. 农业工程学报，2019，35（2）：250-259.

［118］叶林. 从增长联盟到权益共同体：中国城市改造的逻辑重构［J］. 中山大学学报（社会科学版），2013（5）：129-135.

［119］伊塔洛·卡尔维诺. 看不见的城市［M］. 张宓，译. 南京：译林出版社，2006.

［120］尹稚. 空间规划要以不断创新回应时代变革［EB/OL］. 清华同衡学术周巅峰论坛，2019. http://www.shekebao.com.cn/

［121］尹稚. 国土空间规划，跳出部门利益束缚方见改革光芒！［EB/OL］. 清华同衡规划播报，2019. https://mp.weixin.qq.com/s/m-rcRCM3ZgxDMt_DM99WCw.

［122］尹稚. 基层规划的视角与知识重构［EB/OL］.（2020-01-31）［2020-02-08］. https://mp.weixin.qq.com/s?__biz=MzA4OTMyNzIzOA==&mid=2650767861&idx=1&sn=03db15ff6d5c3938bfc68db6c965e617&chksm=8817b21cbf603b0aa7c8738f7f8b6b1987081.

［123］于涛，张京祥，罗小龙. 城市大事件营销的空间效应：研究进展及思考［J］. 城市发展研究，2011，18（02）：94-100.

［124］余星涤. 不忘国土空间治理的初心和使命［N］. 中国自然资源报，2020-01-14（003）.

［125］俞可平. 论国家治理现代化［M］. 北京：社会科学文献出版社，2015.

［126］袁奇峰，唐昕，李如如. 城市规划委员会，为何、何为、何去？［J］. 上海城市规划，2019（01）：64-70，89.

［127］袁奇峰. 自然资源视角下的空间规划体系改革［EB/OL］. 城PLUS公众号，2018-05-17. https://mp.weixin.qq.com/s/sl9TRF1-jARVyLlRXjmEFQ.

［128］袁腾飞. 这个历史挺靠谱：袁腾飞讲中国史［M］. 长沙：湖南人民出版社，2013.

［129］詹运洲，李艳. 特大城市城乡生态空间规划方法及实施机制思考［J］. 城市规划学刊，2011（2）：49-57.

［130］张兵. 国家空间治理与空间规划［EB/OL］. 中国城市规划，2019. https://mp.weixin.qq.com/s/mT2gKp2bxqbJLKMYXqqc7Q.

［131］张健，李强，杨开忠，等. 高品质空间塑造，现代化空间治理：2019第一届"空间规划与治理北京论坛"论点摘编［J］. 城市发展研究，2019，26（10）：1-3.

［132］张京祥，陈浩. 空间治理：中国城乡规划转型的政治经济学［J］. 城市规划，2014，38（11）：9-15.

［133］张京祥，林怀策，陈浩. 中国空间规划体系40年的变迁与改革［J］. 经济地理，2018，38（07）：1-6.

［134］张京祥，罗震东. 中国当代城乡规划思潮［M］. 南京：东南大学出版社，2013.

［135］张京祥，吴缚龙，崔功豪. 城市发展战略规划：透视激烈竞争环境中的地方政府管治［J］. 人文地理，2004（03）：1-5.

［136］张京祥，夏天慈. 治理现代化目标下国家空间规划体系的变迁与重构［J］. 自然资源学报，2019，34（10）：2040-2050.

［137］张京祥，赵丹，陈浩. 增长主义的终结与中国城市规划的转型［J］. 城市规划，2013，37（1）：45-55.

［138］张京祥. 西方城市规划思想史纲［M］. 南京：东南大学出版社，2005.

［139］张明斗，冯晓青. 韧性城市：城市可持续发展的新模式［J］. 郑州大学学报（哲学社会科学版），2018，51（02）：59-63.

［140］张群，吴次芳. 我国土地用途管制的制度演变与优化路径［J］. 中国土地，2019（03）：23-26.

［141］张晓彤，王晓军，李良涛，等. 基于参与式评估技术的景观特征评价：以北京市延庆县千家店镇为例［J］. 现代城市研究，2017（8）：15-24.

［142］赵燕菁. 城市规划能从武汉疫情危机中学到什么［EB/OL］. 中国网，2020. http://www.china.com.cn/opinion/think/2020-02/18/content_75716405.htm.

［143］赵燕菁. 存量规划：理论与实践［J］. 北京规划建设，2014（4）：153-156.

［144］赵燕菁. 论国土空间规划的基本架构［J］. 城市规划，2019，43（12）：17-26，36.

［145］郑国，张湛欣. 国外都市区战略规划演进与范例研究［J］. 城市发展研究，2015，22（09）：85-90.

[146] 郑琦. 韧性城市规划 [EB/OL].（2019-08-28）. https://mp.weixin.qq.com/s?__biz
=MzA5MDUwOTI5MQ==&mid=2650046301&idx=1&sn=cdfeddbe954ddcbc889c4bfae
ed54f5c&chksm=880a45d9bf7dcccf9f652cf4bcac25d1057abb4bb91b93fc662641839fe
9a331ccbef2ab7ef5&scene=27#wechat_redirect.

[147] 国务院关于深化改革严格土地管理的决定（国发〔2004〕28号）[EB/OL].
（2006-06-30）. http://www.gov.cn/ztzl/2006-06/30/content_323794.htm.

[148] 自然资源部通报20个三调督察典型案例 [EB/OL].（2019-08-17）. http://www.
gov.cn/xinwen/2019-08/17/content_5421911.htm.

[149] 钟毅，陈超，蒋凤慧. 高标准基本农田建设的几点思考 [J]. 国土资源导刊，
2012，9（06）：86-87.

[150] 周侃，樊杰，盛科荣. 国土空间管控的方法与途径 [J]. 地理研究，2019，38
（10）：2527-2540.

[151] 周黎安. 转型中的地方政府：官员激励与治理 [M]. 2版. 上海：格致出版社，
2014.

[152] 周一星. 区域城镇体系规划应避免"就区域论区域" [J]. 城市规划，1996（02）：
14-17，63.

[153] 朱道林. 土地管理学 [M]. 北京：中国农业大学出版社，2007：236-237.

[154] 庄少勤. 让城乡因我们更美好 [EB/OL]. 中国城市规划网，2019. http://www.
planning.org.cn/news/view?id=10216

[155] 庄少勤. 新时代的空间规划逻辑 [J]. 中国土地，2019（01）：4-8.

[156] 邹兵. 增量规划、存量规划与政策规划 [J]. 城市规划，2013，37（02）：35-37，55.

[157] 邹兵. 增量规划向存量规划转型：理论解析与实践应对 [J]. 城市规划学刊，
2015（05）：12-19.

[158] 左为. 对国土空间规划构建的思考：前提、基础、保障与支撑 [EB/OL].
（2018-11-17）. http://www.sohu.com/a/276045114_650579.

[159] WILLIAM A. The African husbandman [M]. Münster: Lit Verlag, 1965.

[160] FALUDI A. A reader in planning theory [M]. Oxford: Pergamon Press Ltd., 1973.

[161] BOWRA C M. Poetry and politics 1900-1960 [M]. Cambridge: Cambridge University
Press, 1967.

[162] DIJK T, KANN F V, WOLTJER. Explaining Dutch spatial planning [M]. Groningen:
Coöperatie InPlanning UA, 2019.

[163] FENG Z, SUN T, YANG Y, et al.. The progress of resources and environment carrying
capacity: from single-factor carrying capacity research to comprehensive research [J].
Journal of Resources and Ecology, 2018, 9(2): 125-134.

[164] ROE G D, BOELENS L. Spatial planning in a complex unpredictable world of change: towards a proactive co-evolutionary type of planning with the Eurodelta [M]. Groningen: Coöperatie InPlanning UA, 2016.

[165] MUMFORD L. The city in history: its Origins, its transformations, and its prospects [M]. New York: Harcourt, 1968.

[166] SONG L G, ZHOU Y X, HURST L. The Chinese economic transformation: views from young economist [M]. Canberra: ANU Press, 2019.

[167] HALL P. Cities of tomorrow: an intellectual history of urban planning and design in the twentieth century [M]. Oxford: Blackwell Publishers Ltd., 1988.

[168] HALL P, TEWDWR-JONES M. Urban and regional planning [M]. 6th ed.. London and New York; Routledge, 2020.

[169] HALL P. City in civilization [M]. New York: Pantheon Books, 1998.

[170] SCHRAGGER R. City power: urban governance in a global age [M]. Oxford: Oxford University Press, 2016.

[171] FREESTONE R. Urban planning in a changing world: the twentieth century experience [M]. London: Routledge, 2000.

[172] GARNAUT R. China's 40 years of reform and development 1978-2018 [M]. Canberra: ANU Press, 2018.

[173] THOMSON G M. Acclimatization in New Zealand [J]. Science, 1886, 8(197): 426-430.

[174] PERKINS W. Cities of ancient Greece and Italy: planning in classical antiquity [M]. New York: George Braziller, 1974.

后 记

这本书终于告一段落。从起笔算起，那时《规划师》杂志2017年第2期跟我约稿关于国家四部委"多规合一"28个试点的文章，到现在已整整三年。

数起来，接触总规编制工作也有十二年。那一年是2008年，我第一次负责总体规划编制，而且是两个，一个是汶川县城灾后重建总体规划，一个是佛山市南海区总体规划。从8月10日入住汶川威州中学的板房开始到12月31日，这小半年，我一半时间在汶川，一半时间在南海。汶川在自然灾害频发的龙门山断裂带的高山上，南海在珠三角富庶的冲积平原大地上，这两个相隔千里的县城，险阻与平坦、静谧与繁盛、受灾与富足，尽管现实有如此的种种不同，但是规划确实只有一个同样的向往，向往美好的生活。

早些年，我和同事们将大部分精力都投入了规划编制工作，显然我们拥有丰富的实践经验，包括市县（区）总体规划的经验等。除了我们生活的广州，我们还走过了太原市、黄石市、萍乡市、北海市、黔南州等这些地级州市，还穿梭于宜宾市南溪区、萍乡市上栗县、湖南省临湘市、佛山市南海区、顺德区以及广州市黄埔区、增城区等县区，这些实践让我们认识了更多的城市，了解了更多的资源、空间、生活。

我们的团队生活于一个有务实和开拓精神的城市，这样的土壤，让我们不断地拓展和创新。我们的团队工作于一个有包容和进取精神的机构，这样的氛围，让我们不停地思考与创作。从三年前《规划师》约稿以来的这段时间，我们没有停止对总体规划、"多规合一"、国土空间规划运行逻辑的观察与思考。我们的团队，每1~2周举行"杂七杂八"分享会，频繁的技术交流，激发了更多学习的热情。从治理能力现代化构建，到"一级事权一本规划"；从城市发展战略，到规划实施；从土地发展权，到生态空间用途管制，我们试图在一点一滴的思想片段中，尝试探索如何"基因编辑"一座鲜活的城市。尤其是在繁忙的规划单位，写作的过程显得异常艰辛，而且非常缓慢。

不知什么原因，规划改革与国土空间规划成了热点话题，这隐约给国内几十万规划师们带来一丝焦虑感，尤其是2019年，更是掀起了一阵阵规划理论学习的热浪，大家都活跃在各种规划论坛和研讨会场。这一年，受到各种邀请，我也来回奔波，从新疆自然资源厅、山西自然资源厅，到焦作市、萍乡市，以及中建院、深规院、中山大学地理科学与规划学院、华南理工大学建筑学院等，开展各种讲座并授课。一年下来，做了13个PPT，这些经历迫使我系统梳理了国土空间规划在地方的经验，这就是本书的雏形。

本书吸取了很多人提供的十分有价值的意见。南京大学张京祥教授，无论是在深圳的讲座、南京的交流，还是远程的请教中，都给予我们悉心指导，让我们受惠极丰。还要感谢许多身边的规划师们，尤其是撰写书稿的14位同事，他们在规划项目编制和学术探讨、阅读交流以及思想碰撞的过程中，饱含对城市的热爱。

在写作的过程中，广州市城市规划勘测设计研究院的李振燊规划师、夏源规划师、南京大学建筑与城市规划学院王秀梅硕士生在数据与图纸制作方面提供了非常重要的支持，感谢同事们给予我们无私的帮助。在规划项目编制的过程中，太原市市域空间总体规划（2016—2035年）、萍乡市城乡总体规划（多规合一）、原国土资源部的试点佛山市南海区国土空间综合规划（2014—2030年）、原国土资源部的试点宜宾市南溪区国土空间综合规划（2014—2030年）、国家发展改革委和原环保部的试点湖南省临湘市"多规合一"、长沙国家高新技术产业开发区"多规合一"规划、佛山市顺德区分区控制大纲、黄石市2049城市远景规划、湛江市城市发展战略规划（2021—2035年）、汶川县县城（威州镇）灾后重建总体规划以及北海市国土空间总体规划（2020—2035年）、广州市黄埔区国土空间总体规划（2020—2035年）、广州市增城区国土空间总体规划（2020—2035年）、黔南州州级及十二县市国土空间总体规划（2020—2035年）等项目组为我们提供了详尽的数据与实证资料。感谢规划过程中辛勤付出的每一位同事和朋友。

短短后记，无法道尽感谢。唯望此书能够对得起大家的无私帮助，也寄愿此书能够带着我们走向2035年，更期待此书能够激发我们对美好生活场景的向往。

何冬华

2020年2月28日

于广州珠江规划大厦